O.W. BARTH

ANNA TRÖKES

Yoga der Energie

Der Hatha-Yoga
als ganzheitlicher Übungsweg
in Theorie und Praxis

O.W. BARTH

Besuchen Sie uns im Internet:
www.ow-barth.de

Aus Verantwortung für die Umwelt hat sich die Verlagsgruppe Droemer Knaur zu einer nachhaltigen Buchproduktion verpflichtet. Der bewusste Umgang mit unseren Ressourcen, der Schutz unseres Klimas und der Natur gehören zu unseren obersten Unternehmenszielen. Gemeinsam mit unseren Partnern und Lieferanten setzen wir uns für eine klimaneutrale Buchproduktion ein, die den Erwerb von Klimazertifikaten zur Kompensation des CO_2-Ausstoßes einschließt. Weitere Informationen finden Sie unter: www.klimaneutralerverlag.de

MIX
Papier | Fördert gute Waldnutzung
FSC® C014496

Originalausgabe November 2022

Die in diesem Buch vorgestellten Übungen wurden von der Autorin und dem Verlag sorgfältig geprüft und haben sich in der Praxis bewährt. Da jeder Mensch für sich besonders ist, können wir allerdings Ergebnisse nicht garantieren. Der Verlag und die Autorin schließen jegliche Haftung für Gesundheits- und Personenschäden aus.
Redaktion: Susanne Klein
Alle Illustrationen im Innenteil von dieKLEINERT.de/Nina Rode nach Anna Trökes außer Illustationen der Chakren: dieKLEINERT.de/Nina Rode auf Basis von stock.adobe.com/tasty_cat; S. 176 Stock.Adobe.com/Burhan; S. 221 Babkina Svetlana/shutterstock.com; S. 226 Archiv Anna Trökes; S. 330 researcher97/Shutterstock.com; S. 334 RealityImages/Shutterstock.com
Covergestaltung: ZERO Werbeagentur, München
Coverabbildung: Shutterstock.com
Satz: Wilhelm Vornehm, München
Druck und Bindung: GGP Media GmbH, Pößneck
ISBN 978-3-426-29331-7

2 4 5 3 1

Meinen Lehrern
Roger Clerc und Boris Tatzky
in großer Dankbarkeit und
Liebe gewidmet

Inhaltsverzeichnis

Vorwort

Der Hatha-Yoga ist heute, nach einigen Jahrzehnten, in denen er noch ein mehr oder weniger exotisches Dasein führte, in der Mitte der Gesellschaft angekommen. In jedem Fitnessclub, der etwas auf sich hält, in Städten und auf dem Land werden Hatha-Yoga-Kurse angeboten, und die Akzeptanz für diese Übungspraxis ist weitgehend unbestritten.

Inzwischen üben in der westlichen Welt viele Millionen Menschen regelmäßig Hatha-Yoga. Für die meisten von ihnen ist es einfach eine der vielen Möglichkeiten, beweglich und fit zu werden oder zu bleiben, die Gesundheit wiederherzustellen oder zu erhalten, Entspannung zu erlernen oder zu vertiefen oder vielleicht auch nur eine Möglichkeit, einmal pro Woche Gleichgesinnte beim gemeinsamen Üben zu treffen.

Tatsächlich ist kaum jemandem bewusst, dass es sich beim Hatha-Yoga nicht nur um ein altindisches Fitnessprogramm handelt, sondern vielmehr um einen ganzheitlichen Übungsweg, der uns auf allen Ebenen unseres Seins erreichen möchte. Es hat den Anschein, dass eben dieser Aspekt immer weniger bekannt ist, je länger dieser Yogaweg im Westen (und in Indien) geübt wird.

Es lohnt sich jedoch sehr, die Konzepte des Hatha-Yoga, seine Übungsmethoden und die vielen Erfahrungsräume, die er uns anbietet, genauer kennenzulernen, denn sie eröffnen uns eine unschätzbare Sammlung an Ressourcen für unseren Alltag und für unser inneres Wachstum.

»Yoga der Energie« ist eine andere Bezeichnung bzw. ein Synonym für Hatha-Yoga. Yoga der Energie wurde als eigenständiger Yogaweg in seinen Grundzügen schon 1935 (!) in Frankreich begründet. Die Ausarbeitung zu einem methodisch gut durchdachten Übungsweg, der sich an die Menschen im Westen wendet, erfolgte ab 1950. Seitdem wurde seine Übungspraxis zum einen in methodisch-didaktischer Hinsicht, vor allem aber in der Durchdringung und Vertiefung der Inhalte immer weiter verfeinert.

Der Yoga der Energie versteht sich als ein offenes System, in dem alle Aspekte des Yoga – von der Lehre der Yoga-Anatomie bis hin zur Hinführung zu allen Formen meditativer Vertiefungszustände – gleichermaßen gesehen und wertgeschätzt werden und deshalb darin ihren Platz finden. Damit bildet dieses Yogasystem das ganze Panorama eines Übungsweges ab, der tief in den Lehren des hinduistischen und teilweise auch des buddhistischen Tantra verwurzelt ist.

Während die Lehren des Tantra als Sichtweise auf das Leben und als Philosophie im deutschsprachigen Raum lange unbekannt blieben und vor allem von dem verdeckt wurden, was als sexuell ausgerichteter »Neo-Tantra« in den Selbsterfahrungskreisen der 70er-Jahre bekannt wurde, gab es in Frankreich, vor allem an der Pariser Sorbonne und anderen namhaften wissenschaftlichen Instituten, schon eine Reihe von Wissenschaftler*innen, wie z. B. Lilian Silburn oder Tara Michael, die sich grundlegend mit seinen Texten beschäftigten, sie übersetzten und gleichzeitig auch mit erfahrenen, tief in der Tradition verwurzelten Lehrern wie z. B. Lilian Silburn bei Swami Lakshmanjoo in Indien praktizierten und in das Wissen eingeweiht wurden.

Ich hatte das große Glück, schon 1985 bzw. 1986 den Yoga der Energie zu entdecken. Bereits in den ersten Stunden und Kursen bei meinen zukünftigen Lehrern Roger Clerc und Boris Tatzky während des jährlichen Kongresses der Europäischen Yogaunion (EYU) im schweizerischen Zinal wusste ich, dass ich meine Yogaheimat gefunden hatte. Die nächsten 24 Jahre blieb ich meinen Lehrern auf der Spur, besuchte viele Jahre und über viele Wochen hinweg die Ausbildungen und Fortbildungen zum Yoga der Energie in Frankreich. Bereits 1988 beschlossen mein Lehrer Boris Tatzky, meine Kollegin und langjährige Wegbegleiterin

Jutta Pinter-Neise und ich, auch in Deutschland eine »Akademie des Yoga der Energie« zu gründen und in diesem Rahmen eine vierjährige Weiterbildung anzubieten, die alle Aspekte dieses komplexen Übungsweges vermittelte oder doch zumindest erahnen ließ. Von 1989 bis 1999 durchliefen vier Ausbildungsgruppen diese Weiterbildung. Da sich hauptsächlich gut ausgebildete und sehr erfahrene Yogalehrende für diese Lehrgänge interessierten, veränderte sich das Verständnis für die Bedeutung und die Tiefe des Hatha-Yoga-Weges in Deutschland in vieler Hinsicht. 1995 veröffentlichten wir gemeinsam unser Buch »Theorie und Praxis des Hatha-Yoga«, in dem wir in zwölf exemplarischen Lektionen jeweils darlegten, wie sich im Hatha-Yoga bzw. im Yoga der Energie, vermittelt durch eine methodisch-didaktisch und anatomisch ausgerichtete Asana-Praxis, grobstoffliche mit feinstofflichen Elementen (wie z.B. der Entfaltung der inneren Sinne, Prana-Lenkungen und Visualisierungen) verbinden ließen.

Aus persönlichen Gründen beendeten wir 1999 unsere Zusammenarbeit, und jede und jeder von uns ging wieder den eigenen Forschungsschwerpunkten nach. Ich widmete mich fortan viele Jahre den Fortbildungen des Body-Mind Centering®. Meine langjährige Lehrerin in dieser Methode, Friederike Tröscher, beschreibt diese Methode folgendermaßen: »Body-Mind Centering (BMC) beschäftigt sich mit den dynamischen Zusammenhängen von Körper und ›Mind‹ (Geist, Bewusstsein, Gedanken, Gefühle).

Dabei ist BMC weniger ›Technik‹, sondern mehr Methode und Herangehensweise. Die beiden großen Bereiche der Arbeit umfassen die Systeme des Körpers mit ihren unterschiedlichen Geweben und den Prozess der frühkindlichen Bewegungsentwicklung.

Durch angeleitete Somatisationen, Bewegung und Berührung wird die eigene Wahrnehmung geöffnet und vertieft. Immer feiner können Bewegungen der Gewebe und Bewegungsmuster gespürt und in den Ausdruck gebracht werden. Ein tiefer Respekt vor den endlosen Ausdrucksformen des Lebens, die Akzeptanz von all dem, was wir nicht wissen und die Bereitschaft zur Begegnung sind wesentliche Merkmale im BMC. Wie frei der Bewegungsfluss ist, wie ungehindert der Ausdruck, wo Unterbrechungen oder zurückgehaltene Potenziale sind, kann dabei herausgefunden und in Bewegung gebracht werden. BMC öffnet den Zugang zu der uns innewohnenden Intelligenz und bietet Wege für tiefgreifende Veränderung.«[1]

Nach meiner Grundausbildung im Body-Mind Centering® schloss ich eine weiterführende Ausbildung in »BMC und Yoga« an. Danach war klar, dass ich zum Lehren des Yoga der Energie zurückkehren musste, denn in den fast zehn Jahren, in denen ich BMC lernte, wurde mir deutlich, dass es genau dieser Zugang ist, der uns mit der uns innewohnenden Intelligenz in Kontakt bringt und der im Hatha-Yoga zutiefst angelegt ist. Ich hatte nun weitere Möglichkeiten entdeckt, mich mit Menschen auf den Weg zu machen, um die Beziehung zwischen ihrem Bewusstsein und ihrem »Körper-Sein« auf eine berührende, verständliche und umsetzbare Weise zu entdecken. Mir wurde klar, dass genau das das Anliegen des Yoga der Energie ist: die Yogapraxis aus dem inneren Erleben heraus auf authentische Weise zu gestalten.

Damit das möglich wird, braucht es Kenntnis und Einsicht in die feinstofflichen Konzepte des Yoga der Energie. Sie folgen der sehr viel älteren Lehre von den verschiedenen »Hüllen« (Koshas), aus denen sich jedes menschliche Wesen zusammensetzt.

Dies sind vom Grobstofflichen zum Feinstofflichen:

- die aus Nahrung gemachte Hülle (Anna-Maya-Kosha),
- die aus Energie gemachte Hülle (Prana-Maya-Kosha),
- die aus dem individuellen Geist gemachte Hülle (Mano-Maya-Kosha),
- die aus dem unterscheidenden Bewusstsein gemachte Hülle (Vijnana-Maya-Kosha) und
- die aus Glückseligkeit bestehende Hülle (Ananda-Maya-Kosha).

Alle Hüllen wirken aufeinander ein, wobei in der Regel die feinere Hülle auf den Zustand der »grobstofflicheren« Hülle einwirkt, so wie etwa unser (Nahrungs-)Körper auf unseren energetischen Status reagiert und ihm Ausdruck verleiht.

Zur Gliederung dieses Buches

Seit 2017 biete ich eine vierjährige Ausbildung in den klassischen Methoden des Hatha-Yoga an. Jedes Ausbildungsmodul im Yoga der Energie widmet sich dabei der Entdeckung einer der Koshas und ihres Zusammenspiels:

- Das erste Ausbildungsjahr bzw. das erste Modul widmet sich der Erfahrung der Polaritäten, die wir verkörpern (links – rechts / oben – unten / vorne – hinten) und ihrem Zusammenspiel und energetischen Ausgleich (= dem Zusammenspiel von Anna- und Prana-Maya-Kosha).
- Das zweite Modul widmet sich der Erforschung der inneren Räume (des Becken-, Bauch-, Brust- und Stirnraums und des Scheitels) und der Erfahrung eines jeden dieser Räume als Ausdruck einer bestimmten Form der Energie (= dem Zusammenspiel von Anna-, Prana- und Mano-Maya-Kosha)
- Das dritte Modul widmet sich der Erforschung der großen Lebensthemen, die diesen Räumen zugeordnet sind mithilfe der Konzepte der Chakras (= dem Zusammenspiel von Anna-, Prana-, Mano- und Vijnana-Maya-Kosha).
- Im vierten Modul werden die Lehren des *Vijnana Bhairava Tantra,* eines der wichtigsten Grundlagentexte des Tantra, erforscht. Die Meditationen, die uns in diesem Text überliefert worden sind, geben die Ausrichtung für die Übungspraxis vor, die nun alle Techniken des Hatha-Yoga umfasst, vor allem aber die Erfahrung von Mudra. Diese Techniken gründen tief im feinstofflichen Körper und eröffnen einen natürlichen Weg in die Glückseligkeit (Ananda) (= dem Zusammenspiel von Anna-, Prana-, Mano-, Vijñana- und Ananda-Maya-Kosha).

Gemäß dieser Ordnung, die in ihren zahlreichen Verbindungen ein harmonisches Gewebe bildet, werde ich hier im Buch die Konzepte darstellen, auf denen die Übungspraxis des Hatha-Yoga bzw. des Yoga der Energie basiert.

Gleichzeitig soll dieser Yogaweg in den Kontext der Lehren gestellt werden, die ihm vorausgegangen sind und in denen er gründet. Das gilt im Besonderen für die allgemein in Yogakreisen noch weitgehend unbekannten Lehren des Tantra. Sie beschreiben einen mystischen Weg, um das Absolute oder Gott in Form von Bewusstsein (Shiva) und Energie (Shakti) im eigenen innersten Sein auf allen Ebenen (vermittelt durch alle Koshas) erfahrbar zu machen.

Es geht mir darum, den Hatha-Yoga / den Yoga der Energie als einen vollkommenen Übungsweg darzustellen, der gleich einer Leiter mit den untersten Sprossen (der sogenannten »Körperarbeit«) beginnt und der uns auf den höchsten Sprossen bis in die höchsten Erfahrungen meditativer Freude und Glückseligkeit führen möchte.

Entsprechend ist das Buch in folgende Hauptkapitel gegliedert:

1. Einführung in den Weg des Hatha-Yoga bzw. des Yoga der Energie, einschl. einem Überblick über wichtige Yogakonzepte
2. Einführung in die Lehren des Tantra, in der wir uns mit den Grundgedanken des Tantra vertraut machen
3. Einbettung des Hatha-Yoga in den kaschmirischen Tantrismus und seine Bedeutung für den heutigen Yoga
4. Energiekonzepte des Hatha-Yoga
5. Die feinstoffliche Anatomie des Yoga und vor allem des Hatha-Yoga
6. Yoga der Energie als ein ganzheitlicher Übungsweg des Hatha-Yoga

In einem abschließenden Kapitel betrachten wir dann ausgewählte Yogatechniken im Fokus der fünf Koshas.

Wenn wir beginnen, den Hatha-Yoga bzw. den Yoga der Energie auf diese Weise und mit dieser Perspektive zu üben, dann wird er zu einem Teil unseres Lebensweges, auf dem es nichts Besonderes zu erreichen, aber sehr viel zu erfahren gibt. Es ist ein Weg, der so reich und komplex ist, dass eine Lebensspanne nicht ausreichen kann, um ihn zu ergründen. Ist man erst einmal auf diesen Erfahrungsweg eingeschwenkt, gibt es Schicht um Schicht immer Neues zu entdecken – im eigenen Sein, in den Mitmenschen, in der Natur und der Welt, dem Kosmos an sich.

Es ist ein Weg der Selbsterforschung, der Selbsterfahrung, der Bewusstwerdung und der Klärung. Und es ist auch ein Weg, der die Menschen, die ihn gehen, in besonderer Weise nährt.

Ich bin dankbar und voller Freude, ihn nun vorstellen zu dürfen.

Zum Entstehungsprozess dieses Buches

Ich habe im Laufe der vier Ausbildungsjahre für jedes Wochenende auf der Grundlage der Transkription der Sprachaufzeichnungen aller Vorträge und Übungssequenzen ein Protokoll geschrieben, das immer um die 60 Seiten umfasste. So entstanden im Laufe der Zeit ca. 1300 Seiten Text.

Dabei ergab es sich ganz natürlich, dass jedes Protokoll die zunehmende Komplexität der Lehrinhalte abbildete und sich daraus im Laufe der vier Jahre eine dichte Vernetzung der Themen ergab.

Deswegen wirst du als Leser*in immer wieder kleine Überschneidungen und Wiederholungen finden, da auch im Laufe der Ausbildung Themen immer wieder aufgenommen, vertieft oder von einer anderen Perspektive aus betrachtet wurden.

Mein Unterricht und dieser Text bilden damit ein Prinzip ab, das in der traditionellen Lehre des Yoga in Indien weitverbreitet ist – und zwar das »Umkreisen« von Themen.

Ich bevorzuge diesen Unterrichtsstil, denn er lässt den Teilnehmer*innen, und jetzt hier den Leser*innen, viel Raum für das eigene Reflektieren der angebotenen Themen und bietet immer eine Vielzahl von Blickwinkeln an, die sich natürlicherweise über die Jahrhunderte entwickeln konnten. Ich hoffe, dass der Schreibstil, der sich daraus für mich ergeben hat, dich gewissermaßen lesend »zum Hinhören« einlädt und so ein innerer Dialog entsteht, der einen entspannten und offenen Kontakt mit dem Wissen ermöglicht.

1 Einführung in den Weg des Hatha-Yoga und ein kurzer Gang durch die Entwicklung der Yogakonzepte

Um das System und die Konzepte des Hatha-Yoga verstehen zu können, ist es hilfreich zu wissen, worin die Lehren des Yoga im Allgemeinen und die des tantrischen Hatha-Yoga im Besonderen gründen. Jeder Abschnitt der Entwicklung und Entfaltung der Yogalehre über die Jahrtausende hinweg sagt uns zudem etwas über die spannende Frage, wie sich die Beziehung zwischen dem Individuum und dem Wissen *an sich* (Vidya) gestaltete.

Die Art und Weise, wie sich diese Beziehung über einen so langen Zeitraum entwickelt hat, zeigt auch gleichzeitig den Weg der Konzepte, mit denen wir heute im Yoga unterwegs sind und die uns – trotz ihres Alters – immer wieder erfahren lassen, wie unverändert hilfreich, förderlich und unterstützend sie bis in die heutige Zeit sind.

Die Anfänge des Yoga

Man geht heute davon aus, dass das Wissen des Yoga schon seit undenklicher Zeit mündlich überliefert wurde, weshalb die frühen Texte auch der Tradition der Shruti (= das Gehörte) zugeordnet werden. Gesicherte schriftliche Überlieferungen liegen uns seit ca. 3500 Jahren vor.

Es wird jedoch immer wieder von einigen Indolog*innen und vor allem indischen Yogameistern behauptet, dass das Wissen des Yoga schon seit mehr als 5000 Jahren vermittelt werde und dass es seine Wurzeln in der Industal-Kultur habe. Diese Annahme ist aber (noch) nicht gesichert, ganz einfach, weil wir noch viel zu wenig über die Industal-Kultur wissen. Aktuell sind erst ca. 25 Prozent der Artefakte im heutigen Pakistan ausgegraben, was sich wegen der politischen und wirtschaftlichen Lage in den Regionen, in denen die frühen Hochkulturen gründeten, auch nicht so schnell ändern wird. Bei den bisherigen Ausgrabungen wurden Städte entdeckt, die von einer äußerst fortschrittlichen Stadtplanung zeugen, aber man hat bis jetzt noch kein einziges Gebäude gefunden, was deutlich macht, welcher Kult bzw. welche Religion in einer Stadt wie Mohenjo-daro[2] ausgeübt wurde. Auch sind die schriftlichen Zeugnisse noch nicht einmal ansatzweise entschlüsselt. Das bedeutet, dass wir über das religiöse und spirituelle Leben dieser frühen Hochkultur bis jetzt noch so gut wie gar nichts wissen und auch nicht wissen können!

Die vedische Zeit

Erst ab der vedischen Zeit (ab ca. 1500 v. Chr.) liegen uns mit den Texten der *Veden* schriftliche Zeugnisse in Sanskrit vor, die wir übersetzen und verstehen können.

Veda heißt Wissen. Es wurde in vier Texten zusammengefasst: dem *Rig-Veda,* dem *Sama-Veda,* dem *Yayur-Veda* und dem *Atharva-Veda.* In ihnen ist das gesamte religiöse und weltliche Wissen der Zeit in Form von Hymnen an die Götter des vedischen Pantheons, in Liedern, Opferformeln und Ritualanweisungen zusammengefasst. Wir erfahren in diesen Texten viel über die Art und Weise, wie Menschen in dieser frühen Zeit versucht haben, sich mit dem Absoluten in Beziehung zu setzen.

Die Frühmenschen waren noch komplett mit ihrem Überleben beschäftigt und hatten dabei bereits die Fähigkeiten für einen intelligenten Umgang mit der Lebenswelt und für die bewusste Anpassung, für das Lernen und die Weitergabe von Wissen (Werkzeuggebrauch und -herstellung usw.).

Doch im Laufe der Zeit begann der Mensch auch darüber nachzudenken, wo er herkommt, wie seine Stellung in der ihm bekannten Welt ist, und er begann sich vor allem die zutiefst menschliche Frage zu stellen: Wer bin ich? Warum bin ich anders als die Tiere? Was ist Tod? Was ist Geburt? Dies führte zu einem unglaublichen qualitativen Sprung in der Art, wie sich die Beziehung des Menschen zur Welt gestaltete. Die Menschen wollten nun mehr nachdenken, sie wollten wissen, sie wollten erkennen und einordnen.

In dieser Zeit sind die Texte der Veden entstanden – wie gesagt, hauptsächlich Gesänge und Anweisungen für Rituale. Sie gaben Anweisungen und setzten Strukturen, wie ein Mensch mit dem Absoluten – hier den Göttern des vedischen Pantheons wie Agni (Feuer), Vayu (Wind), Indra (Blitz), Surya (Sonne) und Soma (der Verwalter der gleichnamigen Lebenskraft – in Beziehung treten konnte, um es – bzw. sie – günstig zu stimmen. Das Absolute war für den Menschen dieser Zeit alles das, was er als größer als sich selbst erfuhr, und das waren vor allem die Kräfte der Natur, denen er sich als Viehzüchter oder (Garten-)Bauer ausgeliefert sah.

Es war auch die Zeit, in der die Menschen begannen, sich anders in der Natur zu verorten. Einerseits war es ihnen offensichtlich, dass sie den Kräften der Natur ausgeliefert waren, die immer wieder aufs Neue Überraschungen für sie bereithielt und so eine stete Anpassung erforderte.

Andererseits erschufen sich die Menschen mit ihrer Sichtweise auf das Wesen und die Wirkweise der frühen vedischen Götter Konzepte des Göttlichen, die wir heute in ihrer Form und Struktur als eine Möglichkeit des In-Beziehung-Tretens verstehen, denn sie ermöglichten es den Menschen, mit diesen Kräften zu »verhandeln«.

Sie taten das, indem sie diesen Kräften, denen sie in Form der Götter eine Gestalt gaben, Opfer darbrachten, um sie gnädig zu stimmen. Im Laufe der Zeit kam sogar die Vorstellung auf, dass die Menschen, wenn sie besonders reiche Opfergaben (z. B. das »1000-Pferde-Opfer«) darbrachten, die Götter gewissermaßen in Zugzwang bringen könnten, damit sie den Menschen ihrerseits ein Übermaß an Gunst gewährten.

Später entwickelte sich aus dem vedischen Pantheon, dessen Göttergestalten von den indoeuropäischen Eroberern aus den vorderasiatischen Steppen mitgebracht worden waren, die drei Hochgötter der »hinduistischen Trinität«, die die Kräfte des Erschaffens (Brahma), des Erhaltens (Vishnu) und des Wandels bzw. der Zerstörung (Shiva) symbolisieren.

Dadurch wurde es den Menschen möglich, nun nicht nur mit den reinen Naturkräften, sondern auch mit den Prinzipien der Schöpfung, des Bewahrens und des Wandels zu kommunizieren.

Durch das Opfern in Form von Ritualen, Gebeten oder bestimmten Verhaltensweisen (z. B. dem Üben von Askese) entstand so ein Raum, in dem die Menschen die Beziehung zum Göttlichen bewusster gestalten lernten.

Zunächst opferten sie vor allem auf einer materiellen Ebene alles, was ihnen wichtig war. Die Könige waren zuständig dafür, dass die Opferfeste bedeutend und wirkmächtig waren, damit ihr Volk sich sicher fühlen konnte, wenn z. B. eine Dürre oder Überschwemmung drohte. Wirklich neu in der Gestaltung dieser Beziehung war die schon erwähnte Vorstellung, dass durch bestimmte Gaben oder Handlungen die Götter gezwungen werden könnten, eine bestimmte Gunst zu gewähren. Die Mythen berichten immer wieder über solches Handeln. Ein Beispiel dafür ist die Askeseübung Bhagiratthas, der hundert Jahre auf einem Bein stand und dadurch die Götter dazu zwingen konnte, den himmlischen Fluss Ganges auf die Erde zu lenken.

Für die normalen Menschen, die ein Anliegen an die Götter hatten, galt jedoch, dass sie sich an die Priester wenden mussten, um durch sie mit den Göttern in Kontakt zu treten. Diese hatten sich selbst seit frühester Zeit als die einzig berechtigten Vermittler zwischen dem Göttlichen und den Menschen eingesetzt. Sie agierten in dieser Rolle sowohl für die einfachen Menschen als auch für die Herrscher.

Allein die Priester (Brahmanen) wussten, mit welchen Gebeten und Opferritualen – den Pujas – die Götter zu erreichen waren. So entstand bereits in der Frühzeit in Indien eine unglaublich genaue, vielfältig ausgearbeitete und differenzierte Ritualisierung der Kommunikation mit dem Göttlichen, die bis heute genutzt wird.

Im Laufe der Zeit wurde daraus eine ganze Wissenschaft entwickelt und in den *Veden* niedergelegt. Die Brahmanen waren die Einzigen, die Kenntnis hatten vom richtigen Umgang mit dem Göttlichen. Sie – und nur sie – kannten die Gesänge, die Abfolge der Rituale, die richtigen Gebete und Gaben. Und vor allem kannten sie die richtige Sprache, um die Götter anzusprechen: die heilige Sprache Sanskrit!

Die Brahmanen hüteten ihr Wissen wie einen Schatz, und so wurde es »geheimes Wissen«, zu dem nur sie Zugang hatten und das so in den Familien von Generation zu Generation mündlich weitergegeben wurde. Brahmanen stellten und stellen ihr Wissen und ihre »Dienstleistungen« seit jeher gegen Bezahlung zur Verfügung. Jeder Tempel ist so im Grunde genommen ein Wirtschaftsunternehmen, von dem die brahmanischen Familien leben, die diesen Tempel unterhalten und sich tagtäglich dort um die Götter kümmern. Deswegen achten bis heute die Brahmanen peinlich genau darauf, dass sie auch für kleinste Dienste gehörig bezahlt werden.

So war der direkte Zugang zum Göttlichen den Menschen über lange Zeit in jeder Beziehung versperrt. Sie wurden in Unkenntnis gehalten, zum einen (sehr grundlegend), weil nur Brahmanen Sanskrit lernen und die heiligen Texte lesen durften, und zum anderen, weil sie die Menschen zutiefst davon überzeugten, dass nur sie wussten, wie man mit dem Göttlichen auf eine angemessene und Erfolg verheißende Weise in Kontakt treten kann. Dadurch begründete die Kaste der Brahmanen ihre bis heute weitgehend ungebrochene Macht.

Zu bedenken ist auch, dass die Antworten, die der Brahmane dem Menschen auf seine Fragen gibt, gefiltert sind. Sie sind gefiltert durch eine ritualisierte Sprache, durch Konzepte und durch Machtinteressen.

Man kann sich also gut vorstellen, dass die wesentlichsten Fragen der Menschen – Wer bin ich? Wo komme ich her? Wo gehe ich hin? – auf diese Weise *nicht* beantwortet werden *konnten*!

Die Beziehung des Menschen zum Göttlichen blieb deshalb immer einseitig (eine Art Einbahnstraße), und die Menschen wendeten sich vorrangig an ein Konzept (z.B. das von Vishnu als Erhalter und Bewahrer) und nicht an etwas, was ihnen direkt erfahrbar war. So blieb das Göttliche so etwas wie eine riesige Projektion, an die die Menschen sich wandten und hofften, dass jenes in das Universum und die Natur hinein projizierte Konzept ihnen Antworten gab.

Im Laufe der Jahrhunderte verstanden aber immer mehr Menschen, dass das nicht funktionieren kann, und empfanden diese Form für ein so essenzielles In-Beziehung-Treten zunehmend als unbefriedigend, denn sie blieben immer – egal wie viel sie zahlten oder wie viele Pferde sie opferten – auf ihren tiefsten Fragen sitzen. Und dieses Unvermögen war es, was schließlich einen bedeutenden Paradigmenwechsel bewirkte.

Die Zeit des *Vedanta* und der *Upanishaden*

Was wir in den folgenden Jahrhunderten, in der Zeit des »vierten Vedas« – dem *Vedanta* –, beobachten können, ist ein großer Prozess der Verinnerlichung. Damit kam der Mensch als gestaltendes Individuum ins Spiel. Alles wurde nach innen genommen: das göttliche Prinzip und auch das Opfer.

Die Texte, die uns davon berichten, sind die *Upanishaden.* Sie sind uns überliefert ab ca. 750 v. Chr. (mit der *Brihadaranyaka-Upanishad* und wahrscheinlich auch der *Isha-Upanishad*).

Der Begriff »Upanishad« beschreibt sehr gut, was sich da in der Beziehung der Menschen zu Vidya – dem Wissen – veränderte, denn er bedeutet »nahe sitzen« (beim Guru!).

Rolle des Guru

Was ist zu dieser Zeit mit dem Titel »Guru« gemeint? Es meinte einen Menschen brahmanischen Ursprungs, der in einem Haus mit seiner Familie lebte, der Tiere (Kühe) hielt und ein wenig Landwirtschaft betrieb (Anbau von Bananenstauden, Papayabäumen, Kokospalmen u. Ä.). Der Guru lebte also ein ganz normales Leben als »Haushälter«. Gemäß der damaligen Tradition sammelte er täglich eine Schar heranwachsender Jungen um sich, um sie zu belehren – oft unter einem Banyanbaum vor seinem Haus, wo sie ganz dicht bei ihm saßen.

Diese Jungen (aus der Kaste der Brahmanen und der Krieger) wurden von ihren Eltern in der Regel mit Beginn der Pubertät in das Haus des Gurus gebracht, wo sie dann viele Jahre mit dessen Familie lebten. Der Guru war dadurch für sie so für eine lange – und prägende – Zeit wie ein Ersatzvater.

In den täglichen Zusammenkünften wurden die Texte der *Veden* und der sich herausbildenden *Upanishaden* gelernt, indem sie gemeinsam rezitiert und dann vom Guru erläutert wurden.

Anschließend gab es Gesprächsrunden, wodurch die jungen Menschen auf dem Weg in ihr Leben Gelegenheit hatten, Fragen zu stellen.

In der Zeit der *Upanishaden* ging es zunehmend um Kommunikation, um das Fragen und Hinterfragen, was sich auch ganz deutlich in der Struktur der Texte zeigt, die durchgängig in Dialogform gehalten sind.

Der Wissensaustausch in Form von Dialogen betraf nicht nur die Schüler, sondern auch den Lehrer! Die Fragen der Schüler konnten Themen ins Spiel bringen, über die auch der Lehrer noch nicht nachgedacht hatte und die ihn selber dann zum Hinterfragen und Nachdenken anregten. Es entstand dadurch eine horizontale Kommunikationsebene (im Gegensatz zu der vollkommen vertikalen in der vedischen Zeit), mittels derer eine Atmosphäre geschaffen wurde, die es überhaupt erst möglich machte, die Lehren des Yoga zu vermitteln.

Die großen Fragen des Lebens – Wer bin ich? Wo komme ich her? Wo gehe ich hin? Wie gestalte ich mein Leben? – konnten nun in einer solchen Atmosphäre diskutiert werden – und es ließen sich Antworten darauf finden.

Das Konzept des Selbst

In der Zeit der *Upanishaden* wurde, wie gesagt, vieles verinnerlicht, allem voran und am wesentlichsten: das göttliche Prinzip. Es war die Zeit, in der das Konzept des Selbst (Atman) entwickelt wurde.

Atman, das Selbst, wurde in eine unmittelbare Beziehung zu Brahman, dem Absoluten, gesetzt, und zwar dergestalt, dass Atman als der individuelle Ausdruck des Absoluten gesehen wurde. Anders ausgedrückt:

Brahman = das absolute Selbst

Atman = das individuelle Selbst

Ab der Zeit des *Vedanta* bzw. der *Upanishaden* wurde davon ausgegangen, dass sich das göttliche Prinzip (Brahman) in das Individuum hineinsenkt und in ihm – als Atman – eine Ausdrucks-, Gestaltungs- und Daseinsmöglichkeit findet.

Brahman an sich ist in dieser Vorstellung formlos und vollkommen unkonditioniert, es ist reines Bewusstsein.

Brahman wird über Atman – das Selbst des Menschen – erfahrbar.

Dieses Wissen wurde niedergelegt in den »Großen Sätzen« – den Mahavakyas. Sie sind die Kernaussagen des *Vedanta*. Hier einige von ihnen:

- Atman = Brahman
- Tat tvam asi = DAS bist du (Chandogya-Upanishad)
- Soham = ich bin DAS

Die Aussagen dieser Mahavakyas beziehen sich auf die bereits erwähnten essenziellen Fragestellungen der Menschen – Wer bin ich? Wo komme ich her? Wo gehe ich hin? – und klären diese unmittelbar.

In der *Chandogya-Upanishad* entspinnt sich folgender Dialog zwischen einem Vater und seinem Sohn Svetaketu, der gerade von einem jahrelangen »Retreat« bei seinem Guru in sein Elternhaus zurückgekehrt ist. Der Vater fragt ihn, was er gelernt hat, z.B., ob er wisse, wo die Menschen hingehen, wenn sie sterben, und von wo sie kommen, wenn sie geboren werden. Der Sohn weiß keine Antwort.

Da bittet der Vater den Sohn, ihm vom nahe gelegenen Banyanbaum eine Frucht zu bringen und sie dann zu zerschneiden. Der Vater fragt Svetaketu: »Was siehst du?« Der Sohn antwortet: »Ich sehe Samen.«

Der Vater bittet ihn, nun einen Samen zu zerteilen, und fragt ihn wieder: »Was siehst du?« »Eigentlich nichts!«, erwidert Svetaketu.

Der Vater fragt nun: »Wenn da nichts zu sein scheint, wie kann es sein, dass der ganze große Banyanbaum in diesem Samen steckt?« Der Sohn kann auch diese Frage nicht beantworten und muss zustimmen, dass der große Baum aus dem winzigen Samen entsteht.

Der Vater erläutert ihm nun, dass das Wesentliche, das Formlose, die Kraft in diesem Samen verborgen ist – gerade so, wie das Selbst in den Menschen verborgen ist. Er deutet auf den Samen und sagt: »Tat tvam asi – DAS bist du!« Er erklärt seinem Sohn damit nicht nur, was ihn im Wesentlichen ausmacht (sein Atman = Tat = DAS), sondern dass es auch das ist, was das Unzerstörbare ist, das nach dem Tod bleibt und aus dem sich neues Leben bildet – denn Atman *ist* Brahman, das Absolute, der Urgrund allen Seins.

Wenn also die Menschen mit ihrem Atman Bestandteil des Brahman sind, dann brauchen sie auch nicht mehr in einen Tempel zu gehen, um mittels hoch komplizierter, teurer Rituale, die sie ausführen lassen müssen und die in einer Sprache formuliert sind, die sie nicht verstehen, in Kontakt mit dem Absoluten / dem Göttlichen zu treten.

Die Menschen konnten sich nun selber *in sich* mit dem Absoluten direkt verbinden und auf diese Weise eine innige, nahe und sehr persönliche Beziehung zum Göttlichen herstellen.

Die *Upanishaden* widmeten sich dem Thema des Selbst in vieler Hinsicht, und sehr viele der upanishadischen Texte sind der Beschreibung (besser: Umschreibung) eben dieses Selbsts gewidmet.

Das Selbst wird beschrieben als formlos und vor allem völlig unabhängig von jeder Form. Es wird beschrieben als ohne Anfang und Ende, als etwas, das – sich selbst genügend – immer weiter besteht: unverletzbar, unzerstörbar!

Dieses Konzept und diese Lehre wurden zur Kernbotschaft des Yoga bis in die heutige Zeit!

Daraus ergeben sich weitere Erkenntnisse, von denen die *Upanishaden* berichten, z. B., dass dann, wenn ein Mensch in Kontakt mit seinem eigenen Selbst/Atman kommt, er in der Lage ist, es auch in allen anderen Menschen zu sehen: »Erkennst du es in einem, erkennst du es in allen!«

Advaita Vedanta und das Konzept der Koshas

Damit wird auch das erste Mal die Vorstellung möglich, dass alle Wesen durch ein großes Netzwerk – Brahman, das Absolute – miteinander verbunden sind. Später, im Tantra, wurde dieser Gedanke des Advaita – der Nicht-Zweiheit – wieder aufgenommen als das Konzept der untrennbaren Verbundenheit von Bewusstsein und Energie bzw. von Shiva und Shakti.

In der Zeit der *Upanishaden* wurde übrigens auch das Konzept der Koshas – der Hüllen – entwickelt und das erste Mal beschrieben, das ich im Vorwort schon kurz eingeführt habe und das für die Ausformung der Übungspraxis des Hatha-Yoga von großer Bedeutung ist.

Kurz gesagt lässt sich das Zusammenspiel der Koshas so darstellen: Die äußerste Hülle ist der Nahrungskörper (Anna-Maya-Kosha), der durchdrungen ist vom Energiekörper (Prana-Maya-Kosha). Diese beiden wiederum sind durchdrungen von den beiden Schichten des geprägten und des differenzierenden

Mentalkörpers (Mano-Maya-Kosha und Vijnana-Maya-Kosha). Wenn alle diese Hüllen vom Bewusstsein durchdrungen sind, wird offenkundig, dass alle diese Hüllen vom Atman belebt sind – und daraus entsteht der Zustand der Freude – Ananda –, die die innerste Hülle erfüllt (Ananda-Maya-Kosha). Ananda scheint auf, wenn ein Mensch wirklich ganz tief versteht, dass das, was ihn im Innersten ausmacht, dieser Atman ist – dieses unzerstörbare Selbst. Der Atman belebt von innen heraus alles – und wenn die äußeren Hüllen am Ende des Lebens vergehen, dann bleibt der Atman übrig.

Konzepte des Brahman – Atman und Purusha – Prakriti

Die Lehren des Tantra sind wie ein Dach, unter dem sich sehr viel von dem Wissen und den Konzepten sammelte, die in den Jahrhunderten davor entwickelt worden waren. Da Wissen und die darauf beruhenden Konzepte ständig am Alltag überprüft werden, ist es normal, dass sie inhaltlich ständig an eine sich veränderte Wirklichkeit und an die damit verbundenen sich erweiternden Erkenntnismöglichkeiten angepasst wurden, wobei die Begriffe selbst jedoch sehr oft unverändert blieben.

Für uns moderne Menschen ist es oft etwas verwirrend, wenn auf diese Weise Schlüsselbegriffe des Yoga ihre Bedeutung verändern, wie es zum Beispiel bei den Begriffspaaren Brahman – Atman und Purusha – Prakriti der Fall ist. Deswegen werden wir jetzt die Konzepte, die diesen Begriffen zugeordnet sind, etwas genauer betrachten.

Das Konzept von Atman – Brahman ist grundlegend für fast alle Yogarichtungen. Es entstammt der hinduistischen Philosophie.

Wir finden es in den *Upanishaden*, der Bhagavadgita und im Advaita Vedanta.

Brahman

Das Brahman[3] stellt eine unveränderliche, stabile Entität dar. Es wird als eine absolute und unwandelbare Weltenintelligenz beschrieben, aus der heraus das Universum entstanden ist.

Das Brahman ist ein unpersönliches Konzept des Göttlichen, das keinen Schöpfer und keinen Lenker beinhaltet. Es ist der Urgrund des Seins, ohne Anfang und ohne Ende.

Und doch bildet es den gedacht chronologischen Anfang allen Seins. Denn dies – ein Anfang –, so die Philosophen der *Upanishaden,* ist die notwendige Voraussetzung dafür, dass alles Materielle und Geistige überhaupt erst entstehen kann.

Obwohl attributlos, wird Brahman doch als Sat-Chit-Ananda (Sein-Bewusstsein-Glückseligkeit) beschrieben. Wie sonst, so die frühen Überlegungen, hätte es selbst Bewusstsein erzeugen können?

Demnach kann Brahman auch nicht gänzlich als substanzlos bezeichnet werden. Denn geht man davon aus, dass es Materie hervorbringen kann, muss es selbst Substanz – wenigstens Bewusstseinssubstanz in Form von Schwingung – besitzen.

Brahman ist omnipräsent, in Geist und Materie, als unsichtbare, unhörbare und undenkbare Kraft.

Es ist auch das Unsterbliche, das über den Göttern steht. Mit dem Konzept des Brahman wird ein monistischer Ansatz erkennbar, der dem hinduistischen Polytheismus mit seinem unübersehbaren Götter- und Göttinnenhimmel entgegentritt.

Gleichzeitig kann dieses Konzept jedoch auch eine theistische Ausprägung erhalten, wenn im hinduistischen Glaubensleben die jeweiligen bevorzugt verehrten Götter und Göttinnen als das höchste Brahman gelten. Dies geschieht, indem sie personalisiert werden. Brahman wird dann zum Ishvara = dem inneren, persönlichen Gottesbild. So stellt für Anhänger von Shiva dieser als Parashiva (para = alles transzendierend) das Brahman dar, für Anhänger der Göttin Devi ist eine ihrer Formen das Brahman, während Vishnu-Verehrer diesen als das höchste Brahman betrachten.

Die *Upanishaden* beschäftigen sich intensiv mit der Definition des Begriffes, so erklärt ein viel zitierter Spruch in Sanskrit:

»*Sarvam Khalvidam Brahma* – wahrlich, alles ist Brahman.« Chandogya-Upanishad (3.14.1)

Atman, ein Ausdruck von Brahman

Die indogermanische Sprachwurzel von Atman ist im deutschen Wort »Atem« wieder erkennbar. Atman ist identisch oder ein Ausdruck von Brahman, der »Weltseele«, welche in jedem Menschen und in jedem Wesen wohnt. Die alten Quellentexte sind sich einig, dass dies das wahre Selbst des Menschen sei, das bei allen Wahrnehmungen, Gedanken und Gefühlen unverändert bleibt. So kann Atman und Brahman als ein einziges Prinzip betrachtet werden. Beide sind eine stabile, sich nicht durch äußere oder innere Bewegungen und Bedingungen verändernde Entität.

Diese Einheit von Brahman und Atman repräsentiert das Wesen der Welt: als Brahman in der Gesamtheit, als Atman in jedem Einzelnen. Als Seele hingegen wird im hinduistischen Konzept die individuelle Persönlichkeit verstanden, die in unserem Kulturraum zumeist als »Psyche« bezeichnet wird.

Die Seele (Sanskrit: Jiva) umfasst alle Empfindungen, Emotionen und Konzepte unserer Gesamtheit als körperliches und geistiges Individuum.

Die Seele umhüllt den Atman auf der Basis der Koshas. Dadurch bleibt Atman meistens verborgen. Die Seele wird mit all ihren in diesem Leben gesammelten Eindrücken wiedergeboren und reift, indem sie den Kreislauf der Existenzen angetrieben durch »karmische Winde« durchläuft. Von all diesen Dynamiken bleibt Atman jedoch unberührt, er muss nicht befreit oder wiedergeboren werden. Atman ist und bleibt auf ewig frei. In der Erleuchtung (also dann, wenn dem Menschen »das Licht aufgeht«) vereinigt sich in seiner Erfahrung Atman mit Brahman. Das individuelle Selbst (Atman) kehrt wie eine Welle zurück in seinen ozeanischen Urgrund (Brahman), in seine Heimat, zur Quelle allen Seins. Dies ist das höchste Ziel des Yoga.

Sehr schön ist diese Erfahrung in der Chandogya-Upanishad (3.14) formuliert:

»Dieser ist mein Atman im inneren Herzen, kleiner als ein Reiskorn oder Gerstenkorn oder Hirsekorn oder eines Hirsekornes Kern. Dieser ist mein Atman im inneren Herzen, größer als die Erde, größer als der Himmel, größer als die Welten. [...] Der Allwirkende, Allwünschende, Allriechende, Allschmeckende, dies All in sich Fassende, Wortlose, Achtlose, dieser ist meine Seele im inneren Herzen, dieser ist das Brahman, zu dem werde ich, von hier abscheidend, eingehen. Wem solches ward, fürwahr, für den gibt es keinen Zweifel.«

Es gehört zum Wissen der Menschheit, dass es etwas in uns gibt, das mehr ist als die Person. In dem ganzen sich ständig ändernden Gewusel unseres Lebens gibt es eine unveränderliche, stabile universelle Intelligenz in uns. Dies nennen die Yogis Atman.

Atman ist frei von allem, was unsere Person ausmacht, frei von Alter, Geschlecht, Familie, Beruf, Hobby, Erfahrung, frei von allem, von dem wir sagen oder empfinden, dass das »Ich« sei.

Atman ist das, was bleibt, wenn alle individuellen Bezüge wegfallen. Selbst im Koma ist Atman vorhanden. Atman ist in sich selbst stabil, stets gegenwärtig, ruhig und beständig. Wenn wir Atman finden, so haben wir das Eigentliche in uns selbst gefunden, dort können wir verweilen.

Wenn wir Atman in uns entdecken oder freilegen, so können wir es auch in anderen entdecken, denn es ist in allem und jedem anwesend. Durch diese Erkenntnis öffnen sich die Tore für Mitgefühl und Verbundenheit, wir vernetzen uns, und die Wir-Intelligenz entfaltet sich.

Atman entsteht also aus Brahman, dem Absoluten, der universellen Intelligenz, die alles regelt.

Purusha und Prakriti

Der Begriff *Purusha* bedeutet »Mann, Mensch, Menschheit«, aber auch »Urseele«. Er findet sich das erste Mal in den Veden und bezeichnet dort ein Urindividuum, aus dem die Welt entsteht.

Später wandelte sich diese mystische Wesenheit und wurde vor allem in der dualistischen Sichtweise des Samkhya als ewiger, metaphysischer Weltgeist verstanden, der als *Bewusstsein an sich* (Sanskrit: Chit) immer in sich ruht.

Das Sanskritwort *Prakriti* bedeutet »Natur«, aber auch »Urmaterie«. Aus ihr geht die gesamte sichtbare Welt hervor, aber auch alle Eigenschaften der Welt (die drei Gunas, Rajas, Tamas und Sattva) sowie die Kategorien Raum, Zeit, Intelligenz (Buddhi), das Ego (Ahamkara), mit seinem durch Prägungen entstandenen Geist (Manas), seinen Erkenntnis- und Handlungsfähigkeiten (Indriyani; auch Indriyas), und alle Materie, aus der die belebte und unbelebte Natur besteht, die unter dem Begriff Tattvani (auch Tattvas) = Wesenheiten oder Wirklichkeiten, die Hierarchie des Schöpfungsprozesses beschreiben.

Prakriti wird als weiblich gesehen und gilt als Ausdruck einer nie endenden Dynamik von Entstehen, Bestehen und Vergehen.

In allen dualistischen Systemen, vor allem aber im Samkhya, werden diese beiden Prinzipien – Purusha und Prakriti – als gegensätzlich gesehen. Es heißt in den Texten, dass Prakriti ständig versuche, Purusha in »den Tanz ihrer Dynamik« miteinzubeziehen und somit aus seiner Ruhe zu reißen. Deswegen zielen viele Konzepte und Methoden dieses Yoga darauf ab, die Prakriti als einen nicht enden wollenden Störfaktor nicht nur zu beruhigen, sondern sie regelrecht stillzulegen. Diese Sichtweise des Samkhya, die Schöpfungs- und Wandlungsprozesse der Natur als störend zu kategorisieren und den Menschen nahezulegen, dass sie »die Natur in sich abtöten« sollen, ließ sich aber auf die Dauer nicht halten – wahrscheinlich, weil die Menschen ein solches Vorgehen weder wirklich verstanden noch wollten.

Das Tattva-Prinzip des Samkhya im Tantra

Die Grundgedanken des Samkhya sind zwar weitgehend aus der Geistesgeschichte des Yoga verschwunden, was aber geblieben ist, ist das oben erwähnte Konzept der Tattvani, die den schrittweisen und aufeinander aufbauenden Schöpfungsprozess beschreiben. Wir werden ihm in der Folge in der Darlegung des Schöpfungsprozesses in der Sichtweise des Tantra wiederbegegnen. Und wir werden sehen, dass im späteren Hatha-Yoga die Hierarchie der Tattvani dann die einzelnen Stufen der Übungspraxis vom Grobstofflichen zum Feinstofflichen begründet.

Das *Yogasutra* als eine wesentliche Grundlage für Erkenntnis und Praxis

Sehr viele Konzepte des Samkhya finden Eingang in das *Yogasutra* (Sutra = Leitfaden) oder *Yogashastra* (Shastra = Wissenschaft). In diesem Text, der gegen 400 unserer Zeit zusammengestellt wurde, wurde alles zusammengetragen, was man zu dieser Zeit über die Funktionen und Wirkweisen unseres Geistes verstanden hatte. Ein wesentlicher Grundgedanke dieses Textes ist, dass unser Geist, der sich selbst überlassen bleibt und den man deswegen auch nicht versteht, sich immer wieder in (dieselben) Probleme verwickelt und sich dadurch auch immer wieder selbst

Leid (Duhkha) erschafft. Kaum ein anderer Grundlagentext des Yoga geht dieser Fragestellung so differenziert und genau auf den Grund wie das *Yogasutra*. Er ist eine breit angelegte Zusammenfassung des Nachdenkens über unter anderem die folgenden Fragen:

- Was ist Bewusstsein?
- Was ist der Geist?
- Gibt es objektive Wahrnehmung?
- Wie kann der Geist sich selbst in seinen Funktionsweisen erkennen lernen?

Es geht also um das, was wir in der westlichen Philosophie Phänomenologie[4] und Ontologie (Lehre vom Seienden bzw. vom Sein) nennen.

Der als Autor des *Yogasutra* genannte Patanjali ist als historische Person nicht gesichert, und man geht heute davon aus, dass auch dieser Text (wie viele andere Yogatexte) eine Zusammenstellung mehrerer Autoren und Kommentatoren ist. Der Text ist in vier Kapitel gegliedert, die 198 Sutras umfassen, die uns nur stichwortartig überliefert worden sind und deshalb bis heute viel Raum für Interpretationen bieten.

Das erste Kapitel befasst sich mit Samadhi, dem Ziel dieses Yogaweges.

Hier findet sich gleich am Beginn wohl die berühmteste und bekannteste Definition des Yoga: »*Chitta Vritti Nirodha* = Yoga ist das Zur-Ruhe-Bringen bzw. Abschalten aller Aktivitäten des Geistes« (YS 1.2). Wenn unser Geist dadurch befreit wird von den Verzerrungen in seinem Erkennen, die er durch die vielfachen Prägungen während seiner Erziehung und Sozialisation verinnerlicht hat, dann wird es uns möglich, uns endlich ganz unmittelbar in unserem »Sein an sich« zu erfahren. Diese Instanz wird im Yogasutra »Wesenskern« bzw. »eigene Form« (Svarupa) genannt.

Der Text lässt uns wissen, dass normalerweise unser Erkennen bedingt durch die Art unserer Prägungen immer nur subjektiv sein kann. Dann werden uns die fünf Aktivitäten des Geistes (Vrittis) vorgestellt, wobei das Sutra darauf hinweist, dass nicht die Vrittis an sich das Problem sind, sondern dass wir uns in der Regel nicht bewusst machen, wohin unser Bewerten, Beurteilen, Denken und Schlussfolgern uns führt: entweder zu mehr Beschwernis (Klishta) oder zu mehr Erleichterung (Aklishta).

Diese beiden Kategorien sind wichtig, da wir sie nur erspüren können und sie sich dadurch einer Bewertung in richtig / gut bzw. falsch / schlecht entziehen.

In den folgenden Sutras geht es dann darum, wie wir uns dem Ziel dieses Yogaweges – der vollkommenen Ruhe des Geistes – nähern können.

Der Text gibt uns dafür zwei ganz wesentliche Hinweise: Beharrlichkeit (Abhyasa), die aber frei ist von Erwartungen (Vairagya). Abhyasa heißt, dass wir uns einer Sache ganz widmen, weil wir damit einer Motivation folgen, die in unserem Inneren gegründet ist (intrinsische Motivation). Es bedeutet außerdem, dass wir dem Weg mit seinen Methoden vertrauen (Shraddha) und uns auf unserem Weg (Sadhana) nicht so schnell ablenken oder beirren lassen. Wenn wir uns in dieser Weise innerlich ausrichten, wird unser Geist lernen, wie er zunehmend stabiler, entspannter und ruhiger werden kann, bis hin zu den verschiedenen Graden an innerer Versenkung, die im *Yogasutra* beschrieben sind.

Für das *Yogasutra* sind wir Menschen immer auf dem Weg der Erkenntnis, und so macht es Sinn, dass sich der Text ausführlich den mentalen Hindernissen (Antarayas) zuwendet, die bewirken, dass sich unser Geist immer wieder in Probleme verwickelt. Beispielhaft werden neun Hindernisse genannt: Krankheit, Starrheit des Geistes, Zweifel, Hast / Geringschätzung, Erschöpfung, Abgelenktheit, Selbstüberschätzung / Fehldeutung, fehlende Zielstrebigkeit und Mangel an Beharrlichkeit (YS 1.30). Hat eines dieser Hindernisse unseren Geist fest im Griff, dann – so das *Yogasutra* – erfahren wir auf der körperlichen Ebene Unwohlsein, Enge und haben das Gefühl, dass unser Atem nicht mehr frei zu strömen vermag. Ähnliches erfahren wir im Geist, der sich eintrübt und verdunkelt. Kurz: Wir erfahren Leid (Duhkha).

Dann werden im Text sieben Strategien vorgestellt, um mit diesen psycho-mentalen Hindernissen umzugehen und sie in ihrer Wirkkraft zu mildern. Dazu gehören:

- den Fokus auf die Ausatmung und die Atempausen in der Leere zu setzen,
- das Sich-Orientieren an Menschen, die gelernt haben, mit Hindernissen aller Art umzugehen und sie zu überwinden,
- das Sich-bewusst-Werden, welche Macht die Sinne über unsere gesamte Befindlichkeit haben, oder
- die innere Ausrichtung auf das »Licht im Herzen, das immer von Leid unberührt bleibt« (YS 1.36).
- Das wirkungsvollste Mittel jedoch ist das Etablieren einer inneren Geisteshaltung, die sich an den »vier edlen Qualitäten« (den Brahmaviharas) oder Herzensqualitäten ausrichtet. Das sind Wohlwollen / Freundlichkeit (Maitri), Mitgefühl / Einfühlungsvermögen (Karuna), Begeisterung / Loben (Mudita) und Geduld / Nachsicht / Fehlerfreundlichkeit (Upeksha).

Wenn wir diese Qualitäten einüben und kultivieren, wird unser Geist zunehmend stabil, ruhig und klar werden. Dieser Zustand wird »Chitta Prasadana« genannt und ist alltagstauglich, hilfreich und angenehm.

Am Ende des ersten Kapitels werden die verschiedenen Nuancen des Samadhi-Zustands erklärt, der im *Yogasutra* »Kaivalya« genannt wird, wörtlich »Alleinsein«. Dieser Zustand meint die Erfahrung vollkommener Losgelöstheit und Freiheit und ist das Ziel dieses Yogawegs. Es ist Freisein in dem Sinne, dass sich das Bewusstsein vollständig von allen Bedingtheiten abgetrennt hat, und beschreibt so einen Dvaita(= Zweiheit)-Zustand. Diese Form des Sich-Befreiens von allem steht damit den Zielen des Advaita, der »Nicht-Zweiheit«, entgegen, wo es das Ziel ist, dass der individuelle Atman sich als Ausdruck des Absoluten (Brahman) versteht. Im Zustand von Kaivalya, wie er vom Yogasutra definiert wird, wird uns der Geist als vollkommen transparent und klar beschrieben, weil nichts – keine Erinnerungen, keine Prägungen, keine Ansichten und keine Meinungen – ihn mehr trübt. Er ist frei, von allem abgelöst und allein.

Das zweite Kapitel des *Yogasutra* befasst sich mit dem Übungsweg (Sadhana) und damit, wodurch wir immer wieder Leid (Duhkha) erfahren. Hier geht es um die tief sitzenden Störungen (Kleshas), die in jedem Menschen angelegt sind. Es gilt also zunächst einmal zu verstehen, warum wir leiden, dann aber auch darum, dass jede und jeder von uns etwas tun kann, um die leidvollen Erfahrungen zu mildern und schließlich sogar zu vermeiden.

Der Inhalt dieses Kapitels ist sehr komplex und vielschichtig. Hier werden uns weitere wesentliche Konzepte und Methoden des Yoga vermittelt, die dann über die folgenden Jahrhunderte hinweg in allen Yogatraditionen Beachtung finden.

Gleich am Beginn wird uns gesagt, welche Qualitäten eine Yogapraxis aufweisen sollte:

- Tapas = inneres Feuer, für etwas Glühen, Begeisterung und daraus folgend die Fähigkeit, auf das zu verzichten, was uns von unserer Praxis abhält,
- Svadhyaya = Selbststudium, Selbsterforschung, aber auch das eigene regelmäßige Studium der Quellentexte,
- Ishvara Pranidhana = Hingabe an etwas Höheres, Anerkennung der eigenen Begrenztheit im Angesicht der Perspektive, der Fähigkeiten und des Wissens des Absoluten (hier: Ishvara).

Tapas können wir als unsere Motivation und unsere innere Triebkraft verstehen, Ishvara Pranidhana dagegen als das im

Leben, was uns Grenzen setzt, wie z.B. körperliche Einschränkungen oder (noch) mangelndes Verständnis. Um zu erkennen, wie wir diese beiden Kräfte in uns und im eigenen Leben begrenzen können, brauchen wir eine nie endende Selbsterforschung (Svadhyaya).

Wir brauchen diese Schulung unserer Selbsterforschung auch, wenn wir unseren tief sitzenden Störungen – den Kleshas – auf die Spur kommen wollen. Sie werden »tief sitzend« genannt, weil sie gewissermaßen zu unserer biologischen Ausstattung gehören.

Es sind:

- das Verständnis vom Ego, Ichgefühl (Asmita),
- Haben-Wollen, Begehren, Gier (Raga),
- Nicht-haben-Wollen, Abneigung, Ablehnung (Dvesha),
- Angst vor (der eigenen) Vergänglichkeit, tiefe Unsicherheit (Abhinivesha).

Diese vier inneren Triebkräfte gedeihen – so heißt es im *Yogasutra* – auf einem »Feld«, das für unsere Neigung zu Verwechslung und Irrtum steht, das »Avidya« (wörtl. »Nicht-Wissen«) genannt wird. Gemeint ist damit, dass wir immer wieder das Wesentliche mit dem Unwesentlichen verwechseln, wenn wir z.B. annehmen, dass etwas, was wir begehren, uns glücklich machen würde, oder wenn wir die Bedeutung unseres Egos/unserer Persönlichkeit/unseres Charakters mit der unseres Wesenskerns verwechseln. Das Ego ist – so sagt uns das *Yogasutra* – immer wandelbar, vergänglich und deswegen ohne Substanz. Unser Wesenskern dagegen ist formlos und weder dem Wandel noch der Vergänglichkeit unterworfen.

Auf der Grundlage unserer Fehldeutungen gewichten wir jedoch unser Ego, unsere Begierden und Abneigungen und auch die Sorge um unser Sein (die Angst) völlig falsch.

Wenn wir diese inneren Triebkräfte sich selbst überlassen, übernehmen sie zunehmend die Macht über uns, sodass wir von den

Begierden, den Abneigungen, den Ängsten und den Bedürfnissen unseres Egos dominiert werden. Sie bestimmen dann unser Denken und Fühlen, unser Verhalten und unsere Handlungen.

Da wir in der Regel nie gelernt haben, zu beobachten und zu erforschen, welchen Kräften in uns wir Macht geben und was das für uns und unser Leben heißt, identifizieren wir uns immer mehr mit *unserem* Ego, *unseren* Begierden und Abneigungen und *unseren* Ängsten.

Dieses Verhaftetsein wird im *Yogasutra* »Samyoga« (wörtlich: »mit allem (sama) Verbindung (Yoga) eingehen«) genannt und als Ursache *allen* Leids angesehen (YS 2.17). Und wieder bietet uns der Text – wie schon bei den Hindernissen (Antarayas) – Strategien an, wie wir dieses Leid vermeiden können. Die wesentliche Strategie ist, dass wir erkennen und dann wirklich verstehen lernen, dass wir als »Seher« (also als das in uns, was erkennt) *nicht identisch sind* – weder mit dem Akt des Sehens noch mit dem Gesehenen. Die Fähigkeit, diese Unterscheidung zu treffen, wird »Viyoga« genannt. Sie hilft uns, unsere Identifikationen zu erkennen und aufzulösen.

Als zweite Strategie wird uns der »achtgliedrige Yogapfad« (Ashtanga Yoga) vorgestellt. Seine Struktur und sein Aufbau haben sich im letzten Jahrhundert in so gut wie allen Yogatraditionen etabliert, auch wenn nicht alle diesen Übungsweg (Sadhana) tatsächlich Schritt für Schritt (Vini-Yoga) gehen, sondern sich meist ausschließlich den Körperhaltungen (Asana) widmen.

Die acht Übungsschritte sind:

- Yama = fünf Vorschläge für unsere Haltung gegenüber unserer Umgebung,
- Niyama = fünf Vorschläge für unsere Haltung gegenüber uns selbst,
- Asana = bewusstes und achtsames Üben von Körperhaltungen und Sitzhaltungen,
- Pranayama = bewusster Umgang mit unserer Atmung,
- Pratyahara = das Nach-innen-Ziehen unserer Sinne.

Diese ersten fünf Schritte werden als der »äußere Weg« bezeichnet.

Wichtig für uns heute ist, dass wir hier wesentliche Handlungsmaximen für Asana und Pranayama finden, die für alle Yogawege gleichermaßen Gültigkeit besitzen (sollten).

Die Qualitäten, die durch Asana erfahrbar gemacht werden sollen, werden »stabil« (sthira) und »mühelos / angenehm« (sukha) genannt. Diese Erfahrung wird dadurch erschaffen, dass wir in jeder Übungspraxis die für uns gerade jetzt angemessene Anstrengung (Prayatna) herausfinden und dann überflüssige Anspannung loslassen (Shaithilya). Während des Übens soll unser Geist auf die Unendlichkeit bzw. (wie T. K. V. Desikachar den hier benutzten Begriff Ananta interpretiert) den unendlich fließenden Atem ausgerichtet sein. Der Text sagt uns, dass wir dann, wenn es uns immer gelingt, diesen Ausgleich zwischen Anstrengung und Loslassen zu ermöglichen, unempfindlich werden für die Gegensatzpaare (also das Auf und Ab) des Alltags (YS 2.46–48).

Zu Pranayama heißt es (YS 2.49): Pranayama bedeutet das Unterbrechen der unbewussten Atemmuster des Alltags. Das ist ein extrem niedrigschwelliger Einstieg, der jederzeit für jede und jeden umsetzbar ist! Im Folgenden wird noch auf die Methoden des bewussten Atmens eingegangen. Es heißt, dass zunächst die Verlängerung der Ausatmung, dann die der Einatmung und dann das Halten von Atempausen eingeübt werden soll, und zwar über einen längeren Zeitraum hinweg. Dabei sollen wir den Atem einerseits genau erspüren und beobachten, ihn andererseits aber so entspannen, dass er lang (dirgha) und subtil (sukshma) fließt. Dadurch wird der Atem immer feiner, langsamer und flacher, bis er fast gar nicht mehr da zu sein scheint. Diese Erfahrung wird der »vierte Zustand« (Turiya) genannt. Es heißt von ihm, dass er die Blockaden auflöst, die wie Schleier verhindern, dass wir die Dinge und uns selbst in Klarheit erkennen können.

Eigentlich ist jemand, der diese Erfahrung macht, bereits im Zustand der Meditation. Aber das *Yogasutra* nennt am Beginn des dritten Kapitels noch drei weitere Schritte der Sammlung und Vertiefung, die der »innere Weg« genannt werden. Es sind:

- Dharana = die Fähigkeit, unseren Geist auszurichten/Konzentration,
- Dhyana = Meditation,
- Samadhi = Einswerden mit dem Wesenskern (Svarupa) – frei von allen Identifikationen.

Das dritte Kapitel hat die Überschrift »Weg der übernatürlichen Fähigkeiten (Vibhuti)«. Es beschreibt verschiedene Formen der Versenkung und auf welche Weise unser Geist sich verwandelt, wenn er immer wieder in die meditative Versenkung geführt wird. Es geht dabei vor allem darum, dass wir in der Meditation lernen, den Geisteszustand des falschen Wissens und der Fehldeutungen (Avidya) hinter uns zu lassen, indem wir unsere Unterscheidungsfähigkeit (Viveka), unsere Achtsamkeit und Bewusstheit kontinuierlich schulen. Wenn wir mit dieser inneren Ausrichtung üben, werden wir tatsächlich Fähigkeiten entwickeln, die unseren Mitmenschen, denen wir im alltäglichen Leben begegnen, regelrecht übernatürlich erscheinen. Wir werden in der Regel feinfühliger, einfühlsamer, intuitiver und nehmen dadurch genauer wahr, was in uns und anderen vorgeht. Es handelt sich dabei jedoch nicht – wie sonst – um Meinungen, sondern vielmehr um eine unmittelbare Form des Erkennens, das auf unserem inneren Wissen gründet. Dadurch können wir Einsicht und Weisheit entwickeln, und unser Geist wird innerlich weit, frei und unabhängig. Dieser Geisteszustand charakterisiert das Ziel des *Yogasutra*: Kaivalya.

Das vierte Kapitel »Kaivalya Pada« beschäftigt sich nun noch detaillierter mit diesem Zustand und dem Weg dorthin. Das Wort Kaivalya gründet in dem Begriff *kevala*, was »einzig, eins, allein« bedeutet. Es ist ein existenzieller Zustand, in dem ein Mensch nicht mehr auf die Beziehung zu anderen Menschen angewiesen ist, sondern sich selbst in seinem Sein an sich genug ist. Dieses

Sein ist – so der Text – völlig entkleidet von all dem, womit wir uns je identifiziert haben. Damit wir diese grundlegende Aktivität des Geistes – das Sich-Verbinden mit etwas – erkennen können, erklärt uns der Text noch einmal genauer, wie dieser normalerweise funktioniert, nämlich in Abhängigkeit vom Einfluss seiner Prägungen, der tief sitzenden Störungen (Kleshas) und der Dynamik des Lebens an sich (symbolisiert durch die Gunas), die die Aktivität des Gehirns normalerweise nie zur Ruhe finden lässt.

Der Geist eines Menschen im Zustand des Kaivalya ist voller Klarheit und Frieden. Er ist damit am Ende seines Übungsweges angekommen. Er ruht in sich und will nichts mehr.

Was das *Yogasutra* so einzigartig macht, ist seine unglaubliche Zeitlosigkeit, die uns den Eindruck vermitteln kann, dass sich der menschliche Geist in den letzten 2000 Jahren sehr wenig geändert hat.

Dazu kommt noch, dass sich dieser Text keiner religiösen Richtung zuordnen lässt, da er keinerlei Bezug nimmt zu einem der vielen Gottesbilder, die die indische Kultur hervorgebracht hat. In manchen Traditionen wird das Yogasutra deswegen sogar als ein atheistischer Text angesehen, und das ändert sich auch nicht dadurch, dass sich sechs Sutras mit der Beziehung des Menschen zu Ishvara beschäftigen. Eigentlich bezeichnet Ishvara das individuelle Gottesbild, das einen Menschen ganz persönlich anspricht und ihm »das Herz öffnet«. Im Yogasutra wird Ishvara jedoch als der »höchste Lehrer« verstanden, als eine Instanz, die alles weiß, alles beherrscht und alles überblickt.

Für unseren Kontext sind folgende Konzepte und Methoden des Yogasutra *bedeutungsvoll:*

- Das Erkennen des Prozesshaften des Übungsweges
- Die Definition der Aktivitäten des Geistes (Vrittis)
  Unterscheidung der Wirkweise der Vrittis je nachdem, ob sie Beschwernis oder Erleichterung verursachen (klishta / aklishta)
- Die Qualitäten des Handelns
  Viveka
  Abhyasa – Vairagya
  Shraddha
  Tapas – Svadhyaya – Ishvara Pranidhana
- Der Übungsweg (Ashtanga Pada)
  Die Qualität von Asana
  Die Qualität von Pranayama
- Der Umgang mit den Hindernissen (Antarayas)
- Das Erkennen der inneren Störkräfte (Kleshas)
- Die Entfaltung von inneren Vorstellungen und Bildern, die den Geist stabilisieren und beruhigen (Bhavana)

2 Einführung in die Lehren des Tantra

Entwicklung des Tantra im Kontext weiterer religiöser Strömungen in Indien

Wenn wir den bisher hier beschriebenen geistesgeschichtlichen und religiösen Kontext in Betracht ziehen, dann wird verständlich, wie es zur Entfaltung des Tantra als einer »panindischen Revolution« kommen konnte.

Vergegenwärtigen wir uns noch einmal, welche Konzepte und Sichtweisen sich in den vorangegangenen Jahrhunderten etabliert hatten, und schauen dafür auf den Zeitraum um 800 n. Chr. Zu dieser Zeit waren in der indischen Spiritualität zwei bedeutende Phänomene zu beobachten:

1. Die Ablehnung und Ausgrenzung von allem, was mit der Natur an sich bzw. der Natur des Menschen zu tun hat (die Sichtweisen des Samkhya), wurde immer rigider und strikter. Insbesondere wuchs die Körperfeindlichkeit, wie sie sich uns zum Beispiel im Yogasutra 2.40 (= dem ersten Niyama) zeigt. Es heißt dort: »Aus der Übung der Reinheit entsteht eine Abneigung gegen den eigenen Körper und gegen die Berührung mit anderen Körpern.«[5] Dieses Sutra macht deutlich, dass der Körper an sich als unrein angesehen wurde. Diese Vorstellungen beruhten insbesondere auf der Angst vieler Mitglieder der Brahmanen-Kaste vor Verunreinigungen durch den Kontakt mit der Naturhaftigkeit ihres eigenen Körpers und dem Kontakt zu anderen (unreinen) Menschen.

2. Die oben bereits beschriebene Vereinnahmung jeglicher Beziehung zwischen den Menschen und dem Göttlichen durch die Brahmanen.

Im Laufe von Jahrhunderten versuchten die Mitglieder dieser Kaste den Zugang zum Göttlichen immer rigider zu regulieren und zu dominieren. Es herrschte eine Einstellung, die man folgendermaßen ausdrücken könnte: »Du kleiner Mensch musst zu uns kommen. Du kannst deine Beziehung zu Gott nicht alleine regeln, du bist zu unwissend. Nur wir kennen die Texte, die richtigen Gebete und Rituale und alles, was notwendig ist, um bei den Göttern vorzusprechen. Dafür musst du uns bezahlen – für jedes Gebet, für jedes noch so kleine Ritual!«

Damit lag die gesamte Macht in allen religiösen Fragen in der Hand der Brahmanen.

Als Opposition zu dieser rigiden Zügelung der Religiosität des Volkes entstand die sogenannte »tantrische Revolution«. Ihre Haupttriebfeder war eine Frömmigkeitsbewegung zwischen 600 und 800 n. Chr., hinter der die tiefe Sehnsucht stand, wieder selber mit Gott/dem Göttlichen zu kommunizieren.

Von Kaschmir im Nordwesten Indiens und Assam im Nordosten bewegte sich das Gedankengut dieser tantrischen Revolution die Küsten hinab bis zur Südspitze des Subkontinents und veränderte für einige Jahrhunderte das religiöse Leben der Menschen radikal. Die Art der Bewegung hat damit zu tun, dass die Landschaften an den Rändern des indischen Subkontinents recht flach sind, während es in der Mitte ein Hochplateau mit dichtem Dschungel gab, der von den Ureinwohnern (Adivasi) bevölkert war. An den Rändern und Küsten lebten die meisten Menschen.

Die tantrische Bewegung konnte ihren Einfluss während einiger Jahrhunderte halten, bis sie wieder von anderen Strömungen und den unvermeidlichen Gegenströmungen überlagert wurde.

Viel von diesem Gedankengut findet sich im Neo-Vedanta oder Advaita Vedanta, Strömungen, die bis heute in Indien dominant sind.

Als Gegenbewegung zum Reinheitswahn der Brahmanen suchten und suchen Tantriker*innen hingegen oft genau das auf, was gemeinhin als unrein galt. So gingen sie (und gehen teilweise noch heute) auf die Verbrennungsplätze und rieben sich mit der Asche ein oder sie durchbrachen bewusst die bis heute geltenden strikten Kastengrenzen.

Dabei ließen und lassen sie sich von der Vorstellung leiten, dass unser Körper durch nichts zu verunreinigen ist. Die einzige wirkliche Verunreinigung, die wir fürchten müssen, geschieht durch unser Denken – verursacht durch die Prägungen unseres Geistes.

Tantra geht davon aus, dass die Natur an sich nicht zu verunreinigen ist. Die Natur ist immer rein und vollkommen. Das ganze Gedankengebäude, das besagt, man müsste eine Vervollkommnung anstreben, weil man an sich unvollkommen sei und sich deswegen immer anstrengen müsse, begann unter dem tantrischen Einfluss zu zerbröseln. Und damit zerbrachen damals auch viele der bis dahin gängigen Machtstrukturen – allerdings, wie schon erwähnt, nur für einige Zeit.

Grundlagen des tantrischen Denkens

Versuche einer Definition

Die Definition des Begriffs Tantra wird von den meisten Indologen als schwierig angesehen, da sich bis heute nicht mehr erschließen lässt, wann und warum diese machtvolle Geistesströmung zu dieser Bezeichnung kam. Auch die etymologische Herleitung ist nicht unbedingt hilfreich, weil sie, wie so oft in Indien, extrem viele Deutungen und Interpretationen des Begriffs zulässt.

Zumindest herrscht in der Forschung einigermaßen Einigkeit darüber, dass sich Tantra von der Wortwurzel *tan* ableitet, die sich mit dem folgenden Wortfeld übersetzen lässt: ausbreiten, fortsetzen, vermehren, ausziehen, ausweiten, ausdehnen, strecken.[6] Dazu tritt das Suffix *tra*, was »retten« bedeutet. Daraus ergeben sich zwei gängige Interpretationen des Wortes »Tantra«. Die einen definieren Tantra als »jene Schrift, durch die Erkenntnis (Jnana) verbreitet wird«[7], als »das, was die Erkenntnis ausdehnt«[8], oder als »dasjenige, durch das Wissen / Verstehen ausgebreitet wird«[9]. Einige bedeutende Forscher wenden allerdings zu Recht ein, dass Jnana, das Wissen, um das es hier geht, gar nicht ausgedehnt oder ausgeweitet werden kann, da es in sich und an sich unteilbar ist. Noch wesentlicher allerdings zum Verständnis dessen, was Tantra bedeutet, ist, dass sich seine Meister überhaupt nicht für eine wie auch immer geartete Form intellektueller Erkenntnisse – also Jnana – interessieren.

Und hier kommen wir zu der zweiten gängigen Interpretation des Begriffs Tantra: Das, worum es ihnen wirklich geht, ist Vijnana, was im Kontext des Tantra als »erfahrene Wahrheit, die an einer Lebenssituation erprobte Wahrheit«[10] verstanden wird.

Dabei ist es auffallend, dass der Begriff Tantra in der neueren indologischen Literatur vielfach als eine Haltung zum Leben umschrieben wird. Hier einige Beispiele:

»Tantra ist eine Art realer Lebensphilosophie.«[11]

»Tantra ist vor allem eine spezifische Lebenseinstellung.«[12]

»Tantra ist psycho-experimentelle Spekulation.«[13]

»Tantra ist eine Psychologie der Beziehungen.«[14]

»Tantra ist dem Sein ins Angesicht schauen.«[15]

»Tantra ist Kontinuität.«[16]

Immer wieder findet sich auch die Übersetzung »Netz, Gewebe, Weben bzw. Verwobensein« für den Begriff des Tantra. Dies weist auf die zentrale Vorstellung aller Tantras hin, »dass alle Dinge und alles Geschehen miteinander verwoben ist, dass es nichts gibt, das isoliert auf der Welt besteht und für sich gesehen werden könnte, sondern dass alles ineinandergreift und sich gegenseitig durchdringt und beeinflusst.«[17]

Und schließlich ist Tantra auch noch ganz einfach ein Begriff für »Text, Sammlung von Texten oder Lehrschriften«. In diesem Kontext ist dann zumeist die Rede von den Tantras.

Wegen der Vieldeutigkeit und Unklarheit dieses Begriffes scheint es mir wesentlich hervorzuheben, was Tantra alles *nicht* ist:

- Tantra ist keine Philosophie, da es sich nicht auf intellektuelle Erkenntnis gründet.
- Tantra ist keine Sichtweise (Darshana), sondern vielmehr eine innere Einstellung.
- Tantra ist keine Religion, auch keine spezielle Form des Hinduismus oder Buddhismus. Vielmehr durchdringt tantrisches Gedankengut sowohl die eine wie die andere Weltanschauung.
- Tantra bezeichnet folglich auch keine Sekte innerhalb des Hinduismus oder Buddhismus.
- Tantra ist auch keine neue Lehre, sondern vielmehr eine Zusammenschau und Neuinterpretation von Gedankengut, das teilweise schon lange die Menschen des indischen Subkontinents bewegte.

Wie aus dieser kleinen Übersicht hervorgeht, hat sich sowohl im Hinduismus wie auch im Buddhismus ein tantrisches Verständnis herausgebildet.

Das tantrische Konzept der alles durchdringenden Vernetzung und Beziehung

Die erfahrbare Vernetzung im Körper und mit der uns umgebenden Welt

Die Art und Weise, wie wir uns im Alltag erfahren, deckt sich meist nur sehr ungenau mit dem, was wir eigentlich sind. Wir wissen natürlich, dass wir eine linke und eine rechte Seite haben, dass unsere Füße auf dem Boden stehen und unser Kopf in den Himmel ragt, aber wir haben z.B. in der Regel kaum ein Empfinden dafür, dass unser Körperraum ein Volumen – also Tiefe – hat.

Noch viel weniger haben wir ein Empfinden dafür, dass wir aus mehr als drei Billionen (> 3.000.000.000.000 !!!) Zellen bestehen, die alle in vielfältiger Weise miteinander vernetzt sind, also nicht nur zwischen links/rechts, oben/unten oder vorne/hinten, sondern auch in jeder Hinsicht »kreuz und quer«. Genauso unvorstellbar wie die schiere Anzahl der Zellen eines jeden Körpers (ein Vielfaches der Zahl an Menschen auf der Erde!) ist die Tatsache, dass diese Zellen so spezifisch und aufeinander abgestimmt miteinander kommunizieren, dass sie gemeinsam einen Organismus bilden können. Und die Zellen kommunizieren nicht nur untereinander, sondern entwickeln auch ständig ein Gefühl dafür, wie ihr Organismus gerade jetzt die Außenwelt erfährt.

Während die Wissenschaft früher überzeugt war, dass jede Zelle mit einer genetischen »Blaupause« ausgestattet sei und damit mit Programmen, die – unabhängig von ihrer äußeren Umgebung – alles im Inneren kontrollieren, zeigte sich in letzter Zeit, dass »unsere Gene (ähnlich wie subatomare Teilchen) rein als Potenzial existieren, das durch Signale von außen aktiviert oder nicht aktiviert wird.« Die Information für unsere Zellaktivitäten fließt also »von außen nach innen. Irgendein Umweltsignal meldet dem Körper, dass ein bestimmtes Proteinprodukt benötigt wird, und es ist dieses Umweltsignal, das die Expression bestimmter Gene aktiviert. Das komplizierte Spektrum von Umwelteinflüssen, denen wir im Laufe unseres Lebens ausgesetzt sind, entscheidet über die endgültige Expression eines jeden Gens in unserem Körper. Eingeschaltet, ausgeschaltet oder modifiziert werden die Gene durch unsere Lebensumstände und Umweltbedingungen – was wir essen, mit wem wir uns umgeben und wie wir unser Leben führen.«[18]

Aber die Vernetzung geht noch viel weiter! Die Wissenschaftsjournalistin Lynne McTaggart berichtet von den bahnbrechenden Forschungsergebnissen von Randy Jirtle, Professor für Onkologie an der Duke University in Durham (North Carolina, USA) und seines Doktoranden, des Ernährungswissenschaftlers Rob Waterland.

Sie konnten nachweisen, dass die Umgebung außerhalb unserer körperlichen Grenzen über die Welt im Inneren des Körpers entscheidet. Es ist wesentlich für unsere Existenz, dass dieses empfindliche Gleichgewicht zwischen den Einflüssen von außen und von innen gewahrt wird. McTaggart führt weiter aus: »Es gibt eine Verbindung zwischen der Blaupause im Inneren unserer Zellen und allem, womit wir uns während unseres Lebens in der Außenwelt verbinden. Wie ein subatomarer Partikel ist unser materieller Körper keine eigenständige Einheit, sondern ganz und gar das Endprodukt einer Beziehung.«[19]Wenn aber alles »in Beziehung« existiert, wo endet dann unser Ich, und wo beginnt unsere Umgebung? Wenn wir (auch) aus all dem bestehen, was wir in uns hineinnehmen – an Nahrung, an Kontakt mit Menschen, Orten und Begebenheiten usw. –, wo sind dann unsere Grenzen? Und ist es dann überhaupt möglich, ein autonomes Individuum zu sein? Diese Fragen stellt sich auch McTaggart und erläutert dazu: »Was wir für unser Selbst halten, ist nur die physische Manifestation unserer Erfahrung – die Summe unserer Verbindungen mit dem Universum. Unsere Interaktion mit der

Welt ist ein Gespräch, kein Monolog. Das Beobachtete verändert den Beobachter genauso, wie der Beobachter das Beobachtete verändert. Und wie uns jetzt klar wird, sind diese Einflüsse nicht auf unsere direkte Umwelt oder unsere Erde beschränkt, sondern erstrecken sich bis in die äußersten Winkel des Kosmos.«[20]

Die Sichtweise des Tantra auf diese Vernetzung und ihre Bestätigung durch die Erkenntnisse der modernen Physik[21]

»Diese Sichtweise erweitert unser Sein um eine Dimension des Unfassbaren und Unvorstellbaren und Nicht-Wissbaren, so wie sie sich jetzt auch zunehmend durch die Erkenntnisse der Quantenphysik darstellt. Diese zeigen uns, dass das, was die Welt – und damit auch uns – im Innersten zusammenhält, keineswegs auf einer materiellen Ebene zu suchen ist, denn ›die neue Physik hat erkannt, dass die Materie nicht das Fundament unserer Wirklichkeit ist‹[22], so der Quantenphysiker Hans Peter Dürr. In den jahrzehntelangen Forschungen zur Struktur der Atome stellte sich zur großen Verwunderung aller heraus, dass das Innere eines Atoms eine Struktur aufweist, die einem Planetensystem gleicht, also einem Raum mit einem Kern, der von Elektronen umkreist wird. Das Ganze wird zusammengehalten durch elektrische Kräfte. Bei immer genauerer Betrachtung stellte sich heraus, dass es streng genommen keinen Atomkern und keine Elektronen gibt, sondern dass diese ›eigentlich nur Schwingungsfiguren sind‹[23], denn letztendlich ist alles nur Raum und Schwingung – in der Zelle genauso wie im Kosmos.

In dieser Hinsicht decken sich die Sichtweisen des Tantra und der modernen Physik. Letztere entdeckte die dynamische Struktur der Materie, von der die Meister des Tantra schon seit mehr als tausend Jahren wussten. Und gerade weil die Bestandteile der Atome so dynamisch sind, sich also ständig bewegen, wurde klar, dass man sie unmöglich als isolierte Einheiten betrachten kann, sondern dass man sie überhaupt nur verstehen kann, wenn man sie als integrierte Teile eines Netzwerks von Wechselbeziehungen erkennt. ›So etwas wie ein Ding gibt es nicht; es existiert keine allem zugrunde liegende solide Realität, sondern nur der Raum dazwischen – die untrennbare Beziehung zwischen Dingen.‹[24]

›Diese Wechselwirkungen stellen einen unaufhörlichen Fluss von Energie dar, die sich als Austausch von Teilchen manifestiert‹[25], schrieb schon 1971 Fritjof Capra in seinem Klassiker *Das Tao der Physik*. Darin beschreibt er, dass das ganze Universum sich dadurch in einer steten gemeinsamen Schwingung befindet, die alles durchdringt. Capra nannte dieses allgegenwärtige Pulsieren den ›kosmischen Tanz‹ und bezieht sich dabei auf den tantrischen Gott Shiva, der mit seinem Tanz und dem rhythmischen Schlag seiner Trommel alle Atome der Schöpfung immer aufs Neue entstehen, bestehen und vergehen lässt. Wir Menschen sind Teil dieses lebendigen, dynamischen und sich immer wieder aus sich selbst heraus gebärenden Kosmos, der sich in jedem Augenblick neu ereignet. Wir alle sind unterschiedslos Teilhabende an der einen unteilbaren Wirklichkeit, denn ›jedes Atom ist mit jedem Atom in diesem Universum verbunden. Alles kann mit allem kommunizieren. … Das heißt für uns Menschen, dass wir in diesem Ganzen aufgehoben sind, dass wir zwar unterschiedlich und unterscheidbar, nicht aber getrennt sind.‹[26]

Tantra und Quantenphysik sind sich einig, dass es nur das Eine (ohne ein Zweites) gibt, ja geben kann, das im Yoga Advaita und in der Sprache Dürrs das ›Nicht-Zerlegbare‹ genannt wird. Die Wirklichkeit, so sagt er[27], habe keine Teile, sondern sei immer nur als ein Ganzes zu verstehen. Dieses Ganze sei immer mehr als die Summe der Teile, die wir in den Wissenschaften künstlich heraus zu analysieren versuchten. Es sei mehr, weil in den Teilen der Zusammenhang verloren gehe, wie bei einem Körper, den man zerlegt. Dürr musste am Ende seines Forscherlebens erkennen, dass es weder die Materie noch die Form ist, die die Welt im Innersten zusammenhält, sondern ein ständiges Zueinander-in-Beziehung-Treten, aus dem sich die Potenzialität allen Seins ergibt und gestaltet. Ihm wurde deutlich, dass er mit diesen Erkenntnissen den Raum der harten, beweisorientierten Wissenschaften verließ und den Bereich der Mystik betrat. Auf die Frage, wodurch die Beziehung zwischen allem Sein gestiftet wird und kontinuierlich erhalten bleibt, antwortete er einmal, dass er zunächst vermutete, dass es der Geist sei, der in der Lage ist, die allumfassenden Zusammenhänge und Vernetzung der sich immer wieder neu gestaltenden Wirklichkeit zu erkennen. Mit zunehmendem Wissen und Durchdringen der Wechselbeziehungen allen Seins sei ihm aber unmissverständlich klar geworden, dass nur die Liebe dazu in der Lage sei, durch ihre Verbindlichkeit und ihre Fähigkeit, auch ohne Bewertungen auszukommen, diese Beziehungen zu stiften und zu erhalten. Nur die Liebe kann den allgemeinen Zusammenhang spüren, ihn fühlen und um ihn wissen, erkannte der Quantenphysiker, und zwar nicht intellektuell oder analytisch, sondern auf der Ebene des Herzens. ... [Es] erschloss sich den Meistern des Tantra in ihren Meditationen, dass die ungeheure Dynamik des Lebens und der Wirklichkeit dadurch entsteht, dass sich die Schöpfung am Urbeginn in zwei Pole aufgeteilt hat: einen Plus- und einen Minus-Pol, symbolisiert durch den männlichen Aspekt – der im Tantra für das reine, in sich ruhende Bewusstsein steht – und den weiblichen Aspekt – die dynamische Schöpfungskraft. Diese beiden Pole sind und bleiben immer Teile des Einen, was sich in den Konzepten des Tantra darin ausdrückt, dass das Männliche immer das Weibliche in sich trägt und ebenso das Weibliche immer auch das Männliche enthält. Während wir uns einen Alltag erschaffen haben, in dem es wichtig ist, die jeweiligen Wirkungsaspekte unserer Weiblichkeit oder Männlichkeit möglichst klar herauszuarbeiten, wird es in der Körpererfahrung der Yogapraxis oder in der Meditation möglich zu spüren, dass die beiden Polaritäten nichts anderes als die beiden Seiten der einen Wirklichkeit sind, die wir zu verkörpern und zu leben versuchen.

So gilt es, auch in uns Beziehung zu stiften zwischen unserer Vernunft und unseren Gefühlen, unserer Neigung, in der Welt zu wirken, und dem Wunsch, ganz zurückgezogen bei uns zu sein, zwischen unserer Kraft und unserer Verletzlichkeit. Nur so können wir Kohärenz – also Zusammenhang und Einheit – erfahren. Und nur aus dieser Erfahrung heraus können wir den großen Zusammenhang allen Seins fühlen, erspüren und erleben, der sich mit unserem Verstand bisher kaum erfassen lässt, weil wir damit in unserer Kultur nie gelernt haben, uns für die wandelbare, fluide und dadurch alldurchdringende Natur der Wirklichkeit zu öffnen.«

Im Dialog mit allem, was ist

Wesentlich für das tantrische Denken ist dabei auch die Annahme, dass es in allem Hellen immer auch einen dunklen Kern gibt und umgekehrt. Diese Haltung hat sich stark verbreitet und blieb lange vorherrschend. Sie bedeutet, dass wir lernen können, in jeder Angst, in jeder Aggressivität auch etwas Gutes oder Hilfreiches zu sehen. Eine solche Sichtweise erweitert – recht betrachtet – enorm den Horizont unseres Denkens! Es ist ein verbindendes Prinzip, das immer prozesshaft ist, im Gegensatz zu einem auf Trennung basierenden und damit einengenden Prinzip, das bestimmte Regeln und Sichtweisen vorschreibt.

Wenn wir lernen, das Helle im Dunklen und das Dunkle im Hellen zu sehen, dann lädt uns das ein, mit uns selbst – und den Kräften, die in uns aktiv sind – im Dialog zu bleiben und uns, unser Fühlen, Denken und Handeln immer wieder zu hinterfragen.

Tantra stellt auch die Frage, warum wir manche Sachen als so gefährlich oder unrein oder verboten betrachten. Wie kommen wir dazu zu denken, dass z. B. der Verzehr von Fleisch, Wein oder Drogen oder das Ausleben einer freien Sexualität uns nicht nur aktuell »verunreinigt«, sondern auch noch ganz grundlegend unser Karma befleckt?

Wenn wir diese Fragen stellen, arbeiten wir mit unseren unbewussten (oft gesellschaftlich konditionierten) Mustern und besonders mit unseren Ängsten.

Da in Indien das kollektive Unterbewusste über Jahrhunderte hinweg durch strikte Verbote und unumstößliche Verhaltensregeln sehr stark geformt wurde, hat man im Tantra die Menschen auch nicht »einfach mal« gegen alle Regeln verstoßen lassen. Vielmehr wurden achtsam definierte rituelle Kontexte geschaffen, in denen die Begegnung mit dem Verbotenen und Gefürchteten unter der Aufsicht eines erfahrenen Lehrers eingeübt wurde, und zwar ganz behutsam, Schritt für Schritt, damit sich das Bewusstsein allmählich wieder erweitern konnte. Denn Tantra geht auch davon aus, dass der Kontakt mit dem Verbotenen oder dem, was wir als gefährlich einstufen, etwas in uns freisetzen und sichtbar machen wird, was sonst im Verborgenen bleibt. Das gilt gleichermaßen für unsere tiefsten Ängste wie auch für unsere Potenziale.

Ein sehr schönes Beispiel dafür ist der Umgang mit der Kraft des Atems im Hatha-Yoga. Die *Hatha-Yoga-Pradipika* (HYP) warnt uns, indem sie sagt, dass die Begegnung mit dieser Kraft wie das Zähmen eines Tigers, eines Löwen und eines Elefanten zu verstehen ist. Diese drei animalischen Kräfte, die für unsere Aggressivität, unseren Machtwillen und unsere Umsetzungskraft stehen, können durch Pranayama freigesetzt werden. Erst wenn wir sie erkennen, können wir uns vertraut mit ihnen machen und lernen, sehr achtsam mit ihnen umzugehen, sie also zu zähmen, und sie dann zu integrieren. Sonst töten sie den Übenden – laut der HYP!

Der Weg des Tantra ist ein konfrontativer Weg. Er möchte uns aus unseren Komfortzonen herauslocken. Immer wieder werden wir eingeladen, ein Leben ohne doppelten Boden zu wagen und uns (symbolisch und konkret) an Orte zu begeben, die wir fürchten.

Wenn uns dann eines Tages der Boden einmal wegbrechen

sollte (wie das z.B. für viele in der Corona-Krise der Fall war) und wir uns gefühlt in die Schwärze des Weltalls auflösen, dann sind wir damit bereits bis zu einem gewissen Maß vertraut.

Ein stufenweiser Übungsweg

Tantra-Praxis wird heutzutage im Westen (wie auch in Indien) sehr häufig mit sexuellen Praktiken gleichgesetzt. Tatsächlich handelte es sich aber in der letztendlichen Umsetzung solcher Praktiken in einem rituellen Kontext immer um ein absolutes Randphänomen.

Im Allgemeinen widmete und widmet sich Tantra dem sogenannten »weißen Weg«, in dem die sexuelle Begegnung auf einer symbolischen Ebene stattfindet. Die Vereinigung der männlichen und weiblichen Aspekte geschieht hier in unserem Inneren, und die Rituale sind entsprechend angepasst.

Ganz wesentlich ist im Tantra sowohl in historischen Zeiten wie auch heute die Vorstellung, dass man für diesen Erkenntnis-, Selbsterfahrungs- und Übungsweg einen qualifizierten Lehrer bzw. eine qualifizierte Lehrerin braucht, der oder die einen schrittweise in das seit Jahrhunderten angesammelte Wissen einführt.

Einweihung, Initiation und Kraftübertragung (Shaktipat) sind hier Schlüsselbegriffe. Dabei ist wichtig zu wissen, dass der äußere Guru immer nur als eine Zwischenlösung betrachtet wird, denn es geht auf diesem Erkenntnisweg grundsätzlich darum, Zugang zu dem eigenen inneren Wissen (und damit dem »inneren Guru«) zu bekommen.

Tantra – und damit auch der Hatha-Yoga – ist ein Erfahrungsweg, auf dem das Wissen seit Jahrhunderten von Meistern an Schüler weitergegeben wurde. Diese Traditionsfolge wird Parampara genannt.

Tantra und Hatha-Yoga sind, wie bereits erwähnt, wie ein Dach, unter dem ab dem 10. Jahrhundert viele von den Sichtweisen, Konzepten und Methoden zusammengefasst wurden, die sich über die Jahrhunderte bewährt haben.

Ein ganz wesentlicher Aspekt bei diesem Rückgriff auf älteres Wissen ist der Fokus darauf, dass Yoga immer ein Weg der Verinnerlichung sein sollte. Tantra und Hatha-Yoga verstehen sich als zutiefst anti-ritualistisch. Die Quellentexte stellen die persönliche Übungspraxis und das Prozesshafte des Übungswegs immer wieder in den Vordergrund, ohne jedoch die Übenden dabei sich selbst zu überlassen.

Da sich besonders der Tantra als ein Weg der Einweihung versteht, wird es als unabdingbar angesehen, dass die Schüler (Sadhakas) einen erfahrenen Lehrer (Guru) an ihrer Seite haben. Er kennt sie, ist ihr Wegbegleiter und weiß, was er ihnen zumuten kann, weil sie in kleinen familiären Strukturen meist über Jahre zusammenblieben. Die Beziehung zwischen Guru und Schüler ist – ähnlich wie in den *Upanishaden* – gegründet in den Kommunikationsstrukturen des Dialogs.

Konzepte von Shiva und Shakti

In der Darstellung des Schöpfungsmythos werden die Konzepte von Shiva und Shakti noch verdeutlicht. Es lohnt sich aber, beide hier schon etwas genauer zu betrachten, da dadurch die Methoden, die Didaktik und die Zielsetzung des tantrischen Hatha-Yoga bzw. des Yoga der Energie klar werden.

Die verschiedenen Aspekte von Shiva

Der Schöpfungsmythos stellt uns Shiva als reines Bewusstsein vor, das in sich den Wunsch verspürt, sich selbst zu erfahren. Diese Sichtweise entwickelte sich gegen 800 unserer Zeitrechnung. Die Konzepte, die versuchen, Shiva und sein Wirken zu beschreiben, sind jedoch schon wesentlich älter und reichen bis in die vedische Zeit zurück, tauchen eventuell sogar schon in den Hochkulturen des Industales vor mehr als 3000 Jahren auf.

Obwohl sein Ursprung nicht gesichert nachgewiesen werden kann, hat sich doch vielfach die Ansicht durchgesetzt, dass er sich aus dem vedischen Gott Rudra (wörtlich der »Heuler«, der »Brüller«) entwickelt hat, dem im *Rig-Veda* erwähnten Gott der Stürme, des Windes, des Regens, des Todes und der Zerstörung, wie sie z. B. von Naturkatastrophen hervorgerufen werden. Rudra nahm im vedischen Pantheon eine Sonderstellung ein und gilt von alters her als Einzelgänger und als unberechenbar. Das gilt auch für einen weiteren Aspekt von ihm, der als Pashupatinath (wörtlich »Herr der Tiere«, »Herr des Lebens«) bekannt ist. Von ihm heißt es, dass er in den undurchdringlichen Urwäldern außerhalb menschlicher Siedlungen haust. Deswegen sehen viele Forscher*innen in ihm eine göttliche Kraft, die für die Unberechenbarkeit und Unbeherrschbarkeit der Natur steht, die den Menschen in der Frühzeit Indiens gleichermaßen Segen und Fluch war.

Um diese Kraft zu besänftigen und sie sich zugänglich zu machen, wurde Rudra auch unter dem Namen Shiva angerufen, was wörtlich »Glückverheißender« oder »Gnädiger« bedeutet. Unter diesem Namen wurde er in den sich allmählich herausbildenden hinduistischen Pantheon eingegliedert und mit der ihm zugeschriebenen wandelnden und zerstörenden Kraft zu einer wesentlichen, ja unverzichtbaren Ergänzung des Schöpfers Brahma und des Erhalters Vishnu.

Shiva blieb immer der Natur verbunden. Gemäß der Mythologie wohnt er auf dem Berg Kailash im tiefsten Himalaya, der sich weit entfernt von jeder menschlichen Siedlung im ewigen Eis der tibetischen Bergwüsten befindet. Diese Vorstellung und die dazugehörige Ikonografie ist bis heute in Indien ein lebendiger Bestandteil des religiösen Lebens. Und die Gläubigen verehren Shiva als den »Großen Gott« (Mahadeva), als den »Herrn des Universums« (Maheshvara) oder als »Herrn des Tanzes« (Nataraja).

Shiva, der mit dem Schlagen der Trommel in Form eines Stundenglases (dem Damaru) und mit seinem Tanz (dem Tandava) die Welt erschafft, ist der immanente Aspekt dieser göttlichen Kraft, denn er erschafft als Nataraja nicht nur die Welt und sorgt dafür, dass auf ihr alles im Wandel bleibt, sondern er verkörpert in diesem Symbol bereits auch den transzendenten Aspekt, denn obwohl der Tanz hochdynamisch ist, ruht Shiva dabei doch in unerschütterlicher Ruhe in sich.

Im Tantra wurde diesem sehr konkreten Gottesbild, das Shiva immer in menschlicher Gestalt zeigt, noch ein weiterer wichtiger Aspekt der Transzendenz beigefügt: Seit dieser Zeit steht Shiva auch für das reine, formlose, ewige Bewusstsein – das Bewusstsein an sich. In dieser Form wurde er Parashiva (in etwa zu übersetzen mit »der transzendente Aspekt Shivas«) genannt und damit nun als der immer in sich ruhende Urgrund allen Seins gesehen.

In der tantrischen Polarität steht Shiva – obwohl er männlich ist – immer für die Stille, den Mond, das Verinnerlichte und die linke Seite. Es ist wichtig, dass wir uns dieser Zuordnung bewusst sind, denn auf ihr gründet die Didaktik des Hatha-Yoga-Übungsweges, der uns zur Quelle unseres Seins, dem in sich ruhenden Bewusstsein (Chit), zurückführen möchte.

Gemäß des tantrischen Schöpfungsmythos verspürt dieses formlose ewige Bewusstsein plötzlich den Wunsch, sich zu erfahren. Man kann sich nun aber durchaus die Frage stellen, warum dieser Wunsch aufkam. Bettina Bäumer findet eine Antwort darauf in den Lehren des kaschmirischen Shivaismus. Sie erklärt: »Shiva ist das reine Licht des Geistes (Prakasha), er kann sich jedoch ohne die Kraft des Selbstbewusstseins, der Reflexion (Vimarsha) weder selbst erkennen noch manifestieren.«[28] Das bedeutet, dass Shiva gewissermaßen Shakti als sein Gegenüber braucht, um sich in ihr zu spiegeln und durch die Erfahrung ihrer Dynamik sich seiner ihm eigenen tiefen Ruhe bewusst werden zu können.

Die Tantras drücken es so aus: »Ohne Shakti ist Shiva Shava (= ein Leichnam)!«

In dieser Komplementarität wird Shakti zum Ausdruck des Bewusstseins in seinem schöpferischen Aspekt, und deshalb ist sie in ihrer symbolischen und mythologischen Ausgestaltung äußerst vielfältig.

Die verschiedenen Aspekte der Shakti

Shakti ist Energie und Kraft. Sie ist die Energie und die Kraft, die das Herz – unaufhörlich und ohne Pause – schlagen lässt. Sie ist die Energie und Kraft, die aus einem Samen einen großen Baum mit seinen Blüten und Früchten erwachsen oder aus dem winzigen Ei und Samen einen ganzen komplexen Organismus entstehen lässt – klein wie eine Maus, groß wie ein Elefant oder etwas dazwischen, wie etwa ein Mensch.

Sie ist die Kraft, die in die Vielgestaltigkeit führt. Und nicht nur das. Sie ist auch die Kraft des fortwährenden Umgestaltens, je nach den Gegebenheiten der Umgebung. Und wir können dieses voneinander abhängige Umgestalten überall beobachten. Wenn sich z. B. durch Veränderungen im Klima eine Pflanze verändert, verändern sich auch die Instrumente, mit denen ihre Bestäuber an ihren Nektar kommen. Oder wir beobachten, dass es eine evolutionär notwendige Anpassung der Bestäuber gibt und sich dann die Pflanzen dem anpassen.

Ich persönlich stelle mir hier immer wieder staunend die

Frage: Wer hat sich das alles ausgedacht – die Urformen und ihre unendlichen, der Anpassung geschuldeten Variationen?

Einige denken, dass die Vielfalt ein Resultat des Zufalls sei. Aber gemäß Tantra handelt es sich immer um einen zielgerichteten Prozess der Anpassung, der durch die allem Leben innewohnende Intelligenz gestaltet wird. Das bedeutet: Shakti, also Energie, ist, weil sie ihren Urgrund in Shiva, dem reinen Bewusstsein, hat, immer durchtränkt von Bewusstsein. Als Bewusstseinsenergie ist ihr Intelligenz immanent.

Shakti als Erschaffende auf allen Ebenen

Shakti erschafft (als Natur und Evolution) die Welt natürlicherweise gemäß den Prinzipien von Versuch und Irrtum, aber auch jeder Versuch braucht Intelligenz, damit er sich in die richtige Richtung entwickelt.

Genauso hat sich das Leben entwickelt: von der Ursuppe hin zur ersten Erschaffung von Membranen, damit sich einzellige Individuen bilden konnten; von den Einzellern zu den Vielzellern; aus dem Urmeer heraus und wieder zurück ins Meer (wie bei den Walen).

Aber wo kommt z.B. die »Idee« einer Membran her, wenn es vorher noch nichts dergleichen gab, worauf die Evolution hätte zurückgreifen können? Durch das Entstehen von Membranen entwickelt sich nicht nur das Individuum, sondern auch das Gestalthafte.

Ist das nicht ein Wunder? Man kann es (bisher) nicht erklären!

Als aus den Einzellern die Mehrzeller wurden, kam plötzlich das Prinzip der Arbeitsteilung in die Welt, denn nun begannen sich einzelne Zellen bzw. kleine Zellverbände zu spezialisieren.

Und die »machten nicht einfach so mit ihrer Spezialisierung vor sich hin«, sondern erkannten, dass sie Teil von etwas Größerem sind, dem sie zuzuarbeiten haben.

Am Beginn jedes neuen Lebens ist es genauso: Die Zellen, die sich teilen, folgen einem intelligenten Plan, um die spezialisierten Strukturen zu bilden (wie z.B. ab der dritten Schwangerschaftswoche das Herz!), damit daraus ein vollkommener und komplexer Organismus entstehen kann. Die Zellen tragen auch das Wissen in sich, mit welchen anderen Zellen sie zusammenarbeiten müssen und in welcher Weise das zu geschehen hat. Und es gibt keine äußere Instanz, die diesen Prozess lenkt. Er geschieht aus sich heraus. Das, was da geschieht, können wir als ein unfassbares Wunder ansehen! Und all das gehört zu Shakti.

Zu Shakti gehört auch, dass sie mit jedem der Entwicklungsschritte im Verlauf der Evolution etwas radikal Neues hervorbrachte – etwas, was noch keine Vorläufer hatte (und nicht haben konnte). Was auch immer wir in dieser Hinsicht betrachten, lässt nur den einen Schluss zu: Energie (Shakti) kann nie getrennt gesehen werden von Bewusstsein (Shiva). Aus ihrem Zusammenspiel entsteht die Intelligenz, die sich in allem erkennen lässt.

Das Bewusstsein wird im Tantra immer als das »reine Bewusstsein« gesehen. Wir können annehmen, dass Shiva wohl auch einen Plan hatte, als in ihm der Wunsch entstand, sich selbst zu erfahren. Und dieser Wunsch nach Erfahrung bewirkte, dass sowohl Energie – Shakti – als auch das Formgebende – Maya – sich aus ihm gebaren und damit den Schöpfungsprozess einleiteten. Sonst hätte Shiva, das reine Bewusstsein, auch weiter friedlich bis in alle Zeiten in sich ruhen können.

Diese Prozesse sind jedoch letztlich so »unwissbar«, dass auch Wissenschaftler*innen zugeben müssen, dass sie dadurch noch immer »entgeistert« sind.

Im Yoga wurde hier versucht, mit den Konzepten von Brahman und Parashiva, also mit den Konzepten des Absoluten als Bewusstsein und der in seiner Leere (Shunya) angelegten unendlichen Potenzialität Erklärungsmodelle zu schaffen.

Shakti als Schöpferkraft in uns

Shakti ist in uns auch erfahrbar als Schöpfungskraft. Sie steht uns zur Verfügung sowohl mit ihrem Energieaspekt als auch mit dem Gestaltungs- oder Formaspekt. Sie ist die Kraft, die uns befähigt, unser Leben zu gestalten.

Das ist es, was wir uns jeden Tag bewusst machen sollten: Shakti lebt und wirkt in uns und durch uns. Da zu ihr auch unser Verstand, unsere Fähigkeiten, abzuwägen und zu planen, gehören, bietet sie uns immer wieder diese Fragen an: Was willst du heute aus deinem Leben machen? Wie willst du heute dein Leben führen? In welche Richtung möchtest du heute denken? Wie möchtest du heute wirksam werden?

Die Potenziale, die sie in uns dadurch freisetzen kann und auch freisetzen will, sind gewaltig!

Wenn wir uns bewusst werden, dass Shakti als die »das Leben gestaltende Kraft« nicht nur in uns wirksam ist, sondern auch aktiv genutzt werden kann, dann können wir wirklich beginnen, achtsam und bewusst unser Leben zu gestalten.

Wohlgemerkt: Das heißt nicht, dass wir generell die äußeren Bedingungen verändern können (z.B. das Wetter). Aber wir können uns unser inneres Erleben und unseren Umgang mit dem, was im Außen geschieht, bewusst machen und uns so ausrichten, dass wir gut mit dem aktuell Gegebenen klarkommen können.

Wenn wir die vielfältigen Wirkweisen der Shakti in uns erkennen, können wir uns mit dieser Kraft in Beziehung setzen. Dazu ist es hilfreich, einige Verhaltensweisen einzuüben, z.B., mit sich selbst ins Gespräch zu kommen und diesen inneren Dialog zu kultivieren.

Das heißt, man beginnt, sich mit den verschiedenen Aspekten des eigenen Wissens, der Lebenserfahrung und der Ressourcen auszutauschen. Dabei spricht man mit sich selbst wie mit einem Partner. Das kann z.B. so aussehen: »Wir haben hier gerade diese Situation xy. Wie wollen wir sie einschätzen? Wie wollen wir mit ihr umgehen?«

Dann sagt ein Teil von dir vielleicht: »Ich denke, dies oder das wäre jetzt förderlich und hilfreich!«, und eine andere Stimme sagt: »Ja, wir könnten doch aber auch dies oder das noch bzw. stattdessen machen«, usw.

Ich finde den Aufbau solcher inneren Dialogstrukturen extrem hilfreich, denn so kann man die unterschiedlichen Stimmen und Meinungen im eigenen Sein immer wieder an einen gemeinsamen runden Tisch einladen, an dem alles zu Gehör gebracht werden kann. Dabei kann sogar ein Teil noch die Rolle des Moderators übernehmen! Jede der inneren Stimmen steht für einen Teil unseres inneren Wissens, unserer spezifischen Lebenserfahrung und der uns innewohnenden Weisheit.

Normalerweise sind wir im Alltag vor allem in Kontakt mit den Wirkkräften und den Konditionierungen unseres Egos. Und unser Ego sucht immer nach Lösungen, die seiner eigeschränkten Sichtweise entsprechen und die ihm Sicherheit versprechen. Es schreckt grundsätzlich vor allen Risiken – und damit auch vor allem Ungewohnten und Neuem – zurück.

Das innere Wissen und die Shakti in uns lieben dagegen das Neue und das Risiko, weil beides uns hilft, unser Bewusstsein aus der Enge der Prägungen zu befreien und Neues zu wagen.

Shakti sagt uns: »Trau dich! Wage es! Entledige dich aller Sicherheiten. Trau dich, dem Leben nackt und ungeschützt zu begegnen. Tanze nackt!«

Das Entfalten und Kultivieren solcher inneren Visionen bewirkt, dass ein Aspekt von uns, der sich neu bildet, mit unseren älteren Anteilen in Kontakt tritt und diesen Kontakt dann auch aufrechterhält. So entstehen Wachstum und Entwicklung.

Entwicklung von Vertrauen und einer erweiterten Perspektive

Wichtig dabei ist es, dass wir Vertrauen entwickeln bzw. lernen zu vertrauen. Da die meisten Menschen in unserer Kultur nicht auf eine Kindheit zurückblicken können, in der sie sichere Bindung erfahren durften, sind Unsicherheit und Ängste bezogen auf das eigene Sein (und vor allem bezogen auf das eigene Handeln / die eigene Performance) außerordentlich weit verbreitet.

Wie könnte uns nun der gestaltende Aspekt der Shakti helfen, Vertrauen zu entwickeln?

Einen Vorschlag dazu, wie sich so ein Prozess der Vertrauensbildung gestalten könnte, finden wir in der Bhagavadgita. Am Beginn dieser Geschichte hat sich der Krieger Arjuna vor der entscheidenden Schlacht komplett in Zweifel verstrickt. Er wird zudem massiv von seinen Selbstzweifeln bedrängt und vertraut auf nichts mehr.

Gott Krishna in Gestalt seines Beraters erkennt diese Problematik und beginnt seine Belehrungen, indem er Arjuna zunächst einmal zu einer Reihe von Erkenntnisprozessen einlädt, damit er verstehen kann, worum es in der Situation, mit der er nicht klarkommt, eigentlich geht (= Jnana-Yoga).

Diese Vorgehensweise entspricht sowohl dem klassischen als auch dem modernen Coaching.

Dann aber leitet er Arjuna zu etwas an, was eher ungewöhnlich ist: Krishna lädt ihn ein, mit dem, was er erkannt hat, in die Stille zu gehen. Man könnte auch sagen, dass Arjuna mit seinen Erkenntnissen in ein Retreat geht, um in der Stille das Erkannte in sich wirken zu lassen. Das ist Dhyana-Yoga, der Weg der Meditation. Dadurch – durch das In-die-Stille-Gehen – kann sich Erkenntnis in Einsicht verwandeln. Einsicht ist etwas sehr Körperliches, denn das, was wir einsehen, das können wir auch spüren! Und das, was wir zutiefst einsehen, das verkörpern wir dann auch.

Jetzt kommt der Handlungsaspekt ins Spiel. Handeln bezieht sich hier nicht nur auf die vielen kleinen alltäglichen Handlungen, sondern auch auf das, was wir denken! Denn da ist immer etwas in uns, das die Entscheidung trifft, in diese oder jene Richtung zu denken, diesem oder jenem Gedankengang Nahrung zu geben. Indem wir das tun, handeln wir! Jede Entscheidung, jedes Planen ist ein Handeln. Das kann man sogar in einem Hirnscan erkennen! Jedes Planen, jedes Entscheiden geht einher mit einem Abwägen dessen, was dafürspricht, und dessen, was dagegenspricht. Zum einen sagen wir Ja, zum anderen Nein.

Aber erst, wenn diese Entscheidung getroffen ist (= Shakti als gestaltende Kraft!) können wir uns einem weiteren wesentlichen Aspekt der Shakti widmen.

Shakti als Energie-, Kraft-, Gestaltungs- und Handlungsaspekt lässt uns aktiv werden in unserem Leben. Wir planen, entscheiden, handeln und gestalten allerdings, ohne das »Große Ganze« erkennen zu können, denn unsere menschliche Perspektive ist natürlicherweise immer eingeschränkt und begrenzt. Deswegen heißt es auch: »Der Mensch denkt – Gott lenkt!« Dabei ist uns irgendwie klar, dass es eine weitere, umfassendere Perspektive gibt, zu der wir (zumindest in unserem Alltagsbewusstsein) keinen Zugang haben. Das bedeutet auch, dass wir in der Regel nicht erkennen, welche Rolle wir in dem Zusammenhang spielen, in dem wir handeln. Wir wissen auch meist nicht, was unsere Handlungen bewirken werden – sowohl für uns selbst als auch für andere. Das bedeutet schlussendlich, dass wir unser Handeln im Grunde genommen nicht verstehen!

Manchmal gelingt es uns in der Meditation, unsere Sichtweise und unsere Perspektive zu erweitern, wenn sich die Einflüsse der Prägungen und unserer Absichten und unseres Wollens zurückziehen.

In der Bhagavadgita wird uns deshalb als vierter Weg der Bhakti-Yoga angeboten. Krishna rät Arjuna, als er wieder handlungsbereit ist: »Opfere dein Tun! Handle mit der Vorstellung, dass alles, was du mit dieser inneren Einstellung tust, irgendwo in der großen Ordnung (dem Dharma) seinen Platz finden wird.« Wenn wir eine solche innere Einstellung in uns etablieren können, kann Vertrauen entstehen. Wir erkennen dann, dass alles, was ist und was geschieht, irgendwo in diesem riesigen »Puzzle« des Lebens seinen Platz finden wird.

Die Gita bietet uns damit einen Weg an, mit der wir einüben können, die Welt unserer Gedanken und Gefühle zu gestalten.

Ich stelle diesen Weg hier noch einmal kurz und sinnbildlich dar:

- Wir erkennen, dass wir ein Problem haben, und erleben uns unter dem Eindruck dieses Problems.
- Wir erkennen, warum wir das Problem haben (Jnana-Yoga).
- Wir gehen mit dieser Erkenntnis in die Stille und verwandeln sie in Einsicht (Dhyana-Yoga).
- Die Einsicht lässt uns planen und entscheiden, wie wir weiter vorgehen sollten und welches Handeln uns jetzt sinnvoll und förderlich (im Sinn des Dharma) scheint (Karma-Yoga).
- Wir verstehen, dass wir den umfassenden Zusammenhang unserer Entscheidungen und unseres Handelns nicht verstehen können, und unterstellen unser Tun einer höheren, erweiterten Perspektive (Bhakti-Yoga).
- Wir vertrauen darauf, dass wir uns dadurch im Rahmen unserer Erkenntnismöglichkeiten so verhalten und handeln, dass es zum Wohle aller Wesen und im Sinne des Dharma ist (= Gestaltungsaspekt der Shakti).

Im Garten der Shakti

Shakti ist übrigens auch eine begnadete »Gärtnerin«. Sie macht alle Böden urbar und lässt alles auf ihnen wachsen. Es sieht dann vielleicht manchmal etwas wild durcheinander aus, lässt bei genauerem Hinschauen aber durchaus die Ordnung erkennen.

Shakti legt – auch im übertragenen Sinne – schöne Komposthaufen an, in denen sich Verbrauchtes wieder in Nützliches verwandelt. Sie hat in ihrem Garten verschiedene Bereiche angelegt für Pflanzen, die man nur ungern zwischen den anderen Pflanzen hat (z. B. Brennnesseln zwischen Obststauden), die sich aber an dem extra für sie vorgesehenen Platz prachtvoll entfalten dürfen, denn Brennnesseln oder auch Riesendisteln (Karden) sind keine Gartenpflanzen, aber dafür großartige Heilpflanzen. Für Shakti ist alles gleich viel wert. Auch die Wühlmaus, der Maulwurf, die Ameise, die Würmer etc. Alles gehört dazu. Alles darf und soll da sein! Wenn ich mir vorstelle, dass ich meinen eigenen inneren Garten auch so groß und frei gestalten und ich allem Raum geben kann, da zu sein, dann tut mir das gut und macht mich friedvoll.

Übertragen bedeutet das: alles, was das Leben anbietet, anzuschauen und sich zu fragen: Was könnten wir damit machen? Wofür könnte das gut sein?

Wenn wir uns auf diese Weise gedanklich und gefühlsmäßig ausrichten und einrichten, kann die Energie immer im Fluss bleiben. Wenn wir dagegen versuchen, etwas wegzusperren oder auszusperren, dann brauchen wir immer einen Teil der Energie, um diesen Schutzwall vor dem Weg- oder Ausgesperrten aufrechtzuerhalten. Das ist blockierte Energie.

Wenn wir darauf vertrauen, dass sich auch das Unangenehme und das spontan nicht Gewollte schon irgendwie in das eigene Leben einordnen wird, dann kann die Energie weiter fließen. Das ist auch die Art und Weise, wie wir im Yoga lernen, mit den im ersten Kapitel im Zusammenhang mit dem Yogasutra bereits erwähnten inneren Störfaktoren (den Kleshas) umzugehen.

Nach diesem Verständnis darf die Angst da sein, das Ablehnen und das Begehren dürfen da sein, das Ego und das Nichtwissen dürfen da sein – alles darf da sein, solange wir es in der Achtsamkeit halten – wie eine Gärtnerin, wie ein Gärtner. Alles das gehört ja zu uns, und wenn eines dieser fünf Kleshas nicht da wäre, kämen wir nicht (gut) durch unser Leben. Es geht darum zu erkennen, dass jedes Klesha im eigenen Sein auch einen Sinn und eine Bedeutung hat. Dann sind sie nichts als Energie, die aus dem Bewusstsein heraus geboren wurde – Bewusstseinsenergie, die fließen will.

Die Erfahrung der Beziehung zwischen Bewusstsein und Energie

Bewusstsein und Energie sind für uns zunächst meist erst einmal nur Konzepte. Selbst wenn wir uns bewusst machen, dass logischerweise alles vom Mikrokosmos bis zum Makrokosmos durchdrungen sein muss von Energie und einem dem Chaos Sinn und Struktur gebenden Bewusstsein, hat das zunächst noch nichts mit uns zu tun.

In der dualistischen Weltsicht, die wir in der westlichen Welt entwickelt haben, haben wir uns angewöhnt, von außen auf die Phänomene des Lebens zu schauen, und wir nähern uns ihnen in der Regel mittels unseres analytischen Verstands.

Im Tantra dagegen wird immer davon ausgegangen, dass wir mit unserem Körper, unseren Wahrnehmungssinnen und mit unserem Geist, der die so gewonnenen Informationen verarbeitet, Teil des großen Netzwerkes des Lebendigen sind. Der Körper wird erkannt und gewürdigt als der einzige Ort der Erfahrung, der uns gegeben ist. Die Sinne, die in allen vorhergehenden Yogawegen als machtvolle Störfaktoren angesehen wurden, die man deshalb unablässig mit allen Mitteln versuchte unter Kontrolle zu bringen, werden im Tantra umgedeutet als das, was uns erlaubt, das Bewusstsein, die Energie, die Freude und damit das Göttliche zu erfahren.

Damit wird unser Körper nun endgültig zum Tempel, durch den sich das Göttliche ausdrückt. Er ist damit nichts, was man besitzt oder hat, sondern etwas, was Bewusstsein (Shiva) und Energie (Shakti) mithilfe des formgebenden Aspekts der Shakti (Maya) erschaffen haben als eine Verkörperung ihrer selbst und als der einzige Ort, an dem wir die Quelle und den Urgrund unseres Seins erfahren und darum wissen können.

Selbstwahrnehmung und die inneren Sinne

Entsprechend wurden in den tantrischen Yogatraditionen über Jahrhunderte hinweg Techniken entwickelt, die uns helfen, fokussiert und klar unser inneres Sein zu erforschen. Dies geschieht durch eine zunehmende Verfeinerung unserer Selbst- und Innenwahrnehmung (also dessen, was wir heute Proprio- bzw. Interozeption nennen) und durch den Einsatz innerer Vorstellungen und Bilder, vermittelt durch Visualisierung.

Beides führt uns nach innen, denn jede Form der Selbst- und Innenwahrnehmung und jede Visualisierung ist ein Nach-innen-Nehmen eines Konzepts oder eines äußeren Bildes, das wir uns gemacht haben und das wir nun mit unseren inneren Sinnen oder vor unserem inneren Auge neu und in einer feineren – weil energetischen – Schwingungsfrequenz erstehen lassen können.

Im Yoga der Energie visualisieren wir innere Strukturen – wie z.B. die innere Achse oder die Nadis – oder unsere inneren Räume. Diese Strukturen oder Räume sind natürlich schon immer in uns. Da wir aber wahrscheinlich so gut wie nie angeleitet wurden – oder selber auf die Idee kamen –, sie erfahren zu wollen bzw. in sie hineinzuspüren, sind die Sinne und Gehirnareale, die wir für solche Innenwahrnehmungen brauchen, untrainiert und stehen uns deshalb kaum oder manchmal sogar gar nicht zur Verfügung. In diesem nicht seltenen Fall spüren Menschen nichts in sich (außer Schmerz oder andere starke Innenreize) und können deswegen auch kein inneres Bild ihrer selbst entwickeln.

Wie kann es dazu kommen, dass ein Mensch sein Inneres kaum noch oder sogar gar nicht mehr spürt? Der Grund ist meist, dass wir Stress erfahren. Jedes Stresserleben koppelt uns ein klein wenig mehr von unserem Körpergefühl ab. Dafür gibt es in unserer Entwicklungsgeschichte auch gute Gründe, denn wir sollen nicht gleich spüren, wie anstrengend ein Kampf oder eine Flucht ist oder wie uns in einer solchen Situation z.B. vor Angst ganz flau im Bauch wird.

Wenn der Stress dann wieder nachlässt und wir anschließend im Sinne einer Entspannungsantwort in uns hineinspüren, was diese Situation mit uns gemacht hat und ob wir uns irgendetwas Gutes tun könnten (z.B. ein paarmal tief durchatmen), dann konnte unser Bewusstsein in Beziehung zu seinem Körper bleiben.

Wenn jedoch das Stresserleben – wie so oft heutzutage – chronisch wird, dann geht der Kontakt zu unserer Körpererfahrung und zu den Empfindungen unseres inneren Seins mehr und mehr verloren. Wir werden zunächst dumpf und dann zunehmend »taub« in der Erfahrung unserer inneren Welt. Wir spüren uns nicht mehr – ganz allgemein und im Besonderen bezogen auf die sehr feinen und differenzierten Wahrnehmungen der Widerspiegelungen unseres Denkens, Fühlens und Handelns in unseren inneren Räumen.

Damit wird klar, dass es ein großes Übungsfeld ist, diesen Kontakt zu unserem inneren Sein wiederherzustellen.

Als Mittel für dieses In-Kontakt-Treten durch Spür- und Visualisierungsübungen nutzt der Yoga der Energie unsere »feinstofflichen« (inneren) Sinne, die Indriyas. Sie entsprechen bestimmten Arealen in unserem Gehirn, vor allem der Insula (oder Inselrinde), die die Fähigkeit hat, die Innenwahrnehmungen unserer körperlichen – und der damit immer auch verbundenen mentalen – Befindlichkeit zu »scannen« und uns bewusst zu machen.

Die inneren Räume

Im Tantra wie im Yoga der Energie wird davon ausgegangen, dass jeder Raum, den wir in unserem Inneren erforschen können, ein Wahrnehmungsort für sehr spezifische Erfahrungen ist. Jeder Raum hat seine ihm eigene Schwingung und Färbung. In jedem Raum tauchen andere Gedanken, Gefühle, Erinnerungen und innere Bilder auf.

Folgende Räume werden unterschieden:

- Der äußere Raum (den wir mit den anderen Menschen teilen)
- Der Raum, der uns unmittelbar umgibt (der Raum unserer Ausstrahlung, unser Resonanzraum, unsere »Aura«)
- Der innere Raum (der gesamte Raum, den unsere Haut umhüllt)
  Dabei ist gut zu wissen, dass unser innerer Raum mit den beiden äußere Räumen über die Poren unserer Haut in Beziehung steht.

Der innere Raum wird wiederum unterteilt in:

- den Becken-, Bauch- und Brustraum (als Wurzel- bzw. Organraum mit unterschiedlicher Dichte);
- den Stirnraum (hier erfahren wir die Bewegungen des Geistes, unsere Gedanken, Gefühle und Erinnerungen); er gilt als die »Projektionsfläche« des Geistes;
- die Mitte der Stirn, im Yoga Bindu (= Punkt) genannt. Dieser Bereich soll räumlich erfahren werden und ist ein Ort der Sammlung und der Ausrichtung in die Einpunktigkeit (Ekagrata);
- den Ursprungspunkt in der Mitte des Schädels; auch dieser »Punkt« ist eigentlich ein Raum oder ein Bereich, in dem wir verweilen. Er steht für einen Zustand, in dem wir ganz zu uns kommen und (ganz tief) in uns ruhen;
- das Schädeldach; es verbindet uns mit der transzendenten Ebene im Raum oberhalb unserer Selbst;
- den Scheitelpunkt (die ehemalige Fontanelle); dieser Bereich wird im Yoga »Tor zum Absoluten« (Brahmarandhra) genannt;
- den Raum oberhalb unserer Selbst (den Himmelsraum); er steht für Formlosigkeit, Unendlichkeit, Weite und Licht und ist ein Raum der Entgrenzung.

Wenn wir immer wieder offen und erwartungslos in diese einzelnen Räume hineinspüren, dann füllen sie sich langsam mit Bewusstheit. Wir werden uns ihrer gewahr – und dann mehr und mehr – uns selbst in ihnen gewahr. Wir werden uns unserer selbst bewusst – nicht im äußeren, sondern in unserem inneren feinstofflichen Sein, unserem »ahnenden Erkennen und Erfahren«, und in unserer Intuition. In diesen Räumen zu verweilen und sich selbst dort zu erfahren, nenne ich gerne »sich selbst mit Bewusstheit (oder Bewusstsein) anfüllen«. Damit beleben wir die einzelnen Räume und schließlich den ganzen inneren und äußeren Raum. Wir füllen sie an mit Bewusstseinsenergie, mit Prana. In der Erfahrung des strömenden, pulsierenden Prana entsteht so ein sehr konkretes Erleben davon, wie die Aspekte von Bewusstsein (Shiva) und Energie (Shakti) in unserem körperlichen, energetischen und mentalen Sein in Beziehung sind und sich gegenseitig durchdringen.

Auf der Grundlage dieser Erkenntnisse werden wir nun den Schöpfungsmythos betrachten, der beschreibt, wie sich das Bewusstsein Schritt für Schritt in die Verkörperung manifestiert.

Der Schöpfungsmythos des Tantra und die Bedeutung des Konzepts der Kundalini für den Hatha-Yoga

Alle Energiekonzepte und alle daraus entwickelten Methoden und Übungen des Hatha-Yoga gründen in dem tantrischen Mythos von der Entstehung unserer Welt.

In ihm heißt es, dass am Anfang nichts war als das reine Bewusstsein, das Bewusst-Sein an sich. Es ruhte in ewiger, absoluter Bewegungslosigkeit in sich.

Kein Text sagt genau, warum diese Ruhe plötzlich gestört wurde. Sie wurde wohl gestört durch den Wunsch des reinen Bewusstseins, sich selbst zu erfahren. Auch wenn wir den Grund für das plötzliche Aufkeimen eines Wunsches nie erfahren werden, war das aus tantrischer Sicht aber der Beginn des gesamten Schöpfungsprozesses, denn um sich zu erfahren, braucht es Sinne, einen Geist und einen Ort der Erfahrung – einen Körper!

Aus diesem Wunsch entstand also Shakti, die lebendige, pulsierende und strömende Kraft des Lebens. Ihr gesellte sich Maya – das Formgebende – an die Seite. Die beiden erschufen nun (Schöpfung ist ein Shakti-Aspekt) die vielfältigen Manifestationen der Energie.

Dieser grundlegende Energiegedanke deckt sich wiederum mit den Erkenntnissen der Quantenphysik. Viele Forschende auf diesem Gebiet vertreten heute die Ansicht, dass es nichts gibt außer Energie. »Alles in unserer Welt, alles, was Sie in der Hand halten, egal wie dicht, wie schwer, wie groß es sein mag, besteht auf der fundamentalsten Ebene aus einer Ansammlung elektrischer Ladungen, die in Wechselwirkung mit einem Hintergrundmeer elektromagnetischer und anderer energetischer Felder stehen – eine Art elektromagnetischer Zugkraft. Masse ist nicht ein Äquivalent von Energie; Masse ist Energie. Oder, noch fundamentaler: es gibt keine Masse, es gibt nur Energie«[29], erklärt dazu die Wissenschaftsjournalistin Lynne McTaggart.

Stufen der Verdichtung und die irrige Vorstellung der Vereinzelung

Nach der Ansicht des Tantra geschieht der Schöpfungsprozess in zunehmenden Verdichtungen der Schwingungsfrequenz von Energie. Das erste, feinste und rein als Welle Existierende war der Klang (Nada) mit seinen vielfältigen Frequenzen vom Feinsten zum Gröbsten. Klang strebt immer auseinander – weg von seiner Quelle. Deswegen zeigt sich im nächsten Schritt Bindu, der Punkt, in dem alle Energie eingesogen ist (wie in einem »Schwarzen Loch«). Damit diese ungeheure Energieakkumulation sich entfalten kann, entstehen in den nächsten Schritten Raum und Zeit und damit die Zeitlinie von Werden – Bestehen – Vergehen. Damit ist das Ewige in einer Form angekommen, in der es dem Wandel unterworfen ist.

Die nächste Verdichtung – sinnbildlich dargestellt durch einen weiteren Schleier, der das reine Bewusstsein umhüllt – ist symbolisiert im Konzept von Buddhi. Dieser Begriff entstand aus der Wurzel *budh* = »erwachen, verstehen, wissen« und meint die Fähigkeit, erkennen und unterscheiden zu können. Buddhi bezeichnet eine transpersonale geistige Fähigkeit des Verstandes, höher als der rationale Verstand (der noch nicht erschaffen war).

Buddhi ist auch Intuition, also unser tiefes, über jeden Zweifel erhabenes Wissen. In der Quantentheorie ist es die Verbindung unserer eigenen, durch Sinneseindrücke entstehenden holografischen Wellen-Interferenzmuster mit dem alles Wissen (und alles, was jemals gewusst werden kann) umfassenden »Speichermedium« des Nullpunktfeldes.

Hier folgt ein entscheidender Schritt: die Erschaffung des Egos (Ahamkara)! Man könnte sagen: Ab jetzt wird es eng (und dicht). Ein Ego gedeiht auf der Vorstellung seiner Einzigartigkeit. Dafür muss es sich als abgetrennt und besonders erleben. Ein Ego hat immer etwas von einer Art Bollwerk, mit dem es sich von den anderen absetzt und gegen ihre Einflüsse verteidigt. Das jedoch ist »Nicht-Wissen, Irrtum, Verwechslung« – kurz: Avidya!

Denn die Quantentheorie lehrt uns, dass in dem uns bekannten Universum alles mit allem vernetzt ist, dass alles mit allem unablässig Energie und Informationen austauscht und unser Geist einem Krug vergleichbar ist, dessen Innenraum (der »Krugraum«) nicht vom Außenraum unterschieden werden kann. Die Quantenforscher*innen stellen deswegen die Frage, wie wir eigentlich wissen, wo das eigene Sein beginnt und wo es aufhört – wenn dieses Sein sich doch ausschließlich über Beziehung erschafft.

Das Ego bekommt im weiteren Verlauf dieses Prozesses seinen eigenen begrenzenden Geist: Manas. Es ist unser Verstand, der mit allen seinen Meinungen, Ansichten und Bewertungssystemen geprägt ist durch die Gesellschaft und Erziehung. Manas ist das, von dem wir uns Struktur, Ordnung und Ausrichtung erhoffen in einer Außen- und Innenwelt, die wir oft als chaotisch und undurchschaubar erfahren.

Ego und Manas sind für jede und jeden von uns zwar unverzichtbar für das Überleben in unseren arbeitsteiligen Gesellschaften, aber diese beiden Konzepte tragen immer in sich den Keim der Abtrennung, der Abspaltung und der Vereinzelung. Und sie sind damit eine unerschöpfliche Quelle des Leids. Denn aus den Prägungen unseres Gewordenseins, das sich in unseren Geisteshaltungen und in unserer Persönlichkeit ausdrückt, entwickeln wir auch unsere (äußerst individuellen) Wahrnehmungsfähigkeiten (die Jnanendriyas) und Handlungskompetenzen (die Karmendriyas).

Das bedeutet, dass die Art, wie unser Geist geprägt ist, bestimmt, wie wir wahrnehmen und wie wir handeln und schließlich auch, wie sich unser Körper aus den Elementen Äther, Luft, Feuer, Wasser und Erde erschafft. Unser Körper wird so zum Ausdruck und zur Manifestation unserer Energie und unseres Bewusstseins. Wir erschaffen uns mit diesem Körper nicht nur den Ort, in dem wir alles Erfahrbare erleben, sondern auch die Qualität der Wellen und Interferenzmuster unseres gesamten Seins. Unser Sein kann empfänglich sein für die Qualitäten der Weite, Offenheit und Durchlässigkeit – oder auch nicht. Je mehr wir uns in unser materielles Sein zurückziehen, desto dichter und undurchlässiger (und meist auch rigider) werden wir im Geist und dadurch auch in unserem Körper.

Der dem tantrischen Wissen tief verbundene Yoga der Energie weiß um diesen Irrtum, der bedingt, dass wir uns selbst als eine Ansammlung unterschiedlichster Materie betrachten. Und dieser Irrtum hat dazu geführt, dass wir ausgehend von diesem Umgang mit unserem Körper und unserem Geist ein zunehmend mechanistisches Selbst- und Weltbild entwickelt haben, das uns immer weiter wegführt vom Lebendigen – und damit auch von der Fülle, dem In-Beziehung-Sein und der Verbundenheit entfernt.

Freude, Bhoga und Sexualität im Tantra

Tantra, das so eine ganz andere Sichtweise entwickelt hat als alle Yogaströmungen davor, hat *Beziehung* in seinen Fokus gestellt und damit auch die Menschen eingeladen, mit seinen Lehren und Konzepten *in Beziehung zu treten.*

Schon bevor Tantra in Erscheinung trat, kannte man die Polarität von Purusha und Prakriti, also von Bewusstsein und Natur. Wie im ersten Kapitel schon erwähnt, wurde in den vortantrischen Lehren Prakriti, die Natur, in ihrer Dynamik, ihrem ständigen Wandel und ihrer Vergänglichkeit allerdings immer als etwas Störendes angesehen. Im Samkhya wurde diese Dynamik als ein Tanz beschrieben. Es hieß, dass Prakriti mit ihrem Tanz versuche, Purusha zu verführen, sich ihr zuzuwenden und damit aus dem Zustand des reinen, immer in sich ruhenden Bewusstseins herauszutreten.

Um diese Gefahr zu bannen, kam im Samkhya die Idee auf, dass man die Dynamik der Prakriti bändigen und damit entkräften und entmachten müsse. In der Samkhya Karika, der wichtigsten Schrift dieser Bewegung, ging der Autor sogar so weit zu fordern, dass man die Natur in sich abtöten solle, um sich ganz dem Ewigen und Unvergänglichen zuwenden zu können. Das klingt krass, war aber vielleicht sogar der emotionale Hintergrund, aus dem heraus sich das Bedürfnis nach einem göttlichen Paar entwickeln konnte.

Wir erinnern uns: Im tantrischen Schöpfungsmythos geht alles damit los, dass das reine Bewusstsein (Shiva) aus sich heraus (also ohne jeden äußeren Impuls, denn es war ja noch nichts erschaffen!) den Wunsch entwickelte, sich selbst erfahren zu wollen. Shakti wurde erst aus diesem Wunsch heraus geboren, und so entstand die Energie mit den ihr zugehörigen Aspekten Schöpfungskraft und Formgebung (Maya) und der Schwingung (Nada / Spanda). Diese Schwingung durchdringt alles Lebendige, egal wie solide uns die jeweilige Form erscheint, in der sich das Leben manifestiert. Wenn wir auf der feinsten Ebene schauen, sehen wir immer dieses Zusammenspiel von Bewusstsein und Energie, dieses Sich-Durchdringen und dieses Miteinander-in-Beziehung-Treten.

Ich persönlich finde es genial und extrem hilfreich, dass diese beiden Kräfte – Bewusstsein und Energie – personifiziert wurden und ihnen mit Shiva und Shakti eine Gestalt gegeben wurde, denn nur dadurch konnten wir Menschen überhaupt in Beziehung zu ihnen treten. Unsere Gehirne haben große Mühe, mit etwas Abstraktem in Beziehung zu treten, weil das Abstrakte unsere Emotionen nicht *anspricht.* In der Gestalt von Shiva und Shakti dagegen kann ich mich spiegeln. Ich kann mich in ihren jeweils männlichen und den weiblichen Aspekten angesprochen fühlen.

In der indischen Kultur wird aber noch eine viel tiefere Ebene der Beziehung angesprochen: Wir sind immer eingeladen, mit dem zur Gestalt gewordenen Göttlichen in eine *Liebesbeziehung* einzutreten, und zwar so, dass nicht nur wir als Liebende (Bhakta) uns in Shiva oder Shakti verlieben, sondern dass sich auch das göttliche Paar in liebender Fürsorge uns zuwendet und uns in der Erfahrung seiner Liebe gedeihen lässt.

Shiva – als »väterliche« Kraft – schenkt uns unaufhörlich Bewusstsein und die Kraft der Wandlung. Auch Shakti trägt in sich diesen wandelnden Aspekt, aber sie ist auch gleichzeitig nährend und bewahrend. In vielen tantrischen Texten erfahren wir sie außerdem als die unbedingte Fürsprecherin für ihre Schöpfung. Viele dieser Texte scheinen durchtränkt zu sein von dem Wunsch, dass wir Menschen zu uns kommen, dass wir erstrahlen in unserer Energie und unserer Bewusstheit und dass wir uns für diese beiden Qualitäten ganz öffnen und sie durch uns leben lassen. Dadurch wird es möglich, dass wir zu den anderen Menschen und Geschöpfen der Welt auf eine ähnlich gestimmte Art in Beziehung treten, nämlich ebenso fürsorglich wie das göttliche Paar.

Erst das Eingehen einer Liebesbeziehung zu einer von uns erdachten Gestalt mit bestimmten Qualitäten macht es möglich, dass zwischen uns und dem Göttlichen ein Dialog entstehen kann und wir die Freude des Empfangens und Gebens erfahren können.

Wenn es ein echter Dialog ist, dann freut sich die / der Gebende über die Freude der / des Empfangenden, und die / der Empfangende freut sich über die Freude der / des Gebenden! Dieser Kreislauf der Freude wird im Tantra als ganz grundlegend angesehen.

Das Ziel dieses Weges, also das, wodurch sich Samadhi ausdrückt, ist einerseits Laya. Es bedeutet, sich vollkommen absorbieren zu lassen von Shiva bzw. ganz mit ihm zu verschmelzen. Und dadurch entsteht etwas Zweites: Ananda – die Glückseligkeit, die tiefe Freude, die Wonne, das Entzücken, die tiefe Zufriedenheit (Tushti), bei der wir das Gefühl haben, wirklich nichts mehr zu brauchen, weil alles genährt und gut ist!

Übertragen auf unseren Alltag und die Begegnung zwischen Menschen wurde im Tantra dafür das Konzept von Bhoga entwickelt. Bhoga meint Genuss und jegliche Form freudiger Erfahrung, wie z.B. die Freude, wenn Menschen sich nach einer längeren Zeit persönlich wiedersehen und sich endlich wieder in den Arm nehmen können.

Bhoga meint nicht unbedingt einen Genuss oder eine Freude, die durch etwas Materielles erschaffen werden kann, sondern ein

Gefühl, das in der Tiefe unseres Herzens entsteht und, indem es in Resonanz mit dem Gehirn tritt, uns in unserer Gesamtheit erfasst.

Und dieses Erfahren der Freude umfasst im Tantra auch die sexuelle Begegnung.

Grundlegend für Tantra ist, dass eine Frau in *jedem* Mann Shiva und ein Mann in *jeder* Frau Shakti erkennt *und ehrt.* In der sexuellen Vereinigung begegnen sich in dieser Sichtweise also immer Shiva (Bewusstsein) und Shakti (Energie) in uns – und zwar konkret erfahrbar, spürbar, lustvoll und hingebungsvoll. Maithuna – der Liebesakt – wird so zu einer Meditation der Hingabe, in der das Gefühl für Zeit und Raum sich auflöst und zwei (Menschen-)Wesen sich in ihrer energetischen und spirituellen Essenz erkennen und eins werdend ineinander verschmelzen.

Das *Vijnana Bhairava Tantra* beschreibt es so: »Die Freude, die im Moment der Vereinigung mit der Shakti (Partnerin) durch die Erregung bei dem vollen Eindringen erfahren wird, ist wie die Seligkeit Brahmans. Es ist die Freude des eigenen Selbst.« (VBT, Dharana 69)

Bettina Bäumer kommentiert dazu: »›Die Freude des eigenen Selbst‹ ist nicht als eine höhere Form des Egoismus zu verstehen, sondern als Hinweis, dass auch die Freude, die durch die Vereinigung mit einem anderen entsteht, teilhat an der absoluten Seligkeit, die in der Einheit mit dem inneren Selbst (und damit mit dem Göttlichen; A. T.) erfahren wird.«[30] Und in einem Kommentar von Shivopadhyaya dazu heißt es: »Wenn man mit einer geliebten Frau vereint ist, kennt man weder Außen noch Innen.«

Dieser bewusste und aktive Umgang mit dem, was uns Freude macht und beglückt, ist zentral für den Tantra. Wenn wir in diese innere Gestimmtheit und Verfassung finden, wird daraus in unserem Geist eine sehr besondere Form von Ruhe entstehen. Es ist die Ruhe, die aus dem Gefühl des Erfüllt- und Genährtseins entsteht! Doch wie oben bereits erwähnt, verlieren wir uns doch auch schnell wieder in der irrigen Annahme, dass wir von dieser Fülle getrennt seien, und unsere Energie gerät ins Stocken.

Aufstieg der Kundalini

Die tantrischen Meister gaben diesem Unwissen die symbolische Form der *Kundalini* (von Kundala = die Zusammengerollte). In Gestalt einer zusammengerollten (= inaktiven) schlafenden (= unbewussten) Schlange ruht die Bewusstseinsenergie in uns. Es ist unser schlafendes, inaktives Potenzial. Wenn es mithilfe der Techniken des Hatha-Yoga bzw. des Yoga der Energie erweckt wird, wandelt es sich wieder in die strömende, fließende, entgrenzende und grenzenlose Bewusstseinsenergie Prana.

Das, was gemeinhin »Aufstieg der Kundalini« genannt wird, ist somit vielmehr ein Aufstieg des Prana. In den tantrischen Quellentexten heißt es, dass im Verlauf dieses Aufstiegs durch den mittleren Kanal (durch die Sushumna oder Brahma Nadi) nach und nach all die Schleier, die in der schrittweisen Verkörperung des Bewusstseins dieses einhüllen, wieder aufgelöst werden. Dadurch sind wir in der Lage, allmählich auch die äußerst starke Identifizierung mit unserem Verkörpertsein – also mit »meinem« Körper, »meinem« Geist, »meiner« Persönlichkeit, »meinem« Leben, usw. – zu lösen.

Schlussendlich löst sich das ganze Gewordensein – unsere ganze Manifestation – dann auf im reinen Bewusstsein. Dadurch entsteht die Erfahrung tiefster Ruhe und eines tiefsten und unerschütterlichen In-sich-Ruhens. Der Geist ist nun »ohne Macht« (unmani), »ohne Stütze« (niralambha) und mischt sich nicht mehr ein.

In diesem Verlöschen des persönlichen Seins verschmilzt der Yogi/die Yogini mit dem Sein an sich. Das ist Laya, der Samadhi-Zustand des Hatha-Yoga, oder in den Worten der *Hatha-Yoga-Pradipika*:

»Wie sich ein Salzkristall, das ins Wasser geworfen wird, auflöst und eins mit dem Wasser wird, so ist die Vereinigung von Manas und Atman, Samadhi genannt. (IV, 5) …

Wenn die Vorstellungen (Samkalpa) abgeschnitten sind und es nicht mehr die winzigste Spur einer Regung gibt, dann entsteht eine Art von Auflösung, die man nur erfahren kann, wenn man es selbst ausprobiert – sie lässt sich nicht beschreiben. (IV, 32)

Das, worüber man kontempliert, wird aufgelöst. Die unendliche Prakriti, von der die Elemente und die sinnlichen Fähigkeiten ausgehen, und diese Shakti der lebenden Wesen, alle beide werden von Ihm, der kein spezielles Kennzeichen hat (dem Brahman), aufgesogen. (IV, 33)

Die Leute sprechen immer von Laya. Aber was ist dieses ›Laya‹? Laya ist das vollständige Vergessen des fühlbaren Universums, und zwar so, dass keine subtilen Prägungen (Vasana) mehr entstehen. (IV, 34)«[31]

Anders als z. B. im Samkhya soll der tantrische Yogi / die tantrische Yogini aber nicht versuchen, in diesem Zustand »des vollständigen Vergessens des fühlbaren Universums« zu verweilen. Vielmehr soll der Mensch – angefüllt mit der Erfahrung seines tiefsten, wahrhaftigen Seins – bewusst zurückkehren in seine alltägliche Welt, nun jedoch mit einer veränderten und erweiterten Perspektive.

Die Quellentexte sind der Ansicht, dass ein Mensch, der durch seine Yogapraxis (Sadhana) seine wahre Natur und sein wahres Wesen erfahren hat, dadurch seine Sorgen, Befürchtungen und Ängste verliert – insbesondere die Angst vor dem Tod. Es heißt, dass der Mensch in Samadhi nach außen hin wie tot ist, aber in seinem Bewusstsein eine nie gekannte Präsenz erfährt – die Präsenz des Atman, des Selbst. Und diese Präsenz des Atman ist es, der uns Menschen helfen kann, eines Tages in Gelassenheit und Würde durch das Tor des Todes zu schreiten und dabei die verbrauchten Kleider unseres Körpers zurückzulassen.

Sadhana – der Übungsweg aus der manifestierten Welt zurück zum reinen Bewusstsein

Der Weg des Hatha-Yoga bzw. des Yoga der Energie führt uns schrittweise zurück aus der – wie es heißt – »grobstofflichen« Welt der Manifestationen in den »feinstofflichen« Bereich der verschiedenen Bewusstseinsebenen bis hin zum reinen Bewusstsein. Der Schöpfungsmythos beschreibt den Prozess der Entfaltung hinein in die Welt und wird deswegen zumeist als »Evolution« bezeichnet. Der Weg zurück gleicht eher einem sich Einfalten und Zurückziehen und wird deswegen zumeist als »Involution« bezeichnet.[32]

Hatha-Yoga / Yoga der Energie versteht sich als ein Übungsweg, auf dem die Übenden ganz konkret schrittweise durch die Erfahrung der verschiedenen Manifestationsstufen von Energie und Bewusstsein geführt werden.

Dabei teilt der Hatha-Yoga mit allen spirituell ausgerichteten Traditionen des Yoga und des Buddhismus die Ansicht, dass Achtsamkeit, Konzentration und Meditation auf diesem Weg unverzichtbar und von zentraler Bedeutung in der Übungspraxis sind. Denn all diese Ausrichtungen des Geistes haben immer etwas zu tun damit, wach zu werden, aufzuwachen, wach zu sein und – als ein Gegengewicht zum Geist – die Kraft des Herzens zu entfalten.

Und Achtsamkeit, Konzentration und Meditation haben immer auch zu tun mit:

- Erwachen im eigenen Sein (Selbst-Bewusstsein und Selbstannahme)
- Ankommen im eigenen Leben und in der Welt, so wie sie ist
- Entwicklung von Vertrauen in sich selbst, in die Sinnhaftigkeit des Erlebten und in den Yogaweg

- Sich-Öffnen hin zu einer Dimension, die größer ist als man selbst

Der Übungsweg des Buddha und bei Patanjali

Das Leben geschieht jetzt, und es geht darum, *jetzt* klarer, einsichtiger, selbstsicherer und konzentrierter zu werden!

Von Siddhartha Gautama wird berichtet, dass er unter dem Bodhibaum in einem »Jetzt-oder-nie-Modus« ausharrte, bis alle »Schleier« fielen und er zum Buddha (= Erwachten) wurde. In diesem Moment löste er sich aus der Meditation und berührte die Erde.

Diese Geste ist zum einen für ihn die Rückversicherung, dass das, was er in diesem Augenblick erfuhr, wahrhaftig war. Zum anderen vergewissert er sich damit, dass die Erfahrung, die er gerade gemacht hatte, nachvollziehbar und damit an andere vermittelbar (= lernbar) sein würde.

Buddha nimmt die Erde als Zeugin, um klarzustellen, dass er alles tun wird, seine Erfahrungen zu vermitteln, damit auch andere dieses Erwachen erleben – und in ihrem eigenen Leben »aufwachen« – und sie damit die Kausalkette des Leidens unterbrechen können.

Buddha lehrte einen Weg – einen Sadhana –, genau wie Patanjali (der sehr vom Buddhismus inspiriert war) einige Jahrhunderte später. Wie im Abschnitt zum Yogasutra in Kapitel 1 bereits beschrieben, ist der Yoga-Sadhana ein achtgliedriger (= Ashtanga) Übungs- und Erfahrungsweg, der die folgenden vier äußeren Glieder umfasst:

- Rechtes Denken (Yama & Niyama)
- Rechtes Tun (Yama & Niyama)
- Rechtes Handeln (Asana = prayatna / shaithilya)
- Klarheit (Pranayama)

Und es gehören diese vier inneren Glieder dazu:

- Verinnerlichung und Versenkung (Pratyahara)
- ausgerichtet bleiben (Dharana)
- unmittelbares, fokussiertes Erfahren, Präsenz (Dhyana)
- Durchdringung, tiefes inneres Verstehen – das Ende von Avidya (Samadhi)

Laut Buddha und auch allen Yogameistern gilt: Alles Leben ist bzw. braucht Achtsamkeit (= Präsenz) und Konzentration (= Fokus). Und jeder Yoga ist bzw. sollte eine Schulung der Achtsamkeit und Konzentration sein.

Die Übungsschritte im Hatha-Yoga als Prozess der Bewusstwerdung

Asanas sind in einer solchen Auffassung von Yoga, wie sie der Hatha-Yoga bzw. der Yoga der Energie vertritt, als ein umfassendes und nie endendes Experimentierfeld zu verstehen, weil wir in Asana immer (nur) uns selbst erfahren (können). Um unsere Selbstwahrnehmung zu entwickeln und zu verfeinern, brauchen wir die vielen Übungen zur Entfaltung und Schulung unserer inneren Sinne – der Indriyas, auf die wir noch wiederholt eingehen werden.

Pranayama wird im Hatha-Yoga – und auch im Yoga der Energie – als die »Brücke« zwischen Körper und Geist und auch umgekehrt zwischen Geist und Körper verstanden. So wird Atemachtsamkeit natürlicherweise zu einer Übung des Selbstgewahrseins.

Im Selbstgewahrsein bekommen sowohl die Achtsamkeit als auch die Konzentration eine andere Qualität, denn sie sind gleichermaßen die Mittel als auch die Erfahrungsebene im Prozess der Selbsterkenntnis.

Ganz praktisch geschieht diese Schulung z. B. in der Synchronisation von Atem und Bewegung bzw. von Atem, Bewegung und dem inneren Blick (z. B. entlang der inneren Achse in den Energielenkungen).

Sowohl in Asana als auch in Pranayama ist das Zurückziehen der Sinne (Pratyahara) bereits angelegt, denn beides wird nur möglich, wenn wir ganz bei uns sind und uns selbst in liebevoller Achtsamkeit bei dem, was wir tun (oder lassen), begleiten.

Wir spüren und lauschen nach innen – denn nur so können wir wissen, was wir auf eine für uns aktuell stimmige Art und Weise üben sollten und wie sich dieses Üben auf unseren Körper, unseren Atem und unseren mentalen Zustand auswirkt.

Solange wir uns selbst im Zustand der Achtsamkeit und Konzentration halten können, sind wir mit uns selbst in Beziehung. Sobald wir abgelenkt sind, löst sich die Beziehung, und wir agieren dann unbewusst, unachtsam oder folgen einfach nur unseren »eingefleischten« Gewohnheiten und Mustern.

Um diese Beziehung »Bewusstsein – Dasein« aufrechterhalten zu können und sie immer genauer und feiner werden zu lassen, hat der Yoga der Energie das Konzept der Indriyas – unserer inneren Sinne – entwickelt.

Es gründet eigentlich in dem altindischen Erkenntnisweg des Samkhya und dort im Konzept der Tattvas (der Seinsqualitäten). Die Indriyas beschreiben unsere Erkenntnisfähigkeiten (Jnanendriyas = unsere fünf Sinne) und unsere Tatfähigkeiten (Karmendriyas = Sprechen, Greifen, Gehen, Ausscheidung und Fortpflanzung).

In der Praxis geht es von Anbeginn an immer darum, unsere inneren Sinne zu erkennen und sie dann lebenslang zu schulen und zu verfeinern, denn nur so können wir eine genaue und klare Beziehung zu unserem eigenen Sein begründen (Selbsterkenntnis) und zu einem achtsamen und förderlichen Umgang mit unseren Karmendriyas finden (Selbstkompetenz und Selbstwirksamkeit).

Um uns innerlich ausrichten und konzentrieren zu können, müssen wir lernen, erstens unsere Sinne zu zügeln und zweitens unsere Handlungsfähigkeiten bewusst einzusetzen oder zu zügeln. Wir brauchen Ruhe, innere Sammlung und vor allem eine Stabilität des Geistes (Chitta Prasadana), um uns selbst nahezukommen und uns für uns selbst innerlich zu öffnen. Deswegen beschreibt das Yogasutra in der Darstellung der Hindernisse (der Antarayas = der neun Faktoren, die dazu führen, dass unser Geist sich in Probleme verwickelt; siehe YS 1.30) Ablenkung und Hast als Hindernisse, die in uns Unruhe stiften, uns in der Folge unkonzentriert machen und oft dazu führen, dass wir Fehler (vor allem Flüchtigkeitsfehler) machen.

Yoga ist das Zur-Ruhe-Kommen der unbewussten, durch Muster und Reflexe geprägten Aktivitäten unseres Geistes (den Vrittis) und damit der darin gegründeten Sinne und der sich daraus ergebenden Handlungsimpulse.

3 Der Shivaismus von Kaschmir und seine Bedeutung für den heutigen Yoga

Kaschmir im äußersten Nordwesten Indiens war über Jahrhunderte hinweg eine Wiege vieler kultureller und religiöser Strömungen. Dadurch, dass diese Region am Kreuzungspunkt großer Handelswege lag, die vom Okzident zum Orient und von Innerasien und dem Himalaya nach Indien führten, vermischte sich hier vieles bzw. konnte vieles in friedlicher Koexistenz nebeneinander bestehen, auch wenn es im Laufe der Geschichte immer wieder zu Konflikten und kriegerischen Auseinandersetzungen kam. Kaschmir war nicht nur eine Hochburg für Literatur, Kunst und Musik, sondern entwickelte sich bis zu seiner Eroberung durch islamische Herrscher im Mittelalter zu einem Sammelbecken und Schmelztiegel religiöser Ideen, wo bedeutende Vertreter des Buddhismus, Vishnuismus, Shaktismus und vor allem des Shivaismus wirkten und lehrten.

Man nimmt an, dass der Buddhismus schon im 3. Jhd. v. Chr. durch den Kaiser Ashoka in Kaschmir Fuß fasste. Jedenfalls entwickelte er sich wohl besonders unter dem Kuschan-König Kaniska zu hoher Blüte. Unter seiner Herrschaft trafen sich über 500 buddhistische Mönche, um die Lehren Buddhas zu kodifizieren und zu kanonisieren. In den folgenden Jahrhunderten entstanden hier Zweige fast aller großen Schulen des indischen Buddhismus. Sie beeinflussten und befruchteten sich untereinander und gewannen an Klarheit und Kraft. Kaschmir war es denn auch, von wo aus sich der Buddhismus nach Innerasien und Tibet verbreitete.

Es ist jedoch der Shivaismus, der aus der Vielfalt des religiösen Lebens Kaschmirs über die Jahrhunderte hinweg deutlich herausragt. Man geht heute davon aus, dass der Kaschmir-Shivaismus ungefähr im 6. Jhd. n. Chr. entstand. Der Glaube an Shiva und die innige Verbindung mit ihm ist das Feld, auf dem eine Reihe von Schulen wuchs und gedieh, und zwar vor allem die Spanda-, Krama-, Kaula- und Pratyabhijna-Schule. Die Meister dieser Schulen verfassten im Laufe der Zeit eine Vielzahl von Schriften, die Agamas oder Tantras genannt werden. Sie betrachteten sich aber selbst nie als Autoren dieser Texte, sondern erachteten sie vielmehr als von Gott geoffenbart. Leider sind im Laufe der Jahrhunderte viele dieser Texte verloren gegangen, andere »schlummern« noch als Manuskripte und warten auf ihre Entdeckung und Übersetzung. In deutscher Sprache liegen bisher vor allem die Texte vor, die die Indologin Bettina Bäumer herausgegeben hat, bzw. die Texte, die der indische Musikwissenschaftler und Philosoph Jaideva Singh übersetzt hat. Beide waren enge und langjährige Schüler von Swami Lakshmanjoo (1907–1991), der als der letzte lebende Guru in der Tradition des kaschmirischen Shivaismus angesehen wird. Das ist mit einer der Gründe, warum diese tiefgründige und bedeutende religiöse Strömung bis heute in Deutschland nur wenigen bekannt ist.

Die höchste Blüte erreichte der Shivaismus in Kaschmir – ähnlich dem Buddhismus – um das 11. Jhd. herum. Beide Strömungen beeinflussten sich über die Jahrhunderte hinweg nachhaltig, und zwar ganz besonders im Tantra. Kaschmir wurde zum Zentrum einer ganzen Reihe sowohl hinduistischer als auch buddhistischer tantrischer Schulen und Kulte. So bedeutende Lehrer wie Naropa (1016–1100) lebten, lernten und lehrten in Kaschmir und verflochten die unterschiedlichen Strömungen so miteinander, dass daraus wiederum neue Lehrtraditionen entstanden.

Es wird immer wieder darüber spekuliert, ob der buddhistische oder der hinduistische Tantrismus früher entstand und wer wen beeinflusst hat. Diese Frage ist aufgrund der schlechten Quellenlage bis heute nicht überzeugend zu klären und vielleicht auch nicht von so großer Relevanz, denn das, was zählt, ist die Wirkung, die die Zusammenschau der Lehren bzw. das ihnen jeweils Spezifische hervorzubringen vermag.

Bettina Bäumer weist in einem ihrer grundlegenden Texte »Trika: Grundthemen des kaschmirischen Shivaismus« darauf hin, dass er in seinen Grundzügen sehr wahrscheinlich wesentlich älter ist als die uns vorliegenden Tantras und Agamas. Wie häufig verliert sich jedoch sein genauer Ursprung im mystischen Dunkel der Zeit.

Es heißt, dass Shiva die Tantras durch seine »fünf Münder« geoffenbart habe, die Ishana, Tatpurusha, Sadyoyata, Vamadeva und Aghora genannt werden und seine fünf Energien (Shaktis) verkörpern, und zwar Chit Shakti (Bewusstheit), Ananda Shakti (Seligkeit), Iccha Shakti (Wille), Jnana Shakti (Erkenntnis) und Kriya Shakti (Tatkraft). Als alle diese Energien – also alle diese Aspekte der Shakti – sich verbanden, entsprangen aus ihnen, so heißt es, die 64 Bhairava Tantras, die die Grundlage der Philosophie des Kaschmir-Shivaismus bilden. Einige dieser Tantras, bzw. der Systeme, die sich auf sie gründen, gelten als monistisch, andere als dualistisch und andere schließlich als monistisch-theistisch. Es war die monistische Trika-Schule, die sich als das bedeutendste System herauskristallisierte und alle ihm folgenden Traditionen beeinflusste. Bettina Bäumer präzisiert die Bezeichnung Trika als »nicht-dualistischen Shivaismus von Kaschmir« und unterscheidet sie von einer anderen bedeutenden religiös-philosophischen Strömung, nämlich der des dualistischen Shaiva-Siddhanta, die sich im Süden Indiens entwickelte.

Es ist ein interessantes Phänomen, dass eine religiöse Strömung, die lange Zeit nur in Fachkreisen bekannt war, plötzlich vermehrt Menschen sowohl aus Indien als auch dem Westen anzieht. Bettina Bäumer berichtet über steigende Teilnehmerzahlen an den Symposien, die zu ausgewählten Themen des Shivaismus von Kaschmir in Indien abgehalten werden. Sie berichtet aber auch von Menschen, die sich auf die Suche machten, ohne zu wissen, wohin ihre brennende Sehnsucht sie führen würde, und die wussten, dass sie endlich angekommen und wieder »zu Hause« sind, sobald sie mit dieser Form des Shivaismus in Berührung kamen. Die jedenfalls, die sich in den Studienkreisen zusammenfinden, um die Texte zu studieren und die theologischen Hintergründe dieses Systems zu erkunden, sind oft geleitet von einer starken inneren Hinwendung zur Mystik, die die Essenz dieses Sadhana ausmacht. Der Shivaismus von Kaschmir ist ganz eindeutig ein mystischer Weg, ein Bhakti-Yoga-Weg, ein Weg der Selbsterkenntnis und der Gotteserkenntnis.

Ein weiteres interessantes Phänomen ist meines Erachtens, dass der Shivaismus von Kaschmir sich als lebendige Tradition präsentiert, obwohl der letzte große Meister, der oben erwähnte Swami Lakshmanjoo, schon 1991 verstorben ist und keinen Nachfolger benannt hat. »Niemand muss sich bemühen, wie der Himmel weiter besteht. Wir sind nicht dafür verantwortlich, dass der Himmel weiter besteht«, sagte Lakshmanjoo kurz vor seinem Tod zu Bettina Bäumer. Sie selber bemerkt dazu: »Wenn die Tradition authentisch ist, wenn dieser Geist, diese Spiritualität authentisch ist, dann wird sie auch weiter bestehen. Er hatte eine solche Gelassenheit, er musste nicht krampfhaft jemanden finden, der sein Nachfolger wird, der das Ganze weiterführt, nein, er war vielmehr überzeugt, dass das, was eine Wahrheit und eine Erfahrungsdimension in sich trägt, nicht einfach untergehen kann.«

Es gab nur wenige Menschen, die Swami Lakshmanjoo initiierte. Der leider ebenfalls bereits verstorbene Jaideva Singh gehörte dazu, der ebenso wie die französische Indologin Lilian Silburn, die an der Sorbonne lehrte, eine Vielzahl der Texte edierte. Und es hat den Anschein, dass dieser zu Lebzeiten kaum bekannte Guru auch nach seinem Tod eine große Anziehungskraft ausübt und noch weiterwirkt.

Die Schulen des kaschmirischen Shivaismus

Im 10. Jhd. gab es in Kaschmir die oben bereits erwähnten vier bedeutenden spirituellen Richtungen bzw. Schulen: Spanda, Krama, Kaula und Pratyabhijna.

Die Spanda-Schule

Etwa im 8. Jhd. sind Yogis in ihrer Meditation zu der Erkenntnis gelangt, dass das, was wir als Materie erleben, Schwingung ist – ja, dass letztlich alles Schwingung ist, je nach Dichte in unterschiedlicher Frequenz. Wenn die Frequenz der Schwingung langsam ist, entsteht eine verdichtete Materie, wenn sie ganz hoch ist, entsteht eine feine Materie.

Diese Erkenntnis kam dadurch zustande, dass die Yogis in sich und in den sie umgebenden Raum hineinspürten. Sie haben sich dabei vollkommen für die Empfindung ihres inneren und des sie umgebenden Raumes geöffnet und haben so gespürt und erkannt, dass alles von einem Pulsieren und einem schwingenden Strömen / einem strömenden Schwingen durchdrungen ist. Sie haben auch erkannt, dass dieses Phänomen nicht nur in ihnen selbst als Lebewesen erfahrbar ist, sondern auch in dem Boden, auf dem sie saßen, in der Luft, die sie umgab, und in den Pflanzen, die vor ihrer Höhle wuchsen.

Diese Erfahrung veränderte den Blick auf die Wirklichkeit gewaltig, denn dieses nicht-duale Denken, das der Meinung ist, dass alles eins ist, brauchte eine Grundlage für diese Behauptung. Wenn wir in die Erfahrung kommen, dass es nichts gibt außer Raum und der darin enthaltenen Schwingung als das tiefste Sein, und wenn wir – egal in was wir hineinspüren – immer genau dieselben Empfindungen haben, dann lösen sich die Unterschiede auf.

Die Welt entfaltet sich in die Vielfalt. Wenn wir aber in jede und jeden von uns – wie auch in jede beliebige Materie – mit einem ganz feinen Mikroskop hineinschauten, dann würden wir unterschiedslos nichts anderes sehen als Raum und Schwingung. Es wäre nicht zu erkennen, welche Gewebe von wem von uns da gerade zu sehen sind. Es wäre kein Unterschied zu erkennen, der auf etwas Individuelles hinweisen könnte.

Das Sanskritwort Spanda bedeutet »Schwingung, Bewegung«, und die Gelehrten dieser Tradition erkannten also, dass nichts Lebendiges ohne Bewegung existieren kann.

Die Pratyabhijna-Schule

Das Sanskritwort Pratyabhijna lässt sich mit »spontanes Wahrnehmen, spontanes Erkennen« übersetzen. Entsprechend werden in dieser Tradition keine Upayas (Mittel) verwendet, und es werden auch keine praktischen Übungen angeboten. Es geht einzig darum, zu erkennen, wer man ist. Diese Herangehensweise wird auch als Anupaya, »ohne Mittel«, bezeichnet. Dies bedeutet auch, dass es hier nichts mehr zu tun gibt und dass man nirgendwo hingehen muss oder kann. Das Erkennen bzw. Wiedererkennen des eigenen Selbst oder der Essenz des Seins hat zum einen etwas mit der Betrachtung der eigenen Natur in der Meditation zu tun und zum anderen auch damit, wie wir auf die Welt schauen.

Wenn wir in die Welt schauen, dann ist die Welt eine Widerspiegelung unserer selbst, denn wir treten in Beziehung zur Welt. Selbst wenn da gerade keine Menschen sind, treten wir doch in Beziehung zu etwas, z.B. zur Natur. Und in dieser Beziehung erfahren wir uns.

Dadurch – und nur durch dieses In-Beziehung-Treten – erfahren wir etwas über uns selbst und können uns in unserem Sein entdecken. Und je mehr wir zu uns kommen, desto mehr sind wir auch in der Lage, das Wesentliche zu erkennen in dem, was uns begegnet.

Die Krama-Schule

Ganz anders als im Pratyabhijna-System geht es hier um eine schrittweise Verwirklichung. Krama bedeutet »Fortschritt, Abstufung, Abfolge« und meint hier den stufenweisen Fortschritt des geistigen Prozesses (Vikalpa) bzw. die allmähliche Entfaltung im höchsten Bewusstsein (Chit). Und auch wenn diese Schule ein integraler Teil des Kaschmir-Shivaismus ist, ist sie doch sowohl philosophisch als auch historisch ein unabhängiges System, und zwar ein vor allem an der Shakti orientiertes System. Entsprechend ist die Krama-Schule bedeutungsvoll als eine Synthese des Tantra mit shaktischen Traditionen. Als Ziel wird hier die Synthese von Freude (Bhoga) und Erleuchtung (Moksha) angesehen.

Die Kula-Schule

Eine weitere bedeutende Schule des Kaschmir-Shivaismus ist die Kula- oder Kaula-Schule. Kula bzw. Kaula bedeutet in Sanskrit so viel wie »Familie, Gemeinschaft« und auch »Ganzheit«. In diesem System gibt es keinen Bruch in der Verwirklichung der eigenen Natur, egal ob man sich in höchsten oder sehr niedrigen Sphären aufhält. Dieses System lehrt also, wie man in der Ganzheit leben kann. In der Praxis soll man hier die Ganzheit des Universums in seinen einzelnen Teilen erkennen, denn die Gesamtheit der Energie ist auch im einzelnen Teilchen enthalten. Der Unterschied zwischen dem Pratyabhijna-System und dem Kula-System besteht darin, dass Ersteres lehrt, die eigene Natur an einem Ort zu verwirklichen und dort zu verweilen. Das Kula-System lehrt hingegen, wie man von der niedrigsten zur höchsten Stufe aufsteigt und dabei die Natur des eigenen Selbst auf derselben Ebene und in demselben Zustand erfährt. Die Kula-Schule gehört zum System des tantrischen »linken Pfades«, und auch hier hat die Shakti eine überragende Rolle inne.

Der Text des *Vijnana Bhairava Tantra*, der uns (neben der *Hatha-Yoga-Pradipika*) als Grundlage unserer Übungspraxis dient, entstand zu der Zeit von Abhinavagupta (ca. 950–1020). Er war einer der bedeutendsten Philosophen, Gelehrten und Mystiker seiner Zeit. Seine zahlreichen Schriften zeigen, dass er in der Lage war, in der Vielfalt das Gemeinsame und Verbindende zu sehen. So betrachtete er die wichtigsten Aspekte einer jeden Schule als integrale Bestandteile eines großen Anliegens der Menschen: Das eigene Dasein zu verstehen, sich in einen größeren Zusammenhang einzuordnen und ein sinnvolles, bewusstes Leben in alltäglicher wie auch in spiritueller Hinsicht zu führen. Der Bewusstseinsforscher Renaud van Quekelberghe beschreibt es so: »Kognitive, emotional-libidinöse, soziale und behaviorale Übungsformen (Upaya) sollen miteinander so verbunden werden, dass sie eine möglichst umfassende und vollständige Transformation des individualisierten Bewusstseins in Richtung ›Shiva-Bewusstsein‹ herbeiführen können.«[33]

Abhinavagupta war der Ansicht, dass jede Richtung in ihren Methoden etwas im Angebot hat, das hilfreich und förderlich sein kann. Wenn man das alles verbände, hätte man ein gutes »Bündel« an Konzepten und Methoden, in dem sich jede und jeder wiederfinden kann und in dem jeder Mensch die Mittel findet, die er braucht, um in diesen Entwicklungsprozess eintreten zu können.

Für Abhinavagupta und seine Schüler ist, laut van Quekelberghe, das Absolute, auch Parashiva genannt, grenzenloses und ewiges »Seins-Bewusstsein«, und alles in der Welt, auch wir Menschen, sind Widerspiegelungen dieses Seins-Bewusstseins. Entsprechend ist nach dieser Auffassung alles, was in Erscheinung tritt, mit dem absoluten Seins-Bewusstsein identisch. Und wenn das absolute Seins-Bewusstsein nicht in Erscheinung tritt, dann bleibt es vollkommen transzendent und ist damit für uns unvorstellbar und undenkbar.

Und dieses Konzept des »Absoluten« als etwas Unvorstellbares lässt einen überreligiösen Raum entstehen, in dem alle Sichtweisen und jede Form des Glaubens Platz finden können.

Dies birgt allerdings auch ein Problem in sich, weil das Absolute dadurch zu etwas so Abstraktem und Unpersönlichem wird, dass wir Menschen, die wir so angewiesen sind auf Widerspiegelung, große Mühe haben, uns damit in Beziehung zu setzen. Das Absolute ist damit zu abstrakt und spricht deshalb die Gefühlsebene in uns nicht an.

Im Tantra wurde dieses Problem erkannt, und man hat sich, wie oben bereits beschrieben, entschlossen, dem Absoluten im göttlichen Paar von Shiva und Shakti eine Form zu geben, mit der wir wieder in Beziehung treten können.

Das Konzept der Verhüllungen im kaschmirischen Shivaismus

Auch im kaschmirischen Shivaismus kennt man das oben im Zusammenhang mit Advaita Vedanta bereits beschriebene Konzept der Verhüllungen, der Koshas, die hier »Kancukas« genannt werden.

»Diese fünf Verhüllungen ermöglichen das Aufkommen unzähliger Unterscheidungen, die dazu führen, dass das unbegrenzte Selbst wie Billionen von selbstbewussten Lebewesen scheinbar geteilt nach Ort und Zeit erscheint. Anders als im Advaita Vedanta werden diese fünf Verhüllungen im kaschmirischen Shivaismus nicht als bloße Illusion (Maya) angesehen. Vielmehr handelt es sich um dynamische Selbstbegrenzungen des reinen Bewusstseins (Paramam Shiva) durch seine gezielte Teilung in Shiva und Shakti.«[34]

Es war ja der *Wunsch* des reinen Bewusstseins, in die Selbsterfahrung und Selbstreflexion zu gehen und aus diesem »Ganz-für-sich-Seienden« herauszutreten, um sich in vielen Formen zu erfahren. Das ist also kein Versehen.

In vielen früheren Traditionen hatte man darauf eine andere Sichtweise. Es heißt dort oft sinngemäß: Früher war alles eins. Und das war gut so. Dann – aus irgendeinem Grund – wurde dieses Eine aufgespalten in ganz vieles, das jetzt getrennt ist von seinem Urgrund (das ist z.B. die Sichtweise aller Dvaita-Sichtweisen, wie wir sie z.B. im Samkhya finden).

Im kaschmirischen Shivaismus wird das auf einer energetischen und emotionalen Ebene jedoch etwas anders gesehen: Eigentlich könnte das reine Bewusstsein vollkommen damit zufrieden sein, auf ewig in sich zu ruhen und völlig unangetastet und reglos immer für sich da zu sein. Dem ist aber nicht so. In seinem Wunsch, sich zu entfalten – wodurch Shakti und Maya entstehen –, verbirgt sich stattdessen ein tiefer Wunsch nach Beziehung! Das Selbstgenügsame verlässt seine ewige Selbstgenügsamkeit, die wir Menschen diesem reinem Bewusstsein, diesem Purusha, zugeschrieben haben, und es entsteht – als Widerspiegelung unseres ganzen Seins – der Wunsch, in Beziehung zu treten! Das ist, als wenn das Absolute sich uns tief aus sich heraus zuneigt und sich uns – als den Wesen dieser Schöpfung – zuwendet.

Schöpfung heißt hier, dass das reine Bewusstsein verhüllt wird. Es wird verhüllt in die Vorstellungen von Zeit und von einer bestimmten Ordnung des Seins. Es wird verhüllt in Leidenschaften, in Tätigkeiten und die unterschiedlichen Formen unserer Erkenntnisfähigkeit.

Die Verbindung von alltäglicher und spiritueller Erfahrung im kaschmirischen Shivaismus

In einem der wichtigsten Texte dieser Tradition, dem bereits erwähnten *Vijnana Bhairava Tantra,* wird uns angeraten, uns ganz auf unsere Sinne einzulassen und ganz und gar im Sehen, Hören, Fühlen, Riechen und Schmecken aufzugehen. Wenn wir das wirklich tun, werden wir merken können, dass unser Geist dann von dem jeweiligen Sinneseindruck absorbiert wird.

Genau darum geht es immer wieder im kaschmirischen Shivaismus: um die bewusste Erfahrung, dass wir uns von etwas vollkommen absorbieren lassen können.

Dies gilt nicht nur in spirituellen Kontexten, sondern wird vor allem auf den Alltag bezogen! Es ist anwendbar in unserem Alltag, wenn wir z.B. rausgehen und bewusst kalte, klare Luft einatmen, wenn wir in der Erfahrung aufgehen, dass uns die Sonne aufs Gesicht scheint, oder wenn das Licht und die Wärme der Sonnenstrahlen die Haut berühren.

Wenn wir uns ganz auf diese Erfahrung einlassen, dann wird der Geist mit all seinem Denken dahinein absorbiert und geht in der Erfahrung des Spürens auf. Und wenn wir uns immer wieder bewusst auf die Erfahrung unserer Sinne einlassen, unterziehen wir unseren Geist einem Training. Er wird trainiert, sich kontinuierlich – für eine kurze Dauer – von alltäglichen Sinneseindrücken absorbieren zu lassen, und entwickelt damit Fähigkeiten, die uns sehr zugutekommen auf der Yogamatte, beim Erkunden unserer inneren Räume und inneren Welten und vor allem in der Meditation.

Normalerweise unterscheiden wir klar zwischen unserem Alltag und den Zeiten, in denen wir Yoga oder Meditation üben. Wenn wir aber das Einüben der Fähigkeit, uns von einem Sinneseindruck vollkommen absorbieren zu lassen, im Alltag etablieren, nehmen wir damit eine Qualität der Yogapraxis mit in unser alltägliches Leben. Dadurch verschwimmen die Grenzen zwischen dem alltäglichen Erleben und dem (scheinbar besonderen) Yoga-Erleben – und das ist eines der zentralen Anliegen des kaschmirischen Shivaismus: Alltägliche Praxis und spirituelle Praxis sollen miteinander in Beziehung treten, sollen sich mehr und mehr verschränken.

Ein gutes Beispiel dafür ist eine Meditation aus dem *Vijnana Bhairava Tantra* (Dharana 73), in der es heißt: »Wenn der Yogi eins wird mit der unvergleichlichen Freude des Genusses von Musik und anderen ästhetischen Freuden, dann verschmilzt er damit, und durch eine geistige Erhebung wird er vollkommen eins damit (mit dieser Freude).«[35]

Was passiert dabei? Forschungen haben gezeigt, dass unser Gehirn in der Lage ist, bereits bei den ersten Takten eines Musikstückes zu wissen, dass dies ein Musikstück ist, das man kennt und sehr mag. Darauf reagiert das Gehirn mit Vorfreude, und sein Belohnungszentrum beginnt sofort damit, den Botenstoff Dopamin auszuschütten, der uns ähnliche angenehme Erfahrungen verschafft wie Sex oder Drogen.

Natürlich können wir uns mitten im alltäglichen Tun, wenn solch ein Musikstück ertönt, nicht immer ganz dem Hören hingeben. Was wir aber machen können, ist, diesem Moment von Freude, der Vorfreude und der Erfahrung von Beglückung Raum zu geben, damit wir ihn bewusst spüren und erleben können. Es geht darum zu lernen, sich diesem »Wow-Moment« ganz bewusst zu öffnen und ihn dadurch dann auch wirklich zu erfahren – damit er Spuren in unserem Gehirn und unserem emotionalen Körpergedächtnis hinterlassen kann. Das ist es, wozu uns dieser Text einlädt! In ganz ähnlicher Weise kann ich mich dem morgendlichen Kaffee oder Tee widmen. Anstatt dieses Getränk einfach so nebenbei zu mir zu nehmen, kann ich bewusst die Tasse in beide Hände nehmen, kann sein Aroma in meine Nase steigen lassen. Das aktiviert die Vorfreude, weil wir ja aus Erfahrung wissen, dass der erste Schluck dieses Kaffees oder Tees gleich ganz köstlich sein wird. Es wird angenehm sein und mir ein gutes Gefühl geben, wenn der warme Schluck mir die Kehle herunterrinnt und weiter durch die Speiseröhre fließt, um dann – als immer noch warmes Gefühl – in meinem Magen anzukommen.

Vielleicht bedeutet Tantra heute und in diesem Leben, dass wir uns für diese vielen kleinen »Wow-Momente«, die uns jeder Tag schenkt, bewusst öffnen. Das können Begegnungen mit anderen Menschen sein. Es kann die Freude sein, ein bestimmtes Buch zu lesen. Es kann die Freude und Hingabe sein, der Katze ihr Essen zu bereiten, indem ich mich mit ihrer Vorfreude verbinde. Es kann die Freude sein, die wir erfahren, wenn wir uns die Haare waschen und den Luxus warmen Wassers auf unserem Kopf spüren. Es kann die Freude darüber sein, ein gutes Dach über dem Kopf zu haben und die Möglichkeit zu haben, es uns warm und gemütlich zu machen.

Wenn wir beginnen, unseren Geist auf solches Erleben auszurichten, werden wir hier in unserem Kulturkreis merken, wie gut wir leben und wie gesegnet wir sind. Es gibt dann so viele Momente von tiefer Freude, die sich uns eröffnen, dass wir wenig Grund haben (auf höchstem bis hohem Niveau) zu jammern.

Allein schon die Tatsache, wenn wir wieder gesund und unversehrt durch einen Tag gekommen sind, ist ein Grund zu tiefer Freude. Im Kontext dieser Tradition wird das sogar als eine »Gnade« angesehen, denn es ist ja keineswegs selbstverständlich, dass dem so ist.

Vijnana Bhairava Tantra und seine zehn Zugänge zur Erfahrung des Absoluten

Zur Begrifflichkeit des *Vijnana Bhairava Tantra*

Vijnana bedeutet »unterscheidendes Wissen, unterscheidende Erkenntnis«.

Damit ist z.B. das Wissen gemeint, dass ich als Individuum weiß, dass es zum einen Anna gibt, mit all ihren Prägungen und der daraus entstandenen Persönlichkeit und ihrem Ego (mit dem dazu gehörigen Reiz-Reaktions-Schema). Sie muss unterschieden werden von der anderen Anna, die die »äußere« Anna umhüllt mit einer anderen Bewusstseinsebene, und zwar der der Beobachterin, der Zeugin, des Sehers, also einer inneren Instanz, die alle diese Reiz-Reaktions-Situationen von einer Meta-Perspektive aus betrachtet.

Die Erkenntnisse dieser »Anna der Meta-Perspektive« helfen der »äußeren Anna« zu erkennen, in welche Reiz-Reaktions-Muster ihres Egos sie gerade hineingeraten sein mag.

Mittels Vijnana, dem unterscheidenden Wissen, weiß ich, dass ich mehr bin als das Ego, das mit seinen Mustern immer wieder durchscheint, und dass es eine Instanz in mir gibt, die von den Anliegen des Egos nicht berührt wird und das entsprechend auch keine »Knöpfe« hat, die gedrückt werden könnten.

Vijnana ist ein inneres Wissen, das sich auf die Erfahrung und das Spüren gründet. Es relativiert die Begegnungen, die ich mit meinem Ego mache, und weist ihm immer wieder den ihm angemessenen Platz zu.

Bhairava ist im kaschmirischen Shivaismus ein Name für Shiva als höchste Realität. Diese »Form« entspricht dem Parashiva, den wir schon am Beginn des tantrischen Schöpfungsprozesses kennengelernt haben.

Bhairava besteht aus drei Silben: *Bha* kommt von Bharana = Erhalter des Universums, *ra* kommt von Ravana = derjenige, der das Universum auflöst, und *va* kommt von Vamana = derjenige, der sich hineinprojiziert in das Universum, wodurch es sich entfaltet.

Mittels des Begriffs Bhairava werden also diese drei Aspekte (Trimurti) des Göttlichen ausgedrückt: das Erhaltende – das Auflösende – das Entfaltende.

Die Reihenfolge ist dabei bemerkenswert: Wenn ich an mich (Anna) selber denke, unterwegs auf dem Yogaweg, dann werde ich dort als Erstes das erkennen, was ich bin. Ich werde mir meines »Gewordenseins« gewahr, das es in gewisser Hinsicht zu erhalten gilt.

Dann schaue ich auf mein Gewordensein und kann bemerken, dass diese und jene Aspekte in mir »in Ordnung« sind, denn sie dienen dem Wohle aller Wesen und dem Dharma. Diese Aspekte kann ich in mir selbst ruhig weiter sein lassen und mich an ihnen erfreuen. Ich weiß aber auch, dass es andere Aspekte und Eigenschaften in meinem Gewordensein gibt, die mit meinem Ego zu tun haben und die immer wieder für mich und andere Enge und Leid erzeugen. Diese Aspekte meines Egos können wir – so der Vorschlag der Yogalehren – freigeben, sodass sie aufgelöst werden können. Das wird sinnbildlich dargestellt in der Figur des Nataraja (= Shiva als Herr des Tanzes). Er tanzt in seinem »kosmischen Tanz« (Tandava) auf dem »Zwerg der Unwissenheit« (des Avidya).

Dieser Zwerg steht symbolisch für all die Ego-Aspekte, die uns immer wieder leidhafte Erfahrungen machen lassen. Shiva in seiner Gnade hält diese Ego-Aspekte mit seinen tanzenden Füßen nicht nur nieder, sondern er zerstört sie nach und nach und hilft uns so, unser Ego aufzulösen.

Tantra, der dritte Bestandteil des Titels, bedeutet einfach »Buch, (Text-)Sammlung«.

Das *Vijnana Bhairava Tantra* ist ein sehr alter Text, der auf das 8. bis 10. Jh. datiert wird. Er ist – wie auch viele der *Upanishaden* und der Tantras – in Dialogform verfasst und vermittelt in Form von 112 Meditationen Methoden (hier auch Dharanas genannt), um das Bewusstsein zu erweitern und Zugang zum Göttlichen zu finden. Es ist ein Dialog zwischen Shiva (= dem höchsten Bewusstsein / Wissen) und seiner Shakti (hier oft »Göttin« genannt).

Shakti befragt das höchste Wissen sinngemäß: »Diejenigen, die ich erschaffen habe, sind dadurch, dass sie manifestiert worden sind, in einem Zustand von Unwissenheit gelandet. Sie können durch die Verdichtung der 25 Schleier (Tattvas), die über das reine Bewusstsein gelegt wurden, nicht mehr erkennen, wo sie herkommen, aber sie können in sich spüren, dass es etwas gibt, wo ihre Seele hinmöchte. Wie können wir denjenigen helfen, Dich zu erfahren? Bitte drücke Dich klar aus, damit ich es vollkommen verstehe!«

Sie fragt also, wie sie die Menschen – ihre Geschöpfe – darin unterstützen kann, den Weg zurück in ihren »Urgrund« – in das reine Bewusstsein – zu finden.

Shakti macht deutlich, dass sie, da sie unmittelbar aus dem reinen Bewusstsein heraus entstanden ist, schon alles weiß. Der Text lässt uns wissen, dass sie weniger nach Konzepten fragt, sondern nach ganz konkreten Methoden, die es den unterschiedlichsten Menschen ermöglichen, Bhairava in sich zu erkennen und zu erfahren.

Damit wird auch klar, dass ein Weg bzw. eine Methode allein nicht ausreichen würde, sondern dass es einer Vielfalt von Zugängen bedarf, damit jede und jeder den eigenen Weg zurück zur Quelle allen Seins finden kann.

Aus dieser Fragestellung heraus entfaltet sich dann der Dialog zwischen Shakti und Shiva. Sie stellt Fragen bzw. fragt nach. Und weil die Verse Shivas Antworten beschreiben, beginnen viele von ihnen mit den Worten »Bhairava sprach« oder »O Göttin«. Und dann erläutert Shiva die Methode (Dharana) und was genau es dabei zu erfahren gibt (z.B. Freude, Seligkeit, Leere, Frieden) und wie sich durch all diese Methoden das Wesen Bhairavas erfahren lässt. Er sagt immer wieder sinngemäß: »Wenn du dich darauf einlässt – z.B. auf die Vorstellung, dass das ganze Universum von Bewusstheit erfüllt ist –, dann wirst du das Absolute, das ich bin, erfahren können!«

Was im Text auch immer wieder betont wird, ist, dass diese Erfahrung nur möglich wird, wenn es uns gelingt, uns von unseren Vorstellungen und Konzepten zu lösen, die einem unmittelbaren Erleben im Wege stehen. So ein unmittelbares Erleben ist z.B. das Aufleuchten der natürlich entstehenden Pause nach jeder Ein- bzw. Ausatmung (Dharana 25/27).

Das *Vijnana Bhairava Tantra* (VBT) bietet insgesamt zehn Zugänge an, die wir nutzen können, um in diese Erfahrung zu kommen.

Prana – der erste Zugang

Der erste Zugang ist der über Prana – die Prana-Erfahrung. Prana ist das vermittelnde Glied zwischen Körper und Geist, zwischen physischer und mentaler Energie. Insgesamt sechs Dharanas des *Vijnana Bhairava Tantra* widmen sich diesem Thema.

Japa – der zweite Zugang

Der zweite Zugang verläuft über Japa, die Rezitation. Es geht hierbei um das kontinuierliche, lang andauernde Wiederholen von Mantras. Mantra heißt übersetzt »Werkzeug (tra) für den Geist (Manas)«. Jedes Mantra hat eine bestimmte mentale, emotionale und energetische Ausrichtung. Wenn wir z.B. am Ende unserer Morgenpraxis singen: »Lokah Samastah Sukhino Bhavantu«, dann richten wir uns innerlich ganz aus auf die Botschaft: »Mögen alle Wesen glücklich und frei von Leid sein.« Das meinen, wünschen und erbitten wir mit diesem Mantra – und das macht etwas mit unserem Geist. Das Rezitieren von Mantras wirkt sich aus auf unsere Yogapraxis, und es macht dabei auch einen Unterschied, in welchem Maße wir meinen, was wir da singen. Es hat einen Effekt darauf, wie wir uns bewegen, wie wir atmen und wie tief die Praxis in uns wirkt. Fünf Dharanas aus dem *Vijnana Bhairava Tantra* beschäftigen sich mit dem Thema Mantra.

Bhavana – der dritte Zugang

Der dritte Zugang ist Bhavana. Bhavana bedeutet »Imagination, Vergegenwärtigung«, und hier ist ein inneres Bild gemeint, das uns mit Freude erfüllt, eine innere beglückende Vorstellung. So ein inneres Bild löst Tushti in uns aus, tiefe innere Zufriedenheit und Freude. Wenn wir uns das Bild immer wieder vergegenwärtigen, dann beginnt es in uns zu einem Energiefeld zu werden, dem wir uns immer mehr hingeben können (und hingeben sollen).

Ein Beispiel: Ich habe mich vor vielen Jahren in einer Übung mit meinem Herzen verbunden – mit meinem Herzen als einem Organ. Ich bin mir dabei bewusst geworden, dass ich gerade in dem Alter war, in dem mein Vater schon einen ganz schweren, fast tödlichen Herzinfarkt hinter sich hatte und meine Mutter täglich an Anfällen von Angina Pectoris litt und schon mehrere leichtere Herzinfarkte durchstanden hatte. Bei diesen Gedanken ist in mir eine überwältigende Dankbarkeit aufgestiegen für mein Herz, das so gesund und so stark ist. Dadurch habe ich ein machtvolles Bhavana entwickelt, das ich ausdrücke, indem ich zu meinem Herzen immer wieder sage: »Du bist so gesund. Du bist so stark! Wir haben alles bis jetzt so gut hingekriegt. Lass uns einfach in dieser guten Weise weitermachen – und ich möchte wirklich alles für dich tun, mein liebes Herz, dass es dir gut geht, dass du Raum und Weite erfährst, dass du Freude erfährst. Ich möchte dich nähren mit Freude, mit Liebe, mit Zuwendung. Ich tu alles, was du magst und was dir guttut: die Katze streicheln, den Hund zum Lächeln bringen, mich an der Natur erfreuen, damit wir zusammen ein richtig gutes Leben haben!«

Das ist eine Form von Bhavana! Es ist eine Kraftquelle, die aus unserem eigenen Sein schöpft – und sie ist unerschöpflich. Das ist übrigens auch Mudra – die Freude im eigenen inneren Sein erfahren. Zwei Dharanas sind diesem Thema gewidmet.

Weite und Raum – der vierte Zugang

Der vierte Zugang ist die Erfahrung von Weite und Ausdehnung des Raumes. Diesen Aspekt haben wir bereits im zweiten Kapitel im Zusammenhang mit der Beziehung zwischen Bewusstsein und Energie betrachtet. Dabei geht es darum, dass der Geist sich immer mehr in die Weite hineinentspannt und in die Erfahrung kommt, sich unendlich ausdehnen zu können (bis in ein Ozeanisches Bewusstsein), und dabei alles verliert, worauf er sich normalerweise stützt. Wir finden im VBT zwar nur ein Dharana, dies wirkt aber dafür besonders tiefgreifend.

Intensität der Erfahrung – der fünfte Zugang

Als fünfter Zugang wird die Intensität der Erfahrung genannt: »Auch in der Intensität der Erfahrung kann man das Göttliche erfahren, vorausgesetzt man führt dabei die Freude, die man erfährt, auf ihre Quelle zurück.«[36] Die Dharanas nennen hier die Freude der sexuellen Erfahrung (oder der Erinnerung an sie), das bewusste Schmecken, Sehen und Spüren, die Freude an Musik oder an der Begegnung mit einem anderen Menschen. Es heißt im VBT aber auch in Dharana 93, dass jede Erfahrung eines Schmerzes so unmittelbar, so klar und so absorbierend sein kann, »dass alle anderen Gedanken und Gefühle völlig in den Hintergrund treten. Nur mehr der schmerzhafte Punkt ist im

Bewusstsein. Durch diese Gesammeltheit wird der Geist gereinigt und verinnerlicht und tritt in den göttlichen Bereich ein«[37], erklärt Bettina Bäumer in ihrem Kommentar zu diesem Dharana.

Wir können aber auch ausprobieren, Schmerzen in aller Klarheit ganz bewusst zu erfahren, um zu erkennen, was das für ein Schmerz ist. Wir können uns sogar schulen, jedem Schmerz, der sich in uns zeigt, offen und sogar neugierig und interessiert zu begegnen. Wir können lernen, mit ihm zu sein, können uns ihm zuwenden. Dadurch ändert sich ganz sicher unsere Beziehung zum Schmerz, allein schon dadurch, dass wir erleben und spüren, dass sich uns andere Möglichkeiten (als die, mit denen wir geprägt worden sind) eröffnen, um mit Schmerz umzugehen. Und das betrifft auch den ganzen Komplex seelischer Schmerzen wie Kummer, Trauer oder Frust.

Abgesehen von diesem Aspekt, geht das *Vijnana Bhairava Tantra* als ein tantrischer Text in einigen Versen auch ganz explizit auf sexuelles Erleben ein. Die Dharanas 69 und 70 beschreiben uns Meditationen, die im Moment der sexuellen Vereinigung oder bei der Erinnerung an sie entstehen, und sprechen dabei von der Erfahrung der »Freude des eigenen Selbst«[38].

Es geht immer darum, sich vollkommen auf das Erleben, auf die Erinnerung oder auch (nur) die reine Vorstellung davon einzulassen, sich also allen dadurch auftretenden Empfindungen und Gefühlen vollkommen zu öffnen. Der Text erklärt, dass wir diese Empfindungen und Gefühle intensiv erleben sollen, um in dieser Wonne das Höchste (Bhairava) zu erfahren. Dieses aktive Einbeziehen der Sexualität ist – verglichen mit allen anderen Yogawegen – wirklich sensationell anders!

Wir finden zwar auch in der *Hatha-Yoga-Pradipika* (HYP) bei der Darstellung Mudras solche (Vajroli, Amaroli und Sahajoli, 3. Kap. Verse 83 bis 103), die während des Geschlechtsverkehrs geübt werden sollen. Aber diese Übungspraxis verlangt, dass die Yogini / der Yogi sich ganz darauf konzentrieren sollen, wie die Frau ihre Sexualflüssigkeit (Rajas genannt) und der Mann seinen Samen (Bindu genannt) vollständig zurückhalten bzw. diese Flüssigkeiten wieder eingesaugt werden können.

In der HYP geht es also um Zurückhalten und Kontrolle. Im VBT geht es dagegen um Hingabe, und es fordert uns geradezu auf: »Schmelze! Löse dich in diese Wonne hinein auf! Erfahre in dieser höchsten Wonne das Göttliche!« Mehrere Dharanas sind dem Zugang intensiver Erfahrung gewidmet.

Mudras und Asanas – der sechste Zugang

Als sechster Zugang werden bestimmte Gesten (Mudras) und Körperhaltungen (Asanas) beschrieben, also Übungen, die wir zum größten Teil schon aus unserer Yogapraxis kennen. Es geht hier um die bewusste Erfahrung von Bewegungen und der Freude, die wir erfahren können, weil sie uns (wieder) möglich ist, weil sie sich gut anfühlt usw. Auch hier lädt uns der Text ein, uns vollkommen auf das Empfinden und Spüren einzulassen.

Ein Beispiel aus der Praxis: Du stehst im Hund (Adho Mukha Shvanasana) und spürst den Kontakt deiner Hände und Füße zur Erde, die dich trägt. Du spürst, wie du deine Sitzbeine weit nach hinten und oben streben lassen kannst und wie schön dadurch der Rücken entlastet wird. Du spürst, wie gut du den Bauch entspannen kannst und wie gut du die (sich immer wieder verkürzenden) Rückseiten deiner Beine dehnen kannst. Ebenso werden auf angenehme Weise deine Handflächen und die Achseln gedehnt. Du spürst die Kraft deiner Arme, die dich stabil in dem Asana halten. Du spürst, wie du deinen Nacken lockerlassen kannst und wie die Haltung es anbietet, den Scheitel hinunter zur Erde zu entspannen. Kurz: Du kannst eine Weile im Hund verweilen und in dir mindestens zwanzig verschiedene Bereiche finden, die dich einladen, Freude zu empfinden. Du kannst dich auch auf alle Empfindungen konzentrieren, die dir der Hund als Umkehrhaltung gibt. Genauso kannst du auch die Wohltaten und angenehmen Empfindungen in jeder Vorbeuge oder Rückbeuge erfahren, die du übst. Das heißt: Du kannst jedes Asana, egal welches du übst, in eine Erfahrung tiefer Freude verwandeln!

Außerdem können wir uns immer darüber freuen, dass wir überhaupt in der Lage sind, all diese Körperhaltungen auszuführen, und das betrifft nicht nur die Übungspraxis im Yoga, sondern auch ganz viele alltägliche Verrichtungen. Die Dharanas 77, 78, 79 und 82 widmen sich dieser Thematik.

Unruhe und Verwirrung – der siebte Zugang

Der siebte Zugang sind erstaunlicherweise mentale Unruhe und Verwirrung. In dieser Hinsicht ist das *Vijnana Bhairava Tantra* wirklich erstaunlich. Es gibt tatsächlich einen Vers (Dharana 112), der sich den Zuständen von Unruhe und Verwirrung widmet, die uns immer wieder heimsuchen. Auch in dieser Hinsicht wird uns angeraten, die Unruhe oder Verwirrung einfach sein zu lassen, also keinerlei Abneigung oder Widerstand dagegen aufzubauen, da dies nur dazu führt, dass das Ego mit allen Kleshas aktiv werden kann.

In der Vorstellung des kaschmirischen Shivaismus ist alles ein Ausdruck des Göttlichen, also auch all das, was sonst ausgegrenzt wird. Wenn wir diese Zustände entspannt zulassen, wird unser Geist sich viel schneller damit entspannen und dadurch wieder ruhiger und klarer werden können, sodass wir dann das dahinter durchscheinende Licht des reinen Bewusstseins wieder deutlich erfahren können.

Shiva sagt hier also sinngemäß zu Shakti: »Bitte sag deinen Geschöpfen, dass man mich sogar in der Verfassung von Anspannung, Unruhe oder Gestresstsein erfahren kann!« Es handelt sich auch dabei um unmittelbare und starke Erfahrungen, denn diese Zustände sind durchaus starke Störfaktoren und wirken wie ein Stachel im »mentalen Fleisch«.

Das VBT sagt uns im übertragenen Sinne: »Auch das bin ich! Ich bin deine tiefste Freude, aber auch deine Unruhe. Ich bin deine Lust, aber auch dein Schmerz. Alles das, was du bewusst erfährst, das BIN ICH!«

Das ist wirklich einzigartig an diesem Text, denn er spannt seinen Bogen über alles, was wir in diesem Leben erfahren können. Die meisten anderen Texte favorisieren vor allem das, was günstig (aklishta) ist, und lehnen (teilweise rigoros) alles ab, was unangenehm ist (klishta). Es geht dann immer darum, sich vom Leidhaften zu entfernen und sich dem Förderlichen zuzuwenden. Das *Vijnana Bhairava Tantra* sieht das anders und lässt uns wissen, dass wir dann, wenn wir uns bewusst auch dem Leidhaften zuwenden, die Erfahrungen dadurch verwandeln können.

Vikalpa – der achte Zugang

Als achter Zugang wird die Auflösung der Gedankenkonstrukte (Vikalpa) angeboten. Auch in dieser Beziehung lässt uns der Text wissen, dass wir die Vikalpas weder abwerten noch ablehnen müssen, denn sie sind für uns alle im Alltag nicht nur extrem praktisch, sondern sogar unverzichtbar. Wenn wir beginnen, über unsere Gedankenkonstrukte nachzudenken, werden wir immer wieder feststellen, dass manche von ihnen wirklich äußerst hilfreich sind, damit wir unseren Alltag und das Zusammenleben in der Gesellschaft bewältigen können. Warum sollen wir uns dann nicht an ihnen freuen?

Es gibt aber auch solche Vikalpas, die wir betrachten können, um staunend festzustellen, dass wir schon ein Leben lang mit ihnen unterwegs sind, obwohl sie uns immer wieder in einengende, beschränkende und begrenzende Erfahrungen führen. Und da geht es vielleicht mehr um das Staunen! Wir können darüber staunen, wie die einen Gedankenkonstrukte uns immer wieder Wege eröffnen, während wir anderen die Macht gegeben haben, uns einzugrenzen. So ein offenes Betrachten, wie es das

Staunen ermöglicht, hilft uns zu erkennen, welche Kräfte durch diese Gedankenkonstrukte wirksam werden, und zeigt uns Wege, wie wir uns – ohne sie zu negieren oder abzulehnen – von ihrer Macht lösen können.

Madhya – der neunte Zugang

Der neunte Zugang geht über die Erfahrung der Mitte (Madhya). Die Mitte ist ein neutraler Raum, in dem das Ausgeprägte der Polaritäten sich auflöst. Den Moment des Auflösens erfahren wir oft als etwas, das wir in seiner Neutralität als leer empfinden.

In der Mitte (Madhya) vereinigen sich die beiden polaren Energiekanäle (Nadis) Ida (Mond) und Pingala (Sonne). Es heißt, sie lösen sich in die Mitte hinein auf.

Wir können die Mitte erfahren als einen Ort, an dem die beiden Hauptkräfte von Anziehung und Abstoßung nicht mehr wirksam sind und das Spiel der Gunas zum Stillstand kommt.

So entsteht für einen Moment, wenn wir in der Mitte verweilen, eine Erfahrung reinen Seins.

Und zwar so lange, bis wir diesen Zustand wieder verlassen, wodurch sich die Nadis Ida und Pingala als Polarität erneut entfalten und die Gunas wieder zu wirken beginnen. Im dadurch entstehenden Wechselspiel zwischen Anziehung und Abstoßung wird unsere Lebensenergie verbraucht.

Shunya – der zehnte Zugang

Der zehnte Zugang geht über die Erfahrung der Leere (Shunya). Das sich Ausrichten auf die Leere hat für unseren Geist, unsere Gefühle und damit für unser Nervensystem etwas sehr Beruhigendes. Die Leere macht uns innerlich friedlich. Die wiederholte und regelmäßige Meditation auf die Leere bewirkt, dass wir immer sicherer wissen, dass auch in diesem Zustand der Erfahrung von Leere etwas in uns erhalten bleibt.

Dies ist aus zweierlei Gründen sehr wichtig:

- Sich diese Erfahrungsräume nach und nach zu eröffnen ist die einzige Möglichkeit, um sich in die Vertiefungszustände der Meditationen hineinzuwagen. Denn es bedeutet, zu verschmelzen, sich aufzulösen, sich absorbieren zu lassen (Laya).
- Der zweite Grund, warum ich diese Erfahrungen für so wichtig halte, ist, dass wir nie wissen, was uns im Leben widerfährt. Jeder und jedem von uns kann von heute auf morgen etwas zustoßen, z.B. durch eine Erkrankung, was uns vollkommen aus unserem normalen, alltäglichen Bewusstsein herauswirft. In diesem Fall ist die Fähigkeit, ohne Angst in die Leere eintauchen zu können, eine ganz wichtige, ja unverzichtbare Zuflucht.

Ich bin außerdem der Ansicht, dass sich durch kontinuierliches Meditieren auf die Leere für den Geist dann, wenn er sich im Sterbeprozess zurückzieht, dieser Übergang konfliktfreier und angstfreier gestaltet. In der heutigen Zeit weiß niemand von uns, wie sie/er sterben wird, z.B. ob es möglich bzw. erlaubt sein wird, dass einen jemand begleitet, der einen tröstet und einem die Hand halten darf, oder ob da auch nur jemand sein wird, der sich um einen kümmert.

Wenn wir uns nicht innerlich darauf vorbereiten, dann werden wir diesen Übergang als etwas Beängstigendes und Schreckliches erfahren. Im Yoga heißt es, dass wir diese Stresserfahrung während des Übergangs – als inneren (epigenetischen) Eindruck (Vasana) – mitnehmen werden in ein nächstes Leben. Lasst uns also Vorsorge treffen für diese Übergänge, die uns allen in diesem Leben sicher irgendwann bevorstehen!

Vielleicht wird damit auch deutlich, dass im VBT an alles gedacht wurde und dass es uns anleitet, Sorge zu tragen für allen Wandel in unserem Leben. Gleichzeitig lädt uns der Text ein, uns diesem Leben mit allen nur denkbaren Erfahrungen und Bewusstseinszuständen ganz und gar zu öffnen.

Die Methoden des Vijnana Bhairava Tantra[39]

In diesem Kapitel möchte ich euch mitnehmen auf eine Reise, wie sie im tantrischen Schöpfungsmythos beschrieben wird – vom reinen Bewusstsein bis hinunter auf die Erde. Und ich möchte dadurch noch einmal deutlich machen, was auf diesem Weg passiert: dass wir gewissermaßen die Rückreise zu unserer Quelle – dem reinen Bewusstsein – antreten und uns wieder auf der Leiter aufwärts begeben, um ein Bild aus der HYP zu benutzen.

Damit wir diesen Weg gehen können, brauchen wir Methoden (Upayas), wie sie uns vom Yoga zur Verfügung gestellt werden, und zwar ausgehend von der Grundüberlegung, dass es eine Vielzahl von Angeboten an Methoden braucht, damit wirklich jeder Mensch Möglichkeiten für sich finden kann, den Weg zurück zur Quelle allen Seins zu gehen. Im Tantra hat man sich deshalb Gedanken darüber gemacht, welche Lerntypen bei den Menschen vorkommen.

Für alle einen passenden Weg zur Quelle

Man hat festgestellt: Es gibt Menschen, die haben von Geburt an eine Neigung zu erfassen, dass sie mehr sind als ihr Körper und ihr Geist. Es sind Menschen, die spüren, dass sich ihre Heimat in einem anderen Bereich befindet als nur in den Beschränkungen, mit denen sie erzogen wurden (werden mussten), um in der Gesellschaft funktionieren zu können. Deswegen werden sie in Indien der Obhut von Tempeln oder speziell geschulten spirituellen Lehrern anvertraut, um ihre sehr speziellen Veranlagungen und ihr eingeborenes inneres Verständnis zu unterstützen und sie darin zu fördern.[40] Der große indische Guru des Advaita Vedanta Ramana Maharshi ist dafür ein gutes Beispiel.

Es wird anerkannt, dass diese Menschen anders sind, und sie werden in ihrem Anderssein akzeptiert (auch in der Annahme, dass niemand wissen kann, welche »Vorarbeit« sie schon in früheren Leben geleistet haben).

Eine eher wissenschaftlich anmutende Erklärung dafür könnte sein, dass diese Menschen eine starke Dominanz der rechten Gehirnhemisphäre haben. Jill Taylor, eine Ärztin und Hirnforscherin aus den USA, erlitt vor Jahren einen Schlaganfall, der ihre linke Hemisphäre komplett ausschaltete. Sie beschreibt in ihrem Buch »Mit einem Schlag« ihren Zustand direkt danach, als sie vollkommen unter dem Einfluss der rechten Hemisphäre stand, so: »Das Gefühl, dass mein Geist eins mit dem Universum und im Fluss mit allem war, was mich umgab, war wundervoll, und ich fand es faszinierend, Energiedynamik und Körpersprache [der sie umgebenden Menschen; Anm. A.T.] so gut auslegen zu können. Vor allem liebte ich das Gefühl von tiefem, innerem Frieden, der mich durchdrang.«[41] Dieses Gefühl, dass der Geist eins ist mit dem Universum und im Fluss mit allem, was einen umgibt, ist genau das, was van Quekelberghe mit dem Begriff »Ozeanisches Bewusstsein« meint. Und auch bei Patanjali wird es beschrieben. T.K.V. Desikachar schreibt im Kommentar zum Yogasutra 1.19: »Es gibt ein paar Ausnahmen in dieser Welt: Menschen, die mit ganz besonderen Fähigkeiten geboren werden, die sich nicht bemühen müssen und die nicht üben müssen, um den Zustand von Yoga zu erreichen.«[42]Das Sutra dazu lautet: »Einige Menschen werden so geboren, dass sie den Zustand von Yoga ohne Üben spontan erreichen.« Und weiter im Kommentar von Desikachar: »Allerdings finden wir solche Menschen höchst selten. Als Vorbilder eignen sie sich wenig, weil wir ihren Weg nicht teilen können.«[43]

Im Yogasutra heißt es, dass alle anderen den Übungsweg des Yoga (Sadhana) gehen müssen oder sonst irgendeinen Übungsweg. Patanjali bietet uns den Ashtanga-Yoga an, den achtgliedrigen Yoga. Er ist wie eine Gliederkette, die niemals endet, sodass wir immer wieder alles auf Neue durchlaufen: von Yama/

Niyama bis Samadhi und von Samadhi wieder zurück zu Yama / Niyama usw., aber jeweils mit einer erweiterten Perspektive. Das ist schon einmal eine sehr gute Idee.

Im Tantra wird das allerdings noch einmal ein bisschen anders gesehen. Die Tradition des kaschmirischen Shivaismus, oft auch Trika-Schule genannt, kennt eine regelrechte Pädagogik, die sich in den sogenannten Upayas (den geeigneten Mitteln) zeigt. Es gibt dabei den Weg des Individuums (Anavopaya), den Weg der Energie (Shaktopaya) und den Weg des Bewusstseins (Shivopaya). So soll, entsprechend der oben erwähnten Lerntypen, dem Sadhaka (Übenden) der Einstieg auf der Ebene ermöglicht werden, auf der er sich gerade befindet.

Der vierte Typ (von dem hier schon die Rede war) braucht sie nicht. Er geht den »weglosen Weg« (Anupaya) und ist offen für unmittelbares Erkennen.

Shivopaya – Weg des Bewusstseins

Der dritte Lerntyp, der den Weg des Bewusstseins (Shivopaya bzw. Shambavopaya) geht, ist ein Mensch, der sich bereitwillig dem Wissen öffnet, und zwar ganz aus sich heraus. Er braucht keine Stützen und Anhaltspunkte für seine Praxis. Meistens geschieht dieses Sich-Öffnen als ein spontanes Aha-Erlebnis. »Die Evolution und Transformation des Bewusstseins erfolgen so schnell, dass die einzelnen Phasen oder Schritte, die zur umfassenden Vision des Ozeanischen Bewusstseins führen, kaum wahrgenommen werden. ... Das Ich erlebt hier eine gründliche Entgrenzung und Befreiung aus seinen alltäglichen und bisher selbstverständlichen Ich-Annahmen.«[44]

Diese Menschen bemerken meistens irgendwann in ihrem Leben, dass sie eine Neigung zur Mystik haben. Das bewirkt, dass sie von sich aus beginnen, sich in eine echte Beziehung – sogar eine Liebesbeziehung – zum Göttlichen, zum Absoluten zu begeben. Diese Beziehung entsteht, weil für sie das Absolute nicht etwas ist, was abstrakt und fern ist oder geronnen in irgendein Gottesbild, sondern wie die Heimat, wie das tiefe Vertrauen, das tiefe Gefühl des Aufgehoben- und Geborgenseins. Und basierend auf diesem Vertrauen sind sie bereit, sich auf alles Mögliche einzulassen und sich allem Möglichen hinzugeben. Auch kommt ihnen nicht ihr Verstand immer wieder mit zweifelnden Kommentaren dazwischen. Oft handelt es sich dabei um sehr gläubige Menschen, die über ihren – wie auch immer gearteten – Glauben diesen Zugang finden. Bei Menschen mit dieser Veranlagung bewirken oft Rituale, Gebete oder spezielle spirituelle Praktiken (auch induziert durch Atemtechniken, Meditationen oder Musik / Trommeln), dass sich etwas in ihnen öffnet.

Jenseits aller Dogmen und Glaubensrichtungen geht es bei Religion an sich vor allem darum, dass man sich mit etwas rückverbindet (lat. *religare* = rückverbinden), wodurch sich ein Gefühl dafür entwickeln lässt, woher wir eigentlich kommen. Der Mensch weiß dann: Ich bin jetzt hier, aber das, woher ich komme, wirkt durch mich hindurch. Und in diesem Kreislauf gehe ich irgendwann auch wieder zu dieser Quelle zurück.

Daraus ergibt sich eine Empfindung bzw. das Gefühl einer gewissen Sinnhaftigkeit, die uns der Verstand, die Vernunft (Manas) niemals liefern kann. So wie unser Verstand geschult ist, kommen dann eher die Einwände, die Bedenken, die Zweifel, die es ihm ermöglichen, sich wieder in seinen sicheren Grenzen, im Vertrauten, im Gewohnten einzurichten.

Shaktopaya – Weg der Energie

Die Menschen, die spüren, dass sie Teil von etwas Größerem und Höherem sind, erfahren in sich ein ganz tiefes Wissen, das sie zwar meist gar nicht artikulieren können, das sie aber wissen lässt, dass da ein sicherer Grund ist und dass alles seine Ordnung hat. Diese Herangehensweise wird im Tantra »Weg der Energie« (Shaktopaya) genannt.

Die Methoden dieses Weges sind im kaschmirischen Shivaismus und im *Vijnana Bhairava Tantra* darauf ausgerichtet, die Menschen die Einheit erfahren zu lassen, die der Vielheit aller Erscheinungen zugrunde liegt. Van Quekelberghe macht deutlich, dass uns hier konkrete Übungswege angeboten werden, z.B. in Form von Meditationen, die »das individuelle Bewusstsein systematisch von der ›Vielheit‹ ablenken, um sich nur noch auf die innere Einheit von Phänomenen meditativ zu konzentrieren«[45]. Es ist ein Weg, der die Übenden langsam, Schritt für Schritt und in ihrem eigenen Tempo gehen lässt, sodass das Bewusstsein nur allmählich – und damit natürlich auch besser integrierbar – entgrenzt wird. Oder um im Bild der HYP zu bleiben: Man geht achtsam die Leiter Sprosse um Sprosse nach oben – und steigt in dieser Weise auch wieder herab. Shaktopaya ist die Methode, bei der wir als Übende wirklich aktiv werden, indem wir mit unserem Geist arbeiten, um ihn auf eine bestimmte Weise auszurichten und ausgerichtet zu halten (gewissermaßen mit Abhyasa und Vairagya). Shakti handelt und gestaltet.

Ich vermute, dass Shaktopaya für die meisten von uns die geeignete Methode ist und dass für die Menschen dieses »Lerntyps« auch das *Vijnana Bhairava Tantra* geschrieben wurde.

Anavopaya – Weg der individuellen Transformation

Es gibt andere Menschen – es ist vermutlich sogar die Mehrzahl –, die laut der Quellentexte keine Neigung dieser Art verspüren und sich nicht in dieser Weise zum Göttlichen oder Absoluten hingezogen fühlen. Vielmehr fühlen sie sich hingezogen zur Ratio, zur Vernunft, und zu den Kategorien des Verstandes. Das heißt, sie gehen den Weg der Erkenntnis (Jnana), die ihnen hilft, auf einer anderen Ebene und mit anderen Mitteln (mit Konzepten und mittels Nachsinnen) zu verstehen, was sie im innersten Wesen ausmacht.

Dieser Zugang wird im Tantra »Weg des individuellen Bewusstseins« (Anavopaya) genannt.

Auch diese Menschen verspüren eine starke Sehnsucht, sonst würden sie sich nicht auf den Weg machen. Aber sie gehen diesen Weg lieber Schritt für Schritt, durchdringen ihn dabei erst einmal verstandesmäßig und schaffen sich dadurch selber einen sicheren Erkenntnisgrund. Sie achten darauf, dass jeder Trittstein auf dem Weg hinter ihnen immer ganz sicher bleibt. Es heißt, dass dieser Lerntyp die Texte, die Lehren und vor allem einen Lehrer / eine Lehrerin als Unterstützung braucht. Vor allem aber brauchen sie kontinuierlich die Erfahrung eines sicheren Grunds und des Aufgehobenseins, denn ihr eigener Verstand neigt dazu, jeden Schritt in die Freiheit oder in die Hingabe immer wieder zu sabotieren. Diesen Menschen fällt es schwer, sich z. B. einzulassen auf solche Bilder, wie sie uns die bereits erwähnte Wissenschaftsjournalistin Lynne McTaggart in Bezug auf das feinstoffliche Energiefeld anbietet und die uns vermitteln, dass wir in unserer Körperlichkeit nichts anderes sind als Energiebündel, die sich immer wieder aufs Neue in Interaktion mit der Umwelt formieren.

Es ist nicht zu erwarten, dass sich jeder Mensch damit auf Anhieb wohlfühlt, sondern eher, dass viele sich verunsichert und vielleicht sogar verängstigt fühlen. Auch mit Fragestellungen wie »Wo höre ich auf? Und wo beginnt das andere? Gibt es überhaupt eine Grenze?« kommt man schon ins Grübeln.

»Da das Alltagsbewusstsein ständig mit dem Überleben des individuellen Organismus beschäftigt ist und somit seine Aufmerksamkeit auf die vielfältigen Sinneswahrnehmungen bzw. auf die Vielheit der Außenwelt konzentriert, bedarf es eines umfassenden und vielschichtigen Programms, um in die Nähe von Dhyana und Samadhi zu gelangen«[46], rät dazu van Quekelberghe. Dafür eignet sich sehr gut der achtgliedrige Yogaweg Patanjalis, der mit seiner ausgefeilten Methodik und Didaktik alle späteren Yogawege nachhaltig beeinflusst hat.

Alle diese Sadhanas machen es möglich, dass ein Mensch, der spürt, dass sich etwas in ihm auf den Weg machen will, einen niedrigschwelligen Zugang zur Spiritualität angeboten bekommt. Dabei wird es als gegeben angesehen, dass sich für ihn immer wieder Ablenkungen und Zweifel einstellen, die durch die unbewussten Wirkkräfte der Kleshas hervorgerufen werden.

Das Phänomenale am Tantra ist, dass trotzdem nicht der eine Lerntyp als »weiter« oder »besser« als ein anderer angesehen wird. Er ist einfach nur anders, wie eine unterschiedliche Färbung desselben Lichts oder eine unterschiedliche Schwingung von der immer selben Grundschwingung. So wird jede und jeder dort abgeholt, wo sie oder er sich mental und emotional gerade befindet, und es wird sehr darauf geachtet, dass niemand durch den Zugang zum Wissen und die damit einhergehende Transformation und Entgrenzung überfordert wird. Und ganz wichtig im Tantra: Es wird bei diesen Upayas auch an die Menschen gedacht, die nicht ihre ganze Kraft und Zeit ihrer spirituellen Entwicklung widmen können (oder widmen möchten), da sie in ihrem alltäglichen Leben eingebunden sind in Arbeitsverhältnisse, in ihre Partnerschaft und/oder Familie, also an diejenigen, die in Indien »Haushälter*innen« genannt werden. Diese Menschen müssen, da sie in Gemeinschaft leben, auch zwingend immer wieder erspüren und abwägen, wie viel Veränderung bzw. Transformation aktuell in ihr Leben passt – und auch noch sozialverträglich für ihr Umfeld ist.

Tantra kommt also tatsächlich ohne die Kategorien von »gut« und »schlecht« bzw. von »besser« oder »weniger entwickelt« aus! Tantra interessiert sich hauptsächlich für Erkenntnisfunktionen und weniger für Kategorien oder Dogmen. Tantra geht davon aus, dass alles ein Lernfeld sein kann. Einer der erfahrensten Coaches in Deutschland, Jens Corssen, beschreibt es mit seinen Worten sehr treffend so: »In jeder Situation, egal wie sie ist, kann ich mir sagen: Es ist, wie es ist. Die Situation ist mein Lernfeld.«

Dieses Denken hat Potenzial. Und so können wir uns neugierig und offen auf den Yogaweg begeben, weil er so angelegt ist, dass jede Stufe zu einem interessanten Lernfeld werden kann.

Yogapraxis, um Bewusstsein überall im Körper zu erfahren

Um die Methoden des *Vijnana Bhairava Tantra* nun auch ganz im eigenen Körper spürbar und erfahrbar zu machen, bietet sich die folgende Yogapraxis an.

Einstimmende Meditation

Finde dich ein in einem Sitz deiner Wahl. Lass dich erst einmal in dir und in dieser Situation hier ankommen.

Im Dharana 100 des VBT heißt es:

»Die Natur des Bewusstseins (Chit) ist in allen Körpern anwesend, darin besteht keine Unterscheidung. Wenn man daher so meditiert, dass alles von Bewusstsein durchdrungen ist, dann überwindet man die Welt des Werdens.«[47]

Finde dich also in dir ein und werde dir spürend deiner selbst bewusst. Öffne dich der Erfahrung deines Seins.

Was wir erfahren in diesem Körper-Sein, in diesem Manifestiert-Sein, sind die Bewegungen des Lebens: das Strömen, das Pulsieren des Prana und des Blutes. Wir spüren den Herzschlag, die Atembewegungen und vielleicht – wenn wir sehr entspannt sind – Verdauungsbewegungen.

Dieses Lebewesen, das wir sind und das wir bewohnen, lebt

allerdings als Organismus nicht einfach so vor sich hin, sondern jeder Zelle wohnt Bewusstsein inne, die es ihr ermöglicht, mit den Zellen derselben Organverbände und mit denen der anderen zu kommunizieren. Jede Zelle – und alle zusammen – wissen immer, was zu tun ist, wann und wie sie sich gegenseitig unterstützen können. Sie wissen auch, wann die Zeit gekommen ist, Platz für neue Zellen zu machen, die sich dann wiederum aus sich selbst heraus gebären.[48] Alles in uns ist sich seiner selbst bewusst, allerdings natürlich nicht im Sinne von Selbstreflexion, denn die Zelle kann nicht über sich nachdenken. Aber sie ist erfüllt von Bewusstsein, was bewirkt, dass sie sich mit anderen Zellen abstimmen kann und sich (bzw. im Rahmen ihres Zellverbandes) selbst reguliert, wenn etwas in Unordnung geraten ist.

Man könnte auch sagen, dass wir mit unserem Organismus ständig eingebunden sind in unfassbar feine und genaue Anpassungsprozesse, Austarierungsprozesse, Adaptationsprozesse, von denen wir – Gott sei Dank! – nichts mitbekommen, denn sonst könnten wir überhaupt nicht mehr denken.

Das Sein ist also von Bewusstsein erfüllt, und so kannst du dich als Organismus ganz dir selber bzw. ihn ganz sich selber überlassen. Das Leben kümmert sich um dich, es sorgt für dich. Es lässt dich atmen, lässt dich verdauen, lässt das Blut fließen und das Herz schlagen. Es lässt das Nervensystem erkennen, wo du gerade bist und was getan werden muss, damit dein Geist und dein Gehirn sich immer wieder sortieren und klären können.

Verweile nun noch etwas in der Vorstellung, dass all das, was dich und die Welt ausmacht, durchdrungen ist von Bewusstsein …

Werde dir bewusst, wie du dich erfährst in deinem Körper-Sein – jetzt, vor der Praxis. Dabei weißt du ja schon, dass sich im Verlauf der Praxis die ganz konkrete Empfindung, von Energie durchdrungen zu sein, immer mehr verstärken wird. Und so kannst du auch dann mit dir ganz im Einklang sein, wenn du von den Bewegungen des Lebens aktuell noch nicht so viel in dir spürst und vielleicht sogar merkst, dass dein Atem im Moment sehr zurückgenommen ist und sich eher flach und langsam zeigt ...

Vertiefe nun dein Atmen, hebe auf eine dir angenehme Weise die Arme und dehne dich – vielleicht nach oben, vielleicht zu den Seiten, vielleicht mit einer Drehung. Vielleicht möchte ein Gähnen kommen. Wenn ja, dann gähne ganz genüsslich!

Drehung um die innere Achse im Stand

- Komm hoch in den Stand, in Tadasana. Bleibe zunächst einfach für einige Atemzüge ruhig stehen, spüre und sage dir: »So stehe ich jetzt!« Das bedeutet auch immer: »So erfahre ich mich jetzt. So nehme ich mich jetzt wahr.«
- Stelle die Füße dann schulterbreit auf, drehe sie leicht nach außen und finde deine innere Achse.
- Schenke dir ein Lächeln und beginne dann, dich um deine innere Achse zu drehen. Wenn du magst, dann gib dir dabei mit deinen entspannten Händen Klapse auf den Brustkorb, auf die Flanken, auf das Dekolleté, auf die Rippenbögen unterhalb der Brust ... Es geht jetzt erst einmal darum, wieder wach zu werden und dich zu mobilisieren.
- Lass die Bewegung langsam ausschwingen und komm zurück in Tadasana.
- Spüre, wie es in dir durchatmet, aufatmet und vielleicht gähnen möchte – und lass das alles zu.

Seitlicher Armschwung mit Reinigungsatmung im Stand

- Stell deine Füße wieder etwas breiter auf und drehe erneut die Füße ganz leicht nach außen.
- Beginne dann, deine Arme vor dem Körper nach links und rechts zu schwingen.
- Schwinge sie dann mehrmals besonders zu einer Seite, atme kraftvoll durch den Mund aus und töne dabei ein »Hui«. Mach richtig Wind, sei energetisch und lächle dabei.
- Dann halte wieder inne, komm zurück in Tadasana. Lass dich durchatmen, vielleicht auch »durchschnaufen«. Achte dabei bitte darauf, dass du durch die Nase atmest.

Bein nach schräg vorne kicken mit Reinigungsatmung im Stand

- Stell die Füße nun beckenbreit auf, nimm die Hände an die Hüften und schau möglichst energetisch.
- Kicke im Wechsel nun über die rechte und die linke Ferse Hindernisse weg, kicke Widerstände weg, kicke alles weg, was dich nervt ... Dein Körper und dein Bewusstsein verstehen diese Sprache: Lass los! Trenn dich von dem, was so belastend, beschwerend und bedrückend ist.
- Dein Atem unterstützt dich dabei mit einem lauten »Ho!«.
- Fahre damit einige Minuten unvermindert energisch fort.
- Halte dann inne. Vielleicht bemerkst du eine gewisse Erfrischung, ein Durchgepustetsein – von diesen frischen Winden, den Vayus, die hier gerade alles durchwehen.

Arme und Beine mit Schwung überkreuzen

- Komm in eine beckenbreite Schrittstellung, mit dem linken Fuß hinten.
- Hebe beide Arme über das vordere rechte Bein.
- Schwinge das linke Bein nach schräg rechts vorne und die beiden Arme nach links, sodass sie das linke Bein kreuzen. Atme dabei kraftvoll durch den Mund aus.
- Lass einatmend den linken Fuß nach hinten in die Schrittstellung zurückschwingen und stell ihn ganz (inklusive Ferse) auf.
- Wiederhole diese Bewegung mehrere Male.
- Halte inne und spüre einige Atemzüge nach. Evtl. magst du auch etwas trinken.
- Dann wiederhole dieses Überkreuzen mit dem rechten Bein, das nach links vorne schwingt, und den Armen, die nach rechts schwingen.
- Halte inne und lass dich durchatmen. Achte auch hier darauf, nur durch die Nase zu atmen. Spüre, wie das Leben in dir zirkuliert und sich wahrscheinlich in großer Lebendigkeit in dir bewegt, wie es dich durchströmt wie ein breiter kraftvoller Fluss.

Es folgen gleich die Sonnengrüße A und B – jeweils fünfmal. Diese Abläufe haben durchaus etwas Rituelles, weil wir jede der darin vorkommenden Bewegungen mit anderen Inhalten verbinden können.

Wir können die Sonnengrüße nutzen, um bewusst die Beziehung zwischen Himmel und Erde zu erfahren. Das tut immer gut. Eine andere Möglichkeit ist, jeden Sonnengruß einem wesentlichen Aspekt unseres Seins zu widmen.

Ich widme z.B. jeweils den ersten Sonnengruß der Serien A und B dem Bewusstsein, symbolisiert durch Shiva. Ich verbinde mich damit und reflektiere, was es bedeutet, bewusst zu werden, mein Bewusstsein ausdehnen zu dürfen. Ich verneige mich in Hingabe und Dankbarkeit vor der Kraft des Lebens, die mich mit dieser Qualität beschenkt hat.

Ein weiterer Sonnengruß (A + B) ist dann Shakti gewidmet – als der Kraft, die gestaltet und auch mir erlaubt, mein Denken, Fühlen, mein Verhalten und somit mein Leben zu gestalten.

Wenn wir jeden Tag diese Serie von Surya Namaskar A + B üben, dann treten wir kontinuierlich und beständig in Kontakt mit diesen Kräften (die sich jede und jeder ganz individuell und auch aktuell passend für sich wählen kann) – und das bewirkt etwas.

Es ist förderlich, für diese Praxis etwas auszuwählen, bei dem man sich wirklich darüber freut, dass es einem zur Verfügung steht: Gesundheit, Resilienz, Geduld, Liebesfähigkeit, Freude am Üben usw., usw.

Indem wir uns einer solche Qualität oder Kraft zuwenden, machen wir sie uns nicht nur bewusst, sondern stärken sie auch, indem wir die Kraft unserer Sonnengrüße da hineinfließen lassen.

Überlege nun bitte, ob es fünf Qualitäten oder Kräfte gibt, die du vor dir auf deinen imaginären Altar stellen kannst, um dich vor ihnen zu verneigen, sie zu ehren und zu würdigen.

Stattdessen kannst deine Sonnengrüße auch jemandem widmen, z.B. einem Menschen, der erkrankt ist oder gerade eine schwere Zeit durchlebt. In diesem Fall ist es wichtig, dass du auch deiner eigenen Kraft und Gesundheit einen Sonnengruß A + B widmest!

Ich möchte also dazu einladen, aus diesen zehn Sonnengrüßen eine Andachtspraxis zu machen. Und dann müssen wir uns überhaupt nicht mehr darum kümmern, dass jede Zelle des Körpers von Bewusstsein erfüllt ist.

Surya Namaskar A

- Komm in Tadasana oder Samasthiti. Richte dich innerlich aus und atme aus.

AA

- Einatmend hebe die Arme und den Blick.

EA

- Ausatmend führe die Arme über die Weite in die Tiefe in eine große Verneigung.

AA

- Einatmend streck den Rücken, schau nach vorne.

EA

- Ausatmend bring die Hände und die Knie zur Erde und komm in den Katzenbuckel.

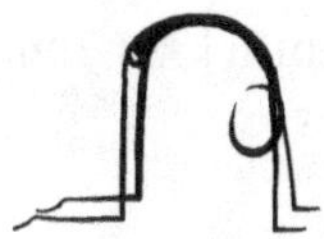

AA

- Einatmend bieg dich durch, schau nach vorne.

EA

- Ausatmend komm in den Hund und verweile fünf Atemzüge im Hund.

AA + 5 AZ

- Einatmend schau nach vorne und laufe mit so viel Schritten wie nötig an den vorderen Rand deiner Matte.

EA

- Ausatmend lass dich in die Vorbeuge sinken.

AA

- Einatmend richte dich auf, hebe die Arme und den Blick.

EA

- Ausatmend senke die Arme und kehre zurück zu Tadasana oder Samasthiti.

AA

Wiederhole diesen Sonnengruß noch viermal in deinem Rhythmus und sei dabei innerlich verbunden mit deiner Ehrung bzw. deiner Widmung.

Verbinde dich mit deinen Inhalten und Bildern, verbinde dich mit deinen Gefühlen und erfülle so das, was du gerade tust, auf eine besondere Art und Weise mit Bewusstsein.

Anschließend halte inne und bleibe ganz bei dir.

Surya Namaskar B

- Richte dich innerlich aus und atme aus.

Samasthiti
AA

- Einatmend komme in Utkatasana, hebe die Arme und den Blick.

1 EA

- Ausatmend führe die Arme über die Weite in die Tiefe.

2 AA

- Einatmend streck den Rücken, schau nach vorne.

3 EA

- Ausatmend bring die Hände und die Knie zur Erde und komm in den Katzenbuckel.

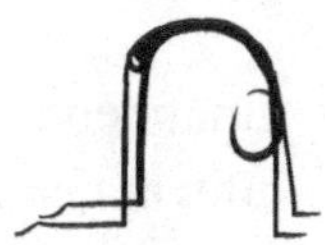

4 AA

- Einatmend bieg dich durch, schau nach vorne.

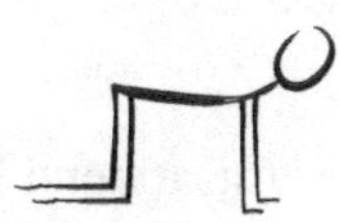

5 EA

- Ausatmend führe den rechten Ellbogen und das linke Knie zueinander.

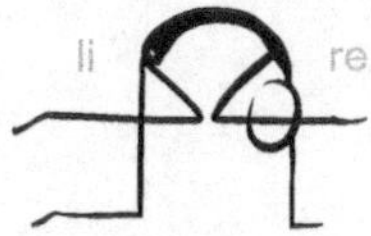

6 AA

- Einatmend strecke das Bein nach hinten, den Arm nach vorne und schau nach vorne.

7 EA

- Ausatmend bring Knie und Hand wieder zur Erde und mach einen Katzenbuckel.

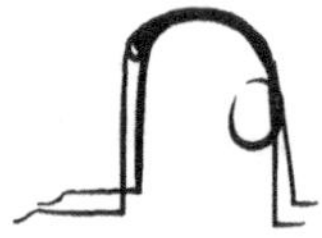
8 AA

- Einatmend bieg dich durch, schau nach vorne.

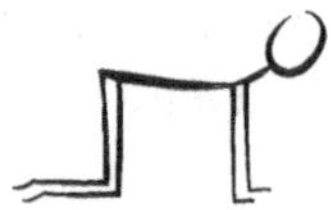
9 EA

- Ausatmend führe den linken Ellbogen und das rechte Knie zueinander.

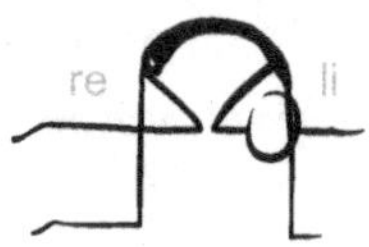

10 AA

- Einatmend streck das Bein nach hinten, den Arm nach vorne und schau nach vorne.

11 EA

- Ausatmend bring Knie und Hand wieder zur Erde und mach einen Katzenbuckel.

12 AA

- Einatmend bieg dich durch, schau nach vorne.

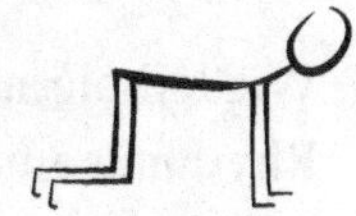

13 EA

- Ausatmend komm in den Hund und verweile fünf Atemzüge im Hund.

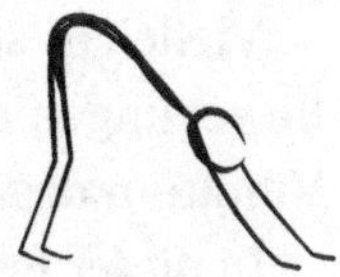

14 AA + 5 AZ

- Einatmend schau nach vorne und laufe mit so viel Schritten wie nötig an den vorderen Rand deiner Matte.

15 EA

- Ausatmend lass dich in die Vorbeuge sinken.

16 AA

- Einatmend richte dich auf, komm in Utkatasana, hebe die Arme und den Blick.

17 EA

- Ausatmend senke die Arme und kehre zurück zu Tadasana oder Samasthiti.

Samasthiti
AA

Wiederhole auch diesen Sonnengruß noch viermal in deinem Rhythmus und bleibe weiterhin innerlich verbunden mit deiner Ehrung bzw. deiner Widmung.

Anschließend halte inne und nimm dich wahr.

Vielleicht spürst du dich jetzt viel intensiver, ebenso wie die Bewegungen des Lebens in dir – das Strömen, das Pulsieren, die Vibration des Lebendigen, im Sanskrit Spanda genannt.

In dieser Erfahrung ist es ganz unerheblich, wer diese Person ist, die da steht; sie erfährt sich als pulsierendes, vibrierendes Leben, durchtränkt von Bewusstheit. Das ist das Erkennen der Natur des eigenen Seins.

Aufrechte Dreieckshaltung (Utthita Trikonasana)

- Komm in den Stand am vorderen Rand deiner Matte.
- Breite die Arme seitlich aus und mache mit deinem rechten Fuß einen großen Schritt nach hinten.
- Drehe den linken Fuß nach vorne und die rechte Ferse etwas nach außen. Dein Körper ist nun parallel zum langen Mattenrand.
- Neige dich zur Seite, mit der linken Hand nach unten, und bring sie zur Innenseite des Schienbeins, des Knöchels oder zur Erde.
- Hebe den rechten Arm in die Senkrechte, schau nach oben, aber überprüfe, dass es deinem Nacken dabei gut geht (Der Blick hält den Nacken!). Verweile so einige Atemzüge.
- Schau dann hinunter zu deinem vorderen Fuß und richte dich wieder auf.
- Stell in der weiten Grätsche beide Füße parallel, drehe dann den rechten Fuß nach außen und bring die linke Ferse so weit auswärts, dass der Fuß leicht einwärtsgedreht steht.

- Richte dich zuerst in der Mitte aus, finde deine vertikale Achse und ebenso die horizontale Achse deiner Arme.
- Dann neige dich nach links und bring deine linke Hand dorthin, wo es für dich passt.
- Strecke den rechten Arm in die Senkrechte. Spüre die Kraft, die sich in diesem Asana aufbaut.
- Schau dann zum linken Fuß hinunter, richte dich auf, drehe die Füße parallel und lass deine Arme ausgebreitet in Schulterhöhe.

Vorstufe zum gedrehten Dreieck (Parivritta Trikonasana)

- Drehe erneut den rechten Fuß nach vorne. Stelle den etwas nach innen gedrehten linken Fuß ein wenig weiter nach links, sodass du, wenn du nun den Oberkörper parallel zum kurzen hinteren Mattenrand drehst, in der Breite einen kleinen Abstand zwischen deinen Füßen hast.
- Nun neige dich nach vorne. Die Arme sind parallel zum Boden ausgebreitet, der Rumpf ist in der Horizontalen. Spüre, wie du dich mittels deiner Kraft hältst. Gehe eventuell weiter in das gedrehte Dreieck (Parivritta Trikonasana). Verweile so tief und ruhig atmend.
- Komm hoch, drehe dich, bis du wieder nach vorne schaust, und wende dich so, dass du wieder zum vorderen kurzen Mattenrand ausgerichtet bist.
- Neige dich vor in die Horizontale oder gehe weiter in das gedrehte Dreieck. Überprüfe bewusst dein Alignment. Niemand muss herumgehen und deine Haltung korrigieren, sondern du merkst von alleine, wenn ein Arm etwas absinkt oder ein Bein nicht ganz gestreckt ist. Verweile erneut einige Atemzüge und lass in dieser Form des Asanas Prana strömen.
- Richte dich auf, mache einen Schritt nach vorne, lass die Arme sinken und komm zurück in den aufrechten Stand.

Flankendehnung (Utthita Parshva Konasana)

- Komm mit einem weiten Schritt des rechten Fußes nach hinten in eine weite Grätsche. Dreh den rechten Fuß um 90° nach außen. Hebe die linke Ferse und dreh sie ca. 30° nach außen.
- Beuge dein rechtes Bein an, sodass der Unterschenkel senkrecht steht und sich der Oberschenkel so weit wie möglich parallel zum Boden befindet. Schmiege die Außenkante der linken Ferse in die Matte und zieh den Innenknöchel deines linken Fußes nach innen und oben. Richte deinen Rumpf parallel zum langen Mattenrand aus.
- Neige den Rumpf nach rechts und lege den rechten Ellbogen gerade oberhalb des Knies auf den Oberschenkel.
- Führe deinen linken Arm in einem weiten Bogen vorne am Körper vorbei nach oben, sodass sich der Oberarm über deinem Ohr befindet. Halte ihn in einer Linie mit deinem Rumpf und dehne dich ruhig und tief atmend weit über deine gesamte linke Seite.
- Gründe dich ganz tief in deinem Becken- und Bauchraum und schau gerade nach vorne.[49] Lass ganz viel Dehnung über die linke Seite entstehen – eine durchgehende lange Linie, um die Nadis zu öffnen.
- Schau hoch zur rechten Zimmerecke, damit dein Blick wieder den Nacken halten kann.
- Denke an das Lächeln, das dich leichter atmen lässt, und atme ruhig und tief ein und aus.
- Lenke dann deinen Blick nach unten zur Erde und spüre, wie das deinen linken Arm mitnimmt nach unten. Löse so die Dehnung auf. Drehe die Füße zurück zur Mitte.
- Wiederhole das Asana dann zur linken Seite ausgerichtet und mit gedehnter rechter Flanke.
- Anschließend drehe beide Füße in dieser weiten Grätsche, sodass sie wieder parallel zueinander stehen.

Gedrehte Flankendehnung (Parivritta Parshva Konasana)

- Drehe den rechten Fuß wieder um 90° nach außen. Stell den linken Fuß leicht einwärtsgedreht beckenbreit (!) auf, also weiter nach außen (wegen des Gleichgewichts).
- Dreh dich weit nach rechts, führe den rechten Ellbogen außen an das rechte Knie und lege beide Handflächen in der Namaste-Geste aneinander.
- Schau zur rechten Seite und lass dich tief in diese Haltung hineinsinken. Versuche das Becken in der Mitte einzurichten, selbst wenn sich dann die linke Ferse etwas hebt.
- Verweile so, lächle und atme ruhig und tief weiter. Drück mit dem rechten Ellbogen gegen das rechte Knie, während das Knie kräftig zurückdrückt.
- Komm wieder hoch, breite die Arme aus und wiederhole das Asana nach links ausgerichtet und nach links gedreht. Lächle, atme und bleib guter Dinge.
- Komm anschließend über die Grätsche zurück in Tadasana am vorderen Rand der Matte.

Spüre nach und achte darauf, dass du immer – selbst wenn der Atem sehr intensiv sein sollte – durch die Nase atmest.

Intensive seitliche Dehnung (Parshvottanasana)

- Versuch nun, die Hände mit den Handflächen aneinander an den Rücken zu legen, sodass die Fingerspitzen nach oben weisen. Wenn das nicht geht, fass mit den Händen die Ellbogen.
- Mach mit dem rechten Fuß wieder einen gedrehten Schritt nach hinten, sodass du beckenbreit stehst. Schmiege die Außenseite der linken Ferse fest in den Boden.
- Richte dich einatmend auf und beuge dich ausatmend über das rechte Bein.
- Zieh die Ellbogen nach hinten und oben und versuch, die Handwurzeln aneinanderzulegen. Schiebe die Hände so hoch wie möglich. Drücke leicht die Außenseiten der kleinen Finger gegen den Rücken. Achte darauf, dass das Becken nach vorne zum kurzen Mattenrand ausgerichtet ist. Verweile so einige ruhige Atemzüge.
- Richte dich einatmend wieder auf, drehe dich um 180° und wiederhole diese Haltung über das linke Bein gebeugt.
- Richte dich dann wieder auf, komm zurück in die Standhaltung (Tadasana) und spüre einige Atemzüge nach.

Werde dir bewusst, was in dir alles in Bewegung gekommen ist und wie das Leben dich jetzt durchströmt. Sicher spürst du dich in der Gesamtheit deiner selbst und bist ganz von Bewusstsein erfüllt. Vermutlich wird diese Erfahrung von Asana zu Asana alldurchdringender und deutlicher. Stell dir vor, dass der Atem, der durch diese Standhaltung intensiv angeregt wurde, nun wie ein warmer Wind die Zellen deines Körpers durchpustet.

Held 1
(Virabhadrasana 1 & Variante)

- Mach mit deinem linken Bein einen Schritt nach vorne und mit dem rechten einen Schritt nach hinten. Achte darauf, dass du hüftgelenkbreit stehst. Komm so in die Ausgangsstellung für Virabhadrasana 1.
- Richte das Becken parallel zum vorderen Mattenrand aus. Beuge das linke Bein, schmiege die Außenseite der rechten Ferse an die Matte.
- Neige dich mit geradem Rücken vor, bis sich dein Rumpf in der Verlängerung des rechten Beines befindet.
- Hebe die Arme und bringe sie in die Verlängerung des Rumpfes. Erschaffe eine lange Linie von der hinteren Ferse bis zu den Fingerspitzen. Verweile so einige Atemzüge.

- Dann richte dich auf in Virabhadrasana 1, komm also in eine Rückbeuge. Streck das hintere Bein. Lass Weite und Raum rund um dein Herz entstehen. Achte darauf, dass dein Kopf integriert ist. Entspanne deine Schultern.
- Atme ruhig und tief. Lächle.
- Komm wieder zurück in die Ausgangsposition und drehe dich um 180°. Richte wieder das Becken parallel zum vorderen Mattenrand aus.
- Wiederhole die beiden Haltungen mit dem rechten Bein vorne.
- Komm zurück in den Stand und spüre einige Atemzüge nach.

Held 2
(Virabhadrasana 2) – von innen heraus gestaltet

- Komm in eine weite Grätsche – so breit, dass ein Bein von dir dazwischen Platz hat.
- Dreh den rechten Fuß 90° nach außen. Hebe die linke Ferse und dreh sie ca. 30° nach außen.
- Beuge dein rechtes Bein an, sodass der Unterschenkel senkrecht steht und sich der Oberschenkel so weit wie möglich parallel zum Boden befindet. Schmiege die Außenkante der linken Ferse in die Matte und zieh den Innenknöchel deines rechten Fußes nach innen und oben.
- Richte deinen Rumpf parallel zum langen Mattenrand aus. Nimm die Hände vor der Brust zusammen und sammle dich. Dann breite deine Arme ausgehend vom Herzen seitlich in Schulterhöhe aus.
- Achte darauf, dass dein Rumpf exakt in der Mitte bleibt, und zentriere dich dafür in der Mitte deines Bauchraums hinter dem Nabel.
- Schau über die Fingerspitzen deiner rechten Hand weit in den Raum. Verweile so ruhig atmend einige Atemzüge. Erspüre ganz von innen heraus das Alignment dieses Asanas (= Bewusstheit in allen Zellen). Sind beide Arme auf einer Höhe? Sind die Schultern entspannt? Ist das Becken ausgerichtet? Ist die Außenkante der linken Ferse mit der Erde verbunden? Spüre deinen Atem, dein Lächeln, dein Dasein. Genieße die Schönheit dieses Asanas in seiner wunderbar klaren Struktur und Ausrichtung – weit, frei und ausgebreitet.
- Wiederhole das Asana dann zur linken Seite hin ausgerichtet.
- Komm anschließend wieder in den Stand und spüre nach, wie sich die Erfahrung von Tadasana oder Samasthiti für dich verändert hat und wie sich die Erfahrung deiner selbst verändert hat.

Nachspüren im Sitzen

Finde dich ein in einem Sitz deiner Wahl und spüre weiter nach. Du hattest im Sitzen am Beginn der Praxis in dich hineingespürt. Was hat sich bis jetzt für dich verändert durch diese intensive Praxis?

Es folgen zwei Gleichgewichtshaltungen. Wenn du weißt, dass das Ausbalancieren dir nicht immer leichtfällt, dann stell dich so hin, dass du Halt an der Wand, einem Stuhl o. Ä. finden kannst. Damit trainierst du Stabilität (sthira) und kannst doch entspannt und gesammelt (sukha) bleiben.

Gleichgewichtshaltung im Stand (Utthita Hasta Padangushthasana A)

- Komm in den Stand.
- Verlagere das Gewicht auf dein linkes Bein und nimm die linke Hand an die linke Hüfte.
  Hebe dein rechtes Bein und den Fuß (parallel zur Erde) und umfasse dein Knie. Verweile so, lächle und lass dich atmen. Bleibe entspannt und gelassen, selbst wenn du wackeln solltest. Stütze dich eventuell zwischendurch ab.
- Wiederhole die Gleichgewichtshaltung dann mit dem rechten Bein als Standbein.

Baum (Vrikshasana)

- Verlagere wieder das Gewicht auf dein linkes Bein. Dreh das rechte Bein im Hüftgelenk auswärts.
- Dann stell den rechten Fuß entweder mit der Fußsohle an den linken Innenknöchel, an die Innen-

seite des Knies oder oben an die Innenseite des Oberschenkels – je nachdem, was gerade möglich ist.

- Lege die Hände vor der Brust zusammen in der Namaste-Geste. Sammle dich und spüre, mit welch großer Bewusstheit dein Körper sein Gleichgewicht ausbalanciert. Atme ruhig weiter, verweile und bleib entspannt, auch wenn du wackelst.
- Wiederhole dann die Baumhaltung mit dem rechten Bein als Standbein.
- Komm zurück in den Stand.

Übergang in den Vierfüßlerstand und Hund mit erhobenem Bein

- Einatmend hebe die Arme, ausatmend führe die Arme über die Weite in die Tiefe und komm in die Vorbeuge.
- Einatmend strecke den Rücken in die halbe Vorbeuge, ausatmend komm in den Vierfüßlerstand, mach einen Katzenbuckel.
- Einatmend biege den Rücken durch, finde einen guten, für dich stimmigen Platz für deine Hände und komm dann ausatmend in den Hund.
- Hebe das rechte Bein so hoch wie möglich, ohne die Hüfte auszudrehen. Verweile so und entspann deinen Scheitel Richtung Erde. Lass ganz viel Weite entstehen in den Achseln. Spüre den großen Kanal, vom rechten Bein über den Rumpf und die Arme bis hinunter zur Erde. Verweile so für einige Atemzüge.
- Senke dann das rechte und hebe das linke Bein und verweile.
- Senke dann das Bein wieder und verweile noch zwei bis drei Atemzüge im Hund.

Gebetshaltung (Yoga Mudra Variante)

- Komm über den Vierfüßlerstand in die Gebetshaltung, d.h. in eine kniende Haltung mit der Stirn am Boden (siehe Abb.). Die Beine sind dicht beieinander.
- Lege die Unterarme dicht zueinander, die Ellbogen direkt an die Knie, und drehe die Handflächen nach oben.
- Lass deine Stirn Richtung Unterarme sinken. Entspanne deinen Rücken und deinen Stirnraum.
- Spüre, wo dein Atem in dieser sehr kompakten und dichten Haltung Raum findet.
- Komm dann ganz allmählich wieder hoch.

Sich einspüren in die innere Achse im Sitzen

- Komm nach Möglichkeit in einen Sitz mit gekreuzten Beinen, alternativ wähle den Langsitz mit einer Grätsche.
- Richte dich gut ein, zieh die Gesäßmuskeln nach hinten und außen.
- Richte dich entlang deiner inneren Achse aus und finde so dein Alignment.

Die innere Achse ist gewissermaßen »umsponnen« von Energiebahnen, schon bedingt durch die beiden seitlich rechts und links verlaufenden sogenannten Grenzstränge – Sympathikus und Parasympathikus – des vegetativen Nervensystems. Noch viel subtiler ist der Verlauf der beiden polaren Nadis – Ida und Pingala –, die entlang der Wirbelsäule spiralig aufsteigen.

Drehsitz zur Aktivierung von Ida und Pingala

- Lege deine rechte Hand um dein linkes Knie und wende dich der linken Seite zu.
- Mach mit der linken Hand eine Bewegung, als wolltest du einen Vorhang nach hinten schieben, und stell die Hand dann hinter dem Becken auf. Deine Haltung ist sehr aufgerichtet, sehr aufrecht. Drehe dich bewusst ganz nach links. Achte dabei darauf, dass das Becken nicht mitdreht (mach deshalb mit dem eine Gegendrehung).
- Stell dir vor, nur über den linken Nasengang ein- und auszuatmen. Spüre die Ida Nadi bzw. stell dir diesen Energiekanal vor. Wie bewegt sich – deiner Empfindung nach – der Prana in ihr? Wie windet sich Ida Nadi um die Wirbelsäule? Achte auf das, was deine Körperintelligenz dir darüber mitteilt.
- Geh einatmend mit der Aufmerksamkeit dann nach links unten an das Kreuzbein. Führe deine Aufmerksamkeit von hier aus dreimal nach vorne – rechts – hinten – links entlang der Wirbelsäule nach oben. Steige dann mit der Aufmerksamkeit auf zur Mitte der Stirn und beende diese Energielenkung mit der letzten halben Drehung im linken Nasengang.
- Einatmend führe deine Aufmerksamkeit diesem Verlauf folgend wieder nach unten bis zum Ausgangspunkt der Nadi am linken oberen Rand des Kreuzbeins (des Kandas).

- Bewege deine Aufmerksamkeit (Manas) noch einige Male im Verlauf von Ida Nadi und bewege so die Energie (Prana). Dein Körper kann diese Bewegungen mit kleinen spiralig schwingenden Bewegungen begleiten.
- Spüre einige Atemzüge in der Mitte diesen Lenkungen deiner Aufmerksamkeit entlang der Ida Nadi nach.
- Dann wiederhole die Energielenkung nach rechts gedreht, ausgehend vom rechten Rand des Kanda

über Pingala Nadi. Begleite die Energielenkung mit einem kleinen spiraligen Drehen entlang der Wirbelsäule. Dadurch wird es wesentlich leichter. Pingala Nadi entspringt auf der rechten Seite des Kanda. Sie verläuft dreimal nach hinten – links – vorne – rechts, steigt dann auf zur Mitte der Stirn und endet mit der letzten halben Drehung im rechten Nasengang.

- Lass sonst auch gerne einfach deine Körperintelligenz den Verlauf von Pingala Nadi finden. Sie kennt die Nadis und weiß, wo sie verlaufen.
- Komm zur Mitte zurück und spüre nach. Sicher fühlst du dich körperlich und energetisch jetzt ausgeglichener zwischen links und rechts.

Wechsle eventuell die Sitzhaltung, damit du gut und angenehm noch etwas im Sitzen verweilen kannst. Wir haben mit den vielen asymmetrischen Asanas nun immer im Wechsel Ida oder Pingala Nadi aktiviert.

Dem Verlauf der Nadis im Geiste folgen

Mach im Sitzen ohne eine Drehung noch einige Male diese Energielenkung entlang der Wirbelsäule – erst von Ida Nadi, dann von Pingala Nadi in ihrem Verlauf rund um deine Wirbelsäule.

Übe mit Offenheit, Neugier und Interesse, denn es geht nur darum, dass du dich mit dem Verlauf der Nadis in dir etwas mehr vertraut machst.

Die Mitte (Madhya) erfahren

Bleibe dann mit deiner Wahrnehmung ganz in deiner Mitte – bei Madhya –, die gleich einer ganz feinen Membran unseren linken und unseren rechten inneren Raum miteinander verbindet.

Sie ist zu beiden Seiten ganz durchlässig und vor allem ein Ort, an dem wir die Beziehung zwischen diesen beiden Räumen erfahren können.

Spüre für ein Weilchen ganz in diese Erfahrung deiner inneren Mitte hinein.

Nachspüren zum Abschluss

Je nachdem, was für dich stimmig ist, bleibe für diesen Abschluss sitzen, lege dich auf den Rücken (Shavasana) oder auf den Bauch. Lass am Ende dieser Übungsabfolge alles zur Ruhe kommen. Verweile so und spüre die andere Energie und die andere Erfahrung von Bewusstheit nach dieser intensiven Praxis.

Diese Übungen unterstützen das Strömen der Energie und helfen, aus kleinen Bächen an Prana breite Flüsse zu machen. Vielleicht bist du jetzt spürend, erfahrend und empfindend sehr mit dir verbunden. Es ist auch gut möglich, dass sich dein Kopf eher leer anfühlt, wenn das Zeugenbewusstsein »die Stellung hält«, während das übliche Denken zur Ruhe gekommen ist.

Was nimmst du für dich mit aus dieser Yogapraxis?

4 Energiekonzepte des Hatha-Yoga

Der Quellentext *Hatha-Yoga-Pradipika*

Die *Hatha-Yoga-Pradipika* (auch *Hatha-Pradipika*) wird heutzutage als der wichtigste Quellentext angesehen, denn alle folgenden Hatha-Yoga-Anthologien auf Sanskrit und die dazugehörigen Kommentare beziehen sich auf die *Hatha-Pradipika,* und für die meisten sind ihre Definitionen zur Übungspraxis des Hatha-Yoga verbindlich.

Die *Hatha-Yoga-Pradipika* (wörtl. »kleine Leuchte des Hatha-Yoga«) wurde gegen 1450 n. Chr. von Svatmarama *zusammengestellt,* denn sie ist (wie fast alle Texte) eine Zusammenschau oder Kompilation von ca. zwanzig älteren Texten. Svatmarama jedoch nennt den Text als von Adinath (einer der Namen Shivas) *geoffenbart* und sieht sich klar in der Tradition von großen Yogameistern wie Matsyendra, Goraksha und anderen Siddhas.

Die *Hatha-Pradipika* ist der erste *Hatha*-Yoga-Text, der sich bewusst der Praxis von Asana, von Pranayama und des Lauschens auf den inneren Ton (Nada Anusandhana) widmet. Gleich am Beginn der *Hatha-Pradipika* beschreibt Svatmarama den von ihm vermittelten Übungsweg als eine Leiter. Er betont, dass diese Leiter ausschließlich dazu gedacht sei, sich Sprosse um Sprosse in den höchsten Zustand (Samadhi) zu begeben, der hier »Raja-Yoga« genannt wird. Ähnlich wie bei den ineinandergreifenden Gliedern (Angas), die uns Patanjali im *Yogasutra* als

Ashtanga-Yoga vorstellt, sind auch bei dieser Leiter alle Sprossen gleich unverzichtbar und wesentlich.

Die wesentlichen Sprossen, die in der *Hatha-Pradipika* in vier Kapiteln (und 643 Versen) dargelegt werden, sind:

- Asana (zum Erlangen von Stabilität, Gesundheit und Leichtigkeit),
- Pranayama (zum Befreien, Lenken und Bündeln der Vitalkräfte = Prana),
- Mudra mit Bandha (zum Fixieren und Lenken der Vitalkräfte),
- Nada Anusandhana (als Weg zu Samadhi, falls Übende mit der subtilen Ausführung der Mudras nicht klarkommen sollten).

Vorbereitet wird dieser Weg durch die Wahl eines geeigneten Lebensumfeldes und durch einige allgemeine Regeln zu Lebensführung und zur Ernährung. Ähnlich wie im *Yogasutra* beginnt der Übungsweg auch in der Hatha-Pradipika mit den jeweils zehn Yamas und Niyamas, die den Übenden Vorschläge machen, wie sie in eine gute Beziehung zu sich und zur Welt finden können. Mit dieser Verankerung im Alltag sind sie die unverzichtbaren untersten Stufen der Leiter.

Zwischen Asana und Pranayama beschreibt Svatmarama noch eine Art »Zwischensprosse«, und zwar die Übungspraxis der Kriyas (oder Shat-Karma), der Reinigungsübungen. Sie sollen denjenigen, die es brauchen, helfen, ihren Organismus von Schlacken und Blockierungen zu befreien, damit der Prana frei fließen kann.

Ihnen direkt vorangestellt ist Nadi Shodhana, die Nadi-Reinigung, die in allen Hatha-Traditionen als unverzichtbar angesehen wird.

Einzigartig sind in ihrer Ausführlichkeit in der *Hatha-Pradipika* die Beschreibungen und Methoden von Nada Anusandhana, die einen »großen Seitenweg« auf dem Weg zu Samadhi darstellen. Sehr anschaulich und bildhaft beschreibt Svatmarama, wie das »Lauschen auf den inneren Ton« den unruhigen Geist zu fesseln und ihn bis in eine tiefe Stille zu führen vermag, in der sich der Geist des Übenden im reinen Bewusstsein Shivas auflöst (Laya), so wie sich Salz in Wasser auflöst.

Was die *Hatha-Pradipika* nach meinem Ermessen so wichtig für den heutigen Yoga macht, ist ihre Darstellung des Hatha-Yoga als einen ganzheitlichen Weg, bei dem Pranayama (bzw. Kumbhaka) und die feinstoffliche und meditative Übungspraxis der Mudras – und eben nicht nur Asana – ganz klar im Mittelpunkt stehen. Svatmarama merkt mehrmals an, dass für diejenigen, die sich nicht für die Ideen einer emotional-mentalen Wandlung, für Befreiung und ein Verschmelzen mit einem (hier göttlichen) Urgrund interessieren, der Hatha-Weg nicht das Richtige sei.

Der Text kann uns eine Ausrichtung für die Praxis geben und uns die Weite ihrer Perspektiven und Methoden aufzeigen, in die wir über die Jahre hinweg hineinwachsen können. Der Text als *das* »Hatha-Yoga-Manual« sagt uns interessanterweise so gut wie nichts über das »Wie« der Übungspraxis. Das mag seinen Grund darin haben, dass Svatmarama immer wieder betont, dass man die »Leiter« nur unter Aufsicht eines erfahrenen Gurus besteigen soll. Das gilt insbesondere für Pranayama und Mudra, beides Techniken, die sehr intensive Wirkungen entfalten können.

Dennoch ist die *Hatha-Pradipika* für uns moderne Menschen gut als Grundlagentext geeignet, weil sie keinerlei sektiererische Tendenzen und keinerlei Beschränkungen bezogen auf Kasten zeigt (was zu dieser Zeit eher unüblich war), sondern ausdrücklich *alle* auf den Weg einlädt, die wahrhaft bereit sind zu üben und mit den verschiedenen Stadien der »Sprossen der Leiter« ihre Erfahrungen zu machen.

Sie zeigt uns einen *Kaya Sadhana* – einen Weg, der den Körper einbezieht, da er der einzige Ort der Erfahrung ist, der uns zugänglich ist –, in dem es aber vor allem immer wieder darum geht, den Geist zu beruhigen und zu stabilisieren, sodass man in einen Bewusstseinszustand kommt, der »ohne Stütze« (Unmani) genannt wird – vergleichbar dem Nirodha-Zustand, so wie er im Yogasutra beschrieben wird. Gleichzeitig ist der Übungsweg (Sadhana) der *Hatha-Pradipika* aber auch ein Erlösungsweg, der uns in den Zustand von Samadhi führen möchte, der sowohl gekennzeichnet ist durch Freiheit (Mukti) als auch durch die Erfahrung tiefster Verbundenheit (Laya) mit dem Urgrund allen Seins (Shiva).

Jede der vielen Methoden, jeder einzelne Übungsschritt steht in Beziehung zu einer Stufe der Entfaltung im Schöpfungsprozess und des Sich-wieder-Einfaltens zurück in die formlose und ewige Welt des reinen Bewusstseins.

Die Stufen der Leiter der *Hatha-Yoga-Pradipika*

Die meisten Menschen beginnen ihren Yogaweg aus ganz konkreten »irdischen« Gründen: weil der Rücken schmerzt, Nacken und Schultern chronisch verspannt sind, weil ihr Atem angespannt ist oder weil sie verlernt haben, wie sie entspannen können. Diejenigen unter ihnen, die unter ständiger geistiger oder psychischer Anspannung stehen, haben das Gefühl für sich als Körper mehr oder weniger verloren, und vielen von ihnen mangelt es sogar an jeder Form grundlegender Selbstwahrnehmung.

Wir haben also heute in der westlichen Welt, die geprägt ist von den Normen der Leistungsgesellschaft, ganz andere Voraussetzungen, wenn wir eine Übungspraxis beginnen, als die Menschen in Indien bis vor wenigen Jahrzehnten.

Weil die körperlichen Bedürfnisse hinsichtlich Therapie und Prävention vielfacher Beschwerden oft so zwingend sind, steht bei uns die sogenannte Körperarbeit ganz im Fokus des Hatha-Yoga, während es im tantrischen Hatha-Yoga viel mehr darum ging, den Körper von Blockierungen zu befreien, damit die Lebensenergie Prana frei strömen kann, und den Leib in jeder Hinsicht zu kräftigen, damit er wie Ton zu einem Gefäß »gebrannt« wird, das widerstandsfähig und belastbar ist.

Es ist sinnvoll, sich die einzelnen »Sprossen« des Bildes der Leiter, das uns Svatmarama vorstellt, genauer anzuschauen, zum einen, um sie besser zu verstehen, und zum anderen, um erkennen zu können, wie stark alle Konzepte und Methoden dieses Yogaweges miteinander vernetzt sind.

Yama und Niyama im Hatha-Yoga

Wie oben schon erwähnt, nennt die Hatha-Pradipika jeweils zehn Vorschläge, wie wir mit der Welt und mit uns selbst klarkommen können.

Dies sind die zehn **Yamas** (= Vorschläge zum Umgang mit der Welt):
- Gewaltlosigkeit (Ahimsa)
- Wahrhaftigkeit (Satya)
- Nicht-Stehlen (Asteya)
- bewusster Lebenswandel (Brahmacharya)
- Geduld, Langmut (Kshama)
- Beständigkeit, Entschlossenheit (Dhriti)
- Mitgefühl (Daya)
- Aufrichtigkeit, Redlichkeit (Arjava)
- gemäßigtes Essen (Mitahara)
- Reinheit (Shaucha)

Und es sind die zehn **Niyamas** (= Vorschläge zum Umgang mit mir selbst):

- Begeisterung (Tapas)
- Zufriedenheit (Santosha)
- Glauben an das Höchste (Ishvara Pranidhana)
- Freigiebigkeit
- Verehrung Gottes
- Hören der heiligen Texte
- Mäßigung
- Mantrarezitation
- Opfern
- unterscheidendes Bewusstsein (Viveka)

Manche dieser Vorschläge sind nur im Kontext der indischen Kultur zu verstehen, wie Reinheit, Opfern oder Mantrarezitation. Andere sind wohl für Menschen zu jeder Zeit und in jedem Kulturkreis wesentlich.

Die Yamas und Niyamas sind nicht – wie manchmal behauptet – »die zehn Gebote des Yoga«. Es sind vielmehr Verhaltensweisen, die zu einem bewussten, förderlichen und heilsamen Lebenswandel gehören und Menschen helfen, achtsam mit sich umzugehen und zufrieden zu leben.

Einige von ihnen sind außerdem wichtig für unsere Übungspraxis. Dazu gehören Begeisterung, Beständigkeit, Wahrhaftigkeit, Zufriedenheit, Geduld und Langmut (mit sich selbst), Mäßigung und vor allem die nie endende Schulung des unterscheidenden Bewusstseins (Viveka).

Wichtig ist auch für uns moderne, von den Prinzipien der Leistungsgesellschaft geprägte Menschen, dass wir ehrlich (Satya) akzeptieren, was gerade möglich ist, uns – und vor allem unsere Willenskraft – immer wieder mäßigen (Brahmacharya) und lernen, wirklich auch einmal mit dem zufrieden zu sein (Santosha), was wir schon alles können und erreicht haben.

Um unseren Prozess auf allen Ebenen – körperlich, mental und psychisch – begleiten zu können, eine gute Beziehung zu uns selbst zu begründen und in einen ehrlichen und respektvollen inneren Dialog mit uns selbst eintreten zu können, brauchen wir eine sich immer weiter verfeinernde Unterscheidungsfähigkeit (Viveka). Wenn wir sie verbinden mit Achtsamkeit und Wohlwollen, dann sind wir fähig, den Verlockungen einer Praxis zu widerstehen, die sich an den Normen der Leistungsgesellschaft und den Geboten der Selbstoptimierung orientiert. Das Motto einer solchen Praxis lautet: »Es gibt in der Yogapraxis nichts zu erreichen, aber viel (über mich) zu erfahren!«

Asana

Asanas schenken uns, so die Hatha-Pradipika, »Stabilität, Gesundheit und Leichtigkeit« (HYP 1.17). Mit Stabilität sind Kraft, Widerstandsfähigkeit, Ausdauer und Belastbarkeit gemeint. Das sind alles Qualitäten, deren Erlangung und Aufrechterhaltung uns im Alltag sehr zugutekommen. Im Kontext der Lehren des Hatha-Yoga bzw. des Yoga der Energie kommt jedoch noch der energetische Aspekt dazu. Die Übungspraxis wird in ihrer Kombination von Bewegungsabläufen, kraftvollen Haltungen, Atmung und konzentrativer Ausrichtung unvermeidlich dazu führen, dass sehr viel Energie freigesetzt wird. Es ist Energie (Prana), die sonst in den Verspannungen und Blockierungen der Gewebe (vor allem der Faszien) gebunden ist, wodurch nicht nur die Lebendigkeit, sondern auch die Eigenwahrnehmung behindert ist.

Wenn ein Mensch vielleicht seit seiner Kindheit und Jugend immer wieder psychische und in der Folge körperliche Anspannung ansammelt, dann kommt er nie mit der Fülle an Energie, die in ihm steckt, in Berührung. Wird diese Energie dann in ihm freigesetzt und beginnt wieder, ihn wie ein starker Strom zu durchströmen, würde ihn das überfordern, und die Yogapraxis würde unerwünschte Nebenwirkungen zeigen.

Deswegen wird es im Hatha-Yoga seit jeher als sehr wichtig

angesehen, den Körper zu kräftigen. Dabei wird bildhaft von unserem Körper als einem (Ton-)Gefäß gesprochen. Wenn es nicht gebrannt ist, wird es schnell zerbrechen oder zerbröseln. Das »Brennen« steht in den Texten synonym für eine intensive, erhitzende und durchaus auch herausfordernde Praxis. Sie dient allerdings weder der Performance noch der Selbstoptimierung, sondern wird als ein Erfahrungsraum angesehen, in dem wir uns anstrengen, ohne uns zu überfordern, und in dem wir üben, den Herausforderungen gelassen und vielleicht sogar mit einem Lächeln auf den Lippen zu begegnen, sodass wir nach und nach in unsere wahre innere Kraft – und das heißt auch, in die Körperkraft! – hineinwachsen können.

In der *Hatha-Pradipika* werden viele der insgesamt darin beschriebenen fünfzehn Asanas hinsichtlich ihrer körperlichen, energetischen und einige auch hinsichtlich ihrer spirituellen Wirkweisen beschrieben. Bezogen auf den körperlichen Aspekt werden zumeist Erkrankungen genannt, die das Üben dieses Asanas lindern bzw. heilen soll.

Bezogen auf den energetischen Aspekt geht es um die Einflussnahme auf die im *Ayurveda* genannten körperlich-energetisch-psychischen Zustände, die Doshas. Es sind *Vata* (= Wind), *Kapha* (= Schleim) und *Pitta* (= Feuer). Der Vata-Zustand ist gekennzeichnet durch ein hohes Maß an Gedanken, mentale Unruhe, Nervosität, Erregbarkeit und Reizbarkeit. Ein Zuviel an Vata erzeugt Schmerzen.

Der Pitta-Zustand ist gekennzeichnet durch ein sehr hohes Maß an Aktivität (bis hin zum Workaholismus), Eifer und Begeisterung (»für etwas brennen«/»inneres Feuer spüren«) und Hitze. Ein Zuviel an Pitta erzeugt Entzündungen.

Der Kapha-Zustand ist gekennzeichnet durch Kälte, Verschleimung, Verstopfung, Mangel an Aktivität und Begeisterung. Ein Zuviel an Kapha erzeugt chronische Verschleimungen (Atemwege, Nebenhöhlen) bzw. chronische Verstopfung.

Gemäß den Lehren des *Ayurveda,* mit dem der Hatha-Yoga jahrhundertelang (und teilweise noch bis heute) sehr eng zusammengearbeitet hat, sollen alle drei Doshas in etwa im Gleichgewicht sein, damit der Mensch gesund ist. Die energetischen Auswirkungen der Asanas zielen deshalb auf einen Ausgleich der Doshas, damit die Übenden in jeder Hinsicht – körperlich, emotional und mental – gesund werden und es auch bleiben können.

Bezogen auf den energetischen Aspekt finden wir Hinweise, dass das Üben eines Asanas den Zustand tiefer Ruhe stabilisiert oder die Kundalini aktiviert.

Im Yoga der Energie wurde diese Grundstruktur der dreifachen Wirkweisen an unsere heutige Zeit angepasst. Auf der körperlichen Ebene werden die Asanas so angeleitet und geübt, dass sie gleichermaßen kräftigen, den Körper beleben und ihm helfen, in die Durchlässigkeit zurückzufinden. In den Haltungen wird viel mit der tiefen Muskulatur gearbeitet, in den vielen Bewegungsabläufen geht es mehr darum, Blockierungen und Verspannungen zu lösen.

Auf der energetischen Ebene wird die Aufmerksamkeit kontinuierlich auf den Körper als Erfahrungsraum gelenkt, in dem der Prana mehr oder weniger frei fließen kann. Um den Pranafluss zu deblockieren, werden vor allem die Asanas oft mit Energielenkungen kombiniert. Oder man verweilt in offener Achtsamkeit in den inneren Räumen, die durch die Form der Haltung besonders angesprochen werden.

Hinsichtlich der spirituellen Ebene wird der Körper im Yoga der Energie als der einzig uns erfahrbare Ausdruck von Bewusstsein und Energie gesehen. Er ist der einzige Ort und das einzige Mittel, in dem und durch das wir wissen können, dass wir leben und dass wir bewusst sind. Im Hatha-Yoga und im Yoga der Energie verwandelt jedes Asana unser Körpersein in einen Tempel, in dem wir dem Göttlichen – in Form von Bewusstsein und Energie – begegnen und verstehen lernen, dass wir nie davon getrennt sein können, denn wir sind in jeder Zelle genau das: Bewusstsein (Shiva) und Energie (Shakti).

Pranayama

Die Vorstellung, dass jede Zelle unseres Körpers von Lebensenergie durchtränkt ist und wir gewissermaßen immer in »einem Meer von Prana schwimmen«, ist tief im tantrischen Hatha-Yoga verankert, und ebenso wie im *Ayurveda* wird es als überaus bedeutsam angesehen, dass dieser Prana ungehindert und frei strömen kann.

Die *Hatha-Pradipik*a sagt uns aber auch, dass es einen direkten Zusammenhang zwischen unseren mentalen Aktivitäten und unserem Geist gibt und dass das Lenken und das beruhigende Einwirken auf dieses Strömen auch beruhigend auf unseren Geist wirken – ähnlich wie Wellen, die immer flacher werden, wenn der Wind nachlässt.

Und schließlich wird das Einwirken über die Atmung auf die verschiedenen Aspekte des Prana (die Vayus) als eine wesentliche Methode angesehen, um die ruhende Bewusstseinsenergie in Form der Kundalini zu wecken und zu aktivieren.

Um solche intensiven energetischen Prozesse in Gang zu setzen, bedarf es der Verschlüsse, der *Bandhas*. Besonders die beiden Verschlüsse am Beckenboden (Mula-Bandha) und an der Kehle (Jalandhara-Bandha) verhindern, dass der Prana unkontrolliert aus dem Körper ausströmt, und lenken ihn in die Mitte, zum Sitz des Verdauungsfeuers. Die Flammen dieses Feuers werden mithilfe der Bandhas auf die Kundalini gelenkt, die, wenn sie sich aufrollt, sich wieder in reinen, dynamischen und aktiven Prana zurückverwandelt und beginnt, im mittleren Kanal (Sushumna Nadi) im Inneren der Wirbelsäule aufzusteigen.

Auch das Unterstützen und Lenken dieses Aufstiegs der Bewusstseinsenergie zurück zu ihrer Quelle (Shiva, dem reinen Bewusstsein) gilt als Pranayama.

Die verschiedenen Atemübungen, die uns die *Hatha-Pradipika* beschreibt, sind vor allem für die Reinigung der Nadis und die Aufhebung von körperlichen und energetischen Dysbalancen gedacht. Sie bieten uns außerdem wirksame Methoden an, um unseren Geist auf natürliche Weise ruhig und sogar still werden zu lassen.

In diesem Zusammenhang wird in der *Hatha-Yoga-Pradipika* auch auf die Bedeutung von Mudra hingewiesen. Darauf gehe ich weiter unten in einem eigenen Kapitel näher ein.

Meditation und Samadhi

Der Hatha-Yoga hat wenige spezielle Meditationsformen hervorgebracht, da uns jeder Übungsschritt auf diesem Weg in die Meditation führen möchte. Meditation bedeutet hier vor allem, das Empfinden für das individuelle Sein hinter sich zu lassen und den Geist stattdessen eintauchen zu lassen in die Erfahrung des lebendigen Daseins, das an keine bestimmte Verkörperung in Raum und Zeit gebunden ist. Leben bedeutet Schwingung, Pulsation und Rhythmus. Dies sind alles Qualitäten, für die wir in unserem Körpersein lediglich das »Gefäß« bzw. der »Ort der Erfahrung« sind.

Wenn unser Geist darauf vertraut, sich ganz von dieser Erfahrung absorbieren zu lassen, dann geht er in einem größeren, umfassenderen Bewusstsein auf, so wie eine Welle in den Wassern der Ozeane vollkommen aufgeht und in ihrer individuellen Form verschwindet – und auch wieder als Teil dieses großen Ganzen in individueller Form entsteht.

Daraus entsteht der Zustand des Einsseins (Samadhi), des Sich-absorbieren-Lassens, der Auflösung und des Verschmelzens (Laya), in dem der individuelle Geist der Übenden sich vollkommen mit dem Bewusstsein an sich verbindet.

Die *Hatha-Pradipika* beschreibt es am Beginn des vierten, dem

Samadhi gewidmeten Kapitels so: »Wie sich ein Salzkristall, der ins Wasser geworfen wird, auflöst und eins mit dem Wasser wird, so ist die Vereinigung von Manas und Atman, Samadhi genannt.

Wenn Prana schwächer wird bis zum Verschwinden und Manas aufgelöst ist, dann wird die verbleibende Einheit Samadhi genannt.

Diese Gleichheit, diese Einheit des individuellen und des Höheren Selbst, die entsteht, wenn alle mentalen Gebilde aufgelöst sind, wird Samadhi genannt.« (HYP 4.5–7)

Prana – der zentrale Energiebegriff im Tantra und Hatha-Yoga

Das Konzept von Prana

Die Pranakonzepte des Hatha-Yoga gehen vielfach fast unverändert zurück auf die Offenbarungen, die uns durch die Veden überliefert worden sind. »Der Atem webt den Menschen«, heißt es im *Atharva-Veda* (X,2.13). Der Indologe Herman Oldenberg wies auf die Bedeutungsverschiebung dieses für die indische Seinslehre so grundlegenden Begriffs hin. Der Text spricht von »dem lebendigen Asu, wobei an den Atem als Träger des Lebens gedacht wurde«. Er scheint hier, so Oldenberg, jedoch eher als ruhend gesehen zu werden. Bereits etwas früher im Text (Av. VI,104.1) wurde die Lebensenergie jedoch schon differenziert in Prana Vayu und Apana Vayu, wodurch der Begriff auf die dem Prana innewohnende Dynamik hinweist.[50]

Noch ein anderer Bedeutungsaspekt ist im Kontext von Prana wichtig: der des *Atman*. Die ursprüngliche Bedeutung ist »Hauch«, später dann auch »Seele« und »das Selbst«. Das Selbst ist das, wodurch der endliche Mensch und das Absolute untrennbar miteinander verbunden sind. Mit seinem Atem webt dieses Absolute den Menschen, der sein Leben lang in ihm als Atman = Atem = sein Selbst weilt. Atemerfahrung ist deswegen im Hatha-Yoga immer vor allem die konkrete Teilhabe am Absoluten, Brahman genannt.

Damit liegt der Fokus aller Pranayamas des Hatha-Yoga vor allem auf diesem energetischen und feinstofflichen Aspekt. Daneben findet sich aber auch noch eine andere Ausrichtung, auf die ich hier aber nicht vertiefend eingehen werde, und zwar die Verbindung zwischen Hatha-Yoga und Ayurveda. Es ist auffallend, dass bei fast allen Beschreibungen der Pranayamas in der HYP auch darauf hingewiesen wird, welche Erkrankungen geheilt bzw. welche Dysbalancen in den Doshas durch diese spezielle Übung ausgeglichen werden können. Liest man über den spirituellen Wirkungsaspekt hinweg, könnte der Eindruck entstehen, dass die verschiedenen Pranayamas fast wie Medikamente eingesetzt werden sollten. Und tatsächlich kennt man im Ayurveda bis heute sehr gut die »Verordnung« spezieller Atemübungen bei bestimmten Erkrankungen.

Prana im Hatha-Yoga

Im *Yogasutra* wird zwar der Begriff Prana, bzw. Pranayama, benutzt, jedoch wird an keiner Stelle auf ein Konzept des Prana im Sinne einer alldurchdringenden Lebensenergie eingegangen.

Im tantrischen Hatha-Yoga dagegen steht das Verständnis von Prana als Bewusstseinsenergie an so zentraler Stelle, dass man sagen könnte, dass alle Methoden des Hatha-Yoga auf der Grundlage der Konzepte von Prana entstanden sind. Hatha-Yoga ist gleichbedeutend mit Prana-Yoga!

Uwe Bräutigam gibt uns dazu in seiner »Kurzen Geschichte

des Pranayama« einen wichtigen Hinweis: »Im Kommentar zum 12. Vers des zweiten Kapitels der Hatha Pradipika heißt es: ›Von allen Praktiken des Yoga ist Pranayama die wichtigste.‹ Alle weiteren Glieder des Hatha-Yoga hängen von Pranayama ab oder gelten als Erweiterung des Pranayama.«[51]

Der frei strömende Prana wird im Hatha-Yoga verstanden als der erfahrbare Ausdruck der Shakti, der göttlichen Schöpfungskraft, die am Beginn allen Seins direkt dem reinen Bewusstsein entsprang.

Die fünf Quellen der Energie (Prana)

Die fünf Quellen der Energie bzw. von Prana sind:

1. Ernährung
2. Bewegung
3. Gefühle
4. Denken
5. Spiritualität

Wenn uns diese fünf Quellen der Energie bewusst sind, können wir ihnen in unserem Leben die nötige Aufmerksamkeit schenken. Im Tantra herrscht, anknüpfend an ältere Überzeugungen, die Ansicht, dass alles Energie ist. Es gibt nichts, was nicht Energie, Schwingung ist. Wir erfahren sie in unterschiedlicher Form. Sie bewegt sich als Schwingung durch den Raum und wird dort für uns spürbar. In der Natur z. B. erfahren wir die verschiedenen Manifestationen von Energie und können spüren: Ein Stein hat eine andere Schwingung als ein Baum, als ein Vogel, als eine Motte. Alles entsteht in Abhängigkeit von etwas anderem – und alles ist miteinander vernetzt und verbunden.

Nahrung – erste Quelle der Energie

Es gibt Ernährungskreisläufe wie z. B. der zwischen Bäumen und Pilzen. Wie überall führt ein großes energetisches Wechselspiel dazu, dass Nahrung entsteht – im genannten Beispiel sorgen Bäume und Pilze symbiotisch füreinander.

Wir pflanzen ein Bäumchen und ernten einige Jahre später süße Kirschen. Dass das möglich ist, verdanken wir der Wirkkraft von Sonne, Wind, Regen und dem geeigneten Standort mit einer guten Erde. Wie Nahrung entsteht, ist also immer ein hochenergetischer wechselseitiger Prozess.

Die Nahrung, die uns die Natur zur Verfügung stellt und die uns am Leben erhält, nützte uns jedoch nichts, wenn es nicht auch in unserem Körper ein komplexes energetisches Regelsystem gäbe, das in der Lage ist, diese Nahrung zu verstoffwechseln. Zuerst geht dafür von den Sinnen ein Reiz zum Nervensystem (vor allem über den Duft und den Anblick der Nahrung), der bewirkt, dass wir verdauungsbereit sind. Neurotransmitter und Hormone sorgen dafür, dass Speichel entsteht, dass der Magen Säure produziert und sich so bewegt, dass die Nahrung zerkleinert und zu einem Brei wird usw. Egal wohin wir im Verdauungstrakt schauen, es ist ein komplexes energetisches Geschehen, welches dazu führt, dass der Apfel »in unser System integriert wird«. Oder anders ausgedrückt: Der Apfel ist zum Ich geworden.

Die Yogis unterlassen es bewusst, genaue Ernährungsempfehlungen zu geben. So heißt es im ersten Kapitel der *Hatha-Yoga-Pradipika* in Vers 58: »Sanfte und wohlschmeckende Nahrung, die ein Viertel des Magens leer lässt und zu Ehren Shivas gegessen wird, ist das, was man angemessene Ernährung nennt.«

Oder auch in weiteren Versen: »Ein Yogi sollte eine nahrhafte Nahrung zu sich nehmen, süß und fettreich an Milchprodukten, er soll selbst die reichhaltige Nahrung wählen, die seiner Yogapraxis angemessen ist … Diese Nahrung sollte leicht verdaulich sein ... Ungünstige Nahrung ist die, die aufgewärmt, trocken, übersäuert, stark gesalzen oder gewürzt ist ... Ebenso verdorbene Nahrung oder eine, die hauptsächlich aus Gemüse besteht, gelten als unzuträglich und sollten gemieden werden ... Wenn wir mit Pranayama beginnen, sollten wir schmeichelnde Dinge essen, wie Sahne und Ghee.« (Man kann daraus schließen: Inder hatten keine Laktoseintoleranz zu jener Zeit, wohl aber die Vorstellung, dass all das Gute, welches uns die Kuh gibt, sich weich und schützend um die Nerven legt.)

Im Tantra ist das Wissen sehr präsent, dass das, was wir zu uns nehmen, später unsere Materie bildet, mit der wir leben. Dabei gehört zur Nahrung auch das, was wir trinken, und die Luft, die wir atmen. Wichtig ist unser Gefühl, dass wir gut genährt werden. Denn die Projektionen, die wir auf unsere Nahrung haben, bestimmen unseren Stoffwechsel und damit auch, welche Nahrung für uns bekömmlich ist.

Wenn wir mit Yoga beginnen und später, bei den fortgeschrittenen Techniken, gehen wir durch einen Transformationsprozess, der uns einiges abverlangt. Deshalb sollten wir uns dementsprechend angemessen ernähren.

Dazu noch der Hinweis: Es ist ratsam, vorsichtig zu sein mit Ernährungsdogmen und achtsam zu schauen, was der Körper uns signalisiert und was er braucht. Was uns bekömmlich ist, ändert sich ständig und ist auch abhängig von der Jahreszeit, dem Umfeld, dem Lebensalter und der Aktivität. Wenn Menschen sich z. B. sehr strikt vegan ernähren und große Mengen an gekeimten Sprossen, Chiasamen, Nussmus und Ölen, aber zu wenig Protein zu sich nehmen, dann stellen sich Mängel ein. Wir brauchen Proteine. Linsen und Hülsenfrüchte gelten als sehr gute Nahrungsmittel, aber für manche Menschen sind sie schwer bekömmlich, ihr Bauch ist gebläht, und sie verdauen sie nicht.

Achten wir also auf die Signale, die unser Körper sendet! Das ist allerdings nur dann möglich, wenn wir bereits ein klares Empfinden für unseren Körper haben. Haben wir keine Körperwahrnehmung oder ist diese durch schlechte Ernährungsgewohnheiten, wie den Konsum von Fast Food, Alkohol, Cola, Chips, oder auch durch Rauchen getrübt oder wissen wir zu wenig über Ernährung, dann können keine klaren Signale gesendet werden oder wir können sie nicht empfangen und deuten.

Es gibt auch soziale oder psychologische Kriterien, die dazu führen, dass unsere Ernährung entgleist, z. B. dass sich jemand bewusst in ein unattraktives Übergewicht manövriert, um nicht mehr gesehen zu werden, oder Körperschema-Störungen, die zu gestörtem Essverhalten führen, oder auch, dass man gar nicht weiß, was gute Nahrung ist. All das ist leider sehr verbreitet.

Die Quellen des Tantra hinterfragen Gebote und Verbote, da diese auf die Gesamtheit der Menschen bezogen viel zu rigide sind. Bei Dogmen wird nun einmal alles über einen Kamm geschoren. Also lösten Tantriker das strikte Gitterwerk von Geboten und Verboten auf und ließen alles zu, damit die Menschen selber experimentieren können. So werden Menschen, aus der Sicht des Tantra, mündig und frei und können selber finden und definieren, was ihnen guttut und was nicht.

Bewegung – zweite Quelle der Energie

Wenn wir uns nicht bewegen, sinkt unser Energiepegel. Von den 84 Mahasiddhas, den großen Meditationsmeistern des Tantra, wird berichtet, dass sie sich viel bewegt haben. Ob das nun für das Holzsammeln war oder sie lange Wege zu Fuß zurücklegten, Wasser von der Quelle holten oder indem sie Körperübungen machten. Wenn sie aufhörten, sich zu bewegen, blieb der Erfolg in der Meditation aus, da der Geist müde und träge wurde. Die Polyvagal-Theorie[52] besagt, dass uns körperliche Bewegung oft aus einer Situation oder Gestimmtheit herauszuholen vermag, in der wir uns nicht wohlfühlen.

Bewegung bringt gestaute Energie wieder ins Fließen. Am besten finden wir dafür selbst heraus, welche Bewegungsform für uns die angemessene ist.

Auch sollte es uns zu einer Art Automatismus werden, dass wir uns immer dann, wenn dunkle Gedanken oder Gefühle in uns aufkommen, in Bewegung setzen. Wir können dann z.B. zwanzig Minuten spazieren gehen, den Sonnengruß üben oder wonach uns sonst der Sinn steht. Wenn wir dies als Gewohnheit installieren, können wir jederzeit darauf zurückgreifen und uns damit (in uns) sicher fühlen.

Nach Ansicht des Neurobiologen Gerald Hüther ist es wichtig, sich freiwillig in die Bewegung einzuladen und dabei Freude zu empfinden. Aussprüche wie »Ich sollte« / »Ich müsste« erzeugen nur Widerstand und Anspannung – und damit neuen Stress!

Gefühle – die dritte Quelle der Energie

Gerald Hüther hat in seiner Forschung zur Potenzialentfaltung herausgefunden, dass eine echte Veränderung nur stattfinden kann, wenn wir merken, dass der neue Zustand lustvoller und freudvoller ist als derjenige, den wir im Moment erleben. Die Eigenmotivation funktioniert also nur dann, wenn »das gute Gefühl« angesteuert wird.

Die Positive Psychologie sagt, dass eine wichtige emotionale Nahrungsquelle die Bestärkung des Guten ist. Das bedeutet auch, man sollte nicht so vieles kritisch hinterfragen, sondern für sich die Entscheidung treffen: »Ich tue mir gut und bestärke das Gute.«

Vorfreude ist zum Beispiel eine starke Triebfeder. Nähren wir also unsere Vorfreude, denn es tut dem Gehirn gut. Sie bewirkt einen Prozess, bei dem Serotonin freigesetzt wird. Dopamin hingegen wird »zur Belohnung« ausgeschüttet.

Wenn wir einmal gemerkt haben, was uns gut bekommt, dann sollten wir uns daran orientieren und es nicht wieder vergessen oder innerlich »kaputt debattieren«. Wenn wir merken, was uns Energie raubt, sollten wir dieses Ventil zudrehen oder diesen Strom im Denken, Fühlen und Handeln unterbrechen.

Für unser Gehirn ist es übrigens nicht zu unterscheiden, ob wir tatsächlich Stress haben oder es nur vorgestellter Stress ist, weil wir uns ständig Sorgen machen und an Dingen zweifeln. Somit bleibt unser System im Stressmodus, der durch Zweifel und innerliche kontroverse Debatten entsteht anstatt durch die tatsächliche Situation. Und das ist nicht nur ungünstig, sondern bindet auch in unangemessener Weise sehr viel Energie.

Denken – die vierte Quelle der Energie

»Du bist, was du denkst«, heißt es in den *Upanishaden*. Jeder Gedanke kann geändert werden. Wenn wir unsere Denkgewohnheiten durch spürende Innenschau (Interozeption) immer genauer untersuchen, merken wir, dass es sich ungefähr so verhält: Wir haben einen Gedanken, er kommt, bläht sich auf, rennt weg, wir hinterher, satteln auf und sagen »Ich« dazu. Obwohl wir es so gewohnt sind, ist es doch auch anstrengend.

Was machen unsere Gedanken mit uns? Von irgendwo kommend ziehen sie weiter, verpuffen, lösen sich auf und kommen wieder. Jeden Tag kommen sie wieder: Von den ca. 85 000 Gedanken, die uns am Tag durch den Kopf gehen, wiederholen sich ca. 80 Prozent.

Sie bauen uns auf oder ziehen uns Energie ab. Wir können sie festhalten, kultivieren oder verstärken. Der größte Verstärker ist, dass wir uns mit ihnen identifizieren. Unsere Konditionierung, unsere Prägung, der Zeitgeist, die direkte Umgebung, unsere aktuelle Situation – all dies färbt unser Denken und füllt es mit Inhalt.

Deshalb ist es wichtig, uns zu vergegenwärtigen, welche

geistige Nahrung wir uns zuführen und wie regelmäßig wir dies tun. TV, Nachrichten, Serien, Facebook, Chats, Kochrezepte, Kleidung, Karriere, Erfolg, Liebe ... alles »Content« für unser Denken.

Dabei gibt es immer unangenehme Situationen im Leben, in Politik und Gesellschaft und in unserem eigenen Leben, die negative Gedanken hervorbringen. Yogis und Yoginis sind auch soziale und politische Wesen. Es ist gut, informiert zu sein, aber es ist dabei auch wichtig, das eigene Maß zu kennen. Wir versuchen also zu lernen, was es zu lernen gibt, und wenden dann unseren Geist aber auch wieder davon ab und lassen los.

Im Yoga heißt es, dass wir am besten unsere Probleme lösen können, wenn wir in der Ruhe sind. Dies geschieht, indem wir aus dem Zustand eines Zeugen heraus beobachten, was uns irritiert und hindert. Ein wenig Abstand macht vieles deutlicher; in etwa so, als würden wir im Theater sitzen und das Geschehen auf der Bühne beobachten. Dann können wir klar nachdenken und entscheiden, was geändert werden muss. Wir müssen auch nicht alles glauben, was wir denken, und wir müssen dem auch nicht zu viel Gewicht geben. Wir können unser Denken ändern, wenn wir es gut kennen und immer wieder regulierend eingreifen.

Spiritualität – die fünfte Quelle der Energie

Wenn sich Menschen in einem Glaubenssystem bewegen, wirkt sich das in der Regel positiv aus, denn nahezu jede spirituelle Quelle – ob Religion, Yoga oder andere unsere Persönlichkeit entwickelnden Wege – gibt uns eine Erfahrung von Verbundenheit, die uns stärkt und nährt (sofern sich die Anhänger*innen des jeweiligen Glaubenssystems nicht vom Leben abtrennen und die eigene Lehre für die allein selig machende Botschaft halten).

Wenn wir zum Beispiel spüren, dass wir in den Kreislauf der

Natur eingebunden sind, bekommen unsere Zyklen, unsere eigenen Aufs und Abs, einen Sinn und müssen uns nicht so beunruhigen. Die Natur spiegelt uns das deutlich wider, und wir fühlen uns eingebettet. Sich jedoch vollkommen abzukoppeln und sich nur noch auf sich selber zu beziehen ist das Gegenteil von Spiritualität, denn jeder Glaube möchte uns in ein großes Netzwerk aufnehmen. Das gibt uns Halt. Dharma, ein ganz zentraler Begriff asiatischer Glaubenssysteme, basiert auf der Idee von »der großen Ordnung«, und das Sanskritwort Dharma bedeutet u. a. auch »Halt geben«. Wie wir uns innerhalb dieser Ordnung spirituell engagieren, ist völlig offen, und jeder kann das für sich definieren.

Ein Gefühl von Verbundenheit kann uns in einer dunklen, leidhaften Erfahrung (Duhkha) helfen, wieder zu einer helleren Vision, zu Orientierung und Hilfe zu finden.

Übersicht über die Quellen der Energie in uns

Zusätzlich zu den oben beschriebenen Quellen des Prana, zu denen wir Zugang haben, können wir auf die Lebensenergie in unserem Inneren zurückgreifen und diese für uns nutzen. Dabei können wir spüren und erkennen, dass jeder innere Raum in uns eine sehr spezielle energetische Signatur hat. Jeder Raum ist zu allen anderen komplementär (ergänzend), und alle zusammen sind auf das innigste miteinander vernetzt und aufeinander bezogen. Dennoch können wir in jedem Bereich Zugang zu einem bestimmten Aspekt der Energie finden, das heißt, jeder dieser Bereiche steht in Verbindung zu einem speziellen Themenbereich unseres Lebens und ist dafür auch eine einzigartige Energiequelle.

Hier eine kurze Übersicht:

Wurzelraum

Er steht für das Sich-Verwurzeln im eigenen Sein: im eigenen Körper, in der Herkunft und Kultur und damit im eigenen Leben. Ist diese Quelle aktiv, erfahren wir ein »Beheimatetsein«, wo immer wir uns aufhalten – denn die Heimat ist in uns!

Unterbauch – Hara

Dieser Raum im Unterbauch (auch »Hara« genannt) ist wichtig für unser »Standing«, für das Zu-uns-Stehen, das Einstehen für etwas oder für jemanden. Hier geht es um Selbstbehauptung aus einem Gefühl innerer Kraft heraus, um Standhaftigkeit und Standhalten-Können. Ist diese Quelle aktiv, dann sind wir selbstbewusst und haben Selbstvertrauen.

Bauch – Nabel

In diesem Bereich des Körpers wirkt Agni, das wandelnde und Energie spendende Feuer. Es ist essenziell für unsere Fähigkeit, »für etwas zu brennen«, für die Kraft der Motivation und Absicht (Sankalpa Shakti), für unseren Gestaltungswillen und die Kraft, ideelle Dinge Realität werden zu lassen. Ist diese Quelle aktiv, dann gestalten wir unser Fühlen, Denken und Handeln aktiv.

Brustraum – Herzraum

Dieser Raum steht für einen bewussten Umgang mit unseren Emotionen, für unsere Fähigkeit, einfühlsam, mitfühlend und liebend zu sein – sowohl mit anderen, aber vor allem auch bezogen auf uns selbst. Ist diese Quelle aktiv, dann erfahren und zeigen wir Wohlwollen, Freundlichkeit, Güte und Mitgefühl.

Hals – Nacken

Dieser Bereich ist sowohl der sprachlichen Gestaltung als auch dem Hören zugeordnet. Und dazu gehört auch die Fähigkeit der Halswirbelsäule (HWS), unseren Kopf (z. B. durch eine Drehung) auf eine Schallquelle oder einen Empfänger hin auszurichten. Hals und Nacken sind eine natürliche Engstelle zwischen Körper und Kopf. Ist dieser Bereich aktiv als Quelle, dann sind wir in der Lage, die Signale der äußeren und inneren Welt aufzunehmen, sie auszudrücken bzw. im Gehörten zu verstehen. Und wir können so zunehmend besser die Bedürfnisse von »Kopf und Bauch« (= Verstand und Gefühl) in Einklang bringen.

Stirnraum

Der Stirnraum ist der Bereich, in dem wir uns der Aktivitäten unseres Geistes bewusst werden können. Wie auf eine Leinwand können wir dorthin unsere Gedanken, Gefühle (die Vrittis) projizieren – und sie dadurch besser erkennen. Der Stirnraum ist damit auch der Bereich, in dem wir die flüchtigen mentalen Impulse sammeln und in die Konzentration führen. Ist dieser Bereich aktiv als Quelle, dann erfahren wir uns als gesammelt, bewusst und klar.

Scheitel

Der Scheitel ist der feinstofflichste Bereich unseres grobstofflichen Körpers. Er erlaubt uns den Zugang zu dem unendlichen Raum oberhalb unserer selbst, der formlos und ewig ist.

Der Scheitel verfügt gewissermaßen über die »Antennen«, die uns erlauben, uns mit dem zu verbinden, was jenseits unserer Konzepte und Vorstellungen liegt. Ist dieser Bereich aktiv als Quelle, dann ist der Scheitel die wesentliche Passage in eine andere Dimension unseres Seins.

Das Zusammenspiel der Gunas und ihr Ausgleich

Damit die Lebensenergie (Prana) fließen, strömen und pulsieren kann, braucht es – wie beim Strom aus der Steckdose bzw. einem Stecker – immer zwei Pole. Das wurde in Indien schon sehr früh erkannt, und entsprechend wurden mehrere Konzepte entwickelt, die sich dem Spiel zwischen den beiden Polen von Dynamik und Ruhe widmen.

Das erste Konzept ist das der *Gunas*, das bereits zur Zeit der *Upanishaden* entwickelt wurde und dann in den ersten vorchristlichen Jahrhunderten im Samkhya voll ausformuliert wurde.

Gunas (urspr.: Schnur, Faden; später: Eigenschaft, Qualität) nennt man nach dem philosophischen Konzept der indischen Samkhya-Philosophie jene Kräfte, aus denen die Urmaterie, *Prakriti*, zusammengesetzt ist. Diese Lehre wurde später von anderen Richtungen übernommen und spielt in der Hatha-Yoga-Praxis eine wesentliche Rolle.

Nach Vorstellungen des Samkhya ist Prakriti aus den folgenden drei Gunas zusammengesetzt:

- *Tamas* (Trägheit, Dunkelheit, Stabilität),
- *Rajas* (Rastlosigkeit, Bewegung, Energie) und
- *Sattva* (Klarheit, Güte, Harmonie).

Alle drei Gunas bilden gemeinsam das Gewebe der Natur. Sie sind so aufeinander bezogen, dass das eine ohne das andere nicht denkbar ist. Die Grafik des Dreiecks, das die Wirkweise der Gunas wiedergibt, zeigt deutlich ihr Aufeinander-Bezogensein und ihre Interaktion:

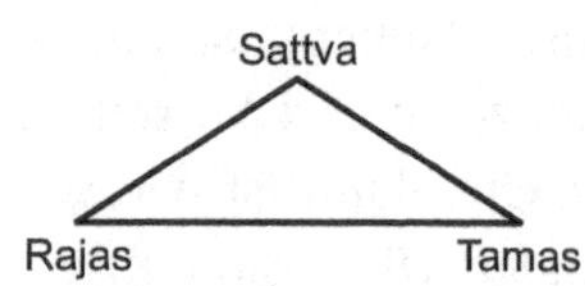

Die Tatsache, dass Sattva-Guna oben auf der Spitze des Dreiecks balanciert, lässt schon vermuten, dass es sich dort in einem äußerst instabilen Gleichgewicht befindet. Gerade aber dieses Immer-wieder-aus-dem-Gleichgewicht-Fallen wird im Samkhya als das angesehen, was alle Veränderungen antreibt und somit für allen Wandel in der Welt verantwortlich ist, vor allem jedoch auch für das unaufhörliche Aktivsein unseres ständig bewertenden und wählenden Geistes.

Im Konzept der Gunas stehen sich das Bewegte (Rajas) und das Träge (Tamas) als polare Kräfte gegenüber. Sie stehen für alle Polaritäten von links und rechts. Die von dieser Polarität ausgehende Dynamik zieht den Geist ständig zwischen den beiden Polen hin und her. In der Mitte befindet sich – einem kleinen Punkt gleich – der Bereich des Gleichmuts (Sattva), der mittels der Yogapraxis ausgebaut werden soll. Der Yoga vertritt die Ansicht, dass immer dann, wenn wir unsere Sinne nicht unter Kontrolle haben, die Gunas sich in ihrem steten Spiel verselbstständigen können, was zur Folge hat, dass wir von unseren Eindrücken hin- und hergerissen werden. Die Dynamik wiederum bewirkt, dass unser Geist oft so unruhig und zerstreut ist.

Wenn unser Geist sich in der Dynamik der Gunas verstrickt hat, kommen Verlangen und Abneigung ins Spiel, sodass wir nicht mehr genau wissen, was für uns richtig und was falsch ist. In solcher Verwirrung verliert unser Geist die Ausrichtung des Denkens und Handelns auf das Wesentliche. Unser Unterscheidungsvermögen (Viveka) funktioniert nicht mehr, sodass wir das Wesentliche nicht mehr vom Unwesentlichen unterscheiden können.

Wenn wir die Wirkkräfte der Gunas Rajas und Tamas nicht immer wieder ausgleichen, riskieren wir, in ein energetisches Ungleichgewicht zu geraten. Im Extrem droht bei einer Übertonung von Rajas der Burn-out und bei einer Übertonung von Tamas die Depression. Um dem entgegenzuwirken und um unsere körperliche, geistige und emotionale Gesundheit (im Sinne der Salutogenese) zu stärken, ist ein stetiges Training in den beiden yogischen Kernkompetenzen Achtsamkeit und Unterscheidungsfähigkeit unabdingbar.

Die Asana-Praxis ist besonders gut geeignet, um uns in diesen Fähigkeiten zu schulen, denn es heißt in den Quellentexten *(Yogasutra und HYP)*, dass jede Übung so ausgeführt werden soll, dass wir für sie die notwendige Anstrengung aufbringen und gleichzeitig überflüssige Anspannung verringern lernen. Wenn wir in dieser Weise üben, dann ist Asana »sthira (stabil) und sukha (angenehm)« (YS 2.46) und schenkt uns »Stabilität, Gesundheit und Leichtigkeit der Glieder« (HYP 1.17).

In unserem Körper wirken zudem Kräfte, die bestrebt sind, all unsere Organsysteme, unser inneres Milieu (ausgedrückt im PH-Wert, Blutdruck, der Körpertemperatur usw.) ständig auszugleichen. Diese Kraft wird »Homöodynamik« (früher »Homöostase«) genannt. Ein Ausdruck ihrer Wirkkraft ist die Biodynamik, die unserem Sein einen harmonischen Wechsel zwischen Aktivität und Ruhe vorzugeben versucht. Wir können beobachten (und es ist auch wissenschaftlich erwiesen), dass ca. alle drei Stunden die Dominanz unserer Nasengänge wechselt: mal ist der rechte, mal der linke Nasengang freier bzw. verengter (durch ein leichtes Anschwellen der Schleimhaut). Da jeder Nasengang einem Ast des Vegetativums zugeordnet ist (rechts = Sympathikus / links = Parasympathikus), stehen wir (eigentlich) ganz natürlich wechselweise (ebenfalls ca. drei Stunden) unter der Dominanz des anregenden und des beruhigenden Astes des vegetativen Nervensystems, sind also mal wacher und präsenter bzw. ruhebedürftiger und müder. Die Dynamik kann allerdings nur dann funktionieren, wenn wir ihr genügend Raum geben und sie damit auch zulassen.

Konzept der Polaritäten von rechts – links, oben – unten und vorne – hinten

Im Tantra wird das Konzept der Gunas noch erweitert auf die drei grundlegenden Polaritäten, die jeder Mensch an sich und in der Welt erfahren kann: die Polaritäten von links – rechts, oben – unten und vorne – hinten. Jeder Pol steht entweder für Shiva / Mond / Stille oder für Shakti / Sonne / Aktivität.

Das Konzept der Polaritäten ist maßgeblich für alle Methoden, die der Hatha-Yoga entwickelt hat. Es geht immer darum, sich seiner polaren Ausrichtung (oft auch Dominanz) bewusst zu werden und dann Methoden zu finden, um sie auszugleichen. Was dadurch möglich wird, ist, dass der eine Pol in uns seinen komplementären Gegenpol findet.

Wenn keine der Polaritäten mehr dominant ist, wird die Mitte (Madhya) erfahrbar. Die Mitte ist der innere »Ort« bzw. der Raum in unserem Bewusstsein, in den hinein sich jeder der Pole »auflöst«. Das Symbol dafür ist Maithuna, die mystische Vereinigung von Shiva und Shakti, die geschieht, wenn die Schöpfungskraft (Shakti) sich ganz in ihren Ursprung – in das reine Bewusstsein (Shiva) – zurückgezogen hat.

Die bewusste und achtsame Arbeit mit den Polaritäten und ihre Zusammenschau bereiten diese Vereinigung in unserem Körper, in unserem Geist und im Bewusstsein allmählich vor.

Wie können wir uns das vorstellen? Jeder Mensch ist in der Art und Weise, wie sich die Anteile seiner Persönlichkeit in der spezifischen Ausformung der Polaritäten von männlich – weiblich / Animus – Anima / aktiv – passiv / gebend – empfangend / extrovertiert – introvertiert einzigartig. Diese Einzigartigkeit bewirkt, dass Anziehung entsteht. Wir Menschen suchen instinktiv nach dem, was komplementär zum eigenen Sein ist – wie das Männliche zum Weiblichen. Damit dieser Prozess sich aber nicht unbewusst vollzieht (mit den uns allen nur zu gut bekannten Folgen), braucht es Selbsterkenntnis. Dafür ist es nötig, sich mit Fragen zu beschäftigen wie: »Wie habe ich mich ausgeformt? Welche Anteile in mir sind dominant und welche liegen im Schatten? Was suche ich? Was zieht mich (magisch) an?«

Um das herauszufinden, brauchen wir wieder die yogische Kernkompetenz der Unterscheidungsfähigkeit (Viveka). Sie hilft uns, im Laufe unseres Lebens immer klarer zu erkennen und zu akzeptieren, wo unsere Kraft ruht, welche Anteile von uns zu dominant bzw. unterentwickelt sind und womit wir sie ausgleichen können. Diese Selbsterfahrung und Selbsterkenntnis ist vor allem möglich in der Meditation, denn sie ist ein Zustand, in dem unser Geist nicht mehr in seinen Prägungen verstrickt ist.

Die stärkste Prägung ist die, die sich in unserem Charakter, unserer Persönlichkeit – unserem Ego – zeigt. Es formt sich aus der Vielzahl von Projektionen, Meinungen und Werturteilen, die wir über unsere Eltern und unsere Gesellschaft im Verlauf der Erziehung bekommen haben und, vermittelt durch Lob und Tadel, vollkommen verinnerlicht haben. Was wir zunächst als Aspekte unseres eigenes Seins erfahren, sind nichts als Projektionen – also Vorstellungen davon, wie wir sind und wie wir sein sollten. Diese Projektionen und Vorstellungen verdecken unseren Wesenskern, unser eigentliches authentisches Sein.

Die Konzepte des Yoga helfen uns, eine Begrifflichkeit zu finden für die Flut der Phänomene, die wir wahrnehmen, wenn wir damit beginnen, in uns hineinzuspüren und uns selbst zu erforschen. Aus diesen Konzepten heraus haben sich im Laufe der Zeit Orientierungshilfen geformt, die wir hier im Westen »Yogaphilosophie« nennen. Die Inder kennen den Begriff Philosophie nicht. Sie nennen das Wissen des Yoga »Atma Vidya« = das Wissen (Vidya) um unser innerstes Sein (Atman).

Die Ausformung unseres Seins dokumentiert sich bis in die tiefsten Strukturen unseres vegetativen Nervensystems hinein –

einerseits durch Vererbung (Lebewesen sind z.B. bereits gleich nach der Geburt erkennbar eher intro- oder extrovertiert), aber vor allem durch Prägung (also durch Verstärkung und Abbremsung bestimmter Merkmale). Durch die frühen Prägungen, vor allem im ersten Lebensjahr, formt sich die Struktur unseres Gehirns und damit unseres Nervensystems – und damit unseres Charakters.

Die Polarität rechts – links

Die Rechts-links-Polarität hat ihre Entsprechung im vegetativen Nervensystem (VNS):

- Der rechte Ast des VNS ist der Sympathikus. Er ist anregend, springt bei jeder Form von Aufregung oder Stress (egal ob Eustress oder Dysstress) an und wirkt in allen Systemen des Körpers im Sinne eines »Gaspedals«. Er wirkt sowohl über die Reizleitungen des Nervensystems als auch biochemisch über Hormone und Neurotransmitter (Botenstoffe).
- Der linke Ast des VNS ist der Parasympathikus. Er wirkt beruhigend und ist in der Lage, die Auswirkungen der Stressreaktionen wieder herunterzufahren. Er ist z.B. über den Atem ansteuerbar und wirkt dann auf alle Systeme im Sinne einer »Bremse«. Er erlaubt, dass unser Organismus (Körper, Geist und Gemüt) sich wieder erholt und die durch den Stress entstandenen Schäden wieder repariert. Wenn er aktiv ist, ermöglicht er eine nachhaltige Stressantwort und damit Erholung und Regeneration.

In der modernen Leistungsgesellschaft erfahren wir vielfachen Stress, und zwar nicht nur von außen (Termindruck, zu viele Aufgaben gleichzeitig, zu hoher Leistungsdruck), sondern vor allem von innen (psychosozialer Stress durch zu hohe Erwartungen an uns selbst, Perfektionismus, unreflektiertes Leistungsdenken). Deswegen sind die meisten Menschen – inzwischen weltweit – dominiert von den Wirkungen des Sympathikus. Sie stehen dauernd »unter Strom«, wissen nicht mehr, wie sie sich wieder »runterfahren« können, und kennen kaum Strategien, um im Alltag wirksame Stressantworten zu geben. Dadurch verliert ihr Organismus die Fähigkeit zur Selbstregulation, d.h., er kann selber nicht mehr die »Weichenstellung« vornehmen, die die Wirkweisen des Sympathikus abbremst und die des Parasympathikus in den Vordergrund stellt. So geht uns die vegetative Regulation verloren.

Um diese Fähigkeit zur Regulation unseres Vegetativums zu unterstützen, macht uns Yoga diverse Angebote, u.a. mit dem Konzept der Polaritäten. Sie erlauben uns zu erkennen, wo wir eine Gegenströmung einrichten müssen, um ungünstige und schädliche Wirkungen auf unser VNS auszugleichen. Ein Bild, das in diesem Zusammenhang sehr hilfreich ist, ist das einer Waage mit zwei großen Waagschalen.

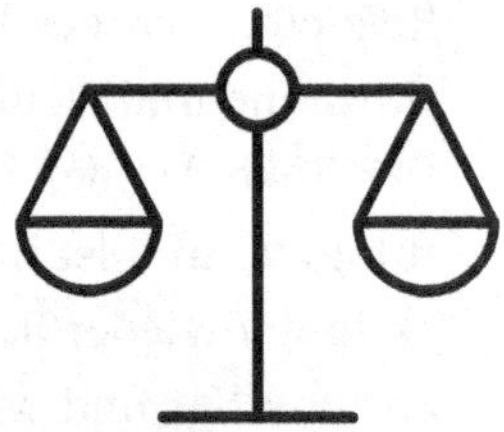

Wir können nicht verhindern, dass das Leben uns in die eine Waagschale jede Menge ungünstiger Bedingungen und Fakten legt, die Druck erzeugen, uns beschweren und damit letztendlich stressen. Diese Bedingungen und Faktoren unterliegen nicht unserer Kontrolle und lassen sich in aller Regel auch nicht ändern. Dazu gehören auch die in uns angelegten Kräfte der Doshas – Vata (Wind – hohe geistige Aktivität), Pitta (Feuer – ein hoher Energie- und Erregungslevel) und Kapha (Schleim – Trägheit und großes Beharrungsvermögen).

Wir müssen lernen, mit dem zu leben, was wir nicht ändern können, und zwar so, dass wir gesund bleiben! Und das gelingt uns dadurch, dass wir uns genau überlegen, was wir in die andere Waagschale legen wollen, um die Wirkungen der ersten auszugleichen. Wenn in die erste Schale viel Unruhe und Bewegung gelegt wird (z.B. durch unsere berufliche Tätigkeit), dann gehört in die zweite Waagschale Ruhe und Sammlung. Wenn in die erste Schale stundenlanges Sitzen gelegt wird, achten wir selber darauf, in die zweite Waagschale genug ausgleichende Bewegung zu legen. Es geht also schlussendlich immer darum, dem, was zunehmend dominant wird, etwas Geeignetes zum Ausgleich entgegenzusetzen.

Der Tantra und der Hatha-Yoga beschreiben die Polarität links – rechts mit den beiden polaren Energiebahnen (Nadis) *Ida* (Mond) und *Pingala* (Sonne). Das Spannungsfeld zwischen diesen beiden Nadis aktiviert immer wieder aufs Neue das dynamische Spiel der Gunas. Deswegen suchen wir mit den Methoden des Hatha-Yoga den Bereich in der Mitte. Denn je mehr wir uns auf die Mitte zubewegen, desto weniger sind die polaren Kräfte wirksam – ganz ähnlich dem sattvischen Bereich zwischen den Gunas Rajas und Tamas.

Diese Mitte ist jedoch nur ein Ort zum Innehalten, um sich zu regenerieren und zu sich zu kommen. Er ist kein Ort zum Verweilen, denn unser alltägliches Dasein fordert meist ein klares Sich-Positionieren in Bezug auf die Polaritäten.

Was wir jedoch lernen können, ist, achtsam zu werden, wann sich etwas zu sehr in die eine oder andere Richtung entwickelt, und dann immer wieder den mittleren Bereich zu suchen, der sich z. B. äußert in »wacher Ruhe«, »entspannter Aktivität«, »aktiver Einkehr« usw.

Die Polarität oben – unten

Die Oben-unten-Polarität steht im tantrischen Hatha-Yoga in engem Zusammenhang mit der Erde (Prithivi) und dem Wurzelraum (Mula). Die Erde und die mit ihr verbundenen Wurzeln sind ein wichtiges energetisches Konzept des Hatha-Yoga. Überall in der Welt ist eine detaillierte Symbolik von Erde und Wurzeln entwickelt worden, denn die Erde ist nun einmal unser Lebensraum. Sie trägt uns und sie zieht uns – vermittelt durch die Schwerkraft – an sich, während sich unser Blauer Planet mit hoher Geschwindigkeit um sich selbst und um die Sonne dreht und sich (innerhalb unseres Sonnensystems) durch das Universum bewegt.

Das Element Erde ist dem Guna Tamas verbunden, das für Stabilität, Ruhe und Dichte steht.

Entsprechend steht die Erde – und auch der Erdpol des Menschen – für

- eine sehr dichte (verdichtete) Schwingung der Bewusstseinsenergie Prana,
- Stabilität, Substanz, Basis, Fundament,
- Halt, Sicherheit, Geborgenheit und
- die Fähigkeit, sich niederzulassen, anzukommen, sich zu Hause zu fühlen und sich einzulassen – und zwar auf das Leben an sich und speziell auf das eigene Schicksal (mit dem historischen, familiären und sozialen Hintergrund).

Dazu gehört auch, im eigenen Körper anzukommen und ihn mit all seinen Potenzialen und Begrenzungen anzunehmen.

Über unsere Wurzeln verbinden wir uns mit diesen Attributen und Qualitäten der Erde.

Die Erde gibt unseren Wurzeln sowohl Halt (Geborgenheit) als auch Raum (damit sie wachsen können). Und die Erde nährt uns über unsere Wurzeln. Sie nährt uns mit ihrer ruhigen, stabilen und unerschütterlichen Kraft.

Anders als bei den Bäumen lädt das Leben uns ein, unsere Wurzeln immer mit uns zu nehmen, wenn das Leben uns hierhin und dorthin treibt. Im Yoga wird es als wichtig angesehen, sich im eigenen Sein und im eigenen Körper zu verwurzeln.

Der Akt des Verwurzelns ist auf der Ebene der ayurvedischen Grundelemente, den Doshas, das unverzichtbare dritte Element: Kapha (das Stabile, Ruhige, Haltgebende), das die bewegten Doshas Vata (Wind) und Pitta (Feuer) auszugleichen vermag.

Dadurch, dass wir uns verwurzeln, können wir uns regenerieren und Kraft schöpfen. Das bewusste Sich-Einlassen auf den Wurzelraum aktiviert im vegetativen Nervensystem den beruhigenden Ast, den Parasympathikus oder Vagus. Und nur in einem solch vagusbetonten Zustand finden unser Organismus und unser Geist zur Ruhe, zur Entspannung. Nur dann kann er die Verdauungsprozesse starten und erledigen, kann die Zellheilung einleiten und durchführen und neue Zellen bilden.

Wenn wir uns nicht immer wieder aufs Neue mit der ruhigen Kraft unserer Wurzeln verbinden – entweder weil wir sie nicht kennen oder nicht dran denken –, dann überwiegen in unserem turbulenten und stressigen alltäglichen Leben schnell die beiden anderen Doshas: Pitta, der feurige Antreiber, und Vata, die windige Welt der Gedanken. Wenn wir uns diesen Kräften zu lange ohne den Kapha-Ausgleich aussetzen, verlieren wir an Kraft, erschöpfen uns und büßen die Fähigkeit ein, uns selbst in allen Organsystemen zu regulieren und zu heilen (dies ist die oben bereits erwähnte Kraft, die Homöodynamik genannt wird).

Der im Tantrismus gegründete Yoga der Energie arbeitet sehr viel mit Visualisierungen. Die Meister des Tantra haben schon sehr früh erkannt, dass innere Bilder in unserem Geist und in unserem Körper außerordentlich wirkmächtig sind.

Das ist der Grund, warum wir immer wieder üben, unsere eigenen Wurzeln zum einen zu visualisieren und zum anderen sie uns in unseren inneren Bildern als breit, tief und dick vorzustellen, denn über so ein kraftvolles Wurzelwerk schenken wir unserem Geist und unserem Nervensystem einen machtvollen Halt und einen »wunder-vollen« Ruheraum.

Und noch aus einem anderen Grund wird im Yoga die Fähigkeit, sich verwurzeln zu können, als außerordentlich wichtig angesehen: In der fortgeschrittenen Yogapraxis, dann, wenn wir beginnen, den Prana nach oben zu lenken, oder auch in den feinstofflichen Meditationen brauchen wir eine stabile und sichere Erdung, um nicht nach oben »wegzufliegen«.

Die Methoden des Yoga wollen durchgehend bewirken, dass wir uns entgrenzen, d.h. die engen Begrenzungen unserer Prägungen, unserer Weltsicht und des darauf gründenden Denkens zu durchbrechen und zu transzendieren. Sind wir in dieser Bewegung nach oben und in die Weite nicht gut in uns gegründet, dann laufen wir Gefahr, dass diese entgrenzende, uns öffnende Kraft der Meditation Angst in uns auslöst. Je machtvoller die Yogatechniken werden, desto sicherer sollte unser Kontakt zum Boden unter unseren Füßen sein, sonst laufen wir Gefahr, panisch oder sogar (bei einer entsprechenden Anlage) psychotisch zu werden. Insofern sind alle Übungen und Meditationen, die uns helfen, uns zu erden und zu verwurzeln, die unverzichtbare Grundlage für jede fortgeschrittene Yogapraxis.

Es ist also hilfreich, in uns immer das Bild des Baumes zu behalten. Je kräftiger, breiter und tiefer seine Wurzeln sind, desto besser kann er stabil in den Himmel wachsen und dort seine Äste entfalten, über die er blüht und Früchte trägt.

Die Polarität vorne – hinten

Die Vorne-hinten-Polarität ist wohl die, über die wir am wenigsten Bewusstheit haben, da wir sie im Alltag nicht in denselben starken Ausprägungen erfahren wie die Polaritäten von links – rechts oder oben – unten.

Zu diesen beiden letzten Polaritätspaaren haben wir auch einen durchaus unmittelbaren körperlichen Zugang, da wir in unseren Handlungen im Alltag meist stark »rechtshändig« oder »linkshändig« orientiert sind bzw. uns eher als kopf- oder als körperbetont erleben.

Mit der Polarität vorne – hinten verhält es sich insofern anders, weil jeder Mensch zwar in der Regel gut durch Berührung und Betrachtung mit seiner Vorderseite vertraut ist, aber nur wenig (oder auch gar nicht) mit seiner Rückseite. Entsprechend ist die erste symbolische Bedeutung der Vorderseite auch »Bewusstheit« und die der Rückseite entsprechend »Unbewusstheit«.

Weitere Aspekte dieser Polarität sind:

vorne	**hinten**
das Empfangende	das Gebende
Mond	Sonne
Verletzlichkeit	Rückhalt
Zukunft	Vergangenheit
weiblich	männlich
Dienergefäß	Lenkergefäß[53]

Erfahren lässt sich diese Polarität konkret, wenn wir sie uns in einigen Yogahaltungen bewusst machen. So decken wir uns z. B. in der Entspannungshaltung in der Rückenlage gern zu, weil wir uns sonst ungeschützt fühlen und schnell auskühlen. Lädt man uns dagegen ein, in der Bauchlage oder in Yoga Mudra (Kindhaltung) zu ruhen, kommt so gut wie niemand von uns auf die Idee, sich zudecken zu wollen.

Wollen wir im Alltag zeigen, dass wir uns schützen, verschränken wir die Arme vor dem Körper (und niemals hinter ihm). Obwohl unsere Rückseite sicher genauso verletzlich ist, erfahren wir sie eher als etwas, was uns Schutz gibt, während wir unsere Vorderseite mit dem Herzen und den Organen eher als ungeschützt und verletzlich empfinden.

Alles, was vor uns liegt, bewerten wir automatisch als Zukünftiges. Ein Schritt nach vorne ist also immer auch ein Schritt ins Unbekannte und Ungewisse. Dennoch brauchen wir diesen Blick nach vorne, denn nur so können wir eine Perspektive haben.

Alles, was hinter uns liegt, ist (wie die Worte schon beschreiben) unsere Vergangenheit. Auch wenn wir sie durchlebt haben, bleiben uns weite Teile des Erlebten unbewusst, entweder weil sie dem frühkindlichen[54] oder dem allgemeinen Vergessen anheimgefallen sind. Dessen ungeachtet bestimmen diese unbewussten Erfahrungen und Prägungen in aller Regel überaus machtvoll unser Denken und Fühlen, unser Erleben und Handeln. Viele von uns schleppen die Verletzungen, Traumata und vor allem die vielfältigen Prägungen, aus denen sich unser Ego zusammensetzt, wie einen Sack voller Wackersteine ein Leben lang hinter sich her. Das zeigt, wie machtvoll diese (uns weitgehend unbewusste) Vergangenheit in unser Leben hineinreicht und noch immer ihre Wirkungen entfaltet – in ähnlicher Weise, wie im Yogasutra das Wirken unserer »inneren Störkräfte« (der Kleshas) beschrieben wird.

Wie bei den anderen beiden Polaritäten geht es auch hier um die Bewusstwerdung und um die Integration beider Seiten.

Mudra im Tantra und im Hatha-Yoga

Hinführung zur Erfahrung von Mudra

Mudra ist ein Erfahrungsweg, der uns mit diversen Methoden im dritten und vierten Kapitel der *Hatha-Yoga-Pradipika* beschrieben wird. Die Methoden, die zu diesem Übungs- und Erfahrungsweg gehören, bilden – so meine Überzeugung – das »Herz« des Hatha-Yoga. Diese Annahme kann z.B. dadurch begründet werden, dass sich in der HYP 158 Verse (von 389 Versen) mit Mudra und Bandha beschäftigen. Das sind mehr Verse als für Yama, Niyama, Asana und Pranayama zusammen!

Bereits eine erste Lektüre der Verse in der HYP macht zweierlei deutlich: Erstens, dass es sich bei den Mudras des Hatha-Yoga *nicht* um die Fingerhaltungen handelt, und zweitens, dass sich die Lehre der Mudra nicht von alleine oder im Alleinstudium erschließen lässt. Es handelt sich hier um *die* Geheimlehre des Hatha-Yoga, der sich selber ja als ein mystischer Weg versteht.

Im Verständnis des Hatha-Yoga geht es bei diesem Weg darum, uns aus dem rein materiellen Sein zurückzuführen in die Erfahrung, dass wir nichts sind als Bewusstsein und Energie (Schwingung). Dieser Übungsweg versteht sich selbst als Prana-Yoga (= Yoga der Energie) und als Kundalini-Yoga (= Yoga, der die Kundalini zum Erwachen bringt). Das Wort Hatha wird in der mythischen Terminologie in zwei Aspekte aufgeteilt: *Ha* = Sonne, das männliche Prinzip, und *Tha* = Mond, das weibliche Prinzip. Im Hatha-Yoga sollen diese beiden Aspekte, die für Bewusstsein und Energie stehen, wieder vereint werden. Diese Vereinigung beschreibt der Begriff Laya = Auflösung, Verschmelzung als höchste Erfahrung und »Ziel« dieses Übungsweges: das Verschmelzen des eigenen Seins mit dem endlosen, formlosen und vollkommen in sich ruhenden reinen Bewusstsein.

Die Schritte auf dem Weg führen den Übenden (Sadhaka) unter der achtsamen Anleitung seines Lehrers (Guru), wie oben bereits erwähnt, von der äußeren Gestaltung seines Lebens mithilfe der jeweils zehn Yamas und Niyamas des Hatha-Yoga zunächst zu Asana. Die Körperübungen helfen, Blockierungen in den Leitungsbahnen (Nadi) zu lösen, in denen der Prana zirkuliert. Asanas sind auch der erste Schritt hin zu einer Energieerfahrung im eigenen Körper, wenn wir uns nach einer intensiven Praxis durchströmt, lebendig und durchlässig erfahren. Wenn der Körper bereit ist, kann der Prana gezielt gelenkt werden. Zum einen, um energetische Ungleichgewichte (zu dynamisch = rajas oder zu träge = tamas) auszugleichen. Zum anderen dient diese Praxis jedoch der Absicht, mit der hochenergetischen Hitze, die durch die Atempausen entsteht, die schlafende Kundalini aufzuwecken und damit die unbewusste, ruhende Bewusstseinsenergie wieder zu aktivieren. Sie soll aufsteigen durch einen feinstofflichen Kanal im Inneren der Wirbelsäule (Sushumna Nadi) aufsteigen und in diesem Aufstieg das Bewusstsein in Form einer Spirale erweitern und ausdehnen. Bevor sich Übende in einem langen, intensiven und sehr reinigenden Prozess wieder mit der Quelle ihres Seins vereinigen, erfahren sie Zustände, in denen sie erfahren, dass alles, was sie ausmacht, reine, schwingende, pulsierende Bewusstseinsenergie ist – und dieser Zustand ist Mudra!

Konzept der Mudra

Das Sanskritwort Mudra lässt sich auf zweierlei Weise übersetzen. Die eine Bedeutung ist »Siegel«. Damit ist gemeint, dass Übende in eine äußerlich sichtbare Haltung gehen, durch die sie ihren inneren Zustand kenntlich machen. Wenn z. B. eine Umkehrhaltung (Viparita Karani Mudra) geübt wird, dann drückt man damit aus, dass man alles, was den eigenen Alltag in der äußeren Welt bestimmt, auf den Kopf stellt, seinen Blickwinkel radikal verändert und sich aus dem Aktionismus der Außenwelt zurückzieht, um sich der Erfahrung von Prana in der Innenwelt zuzuwenden.

Die zweite, esoterische bzw. mystische Möglichkeit der Übersetzung von Mudra bezeichnet diese Übungen als »das, was Freude bringt« (von *mud* = »Freude« und *ra* = »das, was bringt«). Mudra eröffnet dem Yogi / der Yogini den Weg in die tiefe innere Freude, weil sie es ermöglicht zu erfahren, dass das ganze Sein erfüllt ist mit der göttlichen Kraft: Shakti als Kraft des Lebens, Shiva als das Bewusstsein, das das Lebendige in jeder Zelle und in jeder Lebensäußerung durchdringt.

Mudra ermöglicht die immanente Gotteserfahrung. Öffnet man sich dieser Erfahrung, dann gibt es für den Yogi / die Yogini in der äußeren Welt weder etwas zu suchen noch etwas zu finden. In der entspannten, empfangenden Innenschau, in die uns Mudra führt, erinnern wir uns auf allen Ebenen des Seins daran, dass unser Ursprung im Unendlichen und Formlosen liegt und dass unser ganzes Sein nur dazu dient, diesen Qualitäten des Göttlichen in der Welt Ausdruck zu verleihen oder, mit anderen Worten, das Göttliche in all seiner Schönheit und Vollkommenheit durch uns hindurchscheinen zu lassen.

Viele Mudras sind äußerlich betrachtet eine Kombination aus Asana, Pranayama und teilweise auch Bandha. Diese drei Komponenten bilden die Grundlage zur Aktivierung und Bündelung der Energie. In Asana wird Prana mobilisiert und – während der Haltephase – über die Nadis gelenkt. In Pranayama wird der Prana gebündelt, und die Vayus werden intensiv aktiviert, bis die Kundalini erweckt wird und der Prana wieder frei in den mittleren Kanal strömen kann. In Mudra nun ziehen die Übenden ihre Wahrnehmung vollkommen nach innen und meditieren über die Empfindungen der aufsteigenden Energie in ihrem tiefsten Inneren.

Die bedeutendsten Mudras des Hatha-Yoga sind Viparita Karani Mudra (= die Mudra der Umkehr), Maha Mudra (= die erhabene Mudra), Shambhavi Mudra (= die Mudra Shambus; ein Name Shivas) und vor allem Khechari Mudra (= die Mudra derer, die im Himmel wandern).

Es scheint also tatsächlich mehr darum zu gehen, dieses Konzept der Vernetzung, das Tantra uns anbietet, dieses intensive Verbundensein zwischen innen und außen, von Mikro- und Makrokosmos, erfahrbar zu machen. Es ist eine der wesentlichen Grundannahmen des Tantra, dass es nur in unserer Vorstellung ein in sich abgeschlossenes Innen und ein davon abgetrenntes Außen gibt. Die Methoden des Tantra sollen uns helfen, diese Vorstellung aufzulösen, und zwar so, dass es sich richtig und gut anfühlt, wir uns darauf einlassen mögen und es als eine Befreiung erfahren – und die Vorstellung eines tiefen Verbundenseins uns nicht ängstigt.

Wir machen die Erfahrung, dass das, was wir in uns und mit uns erfahren, bestehen bleibt, wenn wir in der Meditation den

Bezug zu unserer Person, zu dem Individuum verlieren, über das wir uns normalerweise identifizieren. Stattdessen erleben wir uns nur noch als bewusstes Sein.

Diese reine Erfahrung des Da-Seins ist genau das, was mit Mudra gemeint ist. Reine Erfahrung meint eine unmittelbare Erfahrung, die frei ist von den Konzepten und Vorstellungen, die sonst unser Wahrnehmen überlagern. Die Erfahrung soll sich auf nichts Vorgefertigtes stützen. Es geht um die reine, unmittelbare Erfahrung, dass wir in diesem Leib-Sein, in diesem Manifestiert-Sein durchdrungen sind von Bewusstsein.

Interessanterweise finden wir in diesen Konzepten von Mudra wohl auch einen der Ursprünge des Hatha-Yoga. Das zeigten die Forschungen des Hatha-Yoga-Projects[55] der letzten Jahre (der zweite Ursprung liegt im Asketismus / Fakirismus). Einer der Ursprünge des Hatha-Yoga liegt also in einer Bewegung begründet, die immer mehr in die Verinnerlichung geführt hat. Und das ist ein Weg, der uns heute wirklich interessieren kann.

Was erfahren wir in diesem inneren Raum? Zuallererst machen wir – ganz direkt, ganz unmittelbar und zweifellos – die Erfahrung des »Ich bin«. Wir erfahren uns in unserem Da-Sein. Was dieses »Ich« ausmacht, ist in dieser Wahrnehmung vollkommen nebensächlich.

Es ist das »So Ham – DAS bin (ich)« aus den *Upanishaden.*

Wir erfahren also, dass wir da sind und dass es in uns eine Instanz gibt, die wahrnimmt, dass wir da sind. Es gibt also Bewusstsein – und Da-Sein. Dieses Bewusstsein ist losgelöst von allem, was ist. Es ruht in sich und bleibt bei sich.

Die Traditionen des Yoga haben über die Jahrhunderte hinweg das, was sie »reines Bewusstsein« nennen, noch mit einigen Attributen aufgeladen. Sie sagen, es ist unverletzlich, unkränkbar, es ist ewig, es altert nie, es ist unsterblich. Damit meint Mudra die tiefe Begegnung mit dem ewigen Sein.

Im Tantra kommt noch eine weitere – vielleicht für viele wichtige – Zugabe dazu, die in dem Atman-Brahman-Konzept gründet. Dieses Konzept bettet uns als Menschen zwar in einen größeren Kontext ein, indem wir als Atman als ein Ausdruck des Absoluten gesehen werden. Aber es fehlt die Herzebene! Wir können mit unserem Atman – der Widerspiegelung des Absoluten in uns – keine Liebesbeziehung entwickeln zu Brahman, denn Brahman – das Absolute – ist etwas zutiefst Abstraktes.

Brahman ist also ein Neutrum, nicht spürbar und nur indirekt über Atman – unsere Seinserfahrung – vorstellbar. Als Neutrum, gestaltlos und nicht definierbar, kann Brahman auch nicht in Kontakt treten mit uns in unserem weltlichen Gewordensein. Im Tantra nun taucht Shakti auf – die große Mutter, die Schöpfung. Sie erschafft aus sich heraus alles, was ist. Shakti wird immer in einer sehr persönlichen Beziehung dargestellt, und zwar sowohl zu Shiva – ihrem Ursprung – als auch zu den Wesen ihrer Schöpfung.

Das Göttliche wird damit wieder personalisiert und erlaubt dadurch, dass wir als Menschen zum Göttlichen eine persönliche Beziehung aufbauen. Die vielen Inkarnationen der Shakti als die vielen Göttinnen und Götter machen sie erreichbar.

Aber Tantra geht noch viel weiter. Seine Lehren besagen, dass das höchste Prinzip und die Energie in allem präsent sind, vom Grashalm bis hin zu Shiva, vor allem aber im Gewordensein eines jeden Menschen. Das Konzept von Mudra bewirkt, dass das Göttliche somit für jeden jederzeit und überall erfahrbar und erreichbar ist, denn jede und jeder kann es im eigenen Sein erfahren.

Es geht dabei immer um Selbstverständnis und Selbsterkenntnis. Die mystische Erfahrung, von der hier die Rede ist, ist ein Eröffnen der Möglichkeit, dass wir den Teil von uns entdecken, der nicht von der Ratio geprägt ist. Es ist der Teil von uns, der in der Lage ist, intuitiv oder unmittelbar mit einer Erfahrung der Wirklichkeit in Beziehung zu treten, ohne dazu sofort eine Meinung oder eine Bewertung zu haben.

Wichtig ist: Solche Erfahrungen haben nichts zu tun mit einer bestimmten Religion, mit einem bestimmten Glauben oder gar einem Dogma! Es handelt sich eher um Religion im ursprünglichen Sinn: um das In-Beziehung-Treten mit etwas, das größer und umfassender ist als das Ich und das uns ganz natürlich umhüllt und durchdringt. Auf diese Erfahrung können wir dann alle möglichen Begriffe projizieren, wie »das Göttliche«, »das Absolute«, »Shiva« usw. Wir können dem viele Namen geben, aber wir können es auch einfach bei der Erfahrung belassen. Darum geht es hier!

Bettina Bäumer schreibt zu Mudra: »Die allgemeine Bedeutung von Mudra, die wir heute auch haben, ist Handgeste. Gleichzeitig impliziert der Begriff jede Körperhaltung und eine innere Haltung, die sich im Körper manifestiert. In der Mudra ist die Spaltung zwischen Körperhaltung und innerer Haltung aufgehoben, insofern eine gegenseitige Abhängigkeit und Beeinflussung zwischen ihnen besteht. Eine bloße Geste oder physische Bewegung, die nicht von einer inneren Haltung hervorgerufen wird, würde man nicht als Mudra bezeichnen.«[56]

Und sie fährt fort: »Zunächst muss man sich den gesamten Bedeutungsumfang des Wortes vergegenwärtigen: Mudra bedeutet Siegel, Stempel, Aufdruck, Prägung (durch ein Siegel), Bild, Zeichen, körperliches Merkmal, Handgeste, Haltung usw. Mudra ist also sowohl das, was einprägt (Siegel usw.) als auch das Zeichen, das von der Prägung hinterlassen wird, Eindruck wie Ausdruck.«[57]

Das ist wichtig zu verstehen: Was eindrücklich war, das wird ausgedrückt! Und das ist bei uns genauso: Was sich uns eingeprägt hat bzw. was man in uns geprägt hat, das drücken wir aus!

Weiter bei Bäumer: »Die traditionelle ›Etymologie‹ betont weiters, dass dieses Siegel, diese Prägung oder Geste von freudiger Natur ist, sowie wirksam und kraftvoll. Eine leere oder bedeutungslose Geste wäre nicht Mudra.«[58]

Wirkung der Mudra

Nehmen wir beispielhaft eine Geste aus dem Yoga, die wir relativ häufig machen: das Aneinanderlegen der Hände in der Geste Namaste bzw. Namaskar Mudra. Was passiert da? Zunächst haben Forschungen der Neurowissenschaften herausgefunden, dass durch das Aneinanderlegen der beiden Hände die Verbindung zwischen den beiden Hirnhälften verstärkt wird. Das bedeutet, dass in dem Moment, in dem wir die Handflächen aneinanderlegen und bewusst in die Welt schauen, das, was wir sehen, also unser Eindruck, umfassender ist, weil beide Hirnhälften gemeinsam aktiv sind.

Zudem ist diese Geste in Indien mit einem Inhalt und einer Symbolik aufgeladen, und zwar mit der inneren Ausrichtung des oder der Grüßenden, die besagt: »Ich grüße deinen göttlichen Wesenskern, deine Buddhanatur, das in dir, was unzerstörbar ist.«

Es sind dafür viele Formulierungen möglich, aber es geht immer darum, dass wir mit dieser Geste das im anderen grüßen, was über das Wandelbare, das Egohafte hinausgeht. Einer solchen inneren Einstellung können wir nur vermittelt durch eine solche Geste Ausdruck geben, und zwar auf eine Art und Weise, dass es sich bei unserem Gegenüber auch »eindrückt«, wenn wir selber ein Gefühl haben für unseren göttlichen Wesenskern. Sonst bleibt es eine leere Geste. Es verhält sich dabei genauso wie beim Tönen des Mantras »OM«: Dieses Tönen bleibt »leer«, wenn es für uns einfach nur zwei Buchstaben sind und wir nicht in der Bedeutung mitschwingen, um uns mit dem Tönen des »OM« mit dem Urgrund allen Seins zu verbinden.

Noch einmal Bettina Bäumer: »Das Svachchanda-Tantra (2102) spricht von Mudra im Kontext des Rituals, in dem sie die Kraft besitzt, die Präsenz der Gottheit herbeizurufen, sie während des Rituals zu vergegenwärtigen und sie am Ende sich zurückziehen zu lassen (…). Der Kommentator, Kshemaraja, erklärt die Bedeutung von Mudra auf folgende Weise:

Sie schenkt (rati) Freude (mudam), gewährt Glück; sie prägt (mudrayati) (den Verehrer) mit dem Siegel des höchsten Bhairava-Bewusstseins; sie entzückt den Verehrer durch die Absorption in die höchste Wirklichkeit; sie löst (dravayati) alle Fesseln. Dies sind die ›Etymologien‹ von Mudra, deren Natur eine Spiegelung der höchsten Realität ist.«[59]

Wir kennen so etwas auch aus unserer Kultur, wenn Menschen ein »Kreuz schlagen«, also sich bekreuzigen, oder zum Gebet die Hände falten. Beides sind inhaltsvolle, bedeutungsvolle Gesten. Wenn wir im Bus oder vor dem Fernseher mit gefalteten Händen sitzen, bedeutet es gar nichts. Wenn wir jedoch zum Beten die Hände falten (oder wie eher im katholischen Ritual üblich, die Hände aneinanderlegen), dann verbinden wir uns innerlich durch das Verschränken der Finger mit etwas.

Mudra ist also eine Geste, die symbolisch aufgeladen wird. Das Besondere an diesen Gesten ist, dass immer dann, wenn wir sie machen, wir uns bewusst darauf einschwingen, uns Erfahrungen zu öffnen, die möglich machen, dass wir uns in unserer ganzen Kraft und in unserer Gesamtheit erfahren.

Yogapraxis zur Erfahrung von Prana, Polaritäten und Mudra

Das Hauptthema der folgenden Yogapraxis ist die Energielenkung in Asana, um den inneren Raum, der wir sind, mit Bewusstheit zu erfüllen.

Einstimmung: Energielenkung entlang der inneren Achse im Sitzen

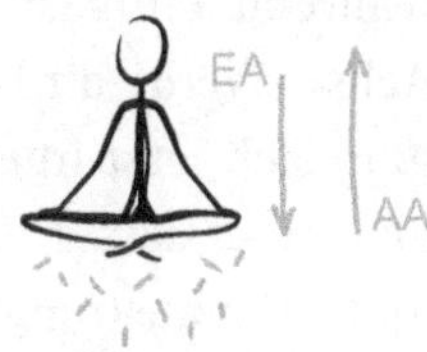

Lass dich ankommen in einem Sitz deiner Wahl. Spüre die Auflageflächen der Füße, der Beine und vor allem des Beckens. Verwurzle dich in diesem Erdgrund und verbinde dich mit dem Shakti-Dreieck, das sich ganz tief einlässt auf diese Manifestation, auf dieses Gewordensein. Es ist eine Kraft, die »Ja!« sagt und dich wirklich ankommen lässt, hier in dieser Welt, um diese Manifestation und die Welt als Lernfeld zu nutzen.

Es ist auch bei uns wie bei den Pflanzen: Wenn sie sich auf die Erde einlassen und beginnen, Wurzeln zu schlagen, beginnt ihr Wachstum. Aus den Wurzeln heraus lass in dir deine innere Achse wachsen.

Führe den Atem mit einem Lächeln so, dass er sich einatmend mit der Kraft der Verwurzelung verbindet und ausatmend in dir aufsteigt – von Mal zu Mal. Der so bewegte Prana folgt dabei dem Gefühl für deine innere Schwerkraftachse.

Begleite diese Bewegung, wenn du magst, auch mit deinem inneren Blick: zwischen der Erde mit den Wurzeln und dem Scheitel, der sich zum Himmel öffnet. So entsteht eine Verbindung zwischen Materie und Geist – Geist und Materie.

Werde dir, vermittelt durch diese Pranalenkung, deines inneren Raumes bewusst ...

Spüre, wie diese innere Achse dir Aufrichtung und Ausrichtung, aber auch Halt gibt ...

Spüre, wie du deinen ganzen Körperraum rund um diese Achse entspannen kannst, in die Halte- und Stützfunktion der Faszien hinein. Es sind ja tatsächlich diese Faszien, die uns nicht nur Halt, sondern auch unsere Form geben.

Versuche also – darauf vertrauend –, deinen Becken-, Bauch- und Brustraum, deinen Hals- und Kopfraum so gut wie möglich zu entspannen, sodass diese Räume durchlässig werden können für das Strömen der Energie ...

Halte dann inne mit dieser Energielenkung und bleibe noch während einiger Atemzüge in der Empfindung der inneren Achse. Werde dir bewusst, dass der Raum, der diese Achse umgibt, sich jetzt irgendwie anders anfühlt. Lass dich spüren, wie dich unter deiner Haut diese fasziale Membran hält – ganz sicher und ganz anstrengungslos.

In diesen inneren Raum bringen wir jetzt Bewegung:

Drehung um die innere Achse mit den Händen am Brustbein

- Wechsle eventuell in einen stabileren Sitz. Lege die Hände vor der Brust aneinander.
- Verbinde dich noch einmal mit der Empfindung der Achse und lass zunächst ein feines Schwingen um die Achse nach links und rechts entstehen. Vielleicht kannst du spüren, wie sich im Bereich des unteren Brustkorbs und des Bauches, der Flanken und am Rücken deine Haut über den darunterliegenden Halt gebenden Faszienschichten bewegt.
- Spüre in deinen inneren Raum hinein und spüre, wie du auch diesen Raum bewegst, wie du in ihm Schwingung und Vibration erzeugst, die sich fortsetzt durch das Zwerchfell und die Lungengewebe nach innen und oben. Spüre, wie die

Bewegung sich über die Wirbelgelenke und die Bänder der Wirbelsäule an ihr entlang ausbreitet.

- Spüre, wie das schwingende Drehen deines Brustkorbs sich fortsetzt über das Becken in die Beine, vielleicht sogar bis runter zu den Fußsohlen. Dein ganzer innerer Raum wird mit dieser kleinen Bewegung in Schwingung versetzt, dein ganzer innerer Raum schwingt! Dabei bleibt die Achse in der Mitte immer ruhig – ebenso wie der beobachtende Geist. Shakti ist im Moment reine Schwingung – Shiva ist reines Bewusstsein. Es ist bei sich und erfährt sich in seiner Bewusstheit.
- Lass die Bewegung langsam ausschwingen und lass dich dann auf- oder durchatmen.

Drehung um die innere Achse mit den Armen in der Kerzenleuchterhaltung

- Nimm die Arme in die Kerzenleuchterhaltung. Lass die Schultern in die Breite und die Tiefe sinken.
- Verbinde dich wieder mit der Empfindung deiner inneren Achse und beginne wieder um sie herumzuschwingen.
- Lenke deinen Blick nach innen und oben zur Mitte der Stirn.
- Lass deinen Atem sich so einrichten, wie es jetzt für dich passt. Vielleicht mag dein Atem sich mit der Bewegung synchronisieren, sodass du zur einen Seite ein- und zur anderen Seite ausatmest. Vielleicht ist dein Atem aber auch so ruhig, dass er als ein ganzer ruhiger Strom im eigenen Rhythmus weiterfließen möchte.
- Fahre fort mit der Bewegung und finde deinen Rhythmus ... Werde dir bewusst, wie unterschiedlich diese Drehung zu der davor ist – durch die Veränderung der Armhaltung. Weil die Ellbogen gehoben sind, wirken ganz andere Kräfte auf deinen inneren Raum ein. Sicher merkst du auch, dass diese Übung

etwas anstrengender ist, was sich widerspiegelt in der Art, wie du atmest.

- Lass die Bewegung langsam ausschwingen und empfange wieder das Auf- oder Durchatmen. Empfange alles das, was es in dir zu erfahren und zu spüren gibt: das Strömen, das Kribbeln, das Pulsieren des Prana.
- Spüre, wie du jetzt atmest, wie dein Herz schlägt. Vielleicht kannst du sogar das Strömen deines Blutes spüren – oder das Strömen der Grundsubstanz unseres inneren Ozeans ...

Drehung mit erhobenem Arm und gedrehte Dehnung

- Komm in den Vierfüßlerstand. Stell dann die Hände etwas weiter nach vorne.
- Hebe deinen linken Arm, atme über ihn ein.
- Ausatmend führe den Arm nach rechts, unten, vorne (an der Außenseite der rechten Hand vorbei) und lass den Atem über den Arm abfließen.
- Im Moment der Atemleere komm zurück nach oben, hebe den linken Arm.
- Atme ein über den Arm bis zum Herzen.
- Vom Herzen über den Arm ausatmend komm wieder in die gedrehte Dehnung nach rechts vorne. Wiederhole das noch sechsmal auf dieser Seite.
- Mach einen kurzen Zwischenstopp im Fersensitz.
- Wiederhole dann diese Übung mit der Energielenkung über den rchten Arm achtmal.

Katze mit kleinem Energiekreislauf über Diener- und Lenkergefäß

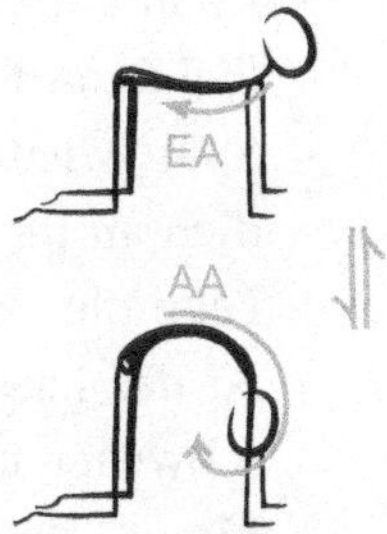

- Komm in den Vierfüßlerstand. Stell die Hände wieder etwas weiter nach vorne, damit die Handgelenke weniger belastet sind.
- Lege entspannt die Zunge hinter die oberen Schneidezähne. Geh mit deiner Aufmerksamkeit zur Mitte deiner Unterlippe.
- Bewege nun deine Aufmerksamkeit und den »inneren Blick« folgendermaßen:
  - Einatmend den Blick von der Mitte der Unterlippe über die vordere Mittellinie des Körpers absteigend zur Mitte des Beckenbodens wandern lassen; biege dabei den Rücken durch (»glückliche Katze«).
  - Ausatmend den inneren Blick von der Mitte des Beckenbodens über die hintere Mittellinie deines Körpers aufsteigend zur Mitte der Oberlippe bewegen; komm dabei in den Katzenbuckel (»ärgerliche Katze«).
- Wiederhole diesen Ablauf etliche Male. Wenn dabei der Reibelaut (Ujjayi) entsteht, lass ihn geschehen. Achte dann bitte nur darauf, dass dieses Ujjayi hauchfein ist.
- Komm anschließend in die Haltung des Kindes. Spüre, wie durch diese Haltung dein Lenkergefäß noch einmal sanft gedehnt wird und wie sich das Dienergefäß an deiner Vorderseite ganz in die Geborgenheit zusammenzieht.

Ein Asana, das sehr schön die Beziehung zwischen innen und außen, zwischen Körper und Kosmos thematisiert, ist Merudandasana. Meru ist der Weltenberg, der Berg, auf dessen Gipfel Shiva als das reine Bewusstsein sitzt – in ewiger Ruhe. In der Mitte dieses Weltenberges befindet sich Danda (eigentlich »Stab«), die Achse. Sie stellt die Verbindung her mit der Tiefe der Erde und dem auf dem Gipfel ruhenden Bewusstsein.

In Merudandasana die Energie der Erde aufsteigen lassen

- Komm in einen Sitz mit gekreuzten Beinen (bei Bedarf mit Sitzhilfe).
- Spüre wieder deine innere Achse und richte dich an ihr aus und von innen heraus auf.
- Lege die Hände aneinander und hebe die Arme. Lass deine Handgelenke direkt über dem Scheitel schweben und nimm deine Ellbogen so weit wie möglich nach hinten. Deine Fingerspitzen weisen direkt nach oben.
- Atme ein über die Fingerspitzen, die Arme und den ganzen Körper bis hinunter in die Erde.
- Atme aus entlang der Achse bis nach oben in den Himmelsraum. Der Einatem führt uns nach unten in die Materie, der Ausatem führt uns nach oben in die Vergeistigung.
- Fahre eine Weile fort mit dieser Energielenkung entlang deiner inneren Achse.
- Lass nach dem nächsten Ausatem die Arme sinken. Lege sie so ab, wie es dir angenehm ist, und bleibe in einer spürenden Erfahrung deiner inneren Achse – Danda –, über die Energie und Bewussstsein unablässig in Beziehung stehen.

In der Berg-Meru-Haltung die Energie des Himmels aufnehmen

- Komm noch einmal in dieselbe Haltung.
- Atme jetzt ein hoch zum Himmelsraum und atme aus nach unten in den Wurzelraum.
- Wiederhole das einige Male. Werde dir dabei bewusst, wo du in diesem Asana in dir Halt findest, so viel Halt, dass du Öffnung zulassen kannst, z.B. rund um dein Herz. Lass seine Energie in die Welt strahlen und entspanne dich in die Anstrengung, die diese Körperhaltung mit sich bringt.

- Mit einem Ausatem lass die Arme dann wieder sinken und spüre in dich hinein. Spüre in das Innere dieses »Meru«, dieses Weltenberges. Er ist tief verbunden aus der Erde gewachsen und wächst unablässig in den Himmel hinein. Das sind wir, wir Menschen. So sind wir gedacht: gut geerdet und voll bewusst!
- Löse dann deine Sitzhaltung, streiche deine Beine aus (außen runter, innen hoch). Schiebe die Füße weg, wenn du außen an den Beinen nach unten streichst, und ziehe sie heran, wenn du über die Innenseiten nach oben streichst.
- Komm anschließend hoch in den Stand.

Adler-Variante (Garudasana) mit Pranalenkung

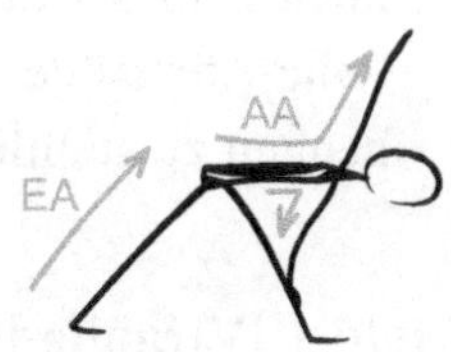

- Komm dann im Stehen in eine moderate Grätsche. Richte dich im Rumpf gemäß deines inneren Alignments aus.
- Atme ein, hebe deine Arme seitlich in Schulterhöhe, neige ausatmend den Rumpf, bis er sich parallel zur Erde befindet.
- Beginne dann mit der Energielenkung:
  - Einatmend lenke die Energie durch die Beine bis zum Kreuzbein.
  - Ausatmend lenke sie entlang der Wirbelsäule, über die Schultern und Arme.

  Spüre, wo der Prana durch dich hindurchströmen möchte.
- Wiederhole diese Pranalenkung einige Male.

Vorbeuge (Prasarita Padottanasana) mit Pranalenkung

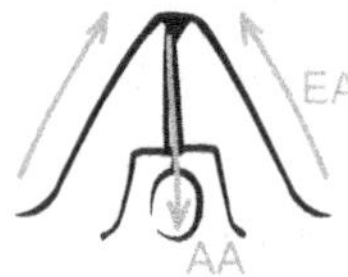

- Komm in eine etwas weitere Grätsche.
- Lass mit dem nächsten Ausatmen die Arme und den Oberkörper sinken und lege die Hände in etwa in einer Linie mit den Füßen auf dem Boden ab.
- Beginne dann wieder mit der Energielenkung:
  - Einatmend lenke die Energie aus der Erde mitten durch die Beine bis hoch zum Kreuzbein.
  - Ausatmend lenke die Energie durch den Rumpf, die Arme und Hände - evtl. auch durch den Hals und Kopf - zur Erde.
- Wiederhole auch diese Pranalenkung einige Male.
- Richte dich dann mit einer Einatmung wieder auf. Komm hoch zum Stand in Tadasana. Nimm einige tiefe und kraftvolle Atemzüge, um deinen Kreislauf nach den beiden Vorbeugen zu stabilisieren.

Held 1 (Virabhadrasana 1) mit Pranalenkung

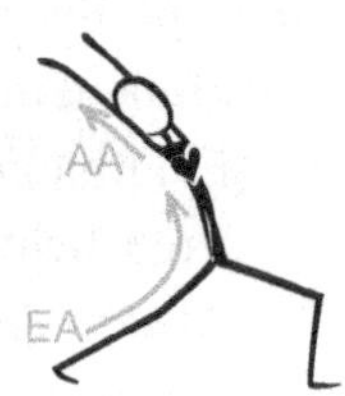

- Komm mit dem linken Fuß vorne in die hüftgelenkbreite Schrittstellung. Dreh den rechten Fuß ca. 10° nach außen und richte dein Becken gerade nach vorne aus.
- Beuge das linke Bein an und schmiege die Außenseite deiner rechten Ferse tief in die Erde. Lass dich gut nieder in deiner Basis.
- Hebe die Arme und richte dich ein in einer dir angenehmen Rückbeuge.
- Beginne dann wieder mit der Energielenkung:
  - Einatmend lenke die Energie über das hintere Bein bis zum Herzen.
  - Ausatmend lenke die Energie vom Raum hinter dem Herzen über die Schultern und die Arme in den Himmelsraum.

- Wiederhole diese Energielenkung in deinem Rhythmus einige Male. Wenn du magst, dann komm dabei zunehmend in eine Rückbeuge und öffne dich so immer mehr.
- Mach einen kurzen Zwischenstopp im Stand und wiederhole Virabhadrasana 1 dann mit dem rechten Bein vorne.

Vorbeuge im Stand (Uttanasana) mit Pranalenkung

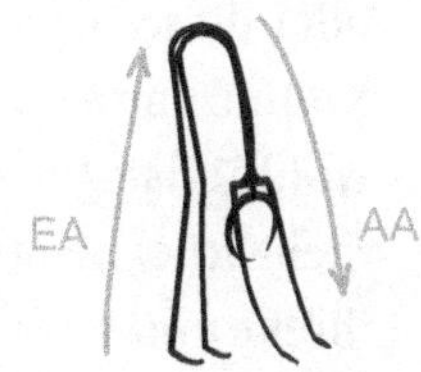

- Lass dich behutsam in die Vorbeuge sinken. Bei Bedarf beuge die Beine etwas an, um die Hände auf den Boden legen zu können. Strebe über deine Sitzbeinhöcker nach oben.
- Beginne dann wieder mit der Energielenkung:
  - Einatmend lenke die Energie nach oben und dehne dich dabei über die Beine von der Erde bis zu den Sitzbeinen.
  - Ausatmend lass los und lenke die Energie über den Rumpf, den Kopf und den Scheitel zurück zur Erde.
- Wiederhole diese Energielenkung in deinem Rhythmus einige Male.

Kindhaltung (Yoga Mudra), alternativ: Bauchlage

- Falte dich ganz ein und zieh dich ganz in dich zurück. Zieh dich in dich zurück über deine Vorderseite, während deine Rückseite sich über die Dehnung der Welt öffnet.
- Atme tief und entspannt in dich hinein.
  Sowohl die Kindhaltung als auch die Bauchlage bündeln und sammeln Prana.

Kobra-Variante (Bhujangasana) mit Pranalenkung

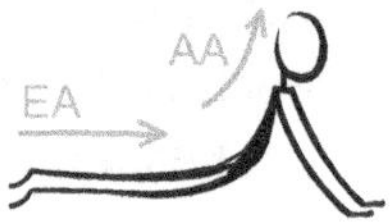

- Komm dann in die Bauchlage.
- Hebe den Oberkörper und mach mit deinem Oberkörper schlängelnde Bewegungen, wobei dein Atem weiterfließen kann. Nach den Vorbeugen ist es für viele sehr angenehm, wenn sie ihr Becken nach links und rechts schwingen lassen können oder diese Bewegung von den Beinen aus führen.
- Komm dann in eine statische Kobrahaltung, in der du dich wohlfühlst: flacher oder steiler aufgerichtet, mit weniger oder mehr Rückbeuge, die Arme weiter weg oder mit den Händen direkt unter den Schultern.
- Beginne dann mit der Pranalenkung:
  - Einatmend lenke Prana durch die Beine bis zum Kreuzbein und verwurzele dich über deine Beine und das Becken.
  - Ausatmend lenke Prana durch den Rumpf bis hoch über den Scheitel und strebe dabei in die Aufrichtung.
- Beobachte wieder, wo die Pranaströme sich in dir bewegen wollen: eher an der Oberfläche oder tiefer in deinem Körperraum. Spüre, ob die Energiebahnen, die dadurch entstehen, durchgängig und gerade sind oder eher Windungen haben – wie ein Fluss.
- Verbinde dich mit der Erfahrung des Strömens des Prana in dir, die du durch das Lenken deiner Aufmerksamkeit einlädst.
- Wenn du merkst, dass du genug hast, dann lass zunächst den Rumpf etwas sinken. Stell dann die Hände unter dich und komm hoch in den Vierfüßlerstand.

Hund, der nach unten schaut (Adho Mukha Shvanasana) mit Pranalenkung

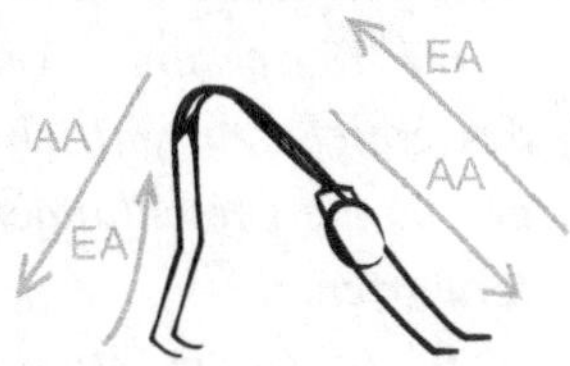

- Stell im Vierfüßlerstand die Zehen auf und schiebe dich nach oben und hinten in die Haltung des Hundes.
- Beginne dann mit der Pranalenkung:
  – einatmend durch die Beine bis zum Becken,
  – ausatmend durch den Rumpf und die Arme,
  – einatmend durch die Arme und den Rumpf,
  – ausatmend über das Becken und die Beine.
- Bewege so den Prana im Rhythmus deiner Atmung hin und her.
- Komm anschließend in einen Sitz deiner Wahl.

Nachspüren im Sitzen

- Richte dich ein in einer Sitzhaltung, in der du etwas verweilen magst.
- Werde dir bewusst, wie du jetzt deinen inneren Raum erfährst nach dieser Praxis mit all diesen Energielenkungen ...
- Werde dir bewusst, wie du den Raum um dich herum erfährst, den Prana-Maya-Kosha.
  Vielleicht erfährst du dich insgesamt jetzt als lebendig und durchströmt und gleichzeitig als sehr ruhig.
- Wie auch immer du dich jetzt gerade in dir erfährst, spüre: Wie strahlt diese Befindlichkeit von dir aus in den Raum, der dich unmittelbar umgibt? Wie wirkt er in die Welt?
  Wie verändert das, was du ausstrahlst, die Atmosphäre in dem Raum, in dem du dich befindest?

Ich möchte dich gleich einladen in die Erfahrung einer Mudra, und zwar Viparita Karani Mudra. Dazu heißt es im dritten Kapitel der Hatha-Yoga-Pradipika*:*

»77. Der gesamte Ambrosia, der sich aus der Schale des Mondes ergießt zu göttlicher Schönheit, wird ohne Ausnahme von der Sonne verschlungen. Darum ist der Körper dem Verfall unterworfen.

78. In dieser Situation gibt es ein göttliches Hilfsmittel, um den Mund der Sonne zu enttäuschen. Zehnmillionen theoretische Erklärungen können es nicht lehren, es muss nach den Regeln eines Meisters gelernt werden.

79. Für denjenigen, dessen Nabel höher als der Gaumen ist, befindet sich die Sonne oben und der Mond unten. Diese Haltung, genannt Umkehrhaltung (Viparita Karani), wird dank der Führung eines Gurus verstanden.

80. Diese Übung steigert den Appetit bei dem, der sie regelmäßig praktiziert. Man muss für diesen Sadhaka Nahrung im Überfluss bereiten,

81. denn ist er zu dünn, dann würde ihn das Feuer des Hungers in kurzer Zeit verzehren. Man nehme den Kopf nach unten und die Füße in die Luft. Am ersten Tag übt man nur für einen kurzen Moment

82. und steigert jeden Tag die Länge um ein sehr kleines bisschen. Nach sechs Monaten sind Falten und graue Haare verschwunden. Wer dies jeden Tag drei Stunden lang übt, der ist Sieger über den Tod.«[60]

Also: Viparita Karani ist ein echtes Langzeit- und Lebensprojekt!

Aber was wird uns da in dieser für den Tantra so typischen symbolischen Sprache mitgeteilt?

Das Entschlüsseln der Symbolik ist übrigens auch genau eine der Funktionen des Gurus, der in diesem Textabschnitt als unverzichtbar beschrieben wird.

Schauen wir uns den Text doch einmal näher an. »Der ge-

samte Ambrosia, der sich aus der Schale des Mondes ergießt zu göttlicher Schönheit, wird ohne Ausnahme von der Sonne verschlungen.« Diese Aussage im Vers 77 bezieht sich auf ein Bild, das im Tantra sehr verbreitet ist und dort fast immer im Zusammenhang mit Shiva auftaucht. Zu Shiva gehört der Mond. Er trägt ihn als Mondsichel einem Diadem gleich in seiner aufgetürmten Haarkrone auf der linken Seite.

Bei uns Menschen befindet sich die Mondsichel einer Schale gleich auf der Höhe des Dritten Auges, des Ajna-Chakras. Die Schale ist parallel zur Erde ausgerichtet und angefüllt mit Amrita bzw. Ambrosia, dem Lebensnektar. Seit vedischer Zeit heißt es, dass jeder Mensch bei seiner Geburt ein genau festgelegtes – und nicht zu ergänzendes – Quantum Amrita in diese Mondschale ausgeteilt bekommt, mit dem er sein Leben lang haushalten soll. Um damit sparsam umgehen zu können, ist es notwendig, sich so durchs Leben zu bewegen, dass der Amrita aus der flachen Mondschale nicht herausspritzt. Er fällt dann nämlich nach unten in die Sonne (= das Verdauungsfeuer), wo der Nektar aufgezehrt wird. Sonne bzw. Verdauungsfeuer stehen symbolisch für unser Aktivsein in der äußeren Welt.

Wenn wir also rastlos durch unser Leben sausen und vielleicht sogar in Aktionismus verfallen, dann spritzt der Nektar unablässig aus der Schale heraus und wird verschlungen von den Kräften der Verdauung, die wir brauchen, um unser Leben zu erhalten. Wenn unsere Füße auf der Erde stehen und der Kopf nach oben ragt, dann sind wir dadurch gewissermaßen immer in einem potenziellen Aktionsmodus (und machen also noch eben schnell dies oder das).

Viparita ist die Geste (Mudra) der Umkehr. Wir kehren um und drücken durch die Geste der Körperhaltung aus, dass wir etwas ganz grundlegend verändern. Wir kehren die Verhältnisse bewusst komplett um: bringen die Sonne nach oben und den Mond nach unten.

Hier funktioniert dann das Bild mit der Schale nicht mehr richtig, denn die Öffnung der Schale würde dann ja zum Boden hin weisen, und Amrita würde herausfließen. Aber diese Logik berührt die Yogis nicht, weil sie ja eine symbolische Sichtweise haben.

Für ihr Verständnis steht die Mondschale für unsere Fähigkeit, bewegungslos zu werden, uns zu sammeln und so ganz ruhig zu werden.

Egal, welche Umkehrhaltung wir einnehmen, ob nun einen Schulterstand oder einen Kopfstand, einen Handstand, aber auch Uttanasana oder den Hund, dies sind alles keine Haltungen, mit denen wir durch unseren Alltag sausen könnten oder auf andere Weise aktiv sein könnten (wie schreiben, kochen, fernsehen, ...). Und was dabei erst recht nicht geht, ist das »kopflose« Herumhasten oder Wuseln, das uns in unserem alltäglichen Dasein so ermüdet.

Umkehrhaltungen sind Körperpositionen, in denen wir rigoros regungslos werden. In dieser Regungslosigkeit spritzt der Amrita nicht mehr aus der Schale, sondern er bleibt durch die Sammlung und die Ruhe in ihr verwahrt. Man könnte auch sagen: Umkehrhaltungen »halten den Prana«.

Für die Geste einer Umkehrhaltung reicht es aus – so sagt uns der Text –, dass der Nabel sich höher befindet als der Gaumen. Deswegen müssen wir gar nicht so weit gehen, sondern ein gestützter Schulterstand, wie in der folgenden Übung, erfüllt vollkommen diesen Zweck.

Außerdem sagt uns der Text, dass wir diese Haltung jeden Tag etwas länger üben sollen. Für unseren Alltag bedeutet das, sehr bewusst und achtsam Ruhephasen einzuplanen und einzuhalten.

Uns gewissermaßen »Entspannungsoasen« zu verschaffen, die wir bei Bedarf ansteuern können, um uns dort kurz zu sammeln und durchzuatmen.

Und es gibt noch etwas, worauf ich gar nicht oft genug hinweisen kann: Umkehrhaltungen bedeuten immer auch einen Perspektivwechsel! Und die Forschungen der letzten Jahre zeigen deutlich, dass häufiges Wechseln der Perspektive unseren Geist flexibel und frisch (= jung) erhält.

Für die folgende Übung brauchst du nun gleich einen Yogablock, ein dickes Sitzkissen oder eine zusammengerollte Decke, um dein Becken abzustützen.

Gestützter Schulterstand (Viparita Karani Mudra) – mit Pranalenkung

- Komm in die Rückenlage.
- Stell die Beine angebeugt auf und komm in die Schulterbrücke.
- Schiebe dir das Kissen, die Decke oder den Block, der dich stützen soll, unter dein Becken.

- Zieh ein Bein nach dem anderen an den Bauch heran und strecke deine Beine dann in die Senkrechte oder halte sie so, dass sie mit deinem Rumpf einen rechten Winkel bilden. Halte die Beine ganz entspannt, sodass du dich sowohl im Rücken wie auch im Nacken wohlfühlst.
- Beginne dann mit der Energielenkung:
  - Einatmend (vom Himmel kommend) lenke die Energie durch die Beine bis zum Becken.
  - Ausatmend lenke die Energie durch den Rumpf über den Scheitel in die Erde.
- Fahre mit dieser Pranalenkung in deinem Rhythmus fort. Spüre, wie durch diese Art, den Prana zu lenken, in dir wache Ruhe entsteht.
- Wenn du merkst, dass es für dich reicht, dann bringe einen Fuß nach dem anderen wieder zurück zur Erde. Verweile noch einige Atemzüge in der gestützten Schulterbrücke, die ja ebenfalls eine Umkehrhaltung ist. Zieh dann die Stütze zur Seite.

Schulterbrücke (Dvipada Pitham Asana)

- Breite in der Rückenlage deine Arme seitlich aus. Hebe dein Becken noch etwas mehr.

- Verweile in dieser Schulterbrücke in einer Geste der Offenheit, der Empfänglichkeit und der Hingabe. Spüre, wie weit, offen und empfänglich jetzt die ganze Vorderseite deines Körpers ist.
- Atme weiter mit einem sanften Ujjayi.
- Komm dann zurück, indem du Rücken und Becken behutsam zurück zur Erde bringst. Strecke die Beine aus und führe die Arme zurück neben den Körper.
- Spüre nach. Wie erfährst du dich jetzt, nachdem du einige Minuten in der Umkehrhaltung – in dieser Mudra – verweilt hast?

Kreisen des Rumpfes (Naropa 11)[61]

- Komm – wenn möglich – in einen Sitz mit gekreuzten Beinen (alternativ in den Grätschsitz).
- Nimm beide Arme und Hände vor dich auf den Boden. Atme aus.
- Beginne dann mit der Energielenkung:
  - Einatmend (EA) lenke die Energie über den linken Arm, bewege den Rumpf über links nach hinten und nimm den rechten Arm mit nach hinten.
  - Ausatmend (AA) lenke die Energie über den rechten Arm, bewege den Rumpf über rechts nach vorne und nimm den linken Arm mit nach vorne.

  Und dann:
  - EA – über den rechten Arm, bewege den Rumpf über rechts nach hinten, nimm den linken Arm mit nach hinten.
  - AA – über den linken Arm, bewege den Rumpf über links nach vorne, nimm den rechten Arm mit nach vorne.

Fahre damit fort in deinem Atemrhythmus, mit der dadurch entstehenden Wechselatmung, das heißt: Du atmest immer auf der Seite ein, auf der du vorher ausgeatmet hast.

- Wenn du das nächste Mal über links ausatmest, richte dich von der Mitte her einatmend auf und komm in eine aufrechte Sitzhaltung zum Nachspüren.

Drehsitz (Ardha Matsyendrasana)

- Komm in den Langsitz (evtl. unterstützt durch ein flaches Kissen).
- Nimm beide Beine etwas mehr nach links. Beuge das linke Bein an und stell den linken Fuß außen neben das rechte Knie oder den Unterschenkel. Zieh die Gesäßmuskeln nach außen und hinten.
- Richte dich mit der Kraft der Arme auf. Dreh dich nach links, wende dich der Mondseite zu. Lege entweder die rechte Ellbogenbeuge um dein linkes Knie oder halte das Knie mit der rechten Hand (sodass das Halten stabil und angenehm ist).
- Beginne dann mit der Pranalenkung:
  - Einatmend lenke Prana über das rechte Bein bis zum Becken.
  - Ausatmend lenke Prana über den Rumpf bis über den Scheitel hoch in den Himmelsraum – durch die ganz klar aufgerichtete innere Achse.
- Wiederhole das in deinem Atemrhythmus. Beobachte dabei, wo der Prana – gelenkt durch Manas, die Aufmerksamkeit – entlangströmen möchte: Wo durchströmt Prana das Bein? Wo durchströmt er den Rumpf? Bringe so Bewusstheit in dein Körper-Sein.
- Wiederhole diesen Drehsitz dann ausgerichtet nach rechts, zur Sonnenseite.
- Verweile anschließend einige Atemzüge in einem Sitz deiner Wahl. Beobachte die Wirkungen. Beobachte, in welchem Maße dich diese Drehsitze in Verbindung mit den Pranalenkungen in Kontakt gebracht haben mit deinem inneren Raum.

Es folgen nun zwei Übungen, in denen du etwas länger in der Rückenlage bleibst. Achte gut auf dich, sodass du gut liegen kannst und es warm hast.

Yoni Mudra: *Bei dieser Mudra berühren sich die Spitzen der Daumen. Die Daumen liegen in einer Linie und bilden zusammen mit den Innenseiten der Zeigefinger (deren Spitzen sich auch berühren) ein Dreieck. Die anderen drei Finger jeder Hand sind entspannt geschlossen.*

Liegende geschlossene Winkelhaltung (Supta Baddha Konasana) mit Yoni Mudra

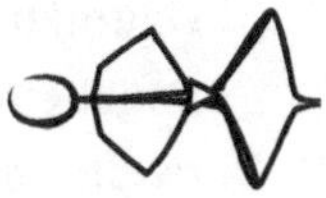

- Komm in die Rückenlage. Stell die Beine angebeugt auf, die Füße dicht beieinander. Lass jedes Knie zu seiner Seite sinken, die Fußsohlen liegen aneinander.
- Lege die Hände in Yoni Mudra dort auf die Bauchdecke, wo es dir (auch für deine Schultern) angenehm ist.
- Lass überall dort los, wo du Dehnung spürst.
- Spüre in dich hinein und verbinde dich mit der ruhigen, entspannten Bauchatmung, die jetzt unter deinen Händen spürbar wird. Verweile so für eine Reihe von Atemzügen.

Meditation mit Yoni Mudra in der Rückenlage

- Komm in die Rückenlage mit ausgestreckten Beinen.
- Es gibt vier Stellen, um die Hände mit Yoni Mudra aufzulegen:
  - so, dass die Daumen quer über dem Nabel liegen, die Fingerspitzen weisen dabei zum Becken,

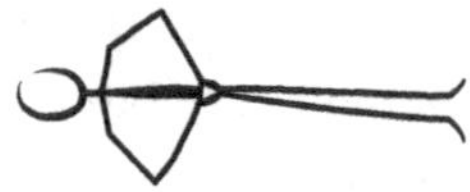

  - so, dass der Nabel in der Mitte der Mudra ist, die Fingerspitzen weisen auch hier zum Becken,
  - so, dass die Hände mit der Mudra auf dem Unterbauch liegen,
  - so, dass die Hände mit der Mudra auf dem Schamdreieck liegen, die Fingerspitzen weisen zum Schambereich (die Daumen liegen jetzt übereinander). Dazu werden die Beine angebeugt und aufgestellt.
- Verweile in jeder Haltung ca. zwanzig ruhige Atemzüge und versuche zu spüren, was die Hände mit der Mudra für genau diesen darunterliegenden Bereich deines Bauches bzw. deines Beckenraumes bewirken. Beobachte jedes Mal, was sich verändert, wenn du deine Hände an eine andere Stelle legst. Was verändert sich in deiner Wahrnehmung? Verändert sich auch etwas in der Erfahrung deines inneren Raumes?

Achte darauf, die Schultern in jeder dieser vier Varianten entspannt zur Erde sinken zu lassen.

Wahrscheinlich wirst du diese Übung sehr entspannend finden, vielleicht sogar dazu neigen, wegzudösen. Nimm das alles zur Kenntnis und lass alles geschehen.

Vor- und zurückschwingen im Sitzen

- Komm – wenn möglich – in eine Sitzhaltung mit gekreuzten Beinen (bei Bedarf mit der Unterstützung eines flachen Kissens).
- Wenn du dich in deinem Sitz eingerichtet hast, komm in ein ganz leichtes Vor-und-Zurück-schwingen – wie eine kleine Boje bei einem ganz sanften Wellengang ...

Vielleicht merkst du, dass diese vier Orte in deinem Ober- und Unterbauch, an denen gerade Yoni Mudra lag, jetzt mitschwingen.
- Nimm den Moment der Bewegung wahr und den Moment des Ankommens: Bewegung – Ankommen – Bewegung – Ankommen ...
- Lass die Bewegung kleiner und feiner werden, bis sie nur noch wie ein Flirren ist – und lass sie schließlich ganz ausschwingen.

Meditation zu Mudra

Erfahre wie sich zu Beginn dein Körperraum, dein Körper-Sein mit Bewusstsein erfüllt ...

Erfahre den Raum, der dich unmittelbar umgibt.

Vielleicht kannst du spüren, was sich für dich seit dem Beginn der Übungspraxis durch diese auf Mudra ausgerichtete Praxis verändert hat ...

Vielleicht fühlt sich der Raum, der dich umgibt, größer an? Vielleicht hat sich in deiner Wahrnehmung seine Schwingung verändert? Vielleicht strahlt Licht oder Ruhe aus dir in ihn hinein? Spüre in den Raum hinein, in dem du dich befindest. Hat sich vielleicht auch in diesem Raum etwas für dich verändert?

Und stell dir vor, dass du gleich hinaustrittst, in die Welt, und anderen Menschen begegnest. Was strahlt tief aus deinem Inneren zu ihnen hinaus?

Du begegnest ihnen mit Offenheit und Staunen = Mudra!

Du isst etwas und schmeckst es mit Offenheit und Staunen = Mudra!

Du spürst, wie es in dich hineinströmt, wie es dich nährt und erfüllt = Mudra!

Du kostest, du schmeckst, du riechst, du fühlst = Mudra!

Vertiefe dein Atmen, dehne dich durch und öffne wieder die Augen.

Willkommen zurück!

5 Die feinstoffliche Anatomie des Yoga

Die Grundlagen unserer feinstofflichen Anatomie im Hatha-Yoga

Die eigene Erfahrung mit der Wahrnehmung von Energie im Alltag

Gerade auf dem Weg des Hatha-Yoga bzw. des Yoga der Energie kann uns klar werden, dass wir mehr sind als nur unser Körper aus Fleisch und Blut. Es gehört zu unseren alltäglichen Erfahrungen, z.B. die Ausstrahlung eines anderen Menschen wahrzunehmen. So spüren wir die Befindlichkeit unsere Beziehungspartner*innen, unserer Familienmitglieder (auch der vierbeinigen) und unserer Arbeitskolleg*innen in der Regel sehr konkret und oft auch sehr differenziert. Vor allem aber erfahren wir diese Empfindungen (eigentlich immer) als untrüglich (und das auch dann, wenn einem der eigene Geist einredet, dass wir uns gerade etwas einbilden).

Wir selber *wissen* aber auch (basierend auf unserer Lebenserfahrung), dass es so gut wie unmöglich ist, einem Menschen, der einem nahesteht, etwas über die eigene Befindlichkeit vorzumachen. Wie sollte das auch gehen? Selbst wenn wir uns sehr beherrschten, alles zurückhielten und versuchten, so zu tun, als sei nichts, so würde der andere sich wahrscheinlich doch nicht täuschen lassen und uns immer wieder fragen, was denn eigentlich los sei.

Das bedeutet, dass es einerseits Energien gibt, die etwas in den Raum hineingeben, und andererseits, dass Menschen diese Energien auch mit sehr feinen – ihnen oft gar nicht bewussten – Sinnen wahrzunehmen vermögen.

Was ich gerade beschreibe, ist damit sowohl Teil unserer Lebenswirklichkeit – und damit sehr konkret – und gleichzeitig auch etwas rein Atmosphärisches und Energetisches. Es wird konkret, wenn es sich mit den Konzepten verbindet, die unseren Bewertungen, Einschätzungen und Meinungen zugrunde liegen. Und diese Verbindung entsteht in aller Regel auch.

Man weiß inzwischen, dass wir sehr viel von dem, was wir »Atmosphäre«, »Energie« oder »Schwingung« nennen, über Nervenzellennetzwerke in unserem Gehirn mitbekommen, die »Spiegelneurone« genannt werden. Sie heißen so, weil sie bewirken, dass wir als Beobachter bzw. als diejenigen, die etwas beim Gegenüber sehen, genau dieselben Erregungsmuster in unserem Gehirn aufweisen wie unser Gegenüber, das gerade z. B. Freude oder Leid erfährt. Das bewirkt, dass wir im wahrsten Sinne des Wortes *mitfühlen*, wie es einem anderen Menschen bzw. einer Gruppe von Menschen geht.

Das ist sehr wichtig für uns, die wir teilweise ja in sehr engen Gemeinschaften leben, denn so ahnen wir nicht nur, sondern spüren sogar am eigenen Körper, ob der Mensch, dem wir gerade begegnen, entspannt oder angespannt ist, ob er offen oder verschlossen ist, ob es ihm gut oder nicht so gut geht usw.

Diese Netzwerke der Spiegelneurone bekommen wir gewissermaßen in die Wiege gelegt, denn nur darüber – über das direkte wortlose Einfühlen – kann ein Neugeborenes mit seinen Bezugspersonen kommunizieren und sie mit ihm. So spiegeln der Gesichtsausdruck und die Körpersprache der Mutter die Befindlichkeit ihres Kindes, und nur durch dieses Gespiegeltwerden erfährt und spürt das Kind, wie es ihm geht und ob um es herum alles in Ordnung ist (oder nicht).

Sich spiegeln ist eine Art feinstofflicher Sinn, der ganz tief in unserem vegetativen Nervensystem und unserem Gehirn verankert ist. Und es ist ein Teil unserer feinstofflichen Anatomie, mit der wir jeden Tag leben.

Energiemedizin und die Wirkung auf den Energiefluss im Körper

Ein anderer Bereich unserer Feinstofflichkeit, mit der wir als Menschheit schon seit Tausenden von Jahren Erfahrungen gemacht haben, ist das, was wir heute »Energiemedizin« nennen. Dazu gehören unter anderem Akupunktur, Akupressur oder die taoistischen Chi-Meditationen wie Tai-Chi oder Qigong. Sie sind inzwischen im Westen nicht nur bekannt, sondern auch sehr gut erforscht und werden deswegen bei uns seit Langem schon zur Prävention und Therapie eingesetzt.

Man weiß, dass z. B. das Akupunktieren bestimmter Stellen des Körpers nachweislich Wirkung zeigt, und nutzt diese Effekte sogar in der klinischen Mind-Body-Medizin, obwohl noch niemand einen Meridian oder eine Nadi je gesehen oder gar (spürbar) berührt hätte.

Akupunktur, Akupressur ebenso wie Marma-Therapie und ayurvedische Massagen arbeiten daran, das weitverzweigte System der Energiekanäle in unserem Körpersein von Blockierungen zu befreien. Sowohl die Eingeweihten der chinesischen wie der indischen Systeme wissen, dass solche Blockierungen im Energiefluss (im Fluss des Chi oder Prana) körperliche Dysbalancen bis hin zu ernsthaften Krankheiten nach sich ziehen können, aber sie wissen auch, dass das Auflösen dieser Blockaden Heilungsimpulse einleitet, die sich nicht auf einer rein körperlichen (z. B. physiologischen oder biochemischen) Ebene erklären lassen.

All dies, sowohl die Blockierungen als auch deren Auflösung, findet in unserem *feinstofflichen Körper oder Energiekörper* statt. Dabei reagiert unser Energiekörper sowohl auf Nadeln wie auch auf Druckpunktmassagen, Massagen mit langen, kraftvollen Streichungen und Klopfmassagen, wie sie im Ayurveda üblich sind, aber auch auf Kräuter-Öl-Zubereitungen, auf das Inhalieren von Düften (Aromatherapie), auf Farben, auf Klänge usw.

Und jede und jeder, die und der schon einmal eine etwas längere z.B. ayurvedische Kur gemacht hat, weiß, dass sich nicht nur etwas im Körper verändert, weil z.B. Spannungen gelöst werden, sondern auch in energetischer und mentaler Hinsicht, denn man fühlt sich danach in der Regel entlastet, erfrischt, verjüngt und wieder voller Energie und Lebenslust.

Die Behandlungen bewirken, dass wir wieder *durchlässig werden* für das freie Strömen der Lebensenergie, was sowohl in der Traditionellen Chinesischen Medizin (TCM) wie in der indischen Medizin als Voraussetzung für einen gesunden, leistungsfähigen und resistenten Körper angesehen wird.

Begriffe wie »Blockierung« oder »Durchlässigkeit« ergeben nur auf der Ebene des feinstofflichen Körpers Sinn. Wird dieser aber nicht mit in die Prävention oder Therapie einbezogen, stellen sich oft nicht die erwünschten Wirkungen ein (was unsere Erfahrungen mit der westlichen Schulmedizin zeigen). Da die Schulmedizin im Westen immer wieder an ihre Grenzen stößt (z.B. in der Schmerztherapie), gibt es ein seit Jahren zunehmendes Interesse an den Konzepten und Methoden der Energiemedizin. Dies führt auch dazu, dass nun auch allgemein immer mehr erkannt wird, dass wir mehr sind als nur ein Leib, der sich aus Nahrung zusammensetzt und behandelt und gewartet werden muss wie eine Maschine.

Ein Zustand der Durchlässigkeit im Energiekörper ist also unverzichtbar für ein reibungsloses Zusammenspiel unseres Leibseins (Nahrungskörper), unseres Energiekörpers und unseres Mentalkörpers (mit Geist und Gemüt), denn nur wenn diese Durchlässigkeit gegeben ist, können sich Botenstoffe und Hormone bzw.

die Zellen, die unser Immunsystem gut funktionieren lassen, frei bewegen, sodass aus einer riesigen Anzahl von Zellen ein kohärent funktionierender Organismus entsteht. Gerade Botenstoffe und Hormone wirken ja nicht nur auf eine Reihe körperlicher Funktionen ein, sondern sind auch maßgeblich daran beteiligt, wie wir uns fühlen – vom ausgeglichenen Wohlbefinden bis hin zu Angstzuständen, innerer Unruhe oder starken depressiven Schüben. Sie wirken als Neuromodulatoren oder Neurotransmitter. Viele von ihnen bewegen sich weniger im Blut als vielmehr in der Grundsubstanz (Matrix) im interzellulären Raum, die extrem schnell und empfindlich auf jede Form mentaler Anspannung und auf jeden Stress reagiert. Und sie bewirken, dass sich unser innerer Raum zusammenzieht und damit seine Durchlässigkeit einbüßt.

Wenn wir das nicht bemerken und dem nicht regelmäßig geeignete Entspannungsantworten entgegensetzen, dann zieht sich unser innerer Raum immer weiter zusammen, sodass allmählich der gesamte Energiekörper mit seinen Energiebahnen (Meridianen/Nadis) Blockierungen aufweist. In der Folge werden wir uns auf der körperlichen Ebene angespannt, verspannt, eng und eingeschränkt fühlen und über kurz oder lang Schmerzen bekommen. Der Atem wird nicht mehr frei fließen können, der Kreislauf und die Verdauung werden darunter leiden, und wir werden uns immer unwohler fühlen.

Dabei ist es wichtig zu verstehen, dass der Impuls für diese Abläufe, die sich wie Kaskaden entfalten, immer im Geist beginnt. Die Art und Weise, wie wir denken und fühlen, wirkt auf den Energiekörper, und dessen Befindlichkeit wiederum wirkt sich aus auf unser Körpersein.

Das Feinstoffliche wirkt auf das Grobstoffliche – und umgekehrt. Geht es uns körperlich nicht gut, wirkt sich das wiederum auf unsere energetische, geistige und emotionale Befindlichkeit aus, woraus sich ein andauernder Kreislauf entwickelt, der einer Negativspirale gleicht. Dadurch verlieren wir erwiesenermaßen die Empfindungsfähigkeit für unser Körpersein und in der Folge auch jegliches Gefühl dafür, welche Maßnahmen zur Regulation gerade angemessen und ausgleichend wären.

Wenn wir im Stress die Spürfähigkeit für unser Körpersein – und damit unsere Proprio- und Interozeption – verloren haben, dann gibt uns der Körper kein Feedback mehr dazu, was ihm gerade guttut und was nicht. Wir haben dann gewissermaßen »den Draht zu uns« verloren.

Körperwahrnehmung und die Erfahrung von Wohlspannung durch Yoga

Yoga lehrt uns, dass eine nachhaltige Veränderung nur durch Veränderungen im Denken und Fühlen – also in unserer mentalen Struktur – bewirkt werden kann, weil sich nur auf diese Weise eine mentale Stressresilienz aufbauen lässt. Wie gut, dass der Yoga uns mehr anbietet als »nur« Körper- und Atemübungen. Er kennt auch viele Methoden der Selbsterforschung, der Sammlung, Stabilisierung und Klärung des Geistes, wie z.B. die vielen Formen der Meditation. Es geht also im Yoga weniger darum, dass wir lernen zu entspannen, sondern eher darum, wie wir (wieder) in den Zustand der »Wohlspannung« gelangen können.

Um die Zustände von Anspannung und Entspannung mit dem breiten Spektrum der Wohlspannung genau wahrnehmen und einordnen zu können, brauchen wir eine achtsame und differenzierte Körperwahrnehmung. Diese Fähigkeit ist jedoch bei vielen Menschen entweder nie entwickelt worden oder in der Anspannung des alltäglichen Stresserlebens verloren gegangen. Die meisten Menschen spüren z.B. ihre inneren Räume nur dann, wenn sich in ihnen irgendwelche Störungen melden. Unter normalen Umständen jedoch ist bei ihnen das Sensorium, das uns unsere inneren Räume erfahren lässt, nicht aktiv und dadurch unterentwickelt. Was die Menschen hingegen meist spüren, sind verschiedene Anteile ihres Egos, das sie verkörpern, mit allen diesem Ego verbundenen Begierden, Abneigungen und Ängsten. Sie spüren aber nicht das Feedback ihres inneren Seins auf die Ausrichtung ihres Denkens und Fühlens. Wenn dann noch chronischer Stress dazukommt, spüren die Menschen sich immer weniger, bis sie vollkommen abgekoppelt sind von der Erfahrung ihres Körperseins.

Dieser Zustand ist umkehrbar, da Menschen über ein außerordentlich plastisches Gehirn verfügen und die Nervenzellennetzwerke für dieses Spüren im Gehirn angelegt sind. Mit Geduld, Beharrlichkeit und innerer Motivation lassen sich diese wieder aktivieren.

Es handelt sich insbesondere um die Netzwerke, die »Insula« genannt werden. Sie geben uns Auskunft über unsere körperliche Befindlichkeit, über unsere innere Ausrichtung (unser Alignment), über unsere Muskelspannung (unseren Tonus), über die Qualität unserer Bewegungen (eher fließend, eher stockend) usw. Erst dann, wenn wir diese Informationen vermittelt durch unsere inneren Sinne abrufen können, sind wir in der Lage, z. B. unsere Körperhaltung so zu regulieren, dass unser Tonus harmonisch wird (Eutonus) und Asana sowohl die Qualitäten *sthira* (stabil) als auch *sukha* (angenehm) aufweist.

Je mehr wir lernen, offen und achtsam in unsere inneren Räume hineinzuspüren, desto mehr wird uns auch bewusst, wie es unseren Organen geht. So können wir beispielsweise lernen zu spüren, wie es unserem Herzen mit unserer inneren Ausrichtung, unserem Denken und Fühlen geht. Da das Herz extrem empfindsam auf die Schwingungen unseres Mental- und Emotionalkörpers reagiert (wie auch auf die Schwingungen der Menschen um uns herum), ist sein Feedback extrem wertvoll.

Yoga will uns in dieser Hinsicht lehren zu verstehen, was wir an uns heranlassen, was wir durch uns durchlassen, was wir aufnehmen und was wir wieder abgeben sollten. Über das Feedback unseres Körperseins können wir lernen, was wir brauchen (z. B.

Bewegung, Ruhe, Abstand) und was nicht, und damit lernen wir auch, wie wir angemessen mit uns selbst umgehen können. Es geht auch darum, mit uns selbst in achtsamer und einfühlsamer Weise zu kommunizieren und für uns (und zu anderen) ein gutes Maß an Herzintelligenz zu entwickeln. Das alles sind Bereiche, die lebenslange Lernfelder bleiben und die unfassbar zu verfeinern sind.

Im Folgenden werden die Konzepte und Methoden des Tantra und des Hatha-Yoga vorgestellt, um unsere feinstoffliche Anatomie zu erfahren.

Koshas – die Ebenen der Lebensenergie

Wie schon zu Beginn des Kapitels über die feinstoffliche Anatomie des Hatha-Yoga erwähnt, kann jeder Mensch an sich selber nachvollziehen, dass sich unser Körper und unsere Persönlichkeit nicht nur aus Fleisch und Blut zusammensetzen. Die Meister des Yoga unterscheiden sogar fünf Erfahrungsebenen unseres Seins, die sie *Koshas* (wörtlich »Hüllen«) nennen. Es sind:

- die aus Nahrung gemachte Hülle (Anna-Maya-Kosha). Sie umfasst die Gesamtheit unseres physischen Körpers.
- die aus Energie gemachte Hülle (Prana-Maya-Kosha). Sie umfasst alle energetischen Prozesse im Körper, wie Atmung, Kreislauf, Verdauung, Hormonsystem, Nervensystem.
- die aus den Verstandeskräften gemachte Hülle (Mano-Maya-Kosha). Sie umfasst den Teil unseres Geistes, der sich durch Prägung und Lernen ausgebildet hat, also unser Bewertungssystem und alle Konzepte davon, wie Beziehung, Gesellschaft und das Leben an sich funktionieren, sowie der rationale und logische Verstand.

- die aus innerem Wissen gemachte Hülle (Vijnana-Maya-Kosha). Sie umfasst unser tiefes inneres Wissen, unsere Intuition, unser Einfühlungsvermögen und unsere Feinfühligkeit sowie alle anderen feinen Schwingungen des Geistes.
- die aus Freude gemachte Hülle (Ananda-Maya-Kosha). Sie umfasst die Erfahrung der Einheit, der Teilhabe am Leben, der Geborgenheit in einer höheren Macht bzw. in Gott, der Empfindung der Sinnhaftigkeit des eigenen Daseins und des Lebens an sich.

Keine dieser Hüllen kann getrennt von den anderen und allein für sich gesehen werden, da sie alle ständig aufeinander einwirken, und zwar so, dass immer die feinere Hülle die gröberen Hüllen beeinflusst, z. B. in der Weise, dass unsere geistige Verfassung unsere körperliche Befindlichkeit beeinflusst. Gleichzeitig wussten die Yogis aber auch, dass wir über das Einwirken auf unseren Körper und den Atem die Befindlichkeit unseres Energie- und Mentalkörpers beeinflussen können.

Vayus – die fünf Wirkungsformen der Lebensenergie

Die Lebensenergie Prana wird im Yoga als die Kraft angesehen, die selbstständig, bewusst und intelligent alle Prozesse des Lebens in unserem Körper kontrolliert und regelt. Sie wird in fünf Aspekte unterteilt, von denen jeder für einen ganz speziellen Aufgabenbereich zuständig ist.

Prana-Vayu – die Kraft, die aufnimmt

Prana-Vayu hat seinen Sitz im Brustraum. Er ist zuständig für jede Form des Empfangens: Nahrung aufnehmen, etwas über die Sinne aufnehmen – also Sehen, Hören, Fühlen, Riechen und Schmecken –, einatmen, die Empfängnis, also das Schwangerwerden.

Apana-Vayu – die Kraft, die abgibt

Apana-Vayu hat seinen Sitz im Unterbauch. Er ist zuständig für jede Form des Abgebens: verdaute Nahrung ausscheiden, etwas nach außen abgeben durch Sprechen, Gestikulieren, Berühren, ausatmen, gebären.

Samana-Vayu – die Kraft, die wandelt

Samana-Vayu hat seinen Sitz im Oberbauch. Er ist zuständig für jede Form des Verdauens: Nahrung verdauen, Sinneseindrücke und Informationen verarbeiten. Er entscheidet, was von dem, was wir aufgenommen haben, bei uns bleibt (Assimilation), und was wir davon ausscheiden.

Udana-Vayu – die Kraft, die kommuniziert

Udana-Vayu hat seinen Sitz im Kehlbereich. Er ist zuständig für jede Form des Kommunizierens und für die Art und Weise, wie wir uns ausdrücken.

Vyana-Vayu – die Kraft, die verteilt

Vyana-Vayu kreist ständig durch den gesamten Körper. Er hat die Funktion, die Lebensenergie über das Blut und über Lymphe, Nervenimpulse und Botenstoffe im ganzen Körper zu verteilen.

Alle fünf Vayus sollen in unserem Körper aktiv und generell untereinander ausgeglichen sein. Um diesen Ausgleich zu ermöglichen, wurden die Asanas und Pranayamas bestimmten Vayus zugeordnet:

- Alle Rückbeugen, jede Praxis, die den Einatem betont, und Jalandhara-Bandha aktivieren Prana-Vayu.
- Alle Vorbeugen, jede Praxis, die den Ausatem betont, und Mula-Bandha aktivieren Apana-Vayu.
- Alle Drehhaltungen, einige Gleichgewichtshaltungen, der Feueratem, Bhastrika, Atempausen in der Atemfülle und Uddiyana-Bandha aktivieren Samana-Vayu.
- Mantras, Mudras und Ujjayi-Pranayama aktivieren Udana-Vayu.
- Bewegungsabläufe, Asana-Flow und dynamische Kundalini-Yogapraxis aktivieren Vyana-Vayu.

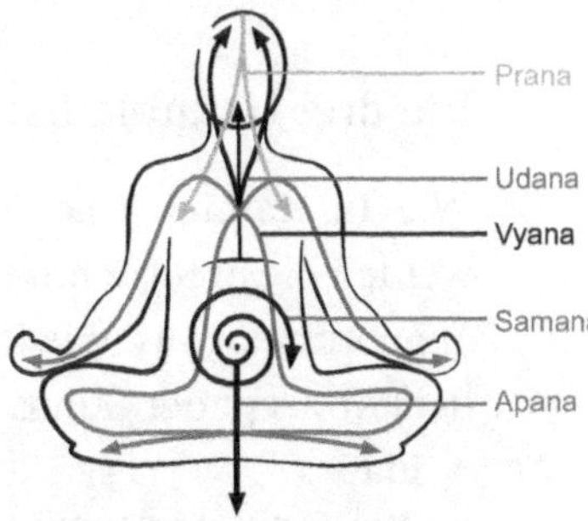

Der Aktivierung von Samana-Vayu, auch Agni oder Verdauungsfeuer genannt, kommt im Hatha-Yoga eine besondere Bedeutung zu, denn das Feuer soll uns helfen, all das zu verbrennen, was uns belastet und beschwert – sowohl in physischer Hinsicht in Form überflüssiger Pfunde als auch im übertragenen Sinn als Egoismus, Negativität, Engstirnigkeit, Unsicherheit, Trägheit usw. Besonders die Praxis der Bandhas soll uns ermöglichen, unser inneres Feuer anzufachen und damit umfassende Reinigungs- und Läuterungsprozesse einzuleiten. Auch heißt es in den Hatha-Yoga-Texten, dass nur diejenigen, die intensiv »Feuer gefangen« haben für diesen Yogaweg und die »Feuer und Flamme« für die damit einhergehenden Veränderungen, Wandlungen und Entwicklungen sind, auch tatsächlich die Kundalini in sich erwecken, sodass sie aufsteigt und dabei die Chakras zur Entfaltung bringt.

Nadis – die Wege der Lebensenergie

Nadis sind Energiekanäle, in denen der Prana fließt. Jeder innere Schwingungsraum hat eine eigene Signatur, und sie sind aufeinander bezogen. Aber wodurch stehen diese Räume, z.B. von Bauch, Herz und Stirn, miteinander in Beziehung?

Im Tantra wurde beobachtet, dass jeder Raum mit dem anderen kommunizieren will, damit Kohärenz im Organismus entsteht. Dafür sorgen die Nadis. Diese entsprechen den Meridianen in der Traditionellen Chinesischen Medizin[62], aber auch den Energiekanälen, wie sie aus der Kultur der Hopi-Indianer[63] und der alten Inka-Kultur Südamerikas überliefert sind.

Die drei Hauptnadis: Ida, Pingala und Sushumna

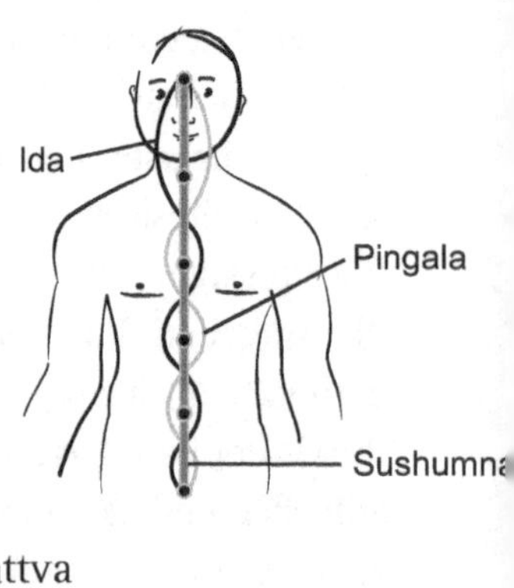

Wie in Kapitel 3 schon beschrieben, werden die drei wichtigsten Nadis polar zugeordnet, was wiederum auch mit dem Konzept der Gunas korrespondiert:

- Ida –
  die weibliche Nadi – Mond – Tamas
- Pingala –
  die männliche Nadi – Sonne – Rajas
- Sushumna –
  der mittlere Kanal – Sonne/Mond – Sattva

Sushumna Nadi

Sushumna heißt direkt übersetzt »die Gnädige, die Huldvolle«, wird aber auch oft »der mittlere Kanal, der königliche Weg« genannt. Sie ist die wichtigste Nadi und befindet sich in der feinstofflichen vertikalen Achse. An ihr sind die sieben Hauptchakras aufgereiht. Die Sushumna verläuft vom Beckenboden-Steißbein-Bereich (Muladhara-Chakra) zum Scheitelpunkt des Kopfes (Sahasrara-Chakra).

In der *Hatha-Yoga-Pradipika* (Kap. 3 Vers 4) werden für Sushumna folgende Synonyme (Paryaya) aufgezählt: Shunyapadavi, Brahmarandhra, Mahapatha, Shmashana, Shambhavi und Madhyamarga. Ein weiteres in der HYP verwendetes Synonym für Sushumna ist Brahma Nadi.

Ida Nadi

Ida, die Mond-Nadi, steht für Labung, für Spende, für die Göttin der Andacht und für die Erde. Sie befindet sich auf der linken Seite des Körpers bzw. zur Linken der Wirbelsäule und steht in Verbindung mit der Mondenergie. Diese lunare Nadi korrespondiert mit der tamasischen Qualität der Natur.

Pingala Nadi

Pingala, die Sonnen-Nadi, wird rötlich, braun, gelblich vorgestellt; entsprechend ist Pingala auch der Name für die rötlich-braune bzw. golden-rötliche Farbe. Sie befindet sich auf der rechten Körperhälfte bzw. rechts der Wirbelsäule und ist mit der Sonnenenergie verbunden.

Weitere Nadis

Zudem gibt es noch elf weitere wichtige Nadis:

Gandhari soll vom linken Auge bis zum großen Zeh des linken Fußes laufen.

Hastijihva läuft vom rechten Auge ebenfalls zum großen Zeh des linken Fußes.

Pusha soll vom rechten Ohr zum großen Zeh des rechten Fußes gehen.

Yashasvini geht vom linken Ohr ebenfalls zum großen Zeh des rechten Fußes.

Alambusha soll am Anus entspringen und bis zum Mund laufen.

Kuhu soll vom Hals bis zu den Genitalien verlaufen.

Shankhini soll im Hals entspringen und im Anus enden.

Saraswati soll in der Zunge entspringen und zu den Stimmbändern laufen.

Payaswini soll vom rechten Ohrläppchen aus mit den Hirnnerven verbunden sein.

Varuni entspringt zwischen Hals und linkem Ohr und läuft bis zum Anus.

Vishvodhara hat seinen Ursprung im Nabelzentrum und wird häufig mit dem »Chi« verglichen.

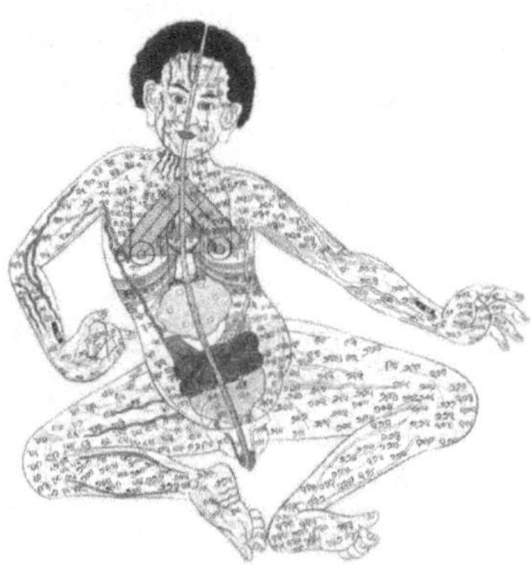

Intelligentes Zusammenspiel

Im tantrischen Yoga ist die Beobachtung der Nadis so ausdifferenziert, dass man von mehr als 72 000 Nadis berichtet. Sie durchziehen den Körper ähnlich wie Nerven oder Blutbahnen.

Dabei sammeln sie sich in Knotenpunkten. Ein wichtiger dieser Knotenpunkte ist das Kanda, eine Stelle, die drei Finger breit unter dem Bauchnabel in der Bauchmitte lokalisiert wird, ein weiterer ist das Herz.

Dies sind die beiden Stellen, aus denen heraus sich unser Leben entfaltet. Aus dem Segen der Zeugung entsteht unser energetisches Herz, um das herum sich der Fötus entwickelt. Das Herz braucht das Kanda als Erdung, die Materie, Shakti, die Liebe und Fürsorge. Bis heute weiß keiner, wie es geschieht, dass sich die Zellen anordnen und wissen, welche Funktion sie haben. Es bleibt ein Mysterium.

Das Prana trägt dieses Wissen in sich, transportiert es durch die Nadis und kann es über die Membran der Zellen, die als »Gehirn« der Zelle gelten[64], in jede Zelle hineinfließen lassen. So bekommen die Zellen ihren »Bauplan« und bilden sich zu bestimmten Bestandteilen des Körpers aus wie Leber, Lunge, Niere etc. Ein stimmiges, funktionierendes und sich selbst organisierendes System entsteht.

Der selbstorganisierte Organismus wird getragen von der tiefen Intelligenz des Prana, der einer anderen Dimension entstammt.[65] Können wir uns dort einfügen und uns als Ausdruck dieser Intelligenz erfahren, wird sich unsere Selbstwahrnehmung verändern. Diese Anlage zum Durchströmtwerden macht es möglich, dass unsere ca. 3,1 Billionen Zellen sehr fein koordiniert funktionieren. Uns bleibt angesichts dessen nur das Staunen[66].

In der Wahrnehmung der inneren Räume erleben wir die Nadis. Sie durchziehen alles und liegen vermutlich in der Matrix, in der Grundsubstanz des Gewebes, in den Faszien in ihrer flüssigen

Form, wo die Botenstoffe und die Hormone durch den Körper gesandt werden. Diese Substanz muss durchlässig sein, nicht verklumpt oder verklebt. Ist dieses Gewebe offen, so ist alles da und alles kommt hoch, z. B. auch lange verdrängte Gefühle, die nun erstmals wahrgenommen werden können.[67]

Die Grundsubstanz auf molekularer Ebene kann man sich vorstellen wie einen von feinsten Fäden durchzogenen Ozean, dessen Struktur sich unablässig verändert. Daher ist eine genaue Lagebestimmung der Nadis nicht möglich. Jedoch können wir unsere Nadis spüren und können dem Gespürten nachgehen. Sie sind nicht örtlich zu fixieren, aber mit Feinfühligkeit können wir merken, wo unsere Energie entlangströmen will. Unser Spüren verstärkt dabei den Strom der Nadis, dort wo wir ihren Verlauf gerade empfinden, denn: Energie folgt der Aufmerksamkeit.

Reinigen der Nadis

In der *Hatha-Yoga-Pradipika* heißt es: »Nur wenn der gesamte Verlauf der Nadis von Unreinheiten befreit ist, ist der Yogi in der Lage, den gesamten Prana angemessen zu regulieren.« (HYP 2.5)

Hierzu kommen auch Asanas zum Einsatz, die dazu dienen sollen, Verspannungen zu lösen, die den Pranafluss blockieren. Wenn jedoch der Körper nicht stark genug ist, kann auch nichts fließen. Die wichtige Kombination in der Körperarbeit des Hatha-Yoga ist deshalb die von Stabilität (Kraft) und Gelöstheit.

»Darum soll der Yogi regelmäßig mit reinem Herzen Pranayama üben, damit die Unreinheiten der Sushumna Nadi beseitigt werden.« (HYP, 2.6)

Unreinheiten werden in der Chakralehre unter anderem Granthis, »Knoten«, genannt. Der Kommentar dazu sagt sinngemäß, ein Ungleichgewicht im ganzen System besteht, solange sich Unreinheiten in den Nadis befinden. Unreinheiten werden im Yoga aber auch mit den Vrittis, den Aktivitäten des Geistes, assoziiert. Unser Denken ist oft das, was Blockierung verursacht. Forschungen über die Herz-Hirn-Verbindung[68] oder Darm-Hirn-Verbindung[69] bestätigen, dass Gedanken und deren Schwingungen auf den inneren Raum mit dem Bindegewebe und den Muskeltonus wirken.

Sie können uns sowohl anspannen als auch entspannen. Durch die Modulation unseres Denkens können wir also unser körperliches System lenken. Das geschieht je nachdem mit so einfachen täglichen Gedanken wie: »Ich kann das nicht« oder »Ich schaffe das mühelos«.

Nadi Shodhana

Die wirksamste Reinigung der Nadis erfolgt – so die HYP – durch Nadi Shodhana. Durch diese Pranayama-Technik werden die Nadis gereinigt, wenn man sie über einen längeren Zeitraum ausführt. Dadurch wird der innere Raum durchlässiger.

In der HYP heißt es zur Technik von Nadi Shodhana: »Im Anfangsstadium erzeugt das Üben von Pranayama Hitze und Schwitzen, im mittleren Stadium kommt das Zittern, im letzten Stadium kommt man in den optimalen Zustand, in dem es für den Prana leicht ist, aufzusteigen. Daher soll man seine Atemkraft durch Pranayama trainieren.« (HYP, 2.12)

So finden wir alle Elemente von Pranayama in Nadi Shodhana: Einatmen – Pause – Ausatmen – Pause. Die Pausen sind die Kumbhakas, d. h. die Stellen im Atemvorgang, an denen beim Üben von Pranayama der Atem angehalten wird, und auch die Bandhas sind ebenfalls bereits enthalten.

Granthis – die Blockierungen in den Wegen der Lebensenergie

Auf ihrem Weg nach oben muss Prana-Shakti[70] drei große Hindernisse »durchstoßen«: die *Granthis*. Es heißt in den Quellentexten des Hatha-Yoga, dass an drei Stellen im Energiekörper, und zwar im Wurzel-, im Herz- und im Stirnchakra, die Widerstandskraft der Illusion (Maya) ganz besonders deutlich spürbar wird. Damit ist gemeint, dass in den Lebensthemen, die diesen drei Chakras zugeordnet werden, das Potenzial einer nur schwer veränderbaren Ignoranz bzw. Verleugnung sitzt, die nachhaltig verhindern kann, dass der Mensch den Zustand der Einheit erfährt.

Granthi im Wurzelchakra

Dieser Granthi weist auf all die Illusionen hin, in denen ein Mensch bezogen auf die Einschätzung des eigenen Lebens und des eigenen Körpers gefangen bleiben kann. Die Blockade zeigt sich darin, dass er sich in Äußerlichkeiten verliert und darüber den Bezug zur Quelle seines Seins im Parashiva vergisst. Oder der »Knoten« äußert sich darin, dass man nicht in der Lage ist, sich wirklich auf seine Körperlichkeit und sein Leben in dieser »Inkarnation« einzulassen – man sich also nicht wirklich in seinem Dasein zu verwurzeln vermag.

Granthi im Herzchakra

Eine Blockade an dieser Stelle weist auf die Illusionen hin, die ein Mensch bezogen auf die Liebe hat. Sie zeigt sich in der Angst, sich der Liebe zu einem Menschen, einem Lebewesen oder dem Leben an sich zu öffnen, und besonders in der Unfähigkeit, in der unendlichen Liebe des Göttlichen aufzugehen und sich ihr vollkommen hinzugeben.

Granthi im Stirnchakra

Der Granthi im Stirnbereich weist auf all die Illusionen hin, in denen ein Mensch sich bezüglich der Einschätzung seiner Geisteskräfte befinden kann. Dieser »Knoten« äußert sich in der Überschätzung des eigenen Verstandes und darin, dass ein Mensch meint, dass sein Geist (Manas) ihn die Welt so »wahr-nehmen« lässt, wie sie wirklich ist – und nicht so, wie er sie sich in seinem Gehirn konstruiert.

Man könnte auch sagen, dass in diesen drei Granthis der Einfluss der tief sitzenden Störfaktoren (Kleshas) – Ego, Angst und Verblendung – besonders machtvoll ist.

Auflösen der Granthis

Das, was hilft, die Blockaden dieser Knoten zu »durchstoßen«, ist vor allem eine tiefe, unstillbare Sehnsucht der Übenden (Sadhakas). Die Kraft einer solchen Sehnsucht ist mit Wasser zu vergleichen, das irgendwann auch den härtesten Widerstand durchdringt.

Es ist die tiefe Sehnsucht von uns Menschen, den Weg zurück zu unserer Quelle zu finden und das individuelle Gewordensein in diesem Leben wieder mit dem göttlichen Urgrund zu vereinen. Diese Sehnsucht befähigt uns Menschen, die harten Krusten des Egos aufzubrechen, zu erkennen, dass die Strukturen unseres geprägten Geistes uns einengen und wir in der Liebe des »Paares« Shiva-Shakti vollkommen aufgehoben sind. Diese Erfahrung bewirkt, dass wir zunehmend Verbundenheit fühlen und uns – je durchlässiger die Granthis werden – immer mehr bereit fühlen, uns dem Leben vollkommen zu öffnen.

Wenn wir uns bewusst machen, dass der Zustand des Samadhi – der im Hatha-Yoga Laya – Auflösung, Verschmelzung genannt wird – als eine existenzielle Erfahrung verstanden wird, die das materielle und wandelbare Sein der/des Übenden vollkommen transformiert, dann wird klar, dass wir versuchen, uns vor den Erfahrungen, die hinter den »Knoten« liegen, in einer scheinbaren Sicherheit zu verschanzen.

Denn sich diesen Erfahrungen zu öffnen und sich von ihnen absorbieren zu lassen, ist, als wenn der Tropfen mit der Welle und die Welle mit dem Ozean verschmilzt! Das macht Angst, birgt aber gleichzeitig die Chance, dass wir uns (endlich) in unserem wahren Sein (als reines Bewusstsein) erfahren.

Und dabei ist auch wichtig zu wissen: Im Tantra wird es immer als überaus wichtig angesehen, dass wir durchdrungen von dieser im wahrsten Sinne des Wortes bewusstseinserweiternden Erfahrung zurückkehren in unseren normalen Alltag.

Chakras – die Zentren der Lebensenergie

Ein anderer Bereich unserer feinstofflichen Anatomie sind die *Chakras.* Es handelt sich bei den Chakras um ein Konzept, das im tantrischen Yoga entwickelt wurde und das uns ermöglicht, die großen Themen des Lebens zu erforschen und mit ihnen zu arbeiten. Dabei wurde deutlich, dass jedes dieser Lebensthemen sich in einem bestimmten Körperraum zeigt, der damit zum Erfahrungsraum unserer Selbsterforschung wird.

Shakti und der Weg zurück zur Quelle

Solange die Kundalini in uns schläft, neigen wir Menschen dazu, ganz unseren irdischen Geschäften verbunden zu sein. Wir füllen unseren Alltag mit dem Beschaffen von Nahrung, dem Erledigen unserer Aufgaben, dem Erziehen der Kinder usw. aus. Die Zeit rauscht in diesem Geschehen einfach an uns vorbei. Es bleibt kaum Spielraum für andere Gedanken.

Wenn unsere Grundbedürfnisse jedoch gesichert sind, entsteht ein Freiraum, in dem sich die Sehnsucht entwickeln kann, die sagt: »Das kann doch nicht alles sein? Wir sind doch viel mehr als nur materielle Wesen, die ihr ganzes Leben mit der reinen Befriedigung ihrer Bedürfnisse zubringen!« Die Sehnsucht zeigt sich uns also in dem inneren Wissen, dass da noch mehr sein muss. Es tauchen Fragen auf wie: »Warum bin ich eigentlich hier? Was ist der Sinn meines Lebens? Wo komme ich her? Wer bin ich eigentlich?« Mit dem Motor dieser drängenden Fragen, die eine ganz intensive, emotionale Ladung beinhalten, entwickelt sich in uns eine starke Motivation, den Weg zurück zu unserem wahren Sein zu gehen. Aber wohin und wie? Wie sollen wir Antworten auf diese Fragen finden?

An dieser Stelle wird uns Yoga mit seinen Konzepten und Methoden zu einer unschätzbaren Hilfe. Im Tantra wird Shakti, die große Schöpferin allen Seins, auch als die Vermittlerin und Lehrerin gesehen. Sie gilt auch als die Energie eben jener Sehnsucht, die uns ergreift. Shakti in ihrer Gnade nimmt sich unserer als ihre Geschöpfe und Ausdruck ihrer Schöpfung an und weist uns den Weg zurück zur Quelle. Sie hilft uns zu erkennen, woher wir kommen und wer wir sind. Und so entsteht mit den Mitteln des tantrischen Yoga ein Weg zurück zur Quelle, zu Parashiva. Wie schon erwähnt, geht es im Hatha-Yoga darum, diese Energien wieder zu wecken, damit die Kundalini-»Schlange« sich aufrollt und als freie Prana-Shakti in der zentralen Sushumna Nadi aufsteigen kann.

Der Weg zurück beginnt also mit einer Sehnsucht, einem Wunsch und mit Fragen zur Selbsterkenntnis. In dem Moment, in dem wir darüber nachdenken und uns klar wird, dass unser Leben für uns eine unglaubliche Chance ist, beginnen wir den Weg zurückzugehen.

Der Weg zurück

Die Erde verbindet uns mit etwas, was wir nicht wirklich begreifen können: mit dem Wunder des Lebens, mit dem Wunder, sich inkarniert zu haben, irgendwo in einem ganz speziellen Kontext angekommen zu sein, um sich da in einem Körper zu entfalten usw. Durch die Beschäftigung mit dem Wurzelchakra, mit dem Element Erde, werden die Wurzeln geklärt.

Es geht darum, sich bewusst zu machen, worin man eigentlich wurzelt, und aus dieser Verwurzelung heraus geht es dann weiter durch die verschiedenen Chakras zurück. Jedes Bhuta, jedes Element, wird repräsentiert durch ein Chakra und durch ein bestimmtes Thema. Es sind existenzielle, wesentliche Themen für uns Menschen rund um die Fragen: Wer bin ich? Was heißt es, Mensch zu sein? Was bedeutet es, Gefühle, Empfindungen, Erinnerungen und einen Geist zu haben? Was bedeutet Liebe, und was heißt es, dass wir Beziehungswesen sind? Mit den Fragestellungen, die für die einzelnen Chakras entwickelt worden sind, haben wir die Möglichkeit, einen Dialog zu eröffnen. Diese Fragen bekommen wir gewissermaßen von der Shakti zugespielt. Es gehört zu diesem Konzept, dass es unsere Aufgabe ist, die Fragen zu finden, und wir die Antworten bekommen, die wir im aktuellen Kontext gerade verstehen können.

Keiner könnte es ertragen, dass sich die Schleier plötzlich auf einmal lüfteten und man auf einen Schlag in das absolute, reine Bewusstsein eintauchte. Die Menschen, denen das passiert, landen wohl nicht selten in der Psychiatrie und sind behandlungsbedürftig. So eine unkontrollierte Erfahrung wirkt sich aus wie ein psychotischer Schub. Normalerweise jedoch läuft dieser Prozess ganz geordnet und in einer stimmigen Zeitspanne ab.

Es ist dabei auch nicht gesagt, dass man in einem Leben auch nur bis zu Buddhi, unserem höheren Bewusstsein, zurückkommt. So kann es sein, dass man Prägungen mitbringt oder Prägungen in der Kindheit bekommt, die einem dies erschweren. Die

Sehnsucht ist aber da. Vielleicht hat man durch die Erziehung eine innere Stimme mitbekommen, die einem sagt, dass man sich alles nur einbildet, dass alles Blödsinn sei und die Welt ausschließlich hier stattfindet. Und trotzdem ist diese Energie, dieser Wunsch da zurückzukehren.

Mit den Mitteln des Yoga gehen wir den Weg zurück zur Quelle. Für den prozesshaften Weg durch die Bewusstseinszustände, die die Chakras symbolisieren, wurden die verschiedenen Asanas, Pranayamas und inneren Bilder (Bhavanas), Konzentrations- und Meditationsübungen und Mantras entwickelt. Es heißt im Tantra, dass Shakti, aus ihrer Gnade heraus, ihrer Schöpfung mit der Hilfe der Methoden, die Shiva sie lehrt, den Weg weist und dass sie uns durch diesen Prozess begleitet.

Dieser Prozess beginnt und endet immer im Element Erde, sodass wir auf dem Weg sehr gut geerdet sein können. Man geht durch die verschiedenen Elemente, die Tattvas, hindurch und wird sich bewusst, was es eigentlich heißt, sich zu bewegen, zu sprechen, zu kommunizieren, zu zeugen, etwas auszuscheiden, zu essen usw. Jeder dieser Begriffe hat ganz viele unterschiedliche Ebenen, da sie nicht eindeutig zu betrachten, sondern nur vieldeutig und vielschichtig zu begreifen sind. Alles geschieht zu seiner Zeit, zur richtigen Zeit, sodass wir es integrieren können.

So geht es von Chakra zu Chakra zu Chakra. Jedes Chakra bietet uns unsere großen Lebensthemen an, und in dem Maße, in dem wir uns ihnen stellen, sie bearbeiten und durchleben, können wir sie auch durchschreiten. Dadurch stellt sich ein neuer Geisteszustand ein, und die obersten Chakras werden aktiv. Das Stirnchakra beinhaltet Raum, Zeit und Buddhi. Wenn wir in unserer Wahrnehmung da angekommen sind, lösen sich plötzlich Raum und Zeit auf. Wir wissen nicht mehr so recht, wo unser Anfang und Ende ist und wie unsere Form aussieht. Wir ordnen auch nicht mehr zu, ob wir Mann oder Frau sind, ob jung oder alt usw. Es bleibt nichts übrig als die Wahrnehmung »ich bin«, und auch die löst sich dann noch auf (Laya) in das reine Bewusstsein, Parashiva.

In den weiteren Vertiefungszuständen wissen wir nicht einmal mehr, dass wir sind, sondern es ist da etwas, was man nicht einmal mehr mit Worten umschreiben kann. In solchen Momenten sind wir nichts mehr als reines Bewusstsein – und damit sind wir am Ziel des Hatha-Yoga-Weges angelangt.

In der Vorstellung der tantrischen Hatha-Yogis bedeutet es, wenn Shakti wieder hier oben angekommen ist und sie somit ihre gesamte Schöpfung wieder eingefaltet hat, dass sie sich mit dem reinen Bewusstsein verbindet, sich mit ihm vermählt und dadurch wieder verschmilzt mit der Quelle, aus der sie einst entsprungen ist.

Dies ist aber noch nicht das Ende dieses Prozesses! Aus der Glückseligkeit, die der / die Übende im Moment der Vereinigung und Verschmelzung erfährt, ergießt sich erneut die Energie in die Schöpfung. Sie erschafft sich wieder neu – genau wie wir irgendwann am Ende unserer Meditation, unserer Samadhi-Erfahrungen, wieder auf der Erde ankommen und feststellen, dass wir in diesem Raum und auf unserer Matte sitzen. Aber eines ist dann bedeutend anders: Wir sind durchtränkt von der Erfahrung der Einheit und der endlosen Freiheit, von Offenheit, der Unkonditioniertheit und Weite des reinen Bewusstseins! Und dadurch verändert sich auch unser Bewusstsein in entscheidender Weise.

Auf dem Weg durch die Schöpfung materialisiert sich das Bewusstsein, und auf dem Weg zurück vergeistigt sich die Materie wieder. Diese Vergeistigung nehmen wir wieder mit in die Materie, sodass die Schleier der Maya jedes Mal einen Hauch dünner werden.

Bei Patanjali heißt es am Ende seiner Ausführungen zu Pranayama (YS 2.52): »Die Schleier, die das Bewusstsein trüben, werden zur Seite gezogen und Klarheit entsteht.« Das nennt er »den vierten Zustand«.

Schlussendlich soll durch dieses ganze Tun nur bewirkt werden, dass wir das Wissen, die Ahnung, die Empfindung des vierten Zustands irgendwann mitnehmen in die fünf Elemente (die Bhutas), in denen unser alltägliches Leben stattfindet. Das bedeutet wunderbarerweise, dass dieser Geisteszustand dann beginnt, unser Tun, unsere Wahrnehmung, unser Ego, unseren ganz persönlichen Geist zu gestalten, sodass er irgendeines Tages angebunden bleibt an dieses höchste Bewusstsein und ab dann unsere alltäglichen Handlungen im Bewusstsein der Ganzheit und der Verbundenheit ausgeführt werden.

Einführung zu den Chakras und deren Potenzial

Chakra heißt »Rad« oder »Schwungrad«. In den meisten Yogatraditionen wird von sieben Chakras ausgegangen, die über den mittleren Energiekanal – die Sushumna Nadi – in Beziehung stehen und in ihren Themen von unten nach oben aufeinander aufbauen.

Chakras werden in den Quellentexten erst seit dem 8. Jhd. erwähnt. Sie sind uns vor allem aus frühen tantrischen Texten überliefert. Vielleicht wurde die Lehre der Chakras vorher schon mündlich überliefert, aber das wissen wir nicht.

Bezogen auf die Beschreibung der Chakras ist das Shat Chakra Nirupana von Swami Purnananda (16. Jhd.) der zentrale Text, der viele Traditionen in sich vereinigt. Er wurde bereits 1918 von Sir John Woodroffe (Autorenname: Arthur Avalon) unter dem Titel »The Serpent Power« (dt. »Die Schlangenkraft«) veröffentlicht.

Die Quellentexte des Hatha-Yoga erwähnen im Zusammenhang mit den Chakras die oben bereits beschriebenen Strömungsbahnen des Prana (die Nadis), von denen drei als wesentlich angesehen werden: Ida, Pingala und Sushumna, der zentrale Kanal.

Es heißt, dass Sushumna-Nadi in der Wirbelsäule verläuft, mitten im Rückenmark. In diesem Kanal befindet sich ein weiterer Kanal, Vajra-Nadi genannt (Vajra = die tiefste Wahrheit, das, was wir als unzweifelhaft erfahren). Darin wiederum befindet sich die Brahma-Nadi. Sie gilt als der feinstofflichste Kanal. Der Zugang zu diesen Kanälen wird verschlossen durch einen Schleimpfropfen (Symbol für Kapha-Dosha) und den Kopf der Kundalini, solange sie im Wurzelraum auf ihrer Schlafstatt (dem Kanda) zusammengerollt schläft.

Erwacht sie, steigt sie als Bewusstseinsenergie auf bis zum obersten Chakra, dem Sahasrara-Chakra. Dort findet dann auch die Verschmelzung (Laya) mit Parashiva, dem reinen Bewusstsein, statt.

Viele Traditionen beschreiben die Chakras als Lotosblüten (Padma), die tief in der Wirbelsäule wurzeln. Solange die Kundalini schläft, sind sie wie geschlossene Knospen, die nach unten hängen. Wenn sie jedoch von der aufsteigenden Bewusstseinsenergie (Prana) berührt werden, dann beginnen sie sich zu heben, wie eine Pflanze, die gewässert wird, und öffnen sich. Schreiten wir in diesem Prozess voran, heben sie sich immer weiter, öffnen sich immer mehr, drehen sich nach oben und erblühen. Aber wie eine Pflanze können sie sich bei Dunkelheit auch wieder verschließen.

Dieses Bild der Lotosblüten steht symbolisch für das Potenzial der Chakras. Sie erblühen und verschließen sich so wie unser Bewusstsein auf natürliche Weise, mit vielen Zwischenstufen und einem steten Vor und Zurück.

Im Tantra heißt es, dass in allen Menschen alle »Blüten« angelegt sind. Die Möglichkeit, sie zum Erblühen zu bringen, ist also für alle gegeben. Das, was wir tun können, ist, günstige Bedingungen dafür zu erschaffen. Wann sie sich öffnen, hängt allerdings nicht von uns selbst ab, und dass sie überhaupt aktiviert werden, gilt im Tantra immer als ein Akt der (göttlichen) Gnade (Anugraha).

Wenn die Kundalini erwacht und wenn sie aufzusteigen beginnt, dann kommt »diese mit nichts zu vergleichende Situation des spirituellen Auf- und Umbruchs dem sehr nahe, was C. G. Jung als ›Individuationsprozess‹ bezeichnet, wenn man Individuation mit ›Verselbstung‹ oder ›Selbstverwirklichung‹ übersetzt.«[71]

Selbstverständlich wird hier unter Selbstverwirklichung etwas anderes verstanden als das, was man normalerweise meint, wenn Menschen sich über Besitz, Status oder Macht definieren und glauben, dass sie dadurch Verwirklichung erfahren.

Der Indologe und Religionswissenschaftler Joachim Reinelt weist eindrücklich auf diese so ganz gegensätzliche Sichtweise hin, wenn er schreibt: »Was sich bei diesem Vorgang aus psychoanalytischer Sicht ereignet, hat erstaunliche Ähnlichkeit mit der Auffassung der Kundalini-Yogis: ›Diese Befreiung beginnt (allerdings) meistens mit einem Zusammenbruch der bisherigen Einstellung, einem kleinen Weltuntergang, bei dem sich alles in ein Chaos zu kehren scheint. Man ist ausgeliefert, desorientiert, ein steuerloses Schiff, den Launen der Elemente preisgegeben‹, beschreibt Jung diesen Zustand. In Wirklichkeit ist man auf das kollektive Unbewusste zurückgefallen, das nunmehr die Führung übernimmt.«[72]

Der individuelle Geist ist durcheinander, und wenn alles gut vorbereitet ist, übernimmt der unbewusste Guru in uns das Steuer des Schiffes. Ohne dass wir es mitbekommen, wird ein Kurs für uns eingeschlagen, von dem wir nicht wissen, wohin er uns führt. Eine höhere – uns innewohnende – Instanz, die oft auch »der innere Lehrer« genannt wird, übernimmt die Führung (und auch das gilt als Akt der Gnade).

Das Chakra-System ist eingeordnet in ein Gefüge, das an das Kosha-Modell erinnert. Das Modell der Koshas existiert jedoch nicht im Tantra. Es ist, wie schon erwähnt, viel älter und wurde (erstaunlicherweise) vom Tantra nicht übernommen.

Vielmehr wurde im Tantra ein Modell entwickelt, das uns in einen grobstofflichen (Sthula-Sharira), einen feinstofflichen Körper (Sukshma-Sharira) und einen Kausalkörper (Karana-Sharira) unterteilt. Diese drei Körper sind miteinander vernetzt.

Der grobstoffliche Körper ist der einzige, den die meisten Menschen kennen. Er ist aus Fleisch und Blut und entspricht der Schwingungsebene, die wir als unser Wachbewusstsein erleben.

Der feinstoffliche Körper ist die Schwingungsebene unserer Gedanken, Gefühle und Träume.

Wenn wir sie nicht reflektieren, also nicht auf einer Metaebene über unsere Gedanken und Gefühle nachdenken, sind wir nicht in diesem (Mental-)Körper. Sind wir uns dieser Ebene in uns aber bewusst, können wir uns von unseren Identifikationen mit dem grobstofflichen Körper, aber auch mit den Inhalten unseres Mentals (Mind) lösen.

Der dritte Körper ist der Kausalkörper (Karana-Sharira), mit dem wir z. B. im Tiefschlaf bereits in unmittelbaren Kontakt mit dem höchsten unpersönlichen und formlosen Bewusstsein treten. Das ist vielleicht der Grund, warum wir am nächsten Morgen erfrischt, gestärkt und regeneriert wiedererwachen.

Denn im Tiefschlaf vergessen wir, wer wir sind, lassen alle Prägungen (Samskaras) und Einschränkungen los. Es ist so, als ob die Seele in diesem Zustand komplett frei ist und sich mit all ihren Potenzialen verbinden kann.

Leider erleben wir diesen Zustand (weil wir uns ja im Tiefschlaf befinden) nicht bewusst.

Deshalb haben sich die Meister des Yoga überlegt, wie man einen solchen Zustand im Wachbewusstsein generieren kann. Sie fanden heraus, dass wir in den meditativen Vertiefungen, wenn wir jenseits von Raum-, Zeit- und Ichgefühl sind, ganz ähnliche Erfahrungen machen können.

Da ein dermaßen unbegrenzter Zustand uns (besser: unserem Ego) in der Regel Angst macht, sollten wir uns ihm nur behutsam und schrittweise nähern.

Damit wir nicht zu schnell zu weit gehen, hat uns die Natur vielleicht im Stirnchakra mit einer machtvollen »Bremse« ausgestattet, denn dort überlegen und erwägen wir: »Wie viel Kontrolle kann ich aufgeben? Wie viel Risiko will und kann ich eingehen?« Diese Instanz ist wie eine Weiche, an der wir in eine spirituelle Erfahrung abzweigen oder auch sicher den Weg in unseren Alltag zurückfinden können.

Es gibt Menschen, die die Erfahrung der Entgrenzung ihres Bewusstseins mit auf die Welt bringen. Sie zeigen diese Fähigkeit oft bereits als Kleinkinder dadurch, dass sie nicht wie die anderen ihre Persönlichkeit / ihr Ego so stark ausprägen und oft von alleine in meditative Zustände fallen. Wenn sie erkannt werden, werden sie (in Indien) in Tempel gebracht, zu Menschen, die ihre spirituelle Entwicklung begleiten. Krishnamurti oder Ramana Maharshi waren solche Menschen, die bereits in jungen Jahren voll erwacht waren.

Wir normalen Menschen jedoch durchlaufen diese Prozesse Schritt für Schritt. Und das ist auch gut so, denn so haben wir viel Zeit für die Integration.

Chakras als Bewusstseinsebenen erfahren

In der Sichtweise meiner Lehrer Roger Clerc und Boris Tatzky können wir die Chakras als Bewusstseinsebenen verstehen. Das wirft ein völlig anderes Licht auf diese Lehren, die im Westen (im Rahmen der Hippie-Kultur, des Neo-Tantra und der Encounter-Bewegung der 70er-Jahre) vielleicht noch einmal in besonderer Weise missverstanden und verfälscht wurden.

Denn es geht hier, wie schon angedeutet, gar nicht um »Selbsterfahrung« im Sinne von Ego-Verwirklichung. Es geht vielmehr um ein Reinigen unserer selbst von Stufe zu Stufe, um ein Reinigen von all den Sichtweisen, Konzepten und Dingen, die wir im Laufe unseres Lebens angesammelt haben, die unseren Blick in die Weite und unsere Wahrnehmung trüben und damit unseren eigenen Horizont einengen.

Tan – die Wurzel des Wortes Tantra – heißt ja »ausdehnen,

erweitern«, und das, was da ausgedehnt wird, ist unser Bewusstsein! Es wird ausgedehnt, indem es von seinen Beschränkungen und Begrenzungen befreit wird.

Bewusstsein ist grundsätzlich als etwas Grenzenloses und Umfassendes in uns angelegt. Dann kommen u.a. die Prägungen durch Erziehung und engen es ein, damit wir zu einem Ego werden, uns in die Ansprüche und Normen der Gesellschaft einfügen können und überlebensfähig in unseren Kontexten werden. Erziehung ist somit immer Begrenzung, und deswegen spricht auch der Neurobiologe Gerald Hüther davon, dass sie »durch Schrumpfung« geschehe. Die Nervenenden und Synapsen schrumpfen dabei auf das Maß zurück, das für unser aktuelles Dasein nützlich ist. Da unser Gehirn aber so plastisch ist, können wir uns in die ursprünglich angelegten, weiten Potenziale wieder hineinentwickeln, nur dieses Mal bewusst und ausgerichtet. Alle Übungen des Yoga und des Tantra sind so angelegt, dass sie uns darin unterstützen, unser Bewusstsein wieder auszudehnen.

Damit wir die Bewusstseinsstufen der Chakras nacheinander durchlaufen können, benötigen wir einen festen Grund, denn die Entwicklung geht, wie gesagt, immer von unten nach oben.

Wurde eine bestimmte Entwicklungsstufe einmal erreicht, können wir eigentlich nicht auf eine tiefere zurückfallen, außer in speziellen Stressmomenten.

Die polare Arbeit mit den Chakras

Auf dem Hintergrund der Konzepte des Hatha-Yoga ist es günstig, sich die Chakras in ihrer Polarität (Erde – Himmel/Bauch – Kopf/das Leben handelt – das Leben durch Kommunikation gestalten) anzuschauen. Bei den ersten beiden Chakras, die wir betrachten werden, dem Muladhara- und Sahasrara-Chakra, ist es die Polarität von Erde und Himmel bzw. Himmel und Erde. Die Mitte entsteht, indem sich die Polaritäten jeweils wie ein

Reißverschluss ineinander verschränken und sich so das Komplementäre vereint.

Der Übungsweg geht dabei immer von unten nach oben, wie bei einer Leiter, die ja auf der Erde stehen muss, damit wir auf ihr hinaufsteigen können. Hatha-Yoga und Tantra entwickelte sich für »Haushälter«, d. h. für Menschen mit Familie, Haus, Kindern und Beruf, und nicht so sehr für Menschen, die ein von anderen subventioniertes, geistiges Leben führen. Durch seine vielen bewusstseinserweiternden Konzepte und die methodisch-didaktische Planung des Übungsweges gilt der Hatha-Yoga als ein besonders geeigneter Weg im dunklen Zeitalter, im Kali-Yuga.

Muladhara-Chakra[73]

Das Muladhara-Chakra bzw. Wurzelchakra befindet sich am Beckenboden, zwischen den Geschlechtsorganen und dem After. In diesem ersten Zentrum schwingt die Energie am dichtesten, denn das Element dieses Chakras ist die Erde.

Symbolik und Potenzial des Muladhara-Chakras

Muladhara ist das materiellste aller Chakras. Mula = »Wurzel«, Adhara = »die Stütze der Wurzel« – das ist die Erde. Das Muladhara-Chakra steht für die Kraft der Existenz, in der wir uns bewusst werden, dass wir uns aus einem reinen Bewusstseinspotenzial materialisiert haben, in dieses Leben gekommen sind und dadurch im Gewebe der Welt einen Abdruck hinterlassen. Im Yoga wird es sehr hoch geschätzt, in einer menschlichen Gestalt in diese Welt gekommen zu sein, denn es gilt als chancenreich und macht vieles möglich.

Das Quadrat mit vier Blütenblättern ist stabil und steht für die Erde. Es trägt sich aus sich selbst heraus. Es ist die Basis und der Grund. In Indien finden wir diese Form als natürlichen Tempel, und er wird Svayambhu, »der aus sich selbst heraus Entstandene«, genannt.

Es ist ein Tempel, der sich selbst – aus der als Göttin verehrten Erde heraus – erschaffen hat.

Er ist oft nur ein Fels, der aus der Erde ragt. Solche Orte werden verehrt, indem sie mit einem Dreizack markiert werden, mit rotem Pulver bestreut und mit Glocken, Blumen und Reis versehen werden. Solche Orte finden sich im ländlichen Indien sehr häufig. Verehrt wird hier die Erde als das Uranfängliche.

Mit den Füßen fest auf dem Boden zu stehen hilft, um mit der Erde in Kontakt zu sein, und das Quadrat mit seinen vier Blütenblättern lädt uns ein, uns zu überlegen, welche vier Bereiche in unserem Leben uns Kraft geben und nähren. Entsprechend können wir die vier Eckpunkte und die vier Quadranten auch definieren als die Basis unseres Daseins.

Das Sich-Einlassen auf die vier Grundpfeiler der eigenen Basis hilft enorm, im Alltag mit den vielfältigen Schwierigkeiten und Problemen klarzukommen. Wie sollte es auch sonst möglich sein, wenn man nicht in sich gegründet und mit sich uneins ist?

Sahasrara-Chakra

Das Sahasrara-Chakra bzw. Kronenchakra befindet sich oberhalb des Scheitelpunkts. Sein Name bedeutet »tausendblättrig« und bezieht sich auf das Bild eines vielblättrigen Lotos, der in Indien das Symbol für absolute Reinheit und Klarheit ist. Das Sahasrara-Chakra gilt als das Tor, durch das der Geist in eine andere Dimension eintritt: die der Spiritualität und der hingebungsvollen Hinwendung zum Göttlichen oder Absoluten.

Symbolik und Potenzial des Sahasrara-Chakras

Sahasrara, der Gegenpol des Muladhara-Chakras, hat als Thema, unser Bewusstsein zu dehnen und zu weiten. Wir sind dann gewissermaßen ganz oben auf der Leiter (die am Beginn der HYP beschrieben wird) angekommen, gehen mit diesem »ausgedehnten« Bewusstsein wieder herunter und bekommen (und behalten) dadurch eine gute Erdung.

Im Bewusstsein, dass alles einer Quelle entspringt, verliert sich auch allmählich unsere Tendenz, uns ständig zu vergleichen. Dieses ständige Nach-oben-und-unten-Schauen, um sich einzuordnen, nach links und rechts zu schauen, um sich mit jemanden zu vergleichen bzw. sich in eine Relation zu etwas oder jemanden stellen zu müssen, lässt also nach.

Ebenso verschwindet auch das Bewusstsein für Hierarchien und irgendwann sogar auch das Konzept der Leiter an sich. Es ist im Grunde genommen als Konzept ohnehin nur eine Art Krücke, denn wenn wir genügend oft die Leiter hinauf- und hinuntergegangen sind, können wir die Leiter »in die Ecke stellen«. Wir brauchen sie nicht mehr, wenn wir verstehen, dass wir, um uns in unserer Vollkommenheit zu erfahren, auf keine obere Stufe begeben müssen.

Dasselbe gilt auch für den Guru, der uns hilft, den eigenen (inneren) Lehrer zu entdecken. Auch er wird irgendwann überflüssig. Der Guru kommt von außen. Er erklärt, macht und tut und ist eigentlich nur hilfreich. Er bringt Licht in unser Dunkel, aber oft merken wir das gar nicht. Dennoch geht uns irgendwann »das Licht auf«, weil der innere Guru es entzündet hat. Damit hilft mir der Guru als eine Art Projektion, damit ich meinen eigenen inneren Guru – der seinen Sitz im Sahasrara hat – entdecken kann. Das bleibt nachhaltig!

Befreiung wird so zu Selbstkompetenz und bewirkt Selbstwirksamkeit.

Sahasrara bedeutet, wie gesagt, »1000 Blütenblätter« = unendlich viele Blätter = unser gesamtes Potenzial. Im Tantra geht es ja um unser unendlich ausdehnungsfähiges Bewusstsein, und wir sind also eingeladen, im Laufe unseres Lebens möglichst viele dieser »Blütenblätter« zu entdecken und zu erfahren, d. h., möglichst viele Facetten des Daseins als Ausdruck des EINEN zu erfahren und zu verstehen. Dabei gilt es, nicht nur die Welt, sondern auch uns selbst in dieser Vielfalt zu erfahren.

Auf den Blütenblättern stehen zwanzig Mal alle Laute des Sanskritalphabets. Damit sind im Sahasrara-Chakra alle Schwingungsebenen vereint (so wie in einem Lichtstrahl alle Farben gebündelt sind). Es heißt in Indien, dass aus der Schwingung des Gesprochenen die Form entsteht. Am Anfang war der Klang (Nada), und der Klang war Gott. Daraus entstand die Schöpfung.

Direkt über diesem Chakra gibt es noch ein weiteres – noch feinstofflicheres – Chakra, das Nirvana-Chakra. Nirvana meint das Verlöschen aller Eindrücke und Prägungen. Hier herrscht ewige Leere und Stille. Das ist der Zustand von Nirodha, in dem man von allem abgekoppelt ist. Deswegen finden wir für das Sahasrara-Chakra keinen Gott, kein Tier, keine Form, keinen Laut, keinen Sinn (also weder einen Jnanendriya noch einen Karmendriya) – nichts.

Hier ist Nirodha, Stille, Nirvana, Erwachen, das reine Bewusstsein. Der ganze Schöpfungsprozess ist hier gewissermaßen wieder vollständig eingefaltet, während er auf der Ebene des Muladhara-Chakras vollständig ausgefaltet ist. Sie gehören vollkommen zueinander, denn das eine trägt komplett das Potenzial des anderen in sich.

Reinelt schreibt dazu: »Hier, am höchsten Ort der Glückseligkeit, ist der Sitz Shivas, mit dem sich Kundalini, ihr Ziel endlich erreicht habend, vereint. Die Vereinigung des göttlichen Paares ist gleichbedeutend mit der Vereinigung der individuellen Seele (Jiva), mit dem höchsten Bewusstsein. An diesem Punkt realisiert der Yogi: ›Ich bin Shiva‹ – Shivo Ham, ›Ich bin Das‹ – So Ham.«[74]

Der Scheitelbereich wird als Schale gesehen, in die Amrita, der Lebensnektar, hineingegeben wird. In dieses Leben bekommen wir zwei Konten mit: eine festgelegte Zahl von Atemzügen und eine Schale voll mit Lebensnektar. Vieles in der Yogapraxis bezieht sich auf das Vorhandensein und das Haushalten mit diesen beiden Guthaben, z. B. wird langsamer geatmet, was positiv auf das Nervensystem wirkt, den Geist beruhigt und das Herz und den ganzen Körper gesund erhält.

Synthese von Muladhara- und Sahasrara-Chakra

In der indischen Mythologie bleiben unten / das Dunkle und oben / das Helle immer als beide Seiten integrierende Polarität bestehen – im Gegensatz zu dem Prinzip der trennenden Dualität. In der Dualität ist nur die jeweils eine Seite möglich: Entweder kommen wir in den Himmel zu den Heiligen oder in die Hölle zu Luzifer, wir können aber nicht zwischen beiden ein wenig hin und her wechseln oder mit einem Fuß hier und mit dem anderen dort sein.

Man muss sich entscheiden. Das Prinzip der Dualität ist ein Schwarz-Weiß-Konzept, es ist ausschließend und trennend und damit für uns Menschen ein eher unfreundliches Konzept, weil jede und jeder von uns immer Himmel und Hölle in sich trägt.

Auch die indische Mythologie kennt die dunklen Kräfte. Sie werden Asuras genannt, was »Dämonen« bedeutet. Sie sind die dunklen Gegenspieler der Götter (Devas) und symbolisieren unsere Egokräfte. Die Mythen zeigen die Asuras immer als Wesen, die tief in ihre Geltungssucht und Machtgelüste verstrickt sind und die deshalb alles versuchen, um uneingeschränkte Macht zu bekommen. Darin sind sie so ungebremst, so fixiert und deshalb oft auch so blind für ihre Schwächen und Verführbarkeiten, dass man durchaus manchmal Mitgefühl mit ihnen haben kann.

Im Tantra wird das Dunkle, der Schatten, sozusagen eingemeindet. Es wird mit in den großen Kreis der Lebendigkeit hineingenommen und findet dort seinen Platz. So den hellen Kräften im Kreis verbunden, bedarf es keiner Kontrolle im Sinne von Manipulation und Macht, sondern das Dunkle, und sogar das Triebhafte, kann harmonisch mit allen anderen Kräften im großen Strom des Lebens mitströmen. Das ist eine Sichtweise, die in der Moderne vor allem im Rahmen der Tiefenpsychologie C. G. Jungs zunehmend Anerkennung fand und so z. B. die Grundlage für Methoden der Resozialisation werden konnte.

Svadhishthana-Chakra

Das zweite Chakra, auch »Sakralchakra« genannt, ist die »Wohnstatt des Selbst« und befindet sich im Unterbauch. In Japan wird dieser Bereich »Hara« genannt, was eigentlich ganz schlicht »Bauch« meint. In vielen asiatischen Kulturen gilt das Hara als unser »zentrierender Kraftraum«. Graf Dürckheim, der große spirituelle Lehrer und Zen-Meister, nutzte diesen Begriff, um damit die »energetische Mitte des Menschen«[75] zu bezeichnen. Er meinte damit »die Gesamtverfassung des Menschen, die ihn befähigt, sich den Kräften und der Einheit des ursprünglichen Lebens zu öffnen und sie zugleich in der Meisterung, Sinngebung und Erfüllung seines Lebens zu bezeugen.«[76] In den Kampfkünsten wird dieser Hara-Bereich ganz bewusst mit Bedeutung aufgeladen und als Erfahrungsraum entwickelt. Es geht um die Erfahrung, ganz sicher und stabil in sich gegründet zu sein, sodass man durch äußere Kräfte, z. B. Angreifer, die Herausforderungen des Lebens, nicht mehr umzuwerfen ist.

Symbolik und Potenzial des Svadhishthana-Chakras

Sva heißt »selbst«, und Adishthana bedeutet »Wohnstatt« = die Wohnstatt des Selbst. Man könnte auch sagen, es ist der Ort der Erfahrung des Selbst, und es ist der Bereich, in dem wir uns *in uns selbst* als gegründet erfahren. Dieses Gegründetsein im zweiten Chakra meint etwas anderes als das im Wurzelraum. Während es im Muladhara-Chakra darum geht, sich ganz grundsätzlich auf dieses Leben, diese spezielle Existenz (zu dieser Zeit, an diesem Ort, in diesen Kontexten) und auf diesen Körper einzulassen, bezieht sich das zweite Chakra auf eine ganz andere Ebene. Thema des Sakralchakras ist es zu wissen, *wer* wir sind; Thema des Wurzelchakras ist es hingegen eher zu wissen, *dass* wir sind.

Der Unterbauch ist auch der Bereich des Darms und seines »Enterischen Nervensystems« (kurz: Darmhirn). Wenig bekannt ist hier die Tatsache, dass sich in unserer embryonalen Entwicklung aus den Nerven des Darmhirns unser hochgeschätztes Kopfhirn entwickelt.

Der Darm ist auch der Ort der lebenswichtigsten Symbiosen, die die Gesamtverfassung unseres Organismus in existenzieller Weise beeinflussen.

Im Ayurveda und Yoga wird der Unterbauch als der Bereich des Apana-Vayu gesehen. Zur Erinnerung: Die Funktion dieses Vayu ist jegliche Form von Abgeben, Ausscheiden und Loslassen.

Das Element dieses Chakras ist Wasser. Das Element Wasser fordert, dass das, was wir in uns aufnehmen, durch uns hindurchfließen darf. Dabei filtern wir in diesem und dem darüber liegenden Bereich des Manipura-Chakras all das heraus, was wir brauchen, und kennzeichnen alles, was wieder ausgeschieden werden soll.

Der Unterbauch ist außerdem der Bereich, in dem unsere inneren Fortpflanzungsorgane liegen. Fortpflanzung braucht zunächst einmal eine (wie auch immer geartete Art von) Beziehung. Deswegen ist ein wichtiges Thema dieses Chakras die Fragestellung, wie weit wir in der Lage sind, Beziehungen einzugehen und in Beziehungen zu leben – oder auch nicht.

Wenn wir Beziehungen eingehen und leben können, heißt das auch, dass wir in der Lage sind, die Polarität anzunehmen. Und dies bedeutet, dass wir, um uns (als Menschen) fortpflanzen zu können, uns klar entscheiden müssen, ob wir weiblich oder männlich sind. Außerdem wird Beziehung nur dann möglich, wenn man einen Teil der Polarität ganz bewusst lebt – damit der andere sich in dem anderen Teil dieser Polarität einrichten kann.[77]

Man könnte auch sagen, dass wir in dieser Hinsicht das Element Wasser dieses Chakras nicht einfach sich selbst überlassen können, sondern wir ihm ein sorgsam gestaltetes Flussbett anbieten – und manchmal auch Wehre einbauen, um den Strom der Energie (z.B. der in die Beziehungen strebenden Triebkräfte) sinnvoll regulieren zu können. Diese Kräfte brauchen Führung, auch mal eine Art Staubecken, geregelte Abflüsse usw.

Zu spüren, dass wir in der Lage sind zu entscheiden und zu führen, gibt uns den Mut, uns auf die Verschmelzung einzulassen, aus der Zeugung entstehen kann. Man ordnet im Bereich des zweiten Chakras gewissermaßen seine Lebensgrundlage (damit einen der Strom des Lebens nicht einfach unreguliert mit sich fortreißt).

Das unterscheidet sich vom vorherrschenden Thema des Wurzelbereichs, wo es um eine stabile Grundlage geht, sich also darum zu kümmern, seine Brötchen und die Miete zu verdienen, die Krankenkasse und andere Fixkosten zahlen zu können. Im Muladhara-Chakra regelt man das Überleben und den Lebensunterhalt. Es geht um das Überleben unter allen Umständen.

Im Svadhishthana-Chakra geht es dagegen darum, dass wir unseren Lebensraum – unsere Wohnstatt – gestalten, auch das unter allen Umständen: im Flüchtlingscamp, in der Sozialwohnung, im Reihenhaus oder in der Villa. Das Gestalten macht einen Unterschied, denn es macht uns von einem »Opfer des Bedingungsgefüges« zu einem »Gestalter des(selben) Bedingungsgefüges«! Beide Chakras haben natürlicherweise in ihren Themenbereichen sehr viel miteinander zu tun.

Zum Unterbauchbereich gehört auch der untere Rücken, der Bereich des Kreuzbeins. Wir nennen auf Deutsch diesen Knochen »Kreuz-Bein«, weil sich dort zwei Ebenen kreuzen: die horizontale Ebene des Beckens und die vertikale Ebene der Wirbelsäule. Viel interessanter ist aber der lateinische Name: Os sacrum = »heiliger Knochen«.

Vielleicht ist der Name entstanden, weil sich hier im Laufe der Pubertät fünf einzelne Wirbel zu einer Knochenplatte verbinden oder – wie man sagt – zu einem Knochen »verschmelzen«. Gleichzeitig verschmelzen auch funktionell Wirbelsäule und Becken, indem sich die Kreuzbeinwirbel wie ein Dreieck in den Beckenring hineinsenken und dann dort Halt finden.

Dies ist der Halt, den es braucht, damit sich die Wirbelsäule aus dem Becken aufrichten kann.

Interessant ist, dass dann, wenn die Wirbelsäule durch ein

instabiles Kreuzbein-Darmbein-Gelenk (ISG) keinen Halt im Becken findet, das Gefühl entsteht, dass man in sich keinen Halt findet. Gefühlt ist man dann in sich selber haltlos. Entweder schwankt man wie »ein Blatt im Winde« oder man bricht bereits unter geringer Belastung zusammen oder fühlt sich unfähig, sich für einen Standpunkt zu entscheiden und den dann auch zu verteidigen (= standhaft bleiben), wenn andere versuchen, einen zu verunsichern, zu hinterfragen oder zu beschämen.

Unter anderem deswegen wird es im Hatha-Yoga als so wichtig angesehen, dass wir immer wieder unseren unteren Rücken kräftigen, aber auch die Unterbauchdecke stärken, damit die Organe von innen her an die Lendenwirbelsäule und die hintere innere Leibeswand geschmiegt werden, wodurch ein »Organhalt« aus dem Unterbauch heraus entsteht. Das Kreuzbein wird in diesem Zusammenhang als die »Wohnstatt«, also die Basis angesehen, die es braucht, um stabile Wände (= Lendenwirbelsäule und hintere Leibeswand) aufbauen zu können.

Ajna-Chakra

Der Stirnraum bzw. die Mitte der Stirn sind der Bereich des Ajna-Chakras.

Symbolik und Potenzial des Ajna-Chakras

Ajna heißt »Befehl«. Um zu verstehen, was damit gemeint sein könnte, lohnt wie immer ein Blick in die Quellentexte – in diesem Fall in die Bhagavadgita. Dort heißt es, »Yoga ist Bewusstheit im Handeln« oder »Yoga ist bewusstes Tun«. Jeder Befehl ist ein bewusster Akt – oder sollte es zumindest sein. Jeder Befehl sollte auf bewusster Erkenntnis, Einsicht und Erfahrung basieren – und all das macht ihn zu einem bewussten Akt. Fehlt diese Ebene der Bewusstheit, ist es kein Befehl! Wenn wir den Begriff »Befehl« im positiven Sinne benutzen, dann denken wir an jemanden, der kompetent ist, einen Sachverhalt durchdenkt und dann sagt: »So machen wir das!« Ein Befehl gründet auf einer bewussten Entscheidung: »Ich weiß, was ich tue und warum ich es tue.«

Es gibt für das Ajna-Chakra keine Zuordnung mehr zu einem Element (wie Erde, Wasser usw.). Zu diesem Chakra gehört die Erfahrung von Raum. Das dazugehörige Mantra ist OM = die Schwingung des Klangs im Raum.

Das Ajna-Chakra wird oft auch dem »Dritten Auge« zugeordnet. In der indischen Ikonografie bedeutet das Dritte Auge – so wie wir es bei Shiva, aber manchmal auch bei Buddha sehen können – einen Perspektivwechsel im Sehen. Normalerweise haben wir ein Auge links und eines rechts. Die Stellung unserer Augen im Gesicht (und die Überkreuzung der Sehbahnen nach hinten zum Kleinhirn hin) bestimmen, wie wir etwas wahrnehmen können.

Das Dritte Auge sitzt nun mittig und über den beiden »Alltagsaugen«. Dadurch bekommt unser Sehen gewissermaßen eine Metaebene dazu. Wir können uns vorstellen, dass sich durch das Dritte Auge nicht nur unser Sehen, sondern auch die Art, wie wir etwas wahrnehmen können, verändert.

In der indischen Ikonografie und Mythologie steht das Dritte Auge symbolisch für unsere Fähigkeit, etwas intuitiv erkennen zu können. Das heißt, etwas zu sehen, was nicht konkret und greifbar vorhanden ist, was aber im energetischen Raum mitschwingt. So können wir z. B. intuitiv die Körperhaltung eines Menschen erfassen. Wir erfahren dadurch etwas über die Körperspannung des Menschen, ob er uns zugeneigt ist oder sich innerlich abwendet, und auch über seine Befindlichkeit und Gestimmtheit – und zwar ohne, dass der Mensch sich dazu in irgendeiner Form konkret geäußert hätte.

Die Mitte der Stirn – Ajna – steht symbolisch dafür, dass wir jeweils beide Seiten im Blick behalten und vom Entweder-oder zum Sowohl-als-auch wechseln können. Auf der Körperebene steht dafür im Gehirn der Balken (Corpus callosum). Über seine Nervenbahnen werden die Informationen ausgetauscht, die auf unterschiedliche Weise in der rechten und linken Hemisphäre verarbeitet werden. Sehr pointiert könnte man sagen, dass dadurch ein Zusammenspiel von Vernunft und Analyse (linke Hemisphäre) und Gefühl und Synthese (rechte Hemisphäre) möglich wird, das uns überhaupt erst eine (einigermaßen) ganzheitliche Wahrnehmung eines Sachverhalts oder einer Person ermöglicht.

Die Yogatexte – vor allem die *Upanishaden* – benennen die daraus sich entwickelte Sichtweise sinngemäß folgendermaßen: In allem das Eine und in einem alles erkennen.

Dazu brauchen wir die Fähigkeit, die Vielfalt des Speziellen wahrnehmen und erkennen zu können – und dann zu einer Zusammenschau zu finden. So können wir das Eine erkennen und würdigen.

All die bereits angesprochenen Potenziale des Ajna-Chakras stehen in einem engen Zusammenhang mit unseren genuin menschlichen Fähigkeiten: zunächst Verstand und Vernunft, also die im Menschen angelegte Fähigkeit, Sachverhalte erkennen, durchdenken und analysieren zu können. Dann ist da die Unterscheidungsfähigkeit (Viveka). Sie hat im Yoga einen außerordentlich hohen Stellenwert. Diese wiederum wird im Yoga noch unterschieden von Vijnana, dem unterscheidenden Wissen.

Bei Viveka geht es darum, überhaupt in der Lage zu sein, zwischen zwei Dingen, Sachverhalten usw. zu unterscheiden. Vijnana meint hingegen ein inneres Wissen, das nicht angelernten Kategorien folgt, ein inneres Wissen, das zwischen angemessen / unangemessen, förderlich / nicht förderlich usw. unterscheidet. Es meint auch unsere Fähigkeit, unser Nicht-Wissen (Avidya) zu erkennen. Sehr viel von diesem inneren Wissen wird von bestimmten Gehirnfunktionen repräsentiert.[78]

Ein weiteres wichtiges Potenzial des Ajna-Chakras ist unsere Einsichtsfähigkeit. Dazu gehört zuerst die Fähigkeit, die eigenen Stärken und Schwächen zu erkennen und anzunehmen.

Alle bis jetzt beschriebenen Potenziale machen es möglich, dass wir im Laufe des Lebens eine emotionale, soziale und irgendwann sogar eine spirituelle Intelligenz entwickeln. All diese Formen der Intelligenz sind in uns angelegt, aber sie sind bei vielen Menschen nicht entwickelt. Ganz konkret bedeutet das, dass bestimmte Gehirnfunktionen und ihre neurologischen Repräsentationen nicht genügend trainiert worden sind.[79]

Entwickeln wir diese Potenziale, entfaltet sich dann wiederum unsere Intuition, die ich als eine (nie endende) Verfeinerung unserer emotionalen, sozialen und spirituellen Intelligenz verstehe.

Unsere Intuition wird heute als ein »Partner« für unseren Verstand angesehen, denn beide können Sachverhalte auf eine sich ergänzende Weise betrachten. Ein weiteres für unser alltägliches Leben äußerst wesentliches Potenzial des sechsten Chakras ist es, dass wir die Fähigkeit haben, unsere Erfahrungen zu verarbeiten und sie einzuordnen. Dadurch entsteht unser Erfahrungswissen und schlussendlich Weisheit. Ein hohes Maß an Weisheit schreiben wir gewöhnlich bzw. intuitiv eher alten Menschen zu. Warum? Weil wir erleben, dass alte Menschen (natürlich nicht durchgehend) mit ihren Erfahrungen etwas machen. Sie »machen« etwas damit in dem Sinne, dass sie das Erfahrene reflektieren, dass sie es bewusst einordnen, z. B. so, dass das Erfahrene sinnstiftend ist.

Daraus ergibt sich eine weitere wichtige Fähigkeit, die dem Ajna-Chakra zugeordnet ist: das Erkennen und Beenden von Avidya. Avidya bedeutet »Nicht-Wissen, Irrtum« und u. a. auch die Verwechslung von dem, was wesentlich ist, mit dem, was unwesentlich ist, bzw. von dem, was ewig ist, mit dem, was vergänglich ist. Avidya ist das Feld, auf dem alle anderen tief sitzenden, störenden und Spannung verursachenden Kräfte (die Kleshas) in uns wurzeln. Avidya ist das Feld, auf dem alle anderen Kleshas gedeihen.

Zusammengefasst geht es im Ajna-Chakra um das Ausgleichen und Ausrichten durch Auswählen. Zum Verständnis nutze ich dafür das symbolische Bild einer Waage: Wenn das Leben mit seinen Gegebenheiten ohne Unterlass vorrangig die eine Waagschale füllt, können wir daran nichts ändern. Zur Funktion des Ajna-Chakras gehören die Überlegungen, Abwägungen und Entscheidungen, was wir in die andere Waagschale legen sollten bzw. könnten, um zu verhindern, dass die Waage sich zum Ungünstigen, Unheilsamen neigt, und dafür zu sorgen, dass alles immer wieder in förderlicher Weise ausgeglichen wird! Ein gutes Beispiel dafür ist die »Work-Life-Balance«.

Das Auswählen beinhaltet außerdem die Möglichkeit (bzw. die Freiheit) der Interpretation des Erlebten. Das heißt, wir haben die freie Wahl, wie wir eine bestimmte Situation, Gegebenheit oder ein bestimmtes Verhalten bewerten und einordnen wollen.

Synthese von Svadhishthana- und Ajna-Chakra

Das zweite und das sechste Chakra zeigen in ihren Themen große Überschneidungen. Bei beiden spielt unsere Unterscheidungsfähigkeit (Viveka) und unser inneres Wissen um das, was wesentlich ist (Vijnana), eine wichtige Rolle.

Im Svadhishthana, dem zweiten Chakra im Unterbauch, wird dieses Thema auf der Ebene unseres körperlichen Gewahrseins angesprochen. Das Ajna-Chakra betrachtet dazu ergänzend die Ebene unseres psychischen und mentalen Gewahrseins.

Im Yoga als einer Wissenschaft vom Menschen haben wir die Möglichkeit, uns immer sehr differenziert und auf allen Ebenen zu erforschen. Dabei ist es einerseits wichtig, im Auge zu behalten, dass all diese Ebenen sehr eng miteinander vernetzt sind. Wenn wir die Ebenen aber andererseits jeweils für sich betrachten, können wir die Sachverhalte differenzierter und genauer erkennen als in der Zusammenschau.

Im Svadhishthana-Chakra geht es darum, mit sich selbst in Beziehung zu treten, indem man sich als Individuum erfährt. Sich als Individuum zu erfahren heißt auch, sich als Teil einer Gemeinschaft zu erfahren – ein Teil der Familie, der Menschheit, einer Gruppe –, und dort als ein sehr spezielles, eben individuelles Lebewesen. In dem Moment, in dem Lebewesen beginnen, in Gemeinschaften zu leben, entwickeln sie ein Empfinden für ihre Individualität. Das bedeutet, dass sie innerhalb dieser Gruppe bestimmte Fähigkeiten zeigen, bestimmte Aufgaben übernehmen und dass sie – als Individuum – ihren Platz finden und einnehmen. Darauf weist auch die Benennung »Wohnstatt des Selbst« deutlich hin.

Auf der Ebene von Ajna-Chakras geht es auch darum, mit sich selbst in Beziehung zu treten, hier aber eher mit den Fragestellungen: »Wie fühle und wie denke ich? Was sind meine Prägungen und meine Muster?« Es sind im Grunde genommen dieselben Fragestellung wie beim Svadhishthana-Chakra, aber dennoch ist es eine komplett andere »Baustelle«.

Baustelle (bzw. »work in progress«) ist in diesem Zusammenhang ein sehr passendes Wort. Man könnte sogar sagen, es handelt sich um eine lebenslange »Wanderbaustelle«! Denn kaum sind wir uns hier oder dort auf die Spur gekommen oder haben etwas von uns verstanden, tut sich auch schon das nächste

»Erkenntnisloch« auf. Oder es steht an, mehr in die Tiefe zu graben, um hinter die Ebene der Prägungen und Muster gehen zu können.

Meiner Ansicht nach – und im Yoga sieht man das genauso – handelt es sich hier um Fragestellungen, für deren Erkenntnis und Beantwortung eine Lebensspanne nicht ausreicht.

Diese Fragen sind nicht in Gänze ergründbar, weil sie so tief gehen.

Für beide Chakras gleich wichtig ist das Thema, in sich selbst Halt zu finden. Auf der Ebene des Svadhishthana-Chakras, indem wir den eigenen Körper als Lebensraum und Zuflucht erfahren. Dies bedeutet konkret: Dieser eine Körper ist der, mit dem wir immer unterwegs sind. Wir wachen morgens in ihm auf, sind den ganzen Tag mit ihm unterwegs, erleben mit ihm alles, was das Leben anbietet und fordert, und abends legen wir uns mit ihm schlafen. Wir sind immer – immer – mit diesem einen Körper unterwegs – in gesunden wie in kranken Tagen. Der Körper ist unser Lebensraum, unser Biotop. Er ist alles, was wir haben – und sind. Es gibt keinen anderen Körper! In guten und in schlechten Tagen – mit diesem unserem Körper sind wir immer »verheiratet«. Mit ihm sind wir immer zusammen.

Und weil das so ist, ist es ganz wichtig, dass wir uns um diesen Lebensraum kümmern und wir uns in uns selbst so einrichten, dass wir das Gefühl haben, da ist ein stabiler Boden.

Um das erfahrbar zu machen, hat der Hatha-Yoga viele Angebote, wie z.B. eine kräftigende Übungspraxis mit vielen Standhaltungen, Asanas, in denen wir unsere Körperkraft erfahren können.

Wenn wir Asanas schnell und routiniert üben, werden wir uns wahrscheinlich mehr um die äußere Form kümmern und diese tiefe, uns innewohnende Kraft nicht erfahren können. Deswegen muss meiner Meinung nach in der Asana-Praxis der Fokus mehr auf diese Kraft gesetzt werden. Bezogen auf uns vergängliche

Lebewesen, die im Laufe des Älterwerdens zwangsläufig eine gewisse Beweglichkeit und Körperkraft einbüßen (werden), sind diese Erfahrungen, in uns selbst einen stabilen Boden zu finden, wichtig. Sie schenken uns auf der körperlichen Ebene so etwas wie Selbstgewissheit und auch das gute Gefühl von Selbstwirksamkeit und – solange wir noch wenigstens einen Arm oder ein Bein heben können – auch das beruhigende Gefühl von Selbstkompetenz.

Im Ajna-Chakra geht es ergänzend dazu darum, im eigenen Fühlen und Denken Halt zu finden, indem wir Sichtweisen entwickeln, die uns Sicherheit und Zuflucht geben. In der Leistungsgesellschaft sind wir meist sehr stark nach vorne ausgerichtet, bewegen uns dabei auf einem sehr schmalen Grat und fürchten ständig, dass wir abrutschen könnten. Und tatsächlich rutschen wir immer wieder ab in teilweise tiefe Abgründe des Denkens und des Fühlens, wenn wir überlastet oder erschöpft sind. Deshalb brauchen wir in unserem Geist immer etwas, worauf wir uns ausrichten können, einen inneren Kompass, durch den wir spüren können, dass diese Ausrichtung und dieses Denken uns Halt und Zuflucht geben.

Bezüglich einer solchen Form des Denkens haben Yoga, Buddhismus und auch die Positive Psychologie viele gute Konzepte anzubieten, die uns helfen, in uns das zu stärken, worin wir Halt finden. Ich denke hier auch an Gerald Hüther und an seinen Vorschlag, in der aktuellen Situation – aber auch ganz generell und proaktiv – unseren inneren Kompass auf das Gelingende auszurichten. Dieser »Kompass« steht für die Ausrichtung unseres Denkens, und diese sollten wir nicht sich selber überlassen, sondern uns bewusst so ausrichten, dass der Kompass uns immer wieder die Wege aus dem Leid und zurück ins Licht weist. Das ist ein Ajna-Thema!

In diesem Zusammenhang ist auch das Thema Selbstfürsorge sehr wichtig, und Selbstfürsorge gehört wiederum ganz klar zum

Svadhishthana-Chakra. Wenn wir uns gekränkt, verletzt oder verletzlich fühlen, brauchen wir nicht noch zusätzlich Selbstkritik, Häme oder Strenge. Damit kommen wir auch überhaupt nicht weiter. Nur in der Selbstfürsorge, im Verständnis, in der Güte und im Mitgefühl können wir uns wieder einigermaßen entspannen. Sonst wird es in uns immer härter, immer rigider, immer verbitterter. Ich vermute, dass wir alle damit schon unsere Erfahrungen gemacht haben.

Für die Selbstfürsorge brauchen wir die Unterstützung des Ajna-Chakras, und zwar vor allem die dort angesiedelte Intuition.

Es ist fast unmöglich, für sich selbst ausschließlich intellektuell zu erkennen, was man gerade jetzt braucht und was stimmig ist. Dieses Wissen erschließt sich uns nur intuitiv, denn auf der intellektuellen Ebene haben wir dafür nicht die richtigen Konzepte und Werkzeuge.

Auf der Svadhishthana-Ebene geschieht außerdem Selbsterforschung, z.B. mithilfe einer andauernden Praxis des Bodyscans, die uns von Mal zu Mal erlaubt, tiefer in uns zu gehen und immer neue Ebenen unseres Seins zu erfahren. Dabei entwickeln wir zunehmend unsere feinstofflichen Sinne, die Indriyas, aber wir bleiben dabei bewusst auf der Ebene des Körpers.

Auf der Ajna-Ebene ist Selbsterforschung vielmehr »Mindsight« (ein Begriff von Daniel Siegel). Der Bodyscan ist demgegenüber gewissermaßen »Bodysight«, also in den Körper zu gehen, sich der Erfahrung des Körperseins zu öffnen. Auf der Ajna-Ebene schauen und spüren wir alles, was in der Gesamtheit des »Mind« erfahrbar wird, also mein gesamtes Fühlen und Denken. In »Mindsight« öffnen wir uns dem mit all unseren Erkenntnissinnen. Es geht nicht darum, etwas zu suchen, sondern nur darum, sich zu öffnen.

Auf der körperlichen Ebene hilft uns der Bodyscan, Zustände von An- und Entspannung in uns zu unterscheiden und uns dann ggf. auf das Lösen von Anspannung ausrichten zu können, sodass wieder Wohlspannung (Eutonus) entsteht.

Auf der mentalen Ebene des Ajna-Chakras hilft uns hingegen »Mindsight«, dass wir uns selbst gewissermaßen mental deeskalieren und unseren Mind zurückführen in die Entspannung. Das wird möglich durch das Einüben von Affekt- und Emotionsregulation. Denn Affekte und Emotionen brechen sich manchmal in uns Bahn, und dann ist da diese starke Energie. In dem Moment, in dem wir das erkennen, können wir mentale Hilfsmittel – aber auch Körpergesten – finden, mit denen wir diesen Zustand deeskalieren. Die Schnittstelle in diesem Prozess ist der Atem, indem wir erst einmal tief durchatmen oder – auf der mentalen Ebene – z. B. die »Ampelübung« durchführen:

Die Ampelübung

Rot: Halt – beruhige dich. Atme langsam tief durch, und wenn du ein bisschen ruhiger geworden bist, erkläre dir selbst, worin das Problem besteht und wie du dich fühlst.
Gelb: Bremse dich! Mach dir bewusst, dass mehrere Lösungswege für dein Problem vorhanden sind, und dann wähle den besten.
Grün: Setze diesen Plan zügig um und beobachte, was daraus wird.[80]

Um diese Übung anwenden zu können, brauchen wir aber vorher die Selbsterforschung des »Mindsight«, um zu wissen, worum es geht. Sonst »packt« uns unser Geist und nimmt uns mit in diese Dynamik der Vrittis. Das wiederum aktiviert auf der Stelle die Kleshas, und diese versuchen alles, um unser Fühlen und Denken zu beeinflussen und zu lenken.

Durch Selbsterforschung auf der Ebene des Svadhishthana-Chakras können wir dann wiederum allmählich erkennen und lernen, was uns – als Lebewesen – guttut und was uns schadet. Wir finden damit Antworten auf Fragen wie: »Welche

Bewegung, Nahrung, Beziehung usw. tut mir gut? Welche schadet mir?«

In beiden Chakras geht es um ein waches Fließen mit dem Strom des Lebens. Das zweite Chakra hat ja Wasser und das sechste Chakra Raum als Element – und Fließen braucht Raum. Raum ermöglicht Fließen. Das heißt u. a., dass wir die Erfahrung von Raum brauchen, damit wir überhaupt mitbekommen, dass etwas fließt! Wenn wir den Raum auf der körperlichen oder mentalen Ebene wegnehmen, dann blockieren wir das Strömen der Bewusstseinsenergie Prana. Meistens geschieht dieses »Wegnehmen« jedoch unbewusst, und wir bemerken es dann oft lange nicht.

Deswegen ist es so wichtig, immer wieder in die inneren Räume zu gehen und zu spüren, in welchem Zustand sich jeder der Räume befindet: »Wie ist die ›Ambiance‹, die Atmosphäre, dieses Raumes? Fließt da etwas? In welchem Maße bin ich dort gerade durchlässig?«

Als Folge dieses In-den-Körper-Hineinspürens gilt es dann, angemessen auf unsere Bedürfnisse einzugehen. Auf der Ebene des Ajna-Chakras geht es ergänzend dazu darum, uns der Dynamik unserer Gefühle und Gedanken – des Chitta Vritti – bewusst zu werden – und auch in dieser Hinsicht zu erspüren, was wir aktuell brauchen, z. B. etwas mehr Ruhe oder etwas mehr Anregung oder Flexibilität. Meist geht es darum, Ruhepole zu finden bzw. zu schaffen, um auf diese Weise für das Fließen der mentalen Energien ein ruhiges und stabiles Flussbett zu erschaffen.

Waches Fließen mit dem Strom des Lebens heißt auch, dieses Leben als einen Prozess steten Werdens, Seins und Vergehens anzunehmen und zu würdigen. Eine solche Einstellung ist bezogen auf die körperliche Ebene sehr wichtig. Das Leben fließt immer weiter, während sich das Flussbett (unser Körper) dem Fließen anpasst und sich stetig verändert. Jede und jeder von uns ist in diesem großen Fluss des Lebens ein Abschnitt. Das

Leben floss schon, bevor wir da waren, und das Leben wird weiterfließen, wenn wir nicht mehr sein werden. Auch wenn wir alle verschwinden, wird das Leben weiterfließen. Es gebiert sich immer wieder neu aus sich selbst heraus.

Manipura-Chakra

Der Ort dieses Chakras ist der Nabelbereich, der Oberbauch und die Bauchdecke. Der Nabel als Ort ist interessant, weil er eine Verbindung herstellt zwischen innen und außen. Der Nabel hat etwas Verbindendes, denn er bleibt unser ganzes Leben lang sichtbar und erinnert uns daran, dass wir einmal sehr eng »angebunden« waren. Die Bauchdecke ist ein Kraftort dieses Chakras. Im Yoga wird es als wichtig angesehen, dass die Bauchdecke einen guten Tonus hat. »Tonus« meint gleichzeitig Ruhespannung und Spannkraft, also das Zusammenspiel von Kraft und Flexibilität. Das erlaubt uns nicht nur, uns leichtgängig im Rumpf zu drehen oder Rückbeugen zu machen, sondern lässt sich auch gut auf unser Handeln übertragen, das oft dann besonders effektiv wird, wenn es uns gelingt, Entschlossenheit und Zielgerichtetheit mit einem guten Maß an Flexibilität und Offenheit zu verbinden.

Hinter der Tiefe des Nabels und direkt vor der Wirbelsäule sitzt ein Nervengeflecht (ein Plexus), das die Bauchorgane versorgt: das Sonnengeflecht oder der Solarplexus. Neben dem Sonnengeflecht ist auch das Zwerchfell, das ständig – für jeden Atemzug – aktiv ist, Teil des dritten Chakras.

Schließlich gehören zur körperlichen Entsprechung des Manipura-Chakras noch alle Organe des Oberbauchs: Magen, Zwölffingerdarm, Leber (mit Galle), Bauchspeicheldrüse, Milz, Nieren (mit Nebennieren) und der quer verlaufende Teil des Dickdarms – also alle Organe, die uns helfen, nicht nur unsere Nahrung, sondern auch unser Leben zu verdauen.

Symbolik und Potenzial des Manipura-Chakras

Mani heißt »Juwel«[81] und Pura heißt »Stadt«. Manipura, das dritte Chakra, ist also »die Stadt der Juwelen«. Es wird auch »Nabhi-Chakra« (= Nabelchakra) genannt. Die »Juwelen«, um die es sich hier handelt, sind unsere Fähigkeiten, Talente, Potenziale und Stärken, die uns helfen, unser Leben zu gestalten. Das Element dieses Chakras ist das Feuer (Agni).

Die Metapher von Agni = Feuer, das das Element dieses Chakras ist, verdeutlicht sehr gut den Wandlungsprozess, denn im Kontakt mit dem Feuer wird alles umgewandelt. Das sind alles Prozesse, die nicht umkehrbar sind! Und durch diesen Garvorgang werden viele Stoffe der Nahrung überhaupt erst aufgeschlossen und für uns verdaubar.

Für Entscheidungsfähigkeit und Tatkraft brauchen wir Nahrung, und zwar zunächst ganz konkret Kohlehydrate, Eiweiße, Fette, Vitamine usw. Um uns entscheiden zu können, brauchen wir aber auch »mentale Nahrung«, nämlich Informationen. Unsere Lebenserfahrung zeigt uns, dass wir immer dann, wenn wir das Gefühl haben, gut genährt zu sein, auch tatsächlich richtig Lust haben, etwas anzupacken und zu gestalten. Diese Lust, anzupacken und umzusetzen, ist eines der Juwelen dieses Chakras.

Das gilt auch für die Gestaltungskraft und die Kreativität. Sie bewirken, dass wir etwas nicht irgendwie machen, sondern bewusst, achtsam und mit Freude an eine Sache herangehen.

Und zum tatkräftigen Umsetzen eines Plans oder einer Idee gehört auch Spontaneität, das berühmte »Just do it!«, ohne dass wir uns gleich entmutigen lassen, wenn etwas nicht auf Anhieb klappt. Trotz anfänglichen Nicht-Gelingens weiterzumachen, ist entsprechend ein weiteres Juwel dieses Chakras.

Mit dieser Qualität hängt wiederum eng unsere Fähigkeit zur Resilienz zusammen. Das Leben biegt uns, und wir nehmen an, was gerade geschieht, und akzeptieren das, was wir ohnehin nicht ändern können.

Gleichzeitig sind wir uns sicher, dass irgendwann auch wieder andere Zeiten anbrechen (in denen der Druck nachlässt) und wir uns dann wieder aufrichten. Das heißt auch, *mit* dem Leben zu gehen und – unter den jeweils gegebenen Umständen – das Leben neu zu gestalten!

Für all diese Fähigkeiten steht das Manipura-Chakra mit seinen »guten Egokräften«, und die Stärken dieses Chakras zeigen sich in natürlicher Autorität und Macht. Man kann auch sagen: Sie zeigen sich darin, in seinem eigenen Leben ein guter König / eine gute Königin zu sein.

Vishuddhi-Chakra

Der Aktionsraum des Vishuddhi-Chakras umfasst den gesamten Hals- und Nackenbereich sowie den Mundraum und den Bereich der inneren Ohren. Vermittelt durch die inneren – knöchernen – Ohren, nehmen wir besonders intensiv die Schwingung der eigenen Stimme wahr, aber auch die Schwingung jeder Lautgebung unseres Gegenübers.

Auch die im Inneren des Kehlraums liegenden Stimmmuskeln gehören zu diesem Chakra und außerdem die Schilddrüse.

Symbolik und Potenzial des Vishuddhi-Chakras

Vishuddhi heißt »Reinigung, Klärung« (eigentlich shuddhi = »reinigen« und vi = »differenziert, genau unterscheidend«). Reinelt erklärt, was damit gemeint sein könnte, sehr schön mit den Worten: »Wenn die [aufsteigende, Anm. A. T.] Kundalini dieses Energiezentrum reinigt, wird der Geist völlig rein.«[82]

Das Element dieses Chakras ist Äther – ein Stoff, der ohne Eigenschaften ist und deshalb Raum gibt für jede Schwingung und Färbung, also ein Stoff, der in sich ganz rein ist. Der Äther überträgt jede Form von Schwingung, egal, ob man kreischt oder schnurrt.

Entsprechend gehören auf der energetischen Ebene zu diesem Chakra auch das Sprechen und die Sprache.

Sanskrit ist die Sprache, in der seit ältester Zeit in Indien alle religiösen und heiligen Texte verfasst wurden, und sie gilt selber als heilig. Jeder ihrer Buchstaben (in der Schrift Devanagari) gilt als ein Aspekt des Göttlichen, der, sobald er ausgesprochen wird, zum Schwingen kommt, sich mitteilt und zur Form wird. Auf diese Weise, so heißt es, ist auch die Welt entstanden: Nada Brahma = am Anfang war Klang und Schwingung (Nada).

Dahinter steckt das Konzept, dass wir mit dem Schwingen und Ausdrücken der eigenen Stimme immer wieder diesen Schöpfungsprozess des Anfangs nachvollziehen. Sprachlich gestalten wir unsere Welt. Wir geben den Menschen und den Dingen Namen und damit eine Bedeutung (Wortbedeutung, Symbolik, Konnotation).

Zum Vishuddhi-Chakra gehören außerdem das Hören und Lauschen, unsere Körpersprache, Gestik und Mimik – kurz: alles, was mit unserer Fähigkeit zu kommunizieren zu tun hat, einschließlich aller Kommunikationsebenen und Kommunikationswege.

Sicher versteht jede und jeder spontan, dass es sehr wichtig ist, den Zusammenhang von »Reinigung« (Name des Chakras) und Kommunikation (seine Aufgabe) zu erkennen und zu beachten. In diesem Chakra liegt der Fokus auf dem Reinigen und Klären aller Kommunikationsebenen und -strukturen, und dies kann sowohl in passiver als auch in aktiver Hinsicht geschehen.

Passiv geht es vor allem um Loslassen. Das Loslassen bewirkt die Reinigung und Klärung.

Mir persönlich scheint es z. B. sehr wichtig, bestimmte Worte, Aussagen und Verhaltensweisen, die mich in der Vergangenheit (u. a. durch Erziehung) verletzt und gekränkt haben, endlich loszulassen, da sie das Gemüt ansonsten bis in die Gegenwart eintrüben und beschweren.

Zum passiven Anteil des Reinigens und Klärens gehört auch, dass wir uns den Lehren und Belehrungen (z. B. des Yoga) und dem Wissen öffnen. Selbst wenn wir schon sehr viel wissen, gilt es, uns zu öffnen und offenzubleiben. Wenn dann jemand etwas Neues, Ungewöhnliches, Ungewohntes sagt und wir genau zuhören und offenbleiben, verändert das unsere Kommunikationsstrukturen in förderlicher Weise. Und gerade das fällt uns oft so schwer! Meist hören wir gar nicht mehr richtig zu, sondern haben schon die Antwort auf der Zunge oder bereiten unsere Entgegnungen vor.

Aktiv reinigen sollten wir uns in unserer Kommunikation von Gedanken und Sprechweisen, mit denen wir uns selbst und andere verletzen, kränken oder herabsetzen. Hier geht es vor allem darum, zu erkennen, was wir über uns und über andere denken. Durch den verinnerlichten inneren Kritiker haben wir alle eine mehr oder weniger starke Neigung, uns selber zuzusetzen, und entsprechend bewerten wir und denken wir auch über unsere Mitmenschen sehr kritisch. Wir sollten uns in dieser Hinsicht unserer Bewertungs- und Denkmuster bewusst werden und unseren Geist dann mehr und mehr von diesen Gewohnheiten befreien. Eine andere Gewohnheit sind hier die uns oft unbewussten Muster in unserer Mimik, Gestik und Körpersprache, womit wir unsere Missbilligung, Ablehnung, unseren Mangel an Respekt oder sogar unsere Feindseligkeit ausdrücken.

Auch unser sprachlicher Ausdruck und unsere Wortwahl brauchen in der Regel dringend Reinigung. Das gilt zuallererst für unseren inneren Dialog, also all das, was wir uns ständig selber mitteilen, was wir über uns denken (besser: zu denken gelernt haben) und wie wir unser Verhalten und unsere Handlungen einschätzen.

Im Vishuddhi-Chakra geht es also als Erstes um die Fähigkeit, sich klar auszudrücken. Dazu gehört auch der wichtige Bereich unserer Bedürfnisse und Wünsche. Diese in klaren, direkten Worten kundzutun ist essenziell für die Kommunikation mit anderen und vor allem mit nahen Menschen.

Ganz generell geht es auch darum, dass wir uns differenziert und angemessen ausdrücken.

Angemessene Worte zu finden bedeutet, dass wir eine emotionale und soziale Kompetenz für unsere Kommunikationsstrukturen herausbilden. Dazu gehört meiner Meinung nach auch die »authentische Sprache«, eine Sprache also, die tief in uns entspringt (am besten im Herzen) und die deshalb in der Lage ist, andere Menschen zu berühren und zu bewegen.

Zu den Stärken und zum Potenzial des Vishuddhi-Chakras gehört auch, gut zuhören und lauschen zu können. Und wenn wir zuhören möchten, müssen wir auch schweigen können.

Eine weitere Stärke des Vishuddhi-Chakras ist es, zu seinem

Wort zu stehen. Dabei ist es wichtig, dass wir uns bewusst sind, zu welchem Wort wir stehen wollen und können. Wenn wir zu unserem Wort stehen wollen, sollten wir uns vorher gut überlegen, was wir sagen und worauf wir uns damit einlassen.

Sich entschuldigen und um Verzeihung bitten können ist ein weiterer wichtiger Aspekt des Reinigens in diesem Chakra, denn beides hilft uns, uns von Schuld- und Schamgefühlen zu befreien. Das gilt nicht nur für andere, sondern im besonderen Maß auch für uns selber.

Synthese von Manipura- und Vishuddhi-Chakra

Auch bei diesen beiden Chakras lässt sich feststellen, dass sich die Lebensthemen und Arbeitsbereiche außerordentlich stark ergänzen. Dabei berühren meiner Ansicht nach die unteren Chakras die Themen eher auf einer grobstofflicheren, konkreteren und alltäglicheren Ebene, während die oberen Chakras sich eher auf die mentalen und spirituellen Aspekte eben dieser Themen konzentrieren. Beide Ebenen sind nicht voneinander zu trennen und wirken in uns immer komplementär. So spielt das Feine als Energie und Schwingung ohnehin immer in das Gröbere hinein. Damit wir damit Erfahrungen im Leben machen können, braucht es aber das Formhafte und Körperliche (was wir aus irgendeinem Grund gelernt haben, das »Gröbere« zu nennen).

Zur Erinnerung: Im Manipura-Chakra geht es um das Entscheiden, Handeln und Umsetzen. Beim Vishuddhi-Chakra geht es um die Reinigung und Klärung von Ansichten oder Glaubenssätzen.

Bei beiden Chakra-Themen stellt sich jeweils zwingend die Frage nach dem »Was« und dem »Wie«. Wenn wir entscheiden, lauten die Fragen: »Was entscheide ich?« und »Wie läuft mein Entscheidungsprozess ab?«

Wenn wir es umsetzen und etwas tun, fragen wir: »Was tue ich?« und »Wie setze ich etwas um?«, »Wie handle ich?« bzw.

»Auf der Grundlage welcher Entscheidungen handle ich – und wie handle ich dann?« Das sind überaus wichtige Fragestellungen.

Entscheidungen brauchen zwingend das Nachdenken! Sich entscheiden bedeutet immer, dass wir uns, indem wir uns für etwas entscheiden, immer auch gegen etwas entscheiden, also etwas aussortieren, was aktuell nicht hilfreich, unterstützend oder sogar hinderlich ist.

Dieses »Aussortieren« geschieht auch in einem Prozess des Sich-Klärens, des Sich-klar-Werdens, wobei vielleicht sogar der eine oder andere Glaubenssatz aussortiert wird (d.h., wir reinigen und entlasten unser System davon). Die beide Ebenen von Manipura- und Vishuddhi-Chakra greifen bei solchen Fragestellungen meist wie die Zähne eines Reißverschlusses ineinander.

Wenn wir uns z.B. entschließen, uns zu klären oder uns von etwas Belastendem zu reinigen, dann brauchen wir eine Entscheidung, um was konkret wir uns kümmern wollen: um welchen Glaubenssatz, um welchen Gedanken oder um welches Gefühl. Wenn wir nachsinnen und uns dabei gedanklich reinigen und klären, das dann aber nicht in ein Tun oder ein Verhalten mündet, dann nützt das ganze schöne Nachdenken nichts, denn es führt nirgendwohin.

Für das Manipura-Chakra ist vor allem das Gestalten und Umsetzen wichtig und für das Vishuddhi-Chakra das Ausrichten unseres inneren Kompasses. Hier stellt sich auch die Frage nach dem »Wohin«: »Wohin soll mein innerer Kompass zeigen?« Wenn wir das erkennen, dann klärt sich auch die Art und Weise, wie wir unser Leben, Dasein und Umfeld gestalten sollten.

Beim Manipura-Chakra bedeutet die Fragestellung des »Wohin«: »In welches Potenzial hinein möchte ich mein Leben gestalten? In welche Wirkungs- und Erfahrungsräume hinein möchte ich meine Energie lenken? Vielleicht in eine Gemeinschaft, in Nähe, in Vertrauen, in die Qualität von Gelassenheit?

Oder in einen Zustand, der mir erlaubt, gut von dem zu leben, was ich gerne tue (z.B. Yoga unterrichten)?«

Sehr hilfreich ist es, wenn sich unser innerer Kompass bei seiner Ausrichtung mit den Potenzialen des Svadhishthana-Chakras verbündet, und dort ganz speziell mit den Fähigkeiten des Darmhirns (dem Enterischen Nervensystem), um zu spüren, was stimmig ist und was nicht. Die Entscheidung für das Ausrichten unseres inneren Kompasses kann also nichts rein Intellektuelles sein. Vielmehr muss sich die Ausrichtung auch vom Bauch und vom Herzen her stimmig, richtig und gut anfühlen! Führt es ins Licht? Verschafft es Erleichterung (aklishta; siehe YS 1.5)? Dient es dem Wohle aller Wesen? Wenn wir unseren inneren Kompass so ausrichten, dann bewirkt dies natürlicherweise auch sehr viel für die Art und Weise unseres Gestaltens.

Zusammenfassend lassen sich für diese beiden Chakras zwei Fragestellungen herauskristallisieren:

- Manipura-Chakra: »Gestalte ich mein Leben – oder gestalten die Umstände des Lebens mich?«
- Vishuddhi-Chakra: »Bin ich mit mir im Reinen?«

Anahata-Chakra

Der Sitz und körperliche Entsprechungen des vierten Chakras sind der Brustraum und der Brustkorb.

Symbolik und Potenzial des Anahata-Chakras

Anahata heißt »nicht angeschlagen« in Bezug auf Töne und Klang. Ein Ton wird »angeschlagen«, wenn wir z.B. zwei Zimbeln aneinanderschlagen lassen. Ein Ton, ein Klang entsteht also aus einer Begegnung. Anahata bedeutet hier, dass auch etwas »passiert«, wenn es nicht zu einer solchen Begegnung kommt. Das macht den Unterschied, denn das, was »passiert«, geschieht in einer ganz anderen Qualität als vermittelt durch eine direkte, konkrete Berührung.

Das Herzchakra wird nicht in allen Traditionen des Tantra Anahata-Chakra genannt.

Im Shat Chakra Nirupana, sozusagen dem »amtlichen« Quellentext zu den Chakras, wird z.B. noch ein separates Herzchakra erwähnt, das Hridaya-Chakra (Hrid = Herz) heißt und sich etwas unterhalb des Anahata-Chakras befindet. Es wird unten am Fortsatz des Brustbeins verortet. Da die meisten Menschen jedoch – wenn sie auf ihr Herz weisen – auf die Mitte des Brustbeins weisen, wird in der Chakralehre des Yoga der Energie dieser Bereich bevorzugt.

Das Element dieses Chakras ist Luft. Im Yoga werden die Elemente der drei unterhalb des Zwerchfells befindlichen Chakras – Erde, Wasser und Feuer – als grobstofflich angesehen. Deshalb gilt der »Sprung« über das Zwerchfell nach oben als ein Qualitätswechsel in den feinstofflichen Bereich. Offensichtlich haben die Yogis das »Querfell« (Zwerchfell) als eine Art energetische Barriere betrachtet, das es auf der grobstofflichen Ebene ja durchaus ist, denn es unterteilt die beiden unterschiedlichen Druckräume des Bauch-Becken-Raumes und des Brustraums. Diese Trennung ist anatomisch und funktionell sehr wichtig. Energetisch ist es eher wie ein Wehr, das sich mehr oder weniger öffnen lässt, um die Energie kontrolliert nach oben – in die Sphären von Äther (Vishuddhi), Raum (Ajna) und Formlosigkeit (Sahasrara) – aufsteigen lassen zu können.

Aktuell erleben wir in unseren Gesellschaften viele Menschen, bei denen das Zwerchfell zu einer Art Mauer geworden ist. Es sind Menschen, bei denen man den Eindruck hat, dass nichts – aber auch gar nichts – ihr Herz zu erreichen vermag, und die anscheinend jeden Zugang und dadurch jeden Kontakt zu ihrem Herzen verloren haben.

Das Mandala für das Herzchakra (siehe Abb. oben) zeigt zwei sich durchdringende Dreiecke.

Das Dreieck, das nach unten weist, steht für Energie, Schöpfung, Materie = Shakti. Das Dreieck, das nach oben weist, steht für den Bewusstwerdungsprozess und das Bewusstsein = Shiva. Im Anahata-Chakra durchdringen sich Energie, Manifestation und Bewusstsein in einer »heiligen Vermählung« (Maithuna). Als Zeichen der Vereinigung – gewissermaßen als das, was aus der Vereinigung entsteht – steht ein Punkt (Bindu).

Dieselbe Symbolik finden wir in der Darstellung von Yoni-Lingam. Die Yoni steht in Form einer Vulva für Shakti, der Lingam in Form eines erigierten Phallus für Shiva. Symbolisch wird damit dargestellt, wie sich das Bewusstsein in die Materie versenkt und dort verbleibt – und zwar »gebunden« durch die Kraft der Liebe.

Die Kraft des Anahata-Chakras steht für die Einladung, dass alle Anteile unseres Seins miteinander in Kontakt treten, sich gewissermaßen gemeinsam an einen runden Tisch setzen, und sich auf das jeweils andere einlassen, damit wir endlich einmal alle Anteile unserer eigenen Person kennenlernen können. Das ist wichtig, weil wir nur so herausfinden können, was uns mit dem noch nicht Integrierten alles verbindet und – noch viel spannender – dass das, wovon wir abgetrennt waren, uns auch bereichern kann, sobald wir uns ihm öffnen.

So macht es Sinn, wenn gesagt wird, dass das wichtigste Thema des Anahata-Chakras die Auflösung der Gegensätze sei.

Und dass sich dann, wenn man sich auf die Aufgaben des Herzchakras einlässt, das, was uns in unserer Wahrnehmung als gegensätzlich erscheint, aus dieser trennenden Gegensätzlichkeit lösen will. Damit ist nicht die Auflösung der Polaritäten gemeint, sondern nur die Auflösung des Denkens, das trennt. Das Anahata-Chakra zeigt in dieser Hinsicht eine ganz eigene Dynamik, die in die Auflösung des scheinbar Gegensätzlichen drängt!

Noch einmal konkret: Wenn wir einem Menschen gegenübersitzen und wir dabei offen sind für alles, was uns dieser Mensch entgegenbringt, dann können wir auch in ihm Energien erkennen, die wir sonst nicht erkennen könnten. Dadurch entstehen Brücken. Diese Funktion der Brücke wird sehr schön in dem Buch »Eastern Body, Western Mind« von Anodea Judith[83] beschrieben. Judith vergleicht da die Abfolge der Chakras mit einer »Regenbogenbrücke«. Das ist möglich, weil wir im Westen auf die Chakraräume die Abfolge der Farben des Regenbogens projiziert haben, da uns das wohl sinnvoller erscheint als die Differenzierung in verschiedene Grautöne, mit der in der indischen Kultur die Schwingungen der Chakras voneinander unterschieden werden. Wir können mit diesen Farben (vor allem einer Vielzahl von Grauschattierungen) nicht so gut in Resonanz gehen wie mit den Farben des Regenbogens, die uns konkret spüren lassen, dass Rot (Muladhara) anders schwingt bzw. sich anders anfühlt als Orange (Svadhishthana), Gelb (Manipura), Goldgrün (Anahata), Rauchblau (Vishuddhi), Indigo (Ajna) oder Weiß (Sahasrara).

Das Goldgrün des Anahata-Chakras ist in dieser Regenbogenbrücke der höchste Punkt und damit der Schlussstein (keystone) des Bogens. Wenn man diesen Schlussstein schwächte oder rauszöge, dann bräche die ganze Brücke zusammen – also: Alle Chakras würden leiden.

Das Sinnesorgan (Jnanendriya) des Herzchakras ist die Haut, also das Fühlen. Im Yoga der Energie wird davon ausgegangen, dass die Haut viel weniger eine Barriere ist als vielmehr eine

Membran, über die wir uns auf eine sehr spezielle Weise mit der Welt verbinden. So spüren wir zum Beispiel vieles, was sich uns als Intuition mitteilt, über unsere Haut. Es gibt immer wieder Situationen, in denen uns etwas »unter die Haut geht«.

Das Tatorgan (Karmendriya) sind die Arme und vor allem die Hände, mit denen wir empfangen und mit denen wir geben. Hände und Arme sollten dem Herzen verbunden sein, sodass das, was wir empfangen, zu unserem Herzen fließt, und das, was wir der Welt geben, »von Herzen kommt«. Das, was wir empfangen, kann dann in der Alchemie des Herzens Verwandlung erfahren und so verwandelt in die Welt zurückströmen.

Stärken und Potenziale der Chakras

Muladhara-Chakra

- Im Einverständnis mit dem eigenen Dasein sein bzgl. Herkunft, Zugehörigkeit zu einer Nation, Gesellschaft(-sschicht), Familie
- Gegründet sein in der Existenz
- Seinen Platz im Leben finden (im wörtlichen wie im übertragenen Sinn)
- Gut für sich (und die Seinen) sorgen können
- Die Fähigkeit, egal, was passiert, immer wieder zu sich kommen zu können
- Vertrauen in die nährende und regulierende Kraft des Lebens

Svadhishthana-Chakra

- Sich im eigenen Körper zu Hause und geborgen fühlen
- In sich selbst Ruhepunkte und Zuflucht finden
- Eine intime Beziehung zu sich selbst entwickeln
- Intimität zulassen können
- Die eigene Sexualität anerkennen und leben
- Die Fähigkeit, intime Beziehungen einzugehen

Manipura-Chakra

- Das eigene Leben kreativ und tatkräftig gestalten
- Bewusstes Denken und Handeln
- Entschlussfähigkeit
- Umsetzungsfähigkeit
- Tatkraft
- Ausdauer und Frustrationstoleranz im Umgang mit Hindernissen
- Sich selbst im eigenen Leben eine gute Königin/ein guter König sein
- Bewusster Umgang mit Macht

Anahata-Chakra

- Liebesfähigkeit, d. h., das Gefühl, voller Liebe zu sein oder sich ihr zumindest öffnen zu wollen
- Vertrauen, Hingabe, Demut
- Arglosigkeit, d. h., das »reine Herz« eines Kindes bewahren, mit dem es immer wieder vertrauensvoll auf Menschen zugeht und sich ihnen öffnet – ohne Arg. Diese Fähigkeit ist besonders wichtig für das Gelingen von Beziehungen! Sehr oft haben wir als Kinder schon unser Herz verschlossen, weil wir uns so viele Abfuhren eingehandelt haben. Sich aber immer wieder zu trauen, mit einem offenen, verletzlichen, ja »nackten« Herzen auf jemanden zuzugehen, kann uns »von Herzen guttun«! Hier geht es also auch um Risikobereitschaft, Mut und vor allem (Selbst-)Vertrauen.
- Einfühlungsvermögen und Zartgefühl
- Güte
- Das Gute und die Potenziale bei sich und anderen erkennen und verstärken
- Großzügigkeit und Freigiebigkeit

Diese Qualitäten werden gleichermaßen hoch geachtet im Buddhismus, sie werden aber auch in der HYP genannt – als Niyamas (1.16).

Und das bedeutet auch: Vom Herzen her geben, nichts zurückhalten, teilen, mitteilen – all das tut unserem Herzen sehr gut!

Vishuddhi-Chakra

- Sich des eigenen Ausdrucks bewusst sein (Sprache, Körpersprache, Gesten, Mimik)
- Sich bewusst und klar ausdrücken können
- In der Lage sein zu sagen, was man braucht
- Zuhören können
- Die Botschaft »zwischen den Zeilen« erkennen und entschlüsseln können
- Das Atmosphärische in der Kommunikation erkennen
- Den eigenen Resonanzraum gestalten

Ajna-Chakra

- Entwicklung eines stabilen, klaren Geisteszustands (Chitta Prasadana)
- Ein klarer, wacher Verstand
- Die Fähigkeit, differenziert zu denken
- Unterscheidungsfähigkeit (Viveka)
- Die Fähigkeit, Sachverhalte, Handeln und Ansichten zu bedenken und die Folgen abzuwägen
- Feinfühligkeit
- Intuition

Sahasrara-Chakra

- Die Sinnhaftigkeit des eigenen Daseins im Rahmen des »Großen Ganzen« erkennen
- Sich bewusst dem Sinn einer höheren Ordnung (Dharma) unterordnen bzw. in diese höhere Ordnung einfügen und ihr bewusst und hingebungsvoll dienen
- Entwicklung von Religiosität
- Entwicklung von Vertrauen in das Absolute

- Erfahrung der eigenen Teilhabe an einem umfassenden Zusammenhang
- Erfahrung von umfassender Zusammengehörigkeit und Ganzheit
- (Liebende) Hingabe an das göttliche Prinzip
- Aufbau einer persönlichen Beziehung zu einem persönlichen Gottesbild (Ishvara)

Anzeichen für Blockierungen in den Chakras

Muladhara-Chakra

- Sich nirgendwo zugehörig fühlen (Nation, Gesellschaft, Familie)
- Sich nirgendwo niederlassen wollen und können
- Mangel an Erdung (»Kopf in den Wolken«)
- Innere Ruhelosigkeit, sich treiben lassen
- Unwilligkeit oder Unfähigkeit, für den eigenen Lebensunterhalt zu sorgen
- Fehlender Bezug zur Natur
- Ablehnung des eigenen Körpers

Svadhishthana-Chakra

- Angst vor Kontrollverlust
- Angst, von anderen dominiert zu werden und sich dadurch selbst zu verlieren
- Unsicherheit, Zweifel und Selbstzweifel
- Angst, mit sich allein zu sein
- Angst, sich zu binden und Beziehungen einzugehen
- Angst vor Wandel, vor Vergänglichkeit, vor Krisen und Verlust
- Probleme, etwas loszulassen
- Probleme im Unterbauch und im unteren Rücken

Manipura-Chakra

- Mangel an Durchhaltevermögen
- Unentschlossenheit und ständiges Zweifeln
- Perfektionismus und ein Zuviel an Ehrgeiz
- Mangel an Mut und Motivation
- Unsicherheit und Angst, etwas falsch zu machen
- Egozentrik und Narzissmus
- Machthunger und Machtmissbrauch
- Anhaftung an Mustern und Gewohnheiten

Anahata-Chakra

- Mangel an Liebesfähigkeit
- Angst vor Nähe und Intimität
- Kaltherzigkeit, Hartherzigkeit bzw. ein »verschlossenes Herz«
- Argwohn und Misstrauen
- Missgunst und Neid
- Feindseligkeit
- Verletzende und herabsetzende Kommunikation
- Sarkasmus und Zynismus
- Ständiges Mangelbewusstsein

Vishuddhi-Chakra

- Manipulative Sprache und Indoktrination
- Neigung, andere bewusst oder unbewusst zu beleidigen, zu kränken, zu verletzen und – ganz allgemein – herabzusetzen
- Neigung, zu tratschen und Gemeinheiten über andere zu verbreiten
- Unaufrichtige Kommunikation, lügen, leugnen
- Nicht zuhören können
- Andere nicht zu Wort kommen oder ausreden lassen können
- Immer das letzte Wort haben müssen
- Hartnäckigkeit (anstatt Beharrlichkeit), Halsstarrigkeit und »Verbissenheit« (Patanjali nennt den »Mangel an mentaler

Flexibilität« ein Hindernis – Antaraya –, weil dann alles, was nicht der eigenen Sichtweise entspricht, den Geist beunruhigt.)
- Anspannung in der Stimme, der buchstäbliche »Kloß im Hals«
- Fehlende Gestik und Mimik, Starrheit
- Autismus (als extreme Form), also die totale Verweigerung von Kommunikation

Ajna-Chakra
- Arroganz als Ausdruck von Unsicherheit
- Zwanghafter Zweifel, der auch in Zynismus umschlagen kann
- Angst, nach innen zu schauen, bzw. Angst vor Selbstreflexion
- Angst, mit sich selbst eine Beziehung einzugehen
- Ablehnung der eigenen Schwächen und Angst vor den eigenen Schattenanteilen
- Angst, sich in einen größeren Zusammenhang einzubetten bzw. sich einer höheren Wahrheit zu öffnen
- Angst vor Hingabe und davor, sich der Liebe zu öffnen
- Einsatz der (womöglich stark entwickelten) Intelligenz für egoistische Zwecke oder zum Machterhalt
- Neigung zu Trennung und Zwietracht (nach Goethes Faust »der Geist, der stets verneint«)
- Neigung zu Beeinflussung und Manipulation
- Neigung zu Rechthaberei

Sahasrara-Chakra
- Angst vor der Grenzenlosigkeit des Kosmos
- Angst vor der Hingabe an etwas, das größer ist als das eigene Sein (das Göttliche, das Absolute)
- die Angst der Welle, sich in den Ozean aufzulösen
- Ablehnung von Spiritualität
- Ablehnung von allem »Übersinnlichen«

Arbeitsbereiche der Chakras

Muladhara-Chakra

- Im eigenen Dasein gründen
- Die Umstände des eigenen Lebens bezogen auf Zeit, Ort, Gesellschaftsform und Familie annehmen
- Den eigenen Körper in seinem Sosein annehmen
- Sich einlassen auf die jeweiligen Umstände und auf das, was gerade anliegt
- Willens und in der Lage sein, für den eigenen Lebensunterhalt (und den einer Familie) zu sorgen
- Erkunden, worauf man in seinem Leben gründet und worauf man sich (in sich selbst) verlassen kann

Svadhishthana-Chakra

- Lernen, in sich hineinzulauschen
- Den unteren Rücken stärken und im Bereich der Faszien Durchlässigkeit fördern
- Die Unterbauchdecke stabilisieren
- In sich selbst Halt finden, seinen Standpunkt finden
- Selbsterforschung kultivieren
- Sich auf die eigenen Stärken und Fähigkeiten besinnen
- Sich selbst in seinem Da-Sein annehmen und würdigen
- Lernen zu schätzen, dass man Fehler macht und sogar ab und zu scheitert

Manipura-Chakra

- Verdauen und alle Funktionen des Agni (= Verdauungsfeuers) und des Stoffwechsels
- Lernen, Projekte zu entwickeln und umzusetzen
- Lernen, mit Hindernissen klarzukommen, durchsetzungsfähig und gleichzeitig flexibel zu sein
- Lernen, die eigene Energie zu zähmen

- Alternativen/andere Wege finden und zulassen
- Offenheit zulassen für alles, was das Leben uns anbietet, und auch für das Unerwartete und Unvorstellbare
- Neugier und den Willen entwickeln, neue Fähigkeiten zu erwerben, sich mit neuen Methoden, neuer Technik usw. zu beschäftigen
- Mut, Risikofreude und auch Frustrationstoleranz entwickeln
- Gutes Zeitmanagement und Stressmanagement einüben

Anahata-Chakra

- Selbstliebe wagen und stärken
- Mitgefühl entwickeln
- Freundlichkeit, Wohlwollen und Herzlichkeit kultivieren
- Sich der Liebe öffnen
- Liebe wagen
- Offenherzig sein
- Hingabe riskieren
- Dankbarkeit entwickeln
- Das Verbindende sehen und so die Gegensätze auflösen
- »Herzöffner« (z. B. ein Bild, eine Melodie oder eine bestimmte Situation) finden und die Beziehung dazu kultivieren.
- Die Kraft des eigenen Herzens visualisieren und immer wieder darüber meditieren

Vishuddhi-Chakra

- Kommunikation klären zwischen uns als »Sendern« (und unseren »Empfängern«) und uns als »Empfängern« (und den jeweiligen »Sendern«)
- Uns Prägungen in Bezug auf unsere Kommunikation bewusst machen
- Ausdrucks- und Interpretationsmuster erforschen, die uns bestimmen

- Eine bewertungsneutrale Metaebene entwickeln, denn nur auf dieser Ebene wird ein achtsames Erkennen möglich und damit ein »Abkoppeln« von unbewussten Sprach- und Hörgewohnheiten
- Lernen, der eigenen Meinung und dem eigenen Erleben Ausdruck zu geben
- Achtsame Wortwahl und einen differenzierten Wortschatz einüben
- Durch Nachdenken und Austausch mit anderen Nichtwissen (Avidya) in Wissen (Vidya) verwandeln
- Lernen, erwartungsfrei und ergebnisoffen zu sein, um eine gute Kommunikation zu ermöglichen
- Die eigene Sprech- und Singstimme entfalten
- Lernen, gut zuzuhören
- Lernen, zu schweigen, still zu werden, Stille auszuhalten

Ajna-Chakra

- Die Instanz des Beobachters bzw. des Zeugen und damit eine Metaebene der Erkenntnis und Reflexion etablieren
- Durch die Aktivierung des Dritten Auges eine umfassende Schau und kluges Abwägen erlernen
- Lernen, uns selbst zu reflektieren und zu erforschen (Svadhyaya)
- Achtsamen Umgang mit Emotionen (einschl. deren Regulation und Modulation) einüben
- Erkennen, woran wir anhaften und womit wir identifiziert sind bzw. in welchen Rollen wir uns eingerichtet haben
- Das Lösen von diesen Rollen einüben
- Sich mit den Fragestellungen »Als wer will ich leben?« und »Mit wem will ich leben?« beschäftigen

Sahasrara-Chakra

- Vertrauen entwickeln bezogen auf etwas Grenzenloses, Unbegrenztes, auf das Absolute
- Die Fähigkeit entwickeln, sich dem zuzuwenden und sich dem zu öffnen, was größer ist als man selbst
- Lernen, sich einer höheren Kraft hinzugeben (sich vom göttlichen Plan lenken zu lassen) und in dem Wirken dieser Kraft die Sinnhaftigkeit zu erkennen
- Die eigene Spiritualität entwickeln und entfalten
- Eine in spiritueller Liebe gegründete Beziehung zum Göttlichen/zum Absoluten entwickeln (Bhakti)
- Erkennen und verstehen, dass man selbst und jeder Mensch Teil des großen Ganzen ist

Yogapraxis zur Erfahrung der Chakras

Mit der folgenden Übungsabfolge lässt sich exemplarisch am zweiten und sechsten Chakra die Synthese zweier Chakras ganz konkret im Körper erfahren.

Bodyscan in der Rückenlage

Beim Bodyscan wandern wir durch den Körper hindurch. Dabei beginnen wir bei den Füßen, wandern im Körper nach oben und enden im Kopf. Abschließend betrachten wir uns als Gesamtheit unter den Fragestellungen: »Wie geht es mir in den verschiedenen Bereichen, die angesprochen wurden? Wie erfahre ich mich dort? Wie ist die Gestimmtheit und Schwingung, die diesem Körperraum zu eigen ist?«

Dann begeben wir uns in diese Empfindungen hinein, erfahren sie in ihrer Unterschiedlichkeit. Das macht Sinn, da jeder Bereich verschiedene Aufgaben hat, z. B. hinsichtlich der Stabilität. Daher hat auch jeder Raum eine unterschiedliche Schwingung und Kraft.

Wichtig sind auch die Fragen: »Bin ich dort durchlässig? Kann das, was in mir Wasser, und das, was Raum ist, mit dem Strom des Lebens fließen? Kann der Pranastrom an dieser Stelle durch mich hindurchströmen?«

Wir stellen diese Fragen nicht im bewertenden Sinne, sondern mit einem offenen Interesse.

Wenn du feststellst, dass du das Strömen nicht so deutlich spürst, ist das nicht schlimm, denn die Übungspraxis wird das ändern.

Jetzt werden wir uns zunächst nur unseres *Status quo in diesem Moment* bewusst.

- Lege dich hin, lasse dich nieder, komme an.
- Spüre die Verlässlichkeit des Bodens unter dir. Spüre, wie der Boden dich trägt und dir Halt gibt.
- Gehe nun mit deiner Wahrnehmung zur Rückseite deines Körpers.
- Bemerke, wie du aufliegst, wo du dich abgibst, wie du dich abgibst, und beginne auf diese Weise deine Reise durch dich selbst hindurch – mit der Erfahrung, wie der Körper aufliegt und wie er sein Gewicht abgibt.
- Komm mit deiner Wahrnehmung in deine Füße und spüre den Raum deiner Füße.
- Werde dir bewusst, wie du den Raum deiner Füße im Moment erfährst, in ihrem Grad der Stabilität und Durchlässigkeit. Vielleicht fühlt sich der rechte Fuß anders an als der linke Fuß.
- Gehe mit der Wahrnehmung in die Unterschenkel. Erspüre den Raum deiner Unterschenkel. Auch dort werde dir bewusst, wie dieser Raum sich anfühlt: durchlässig oder blockiert? Erfahre die Schwingung des Unterschenkelraumes.

- Gehe in den Raum deiner Knie. Erfahre dich in diesem großen Gelenkraum. Wie geht es dir dort, sind die Knie durchlässig? Oder vielleicht nur eines? Spürst du Blockierungen?
- Gehe mit der Wahrnehmung in die Oberschenkel. Wie erfährst du diese beiden großen Räume? Wie geht es dir dort? Wo erfährst du dich in deinen Oberschenkeln als durchlässig oder blockiert?
- Gehe mit der Wahrnehmung in den Raum deines Beckens. Erspüre den Beckenraum. Wie erfährst du dich dort? Wie durchströmt ist dieser Bereich in seiner Beziehung zu den Beinen und zum Unterbauch?
- Erfahre dich im Gesäß, in den großen Gesäßmuskeln, unterhalb des knöchernen Beckens. Wie erfährst du dich in diesem muskulären Bereich? Kannst du loslassen in diesen Muskeln? In welchem Maße spürst du dort Anspannung?
- Gehe mit der Aufmerksamkeit dann in deinen Unterbauch, Nabel, Oberbauch, kurz: in den ganzen Bauchraum. Wie fühlt sich dein Bauchraum an, unter den jetzt gegebenen Umständen? Lebendig? Als wie weit, wie eng erfährst du diesen Raum?
- Gehe in den Bereich des Brustkorbes. Erfahre dich in deinem Brustraum – dort, wo er eng, dort, wo er weit ist, dort, wo er durchlässig ist, dort, wo du Blockierungen spürst.
- Denke daran, dass du alles, was du spürst, nur zur Kenntnis nimmst, ohne es zu kommentieren oder zu bewerten.
- Gehe mit der Wahrnehmung in deine Schultern. Erfahre den Raum deiner Schultern. Spüre den Grad von Durchlässigkeit oder Anspannung, je nachdem, wie du ihn vorfindest.
- Erfahre dich in der Gesamtheit deines Rückenraumes. Er hat in sich eine Tiefe, zwischen der Haut und der Wirbelsäule bzw. dem Brustkorb, der inneren Leibeswand. Auch hier spüre, wie dieser Raum schwingt, spüre den Grad der Anspannung oder Gelöstheit.
- Spüre dich ein in deine Hände. Wie erfährst du dich in deinen beiden Handräumen?

- Geh mit der Wahrnehmung in deine beiden Unterarme und erfahre dich in den Unterarmräumen. Wie erfährst du hier Anspannung oder Gelöstheit und Durchlässigkeit?
- Mit diesen Fragen wende dich den beiden Oberarmen zu. Spüre dich ein in die beiden Räume der Oberarme.
- Erfahre dich dann im Bereich der Schultern, des Halses, der Kehle und des Nackens. In welchem Maße erfährst du dich dort als weit, durchlässig, gelöst oder angespannt?
- Gehe mit der Wahrnehmung in deinen Kopf. Wie erfährst du dich in deinem Kopfraum?
- Dann dehne deine Wahrnehmung in die Gesamtheit deines inneren Raumes aus, welches der gesamte Raum ist, den deine Haut umhüllt. Wie erfährst du dich in diesem großen Raum? Als wie zusammenhängend erfährst du diesen Raum? In welchem Maße ist er in dieser Gesamtheit durchlässig? Wo in dir erfährst du Blockierungen?

Beende diesen Bodyscan, indem du dich wohlig dehnst, reckst, streckst und rekelst.

Geschlossene liegende Winkelhaltung (Supta Baddha Konasana) in der Rückenlage

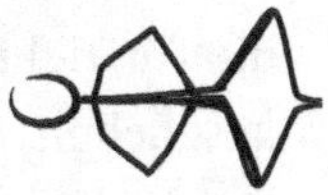

- Dann stell die Beine auf, lege die Fußsohlen aneinander und lass jedes Knie zu seiner Seite nach außen sinken.
- Lass die Beine aus den Hüftgelenken heraus los, entspanne ebenfalls den Unterbauch. Lege dazu deine Hände auf die Unterbauchdecke. Das Auflegen der Hände lockt deine Atmung dorthin.
- Vertiefe die Atmung insgesamt und stelle dir vor, mit jeder Ausatmung dort loszulassen, auf einer immer tiefer werdenden Ebene.

Geschlossene Winkelhaltung (Baddha Konasana) im Sitzen

- Komm hoch in den Sitz und finde dich ein in der geschlossenen Winkelhaltung, bei der die Fußsohlen aneinanderliegen und die Knie nach außen sinken. Eventuell legst du dir ein Kissen unter das Gesäß.
- Finde dann eine Möglichkeit, dich von der Lendenwirbelsäule her aufzurichten.
- Für die Hände hast du mehrere Möglichkeiten: Du kannst die Hände um die Füße falten, die Fußgelenke greifen oder die Schienbeine greifen. Welche Variante auch immer du wählst, wachse mit der Unterstützung der Kraft der Arme aus der Lende heraus hoch.
- Versuche, dich hinter, auf und vor die Sitzbeine zu rollen, um den Lendenbereich anzusprechen. Wähle dafür den Abstand der Füße zu deinem Becken, der dir das ermöglicht.
- Stell dir deine Beckenschale gefüllt mit Wasser vor und lass es nach vorne und nach hinten schwappen. Bewege dazu das Becken. Dies mobilisiert den unteren Rücken, gleichzeitig brauchst du dafür seine gesamte Muskelkraft.
- Wachse dann vom Kreuzbein her nach innen und oben. Lasse die Ausrichtung in der Lendenwirbelsäule einfach von selbst geschehen. Gehe nur so weit, wie die Aufrichtung von selbst geschieht.
- Finde Halt und spüre, ob er noch da ist, wenn du die Hände löst und an die Knie legst.

  Bleibe in der Aufrichtung, aus dem zweiten Chakra heraus. Das braucht ein wenig Kraft.

  Sind deine Füße zu nah am Damm, dann kommt die Aufrichtung aus dem oberen Rücken. Wenn das der Fall ist, schiebe die Füße weiter nach vorne, weg vom Damm, damit die Kraft aus dem unteren Bauch heraus kommt.

- Bleibe in der Ruhe sitzen, ein wenig vor den Sitzbeinhöckern, und lass eine Streckung entstehen, fast ein kleines Hohlkreuz.
- Löse dann die Sitzhaltung.

Spüren der Beckenschale

- Komm in einen Sitz mit gekreuzten Beinen (wenn möglich, ansonsten in den Fersensitz).
- Spüre die Bewegung des Atems in der Beckenschale. Spüre die feine Mikroschwingung, die dein Atmen im Becken auslöst. Es ist eine sehr feine Bewegung, als würde das Wasser in der Beckenschale schwingen, fein und lebendig.
- Nun komm über den Vierfüßlerstand in die Haltung des Hundes.

Nach unten schauender Hund (Adho Mukha Shvanasana)

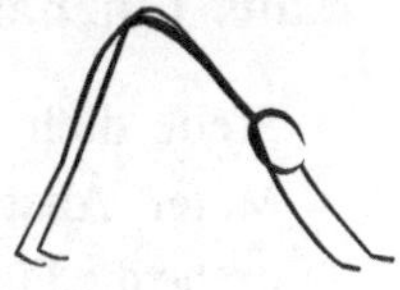

- Dehne und bewege dich im Hund, in einem angenehmen, lebendigen »Wohlfühl-Hund«, vielleicht auch ein stiller Hund, ein in sich ruhender Hund – was immer du brauchst.
- Verweile so etwas.

Machtvolle Haltung (Utkatasana) im Stand

- Schau nach vorne und laufe nach vorne, stelle deine Füße parallel zueinander, mit einer Fußbreite Abstand zueinander.
- Belaste die Außenkanten der Fersen, schiebe dein Becken nach hinten und verbinde dich innerlich wieder mit der Vorstellung des Beckens als Schale.
- Strebe nun mit dem Becken nach hinten und unten, beuge die Beine an.

- Richte dich aus dem unteren Rücken heraus auf und streck die Arme nach oben. Finde in dir Halt.
- Vertiefe die Atmung. Geh so tief in dieses Asana hinein, wie es deine Knie erlauben, und bleibe auch in Kommunikation mit den Hüft- und Kniegelenken. Vor allem aber schmiege die ganze Zeit die Außenkanten der Fersen und die Großzehenballen fest in die Matte, hebe die Innenknöchel und spüre die Kraft und die Stabilität deiner Beine.
- Verweile so und atme ruhig und tief weiter.
- Dann richte dich auf in den Stand, lass die Arme sinken und werde dir bewusst, wie du dich jetzt in deinen Füßen, Beinen und deinem Becken erfährst.

Utkatasana, die »machtvolle Haltung«, schenkt uns die Erfahrung kraftvoller Beine, der Kraft des Unterbauches und des unteren Rückens.

Kalis Tanzhaltung im Stand

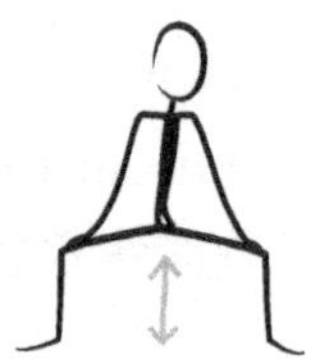

- Stelle dich in eine Grätsche von ca. einem Meter Abstand zwischen den Füßen und drehe die Füße nach außen, maximal 45° bzw. so weit, dass deine Knie, wenn du sie beugst, über deine Füße kommen. Das bestimmt den Grad, mit dem du die Füße auswärts drehst.
- Hebe wieder die Innenknöchel, indem du die Außenkanten der Fersen und die Großzehenballen belastest.
- Lege die Hände an die Oberschenkel und spüre ihre Kraft. Lege die Hände an die Unterbauchdecke, und du wirst feststellen, dass sie etwas nach innen und oben gezogen wird. Gehe mit den Händen an dein Gesäß, und du wirst merken, wie sehr aktiv es ist.
- Mache nun eine leichte auf- und abschwingende Bewegung, so als hättest du einen großen Sitzball unter dir. Achte dabei

darauf, dass die Fußknöchel nach innen gezogen bleiben und die Knie direkt über den Fußrücken sind. Dafür belaste bewusst etwas mehr die Außenkanten der Fersen. Schau auf die inneren Längsgewölbe deiner Füße und hebe sie an.

- Schwinge nun dein Becken nach links und nach rechts wie ein Sumoringer. Halte dabei das Becken tief – soweit es dir möglich ist. Deine Hände liegen bei diesem seitlichen Schwingen oberhalb der Knie, und du schaust nach vorne, wie die Sumoringer vor dem Kampf, bevor sie sich aufeinanderstürzen.

Dies ist eine Kali-Haltung. Die Göttin Kali, die Dunkle, die dunkle Energie einsaugt, die Dämonen frisst und die Zeit vernichtet.

- Wenn du aufhören willst: Mach weiter. Entspann dabei aber die Schultern. Spüre die Kraft und Entschiedenheit dieser Haltung.
- Dann strecke deine Beine, beuge dich nach vorne und ...

Adho Mukha Shvanasana

- Komm zum Ausgleich in den herabschauenden Hund.
- Von dort laufe wieder nach vorne und komm in den Stand.

Held 1 (Virabhadrasana 1) – Variante zur Kräftigung des unteren Rückens

- Komm in Tadasana.
- Gehe in eine große Schrittstellung, der hintere Fuß ist dabei nur ca. 10° ausgedreht. Dadurch wird das Knie geschont. Achte darauf, dass die Füße noch immer hüftgelenkbreit stehen.
- Richte die beiden Darmbeinstachel am vorderen Beckenkamm parallel zum vorderen kurzen Mattenrand aus.

- Beuge das vordere linke Bein an, neige den Rumpf nach vorne, in die Verlängerung des hinteren Beines, und hebe beide Arme so, dass ausgehend von der hinteren Ferse das hintere Bein, der Rumpf, der Kopf und die Arme eine durchgehende Linie bilden. Das Becken bleibt dabei zum vorderen Mattenrand ausgerichtet, beide Pobacken auf einer Höhe.

Schmiege die Außenkante deiner hinteren rechten Ferse kraftvoll in die Matte.

Wenn du nun deinen Rücken und Bauch betasten würdest, könntest du spüren, dass es überall Halt gibt. Umso mehr, weil deine Arme lang nach vorne gestreckt sind. Der untere Rücken hält sowohl über die Muskeln als auch über die Faszien über die ganze Länge den Rumpf und die Arme. In den Halt dieser starken Rückenfaszien kannst du deine Muskeln hineinentspannen, denn das ist die Aufgabe dieser Stützgewebe.

- Wenn du beenden möchtest, dann bleib noch ein wenig und spüre den Moment, an dem es wirklich reicht.
- Strecke dann das vordere Bein, hol das hintere Bein nach vorne und komm so zurück in den Stand, in Tadasana.
- Spüre die Kraft in dir, nimm die Unterschiedlichkeit deiner beiden Seiten wahr.
- Wiederhole dann die Haltung mit dem rechten Bein vorne.

Held 3 (Virabhadrasana 3) – Variante für Standfestigkeit (auch wenn es wackelt)

Dafür brauchst du zwei Blöcke. Solltest du mühelos mit den Händen zur Erde kommen, so brauchst du die Blöcke nicht.

- Komm in Tadasana.
- Beuge dich vor und stelle deine Hände unter die Schultern.

- Hebe nun dein rechtes Bein parallel zum Boden und dehne es über die Ferse nach hinten. Der Scheitel strebt nach vorne. Der Rumpf ist ungefähr parallel zur Erde. Wenn möglich, strecke auch dein Standbein.
- Dann löse erst die linke Hand, dann evtl. auch die rechte Hand vom Block / von der Erde und strecke sie nach vorne.
- Spüre deine Standfestigkeit, auch wenn es wackelt und zittert. Werde dir bewusst, wo und wie du in dir Halt findest.
- Komme mit Hand und Fuß zurück, geh für einen Moment in die Vorbeuge und wechsle dann die Seite.
- Danach komm über die Vorbeuge hoch in den Stand.
- Spüre, wie anders du jetzt stehst. Beobachte, wie dein Atem sich langsam beruhigt.

Vorbeuge mit erhobenem Bein (Eka Pada Uttanasana) für Standfestigkeit

- Komme in die stehende Vorbeuge, evtl. mit den Blöcken auf kleinster Höhe als Handstütze. *Vielleicht geht es auch ohne Blöcke – bitte ausprobieren.*
- Nun hebe dein rechtes Bein so weit, wie es geht, und finde wieder einen Platz für deine Hände. Diese sind evtl. breit gesetzt, damit du stabil stehst.
- Hebe das rechte Bein so weit, wie du kannst. Achte dabei auf deine linke Hüfte, damit sie glücklich bleibt. Versuche deine Stirn Richtung Knie zu bewegen.
- Wenn es reicht, senke das rechte Bein, um dann nach einer angemessenen Pause das linke Bein zu heben.
- Beende das Asana in einer Vorbeuge ohne Blöcke. Dann komm behutsam, mit einem Knie nach dem anderen, hinunter zur Erde.

Kindhaltung (Yoga Mudra)

- Lege deine Hände übereinander und bette die Stirn auf den Handrücken. Lass den Nacken los, ebenso den unteren Rücken und den Stirnbereich.
- Spüre, wie dein Atem sich beruhigt und wie dein »System herunterfährt«.

Den Stirnraum entspannen

- Komm hoch in einen Sitz, in dem du stabil sitzt und eine Weile bleiben kannst.
- Behalte die Entspannung im Stirnraum bei, die uns in der Kindhaltung so leichtfällt, da die Stirn der Erde zugewandt ist. Behalte diese Erfahrung bei.
- Visualisiere die Stirnschale oder Mondsichel, in die in der Vorstellung der Yogis Amrita, unser Lebensnektar, gefüllt wurde. Sinnbildlich gesehen, verbraucht sich der Amrita in dem Maße, wie wir unkontrolliert durch unser Leben hasten. Das passiert immer wieder. Aber wenn wir lernen zu erkennen, dass wir gerade wieder mit unserer Lebensenergie unkontrolliert umgehen, haben wir die Möglichkeit, uns in eine innere Sammlung und Konzentration einzuladen, die verhindert, dass Amrita »verspritzt« und somit vergeudet wird.
- Entspanne deinen Stirnraum und verweile in dieser Sammlung, indem du weiterhin das Bild des in der Schale ruhenden Amrita visualisierst.
- Spüre, wie dieses Bild die Entspannung des Geistes erleichtert und vertieft.

Wenn du dich gleich um die innere Achse drehst, hältst du den Stirn-Drishthi, indem du die Augen nach innen und oben richtest. Die Yogis sagen, dass dann, wenn der Blick auf diesen Drishthi ausgerichtet ist, der Amrita in der Schale gehalten wird, und das sogar dann, wenn der Körper sich unter der Schale dreht. Wenn jedoch die Augen den Drishthi beim Drehen nicht halten würden, dann würde der Nektar hin und her fliegen und herausspritzen.

Drehung um die innere Achse

- Richte dich nun entlang deiner inneren Achse aus.
- Lege die Hände vor der Brust aneinander, bringe die Daumen zum Brustbein und lass die Ellbogen in die Tiefe und Breite sinken.
- Finde deine innere Achse, die gleich die Drehachse sein wird. Lächle in dich hinein, richte die Augen nach oben und innen aus und gehe in die Bewegung.
- Nimm entweder mit dem Atem die Frequenz der Bewegung auf oder atme ruhig und entspannt weiter ein und aus.
- Spüre im Bereich des zweiten Chakras die Stabilität und die Luftigkeit und Sammlung im Bereich der Stirn. Erinnere dich: Unten ist sthira – die Stabilität, oben ist sukha – die Leichtigkeit.
- Spüre die Achse, um die du dich drehst: Sie bleibt ganz ruhig, unbewegt und ganz bei sich, wie die Nabe eines Rades.
- Lass die Bewegung ausschwingen und spüre nach, in welchem Maße dein Stirnraum jetzt entspannt ist.
- Lege dich nun einen Moment auf den Rücken, mache dabei so wenig Bewegungen wie möglich.

In der Rückenlage den Drishthi in der Mitte der Stirn halten

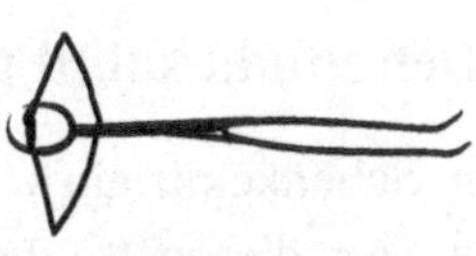

- Lege nun deine Handflächen über die Augen und die Finger über die Stirn. Verdunkle so die Augen und verweile in der Entspannung des Stirnraumes.
- Vertiefe die Entspannung in dieser Dunkelheit, bis hinein in die Mitte des Schädels.
- Verweile so einige Minuten.

- Nimm dann achtsam die Finger weg von der Stirn und bedecke mit ihnen die Augen. Erfahre im Stirnbereich den Wandel von der Dunkelheit in die Helligkeit und bleibe einige Atemzüge in der Erfahrung der Helligkeit. Obwohl der Stirnknochen so solide ist, dass man sich daraufstellen könnte, hat er doch eine Durchlässigkeit, die die Lichterfahrung bis in die Tiefe des Gehirns leitet.
- Lege dann die Arme ganz zurück und bleibe ganz bei dir, wenn du dich in eine Sitzhaltung aufrichtest.

Meditation auf die Mitte der Stirn (Bindu)

- Komm in eine Sitzhaltung, in der du eine Weile bleiben kannst und magst.
- Richte dich aus auf den Bindu, den Punkt in der Mitte der Stirn. Bindu ist das Symbol für das noch Unerschaffene, für alle Potenziale, die noch eingefaltet sind in diesem einen Punkt. Alles, was sich in uns und aus uns heraus noch entfalten könnte, ist jetzt noch in diesem Bindu eingefaltet. Du kannst aber auch alles, was dich ausmacht in deinem Alltag und in deinem Leben, dort einfalten, um in dir zu ruhen – und es sich wieder entfalten lassen, in dem Moment, in dem du wieder in das Leben hinaustrittst. Aber im Moment ist Bindu wie eine Blüte, die sich schließt, wie eine kleine Knospe.
- Verweile so einige Minuten.

Den Bindu subtil pulsieren lassen und lächeln

- Schenke dir ein warmes inneres Lächeln.
- Lass diesen Bindu nun sanft pulsieren, indem du dich einatmend in dem Punkt sammelst und ausatmend dich in deinen Stirnraum hinein verströmst – oder auch in den Raum vor dir.

- Atme ein und sammle dich – verbinde dich mit diesem ursprünglichen Punkt.
- Mit der Ausatmung gehe sanft in den Raum hinaus, verströme die Kraft des Bindu entweder in den Stirnraum hinein oder in den Raum vor der Stirn.

Löse damit alle mentalen Anspannungen, die durch die »Einpunktigkeit« (Ekagrata) entstehen, wenn wir uns auf Bindu ausrichten.

Meditation auf das Stirndreieck

- Beende dieses Pulsieren und dehne dein Bewusstsein aus in eine dreieckige Fläche auf deiner Stirn. Die Spitze des Dreiecks weist nach oben, über dem Bindu am Haaransatz, die beiden unteren Spitzen sind jeweils auf der Mitte deiner Augenbrauen, links und rechts über den Augen.
- Erschaffe dir so ein Stirndreieck. Du kannst mit einer Fingerspitze die Außenkante ein paarmal abfahren, links herunter und rechts wieder hoch.
- Lege dann die Hand wieder zurück, bleibe in der Erfahrung des Stirndreiecks und entspanne ganz besonders diesen Bereich, der zum Ajna-Chakra gehört. Dieses nach oben ausgerichtete Dreieck steht für unseren Bewusstseinsaspekt.
- Spüre, dass du von der Spitze des Dreiecks zum Scheitel hin ganz durchlässig sein kannst.

Den Ursprungspunkt spüren und entspannen

- Geh mit deinem Spüren dann noch einmal in die Mitte des Dreiecks.
- Spüre dich ein in deinen Schädel, gehe dann nach hinten und etwas nach unten und finde die Mitte deines Schädels. Dort ist der Ursprungspunkt, der Quellpunkt. Er liegt einen Fingerbreit tiefer, etwa auf Augenhöhe, auf Höhe der Ohreingänge. Vertraue darauf, dass der Punkt sich »meldet«. Er ist der Ruheraum deines Geistes, dein Ursprungspunkt.
- Finde dich dort ein und entspanne diesen Bereich.

Zwischen Bindu (Mitte der Stirn) und Ursprungspunkt hin und her pendeln – Entspannen im Ursprungspunkt

- Lass nun überaus behutsam deinen Kopf, mit der Stirn voran, nach vorne sinken. Es muss gar nicht weit sein, nur so weit, dass du spürst, wie ein Pranastrom sich vom Ursprungspunkt wieder nach vorne zum Bindu bewegt.
- Dann hebe den Kopf wieder und lass ihn einen Hauch nach hinten sinken, sodass die »Pranakugel« wieder zurückfließt zur Mitte des Schädels, zum Ursprungspunkt.
- Entsprechend dieser inneren Erfahrung bewege deinen Kopf im Oberkopfgelenk einige Male hin und her.
- Halte dann inne und verweile entspannt und gelöst im Ursprungspunkt.

Ruhen in der Rückenlage

- Bleibe ganz bei dir, wenn du die Sitzhaltung löst, um dich in die Rückenlage gleiten zu lassen.
- Lass dich ruhen und werde dir bewusst, wie viel Stille nach diesen Übungen in dir entsteht. In der Stille stabilisiert sich der Geist, gleichzeitig entsteht Offenheit, ein Nicht-Greifen.

Es klingt paradox, aber es entsteht *ein weiter offener Raum*, in dem der Geist *stabil* ist. Er flattert nicht mehr hierhin und dorthin, um dieses und jenes zu bedenken, sondern der Geist wird von diesem Raum in der Ruhe gehalten.

- Verweile in dieser Erfahrung.

Murccha ist der Pranayama nach Bhramari, dem Bienensummen. Gemäß der Hatha-Yoga-Pradipika *macht diese Atemform den Geist ohnmächtig (= ohne Macht). Bei Murccha atmet man (gemäß der Tradition des Yoga der Energie) ein bis zum Ursprungspunkt, hält dort ein mentales Kumbhaka. Ausatmend lässt man sich in der Vorstellung mit seinem ganzen Sein nach hinten sinken, ins Leere, um all das zu spüren, was einen im Inneren hält.*

Es ist eine Mischung aus: Man kann loslassen, weil man in sich Halt spürt. Man kann ohnmächtig werden und den Geist in die Ohnmacht führen, weil der Geist in sich stabil ist.

Murccha Pranayama

- Komm dann wieder hoch in den Sitz. Richte dich in deiner Weise auf.
- Atme aus und geh einatmend zum Ursprungspunkt und halte dort den Prana für einen Moment.
- Dann entspanne ausatmend nach hinten, lass dich nach hinten sinken, in dir gehalten, loslassend.

- Wiederhole das einige Male in deinem Rhythmus. Einatmend zum Ursprungspunkt, dort halte ein mentales Kumbhaka, indem du einfach verweilst. Dann kommt das Lösen mit dem Sich-nach-hinten-sinken-Lassen während der Ausatmung. Ganz natürlich, in der Atempause nach der Ausatmung, schwingt der Körper zurück in die Aufrichtung der Ausgangshaltung.
- Fahre damit eine kleine Weile fort.

Den Atem unter dem Nasenrücken ganz fein aufsteigen lassen in den Stirnraum

- Wenn du dann wieder aufgerichtet sitzt, halte dort einen Moment inne, bevor du wieder ausatmest.
- Lass nun den Einatemstrom direkt unter dem Nasenrücken aufsteigen bis hoch zur Mitte der Stirn und atme von dort wieder auf demselben Weg aus.
- Spüre, wie die Schwingung des Prana dadurch noch einmal subtiler wird, wie Wachheit, Klarheit und Präsenz entstehen und wie viel feiner und subtiler der Atem für dich im Stirnraum, im Ajna-Raum, erfahrbar wird. Dadurch entsteht Chitta Prasadana = der Geist wird zu einem angenehmen Ort.

Vielleicht spürst du seit Beginn dieser Übungspraxis, wie das eine oder andere Gefühl von Enge und Anspannung sich aufgelöst hat und wie dein Stirnraum seine Weite und Freiheit zurückgewinnen konnte.

In die Präsenz und Stille finden

- Wenn du gut sitzt, bleibe einfach sitzen, oder fühle dich frei, dich auf den Rücken, Bauch oder Seite zu legen.
- Bleibe dabei ganz leise, um diesen Zustand von Freiheit, Weite und Leerheit im Stirnraum beizubehalten.
- Sei gleichzeitig gut in dir gegründet: im Körperraum, in deiner Basis und in deinem Stamm.
- Verweile so einige Minuten, ruhig und fein weiteratmend. Werde dir bewusst, wie du die Wirkung dieser Übungspraxis in dir erfährst.

Die erste Hälfte war sehr kraftvoll. Sie hat dich in die Erfahrung deiner eigenen Körperkraft, Ausdauer und Standfestigkeit gebracht. Dann sind wir langsam zu den subtilen, feinen und intensiven Themen des sechsten Chakras gekommen.

Werde dir bewusst, wie die beiden Themenbereiche sich in der Übungspraxis ergänzen und wie sie sich gegenseitig unterstützen.

- Spüre, wie das Feine sich mit dem intensiv Körperlichen verbindet, um so diese Krafträume zu halten, wenn die subtile Arbeit mit einströmt.
- Vertiefe deine Atmung. Wenn du liegst, dehne dich durch, wenn du sitzt, löse deine Sitzhaltung.

6 Yoga der Energie als ein ganzheitlicher Übungsweg des Hatha-Yoga

Ein kurzer Überblick über die Geschichte des Yoga der Energie

»Yoga geschieht immer hier und jetzt! Betrachte den Alltag als deinen Ashram und die Umstände als deinen Guru!« ROGER CLERC

Wie schon im zweiten Kapitel im Zusammenhang mit dem Übungsweg (Sadhana) angedeutet, versteht sich der Yoga der Energie als ein klassischer Hatha-Yoga-Weg, der vor allem in den Lehrkonzepten des Quellentextes *Hatha-Yoga-Pradipika* gründet. Die Namensgebung bezieht sich auf das Synonym Prana-Yoga = Energie-Yoga, das sich in diesem Basistext für den Hatha-Yoga findet. Der Name »Yoga der Energie« bezeichnet damit gleichzeitig die Ausrichtung und den Fokus dieser Lehrtradition, die in Frankreich (wo er entstand) sehr stark etabliert ist, sich aber inzwischen auch im deutschsprachigen Raum stark auszubreiten beginnt.

Die Begründer des Yoga der Energie

Es sind vor allem drei Menschen, die den Yoga der Energie entwickelt und als Tradition etabliert haben:

Lucien Ferrer (1901–1964) ist der eigentliche Begründer des Yoga der Energie. Als Brückenbau-Ingenieur war er auch in

Bezug auf den Menschen sehr daran interessiert, wie sich das Wirken der Energien im menschlichen Körper, in seiner Statik, seinen Bewegungen, in seinen Gefühlen und seinem Geist manifestiert. Er gründete in den 50er-Jahren des letzten Jahrhunderts die »Académie Occidentale de Yoga«. Er schrieb diverse wegweisende Bücher wie »Hatha-Yoga occidental«, die deutlich seinen Ansatz zeigen, das uralte Wissen des Ostens dem westlichen Menschen zugänglich zu machen, und zwar in jeder Hinsicht – theoretisch wie praktisch. Er erdachte eine Vielzahl von mentalen Konzepten und Übungen, die uns helfen sollten, Körperbewusstheit, Kraft und Beweglichkeit zu entwickeln, vor allem aber den Geist in die Ruhe zu führen. Viele seiner Übungsbeschreibungen waren nicht leicht umzusetzen und erscheinen uns heute sehr komplex und kompliziert. Roger Clerc, der ab 1950 sein Schüler war, gelang es dann schließlich, den gewünschten Transfer der Übungspraxis in Verbindung mit den Yogalehren für den modernen westlichen Menschen zu vollziehen.

Roger Clerc (1908–1998) wurde zum bedeutendsten Lehrer und Ausbilder in den Akademien des Yoga der Energie in Frankreich. Obwohl er in seinem Grundberuf Traiteur (= Fleischer) war, interessierte er sich schon seit den frühen 30er-Jahren für Naturheilkunde, Meridianlehre und Psychologie. Er lernte bei Dr. Marcel Viard, der zunächst an der École dc psychologie de Paris lehrte und später an der École d'anthropobiologie und der École anthopologie (auch beide in Paris). Viard, den Roger Clerc als seinen ersten wegweisenden Meister bezeichnet, bot zu dieser Zeit Kurse an mit dem Titel »Maîtrise de soi« (Meisterung des Selbst), denen Clerc 18 Jahre lang mit unermüdlicher Begeisterung folgte. Als er dann 1950 Lucien Ferrer traf, war er in jeder Hinsicht vorbereitet, sich mit ihm auf den Yogaweg zu begeben.

Von 1950 bis 1964 wurde er von Lucien Ferrer in der Hatha-Yoga-Lehre in ihrer Gesamtheit unterwiesen. Vor allem aber lernte er den Energieaspekt der Übungspraxis kennen und wurde von Ferrer angeleitet, Energie (Prana) zu lenken und sie nach Bedarf zu aktivieren oder zu beruhigen. Ferrer machte ihn auch mit den Lehren des tibetischen Meisters Milarepa bekannt, den er selbst als seinen spirituellen Meister erachtete.

1964 übernahm Clerc von Ferrer die »Académie Occidentale de Yoga«, die er bis 1968 leitete. Clerc war ein begnadeter Lehrer und Pädagoge. Er unterteilte die Lehren des Yoga der Energie in drei Stufen und gab ihnen dadurch eine methodisch-didaktische Form. Damit wurde er zu einem der Pioniere der Fachdidaktik des Yoga, die zu dieser Zeit noch weitgehend unbekannt war. Clerc erkannte, dass der moderne Mensch mit Stress, Bewegungsmangel und ständigen Störungen seines körperlichen, mentalen und emotionalen Gleichgewichts zu kämpfen hat, und schnitt deswegen alle Übungen des »elementaren Basisunterrichts« (Yoga élémentaire / yoga de base) auf diese Zielgruppe zu. Alle Übungen dieser Yogapraxis sollten die Menschen dort abholen, wo sie im Alltag standen, und ihnen helfen, weniger stressanfällig, beweglicher und körperlich und mental stabiler zu werden.

Darauf aufbauend erschuf er die Lehrpläne für den »weiterführenden Unterricht« und schließlich den »fortgeschrittenen Unterricht«.

In diesem Lehrgebäude, das immer auf mindestens vier Jahre angelegt war, wurde der ganze Hatha-Yoga in seiner Bandbreite und Tiefe abgebildet, so wie er uns in den Quellentexten – allen voran der *Hatha-Yoga-Pradipika* – überliefert worden ist.

Ab 1976 veröffentlichte Clerc eine Reihe von Büchern, um die Konzepte und die Übungspraxis des Yoga der Energie auch einer breiteren Öffentlichkeit zugänglich zu machen.

Boris Tatzky (*1946) ist heute einer der wichtigsten Vertreter des Yoga der Energie in Frankreich und insgesamt in Europa. Er studierte zunächst Wirtschaftswissenschaften in Paris und arbeitete dann einige Jahre bei einer großen Bank, bevor er 1964 zum Yoga und zu seinem Lehrer Roger Clerc fand. Dessen Art, den Yoga zu vermitteln, begeisterte ihn so, dass er seine Tätigkeit in der Wirtschaft aufgab und sich stattdessen vollkommen dem Yoga widmete. In den nächsten Jahren unternahm er zahlreiche Studienreisen nach Indien, die ihn vor allem immer wieder in den Krishnamacharya Yoga Mandiram nach Chennai führten, wo er in T.K.V. Desikachar (1938–2016) seinen zweiten persönlichen Lehrer fand. In genialer Weise verband Tatzky fortan die Lehren des Yoga der Energie mit den Prinzipien des Vinyasa Krama (dem stufenweisen Aufbau von Yogastunden), wodurch die Struktur und Klarheit seines Yoga-Lehrens noch weiter verbessert wurden.

Zwischen diesen Indien-Aufenthalten widmete sich Tatzky mit großer Intensität dem Yoga der Energie und wurde in der Folge von Clerc zum Ausbilder in dieser Yogaform in der Yogalehrausbildung des französischen Berufsverbandes der Yogalehrenden (FNEY) ernannt, dem er auch einige Jahre mit vorstand. In der Folge gründete er die Yogalehr-Ausbildungsschulen in Aix-en-Provence und Lyon, deren Ausbildungen an den Lehrplänen des Yoga der Energie ausgerichtet waren.

Und wie schon kurz im Vorwort erwähnt, begründete er auch die »Deutsche Akademie des Yoga der Energie«, zusammen mit Jutta Pinter-Neise und mir, zwei seiner langjährigen Schülerinnen. Diese Akademie bestand bis 1999, und es ist vor allem der Arbeit Boris Tatzkys zu verdanken, dass der Yoga der Energie außerhalb Frankreichs und eben auch in Deutschland und der Schweiz bekannt wurde.

Anbindung an eine indo-tibetische Tradition (Parampara)

Bereits die Art, in der Lucien Ferrer die Hatha-Yoga-Praxis ausformte, verwies sowohl bezogen auf die Lehren wie auch die Praxis auf einen Ursprung im tibetischen Yoga der großen Meister Naropa[84] (1016–1100) und Milarepa (1040–1123). Letzteren benannte er, wie schon erwähnt, sogar als einen seiner wesentlichen spirituellen Lehrer. Milarepa steht in der Lehrtradition der bedeutenden tantrischen Lehrmeister des 10. bis 12. Jahrhunderts: Tilopa, Naropa und Marpa. Sie sind in der Kagyü-Linie gegründet und beziehen sich ihrerseits auf die Belehrungen des himmlischen Buddha Vajradhara.

Außerdem bezog Ferrer die Lehren der mythischen Begründer des Hatha-Yoga, Goraksha und Matsyendra, mit ein, soweit sie zu seiner Lebenszeit schon bekannt waren.[85]

Der Yoga der Energie versteht sich insgesamt als sehr vom tibetischen Yoga inspiriert. Im Vorwort zu Roger Clercs Buch »L'Enseignement du Yoga de l'Énergie – Second degré« beschreibt Lama Denis Teundroup, wie die Tibeter und die französischen Yogis Plattformen fanden, um sich kennenzulernen und miteinander in den Austausch zu treten.

Dabei wurde vor allem für die Tibeter immer deutlicher, dass bei den französischen Yogis etwas von ihrem alten Wissen »angekommen« war. Ferrer und Clerc galten für sie als eine Art Tulku, d. h., es waren für sie Menschen, die als Wiedergeburten buddhistischer Meister das Wissen mit in die moderne Zeit nehmen konnten, um es hier zum Wohle aller Wesen weiterzugeben.

Besonders wichtig jedoch wurde eine der »Sechs Doktrinen« (= Lehrtraditionen) von Naropa.[86]

Diese tief im Tantra gegründeten Doktrinen, die auch unter dem Namen »Sechs Yogas des Naropa« bekannt sind, beinhalten

1. die Lehre von der psychischen Wärme (Tummo),
2. die Lehre von der Illusion des Körpers (Gyulü),
3. die Lehre vom Zustand des Traums (Milam),
4. die Lehre vom reinen Licht (Ösel),
5. die Lehre vom Zustand nach dem Tod (Bardo),
6. die Lehre von der Bewusstseinsübertragung (Phowa).

In der Lehre von der psychischen Wärme werden eine Reihe von grundlegenden Übungen beschrieben, die helfen, sogenannte

Nervenknoten zu lösen und den Energiekörper zu öffnen. Auf dieser Praxis basiert die Übungsabfolge der »Reibungen und Bewegungen des Naropa« (siehe unten), die einen wesentlichen Teil der Energiearbeit dieser Yogaform darstellt.

Der didaktische Ansatz des Yoga der Energie

Das von Roger Clerc entwickelte, über mindestens vier Jahre konzipierte Curriculum besteht im Einzelnen aus der Erarbeitung von Asanas, Pranayamas, Bandhas, Mudras, Konzentrationsübungen, Visualisierungen, dem Üben von Mantras und geleiteten bzw. freien Meditationen. Von Anbeginn dieser Lehrtradition an wurde allen Unterrichtsinhalten derselbe Stellenwert zugemessen, d. h., dass die Glieder des inneren Yogaweges immer als genauso wichtig erachtet wurden wie die Glieder des äußeren Yogaweges.

In jeder einzelnen Lektion des Yoga der Energie kommt immer alles zusammen:

- vorbereitende Übungen,
- präzise, aber dem/der Einzelnen angemessen angeleitete Asanas,
- Atemübungen (Pranayama),
- Konzentrationsübungen (meist mittels Energielenkungen),
- Visualisierungen und
- meditative Elemente (besonders ab dem zweitem Jahr).

Jede Lektion wurde und wird so konzipiert, dass sie einem intelligenten schrittweisen Aufbau folgt, der die Übenden unmerklich von der Erfahrung ihres grobstofflichen Körpers in das Erleben der subtilen und subtileren Ebenen geleitet.

Das methodisch-didaktische Prinzip Vinyasa Krama

Boris Tatzky, der, wie bereits erwähnt, viele Jahre in Chennai im Krishnamacharya Yoga Mandiram lernte, brachte das dort von T.K.V. Desikachar entwickelte methodisch-didaktische Prinzip des Vinyasa Krama mit nach Europa.

Es wurde zur Grundlage jeder Unterrichtsplanung – zunächst in der Yogalehre des Yoga Mandiram und dann in dem sich daraus entwickelnden Vini-Yoga. Da es sich als so wohldurchdacht und so angemessen für die Arbeit mit Menschen im Westen herausstellte, wurde diese Form der Unterrichtsgestaltung mittels Vinyasa Krama allmählich zu einem unverzichtbaren Prinzip im modernen Yogaunterricht und zur Grundlage der Gestaltung jeder Lektion, die im Rahmen des Yoga der Energie gelehrt wurde.

Aufbau und Bedeutung

Vinyasa Krama bezeichnet die besondere Anordnung bzw. Aufeinanderfolge von Übungsschritten. Nach Patanjali bedeutet Yoga immer Veränderung auf ein sinnvolles Ziel hin. Dieses Ziel gilt es zu erreichen durch ein intelligentes, schrittweises, aufeinander bezogenes und dem / der Einzelnen angemessenes Vorgehen, das dem Wandel und der Veränderung Raum gibt bzw. diese Veränderung überhaupt erst möglich macht.

Im achtgliedrigen Pfad des Yogasutra spiegelt sich Vinyasa Krama besonders gut wider. Die einzelnen Glieder, die ich u.a. in Kapitel 1 beschrieben habe, stellen aufeinanderfolgende Schritte dar und sind gleichzeitig aufeinander bezogen und durchdringen einander.

Vinyasa Krama bedeutet, dass die / der Lehrende auf jeder Stufe das Ziel vor Augen hat. Sie / er beginnt in einer äußerst konkreten Situation mit einer äußerst konkreten Übung (Beispiel: den Atem länger werden lassen), um so Schritt für Schritt das höchste Ziel – Samadhi – anzugehen.

Auf diesem Weg begegnen den Übenden die fünf Kleshas, die die Vrittis aufwirbeln und uns eventuell vom Weg abbringen. Deswegen muss mit jeder Yogatechnik immer zugleich die Achtsamkeit geschult werden. Diese innere Instanz der Achtsamkeit wird im Yoga der Energie »der Beobachter« oder »Zeuge« genannt.

Im weiteren Prozess des Übens entwickelt sich – ausgerichtet auf das Ziel, den Geist von seiner Unruhe und Ignoranz zu befreien – zunehmend Kaivalya, der Zustand innerer Freiheit. Das heißt auch, dass der Beobachter die Zügel wieder bewusst in die Hand nimmt und der Geist dadurch mehr und mehr bzw. immer öfter im Zustand der Ruhe und Stabilität verweilen kann. Für diesen Weg brauchen wir Zeit, Geduld und Raum für Erfahrung – und eine erfahrene Lehrkraft.

Nach diesem Prinzip ist eine Yogastunde aufgebaut:

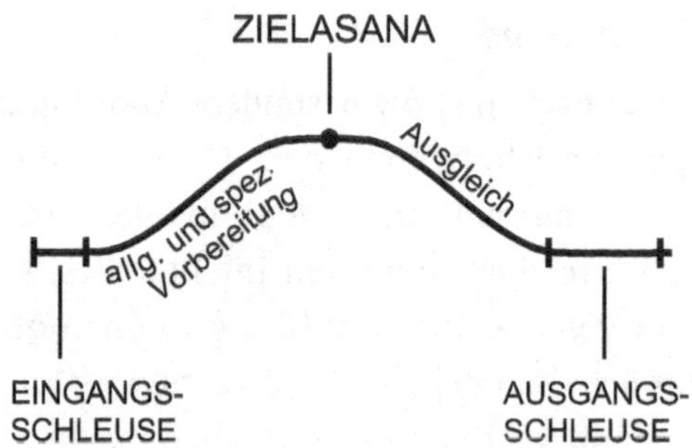

Harmonie der Stunde

In der Regel sind in einer Übungseinheit des Yoga der Energie gemäß den Prinzipien des Vinyasa Krama immer folgende Elemente vorhanden:

- kräftigende und dehnende Übungen
- Vorwärtsbeugen und Rückwärtsbeugen
- stehende Stellungen und Umkehrhaltungen
- dynamische Wechsel oder Karanas und statische Übungen
- Sprache und Ruhe

Ausgenommen davon sind alle Übungen aus der Eingangs- und Ausgangsschleuse und aus der allgemeinen Vorbereitung.

Einladung zum lebenslangen Lernen

Durch die Einbeziehung aller Yogaglieder ergibt sich ein riesiges Repertoire an Übungen, die in den Ausbildungen, die mindestens drei Jahre, meist aber vier und mehr Jahre dauern, vermittelt werden. Lebenslanges Weiterlernen gilt in den Reihen der Absolvent*innen der verschiedenen »Akademien des Yoga der Energie« als normal und erstrebenswert, da angenommen wird, dass sich die persönliche Übungspraxis immer weiter vertiefen und verfeinern lässt. Auch wird durch den Aufbau der Ausbildungsinhalte gemäß der Beziehung der Koshas (siehe unten) zueinander bald deutlich, dass es beim Üben nichts zu erreichen gibt, aber eine Lebensspanne niemals ausreichen kann, um alles das, was es zu erfahren gibt, in seiner Fülle und Komplexität zu erfahren oder gar zu erlernen.

Die vielen Lehrer*innen, die im Yoga der Energie ausgebildet wurden und dieses Wissen nun weitergeben, setzen die Akzente der Lehrpraxis gemäß ihrer Vorbildung, ihren Fähigkeiten und Neigungen. So haben sich einige vor allem auf Aspekte der Anatomie spezialisiert (z. B. Jean-Pierre Laffez), andere eher auf die Didaktik, die Symbolik und die Quellentexte (z. B. Boris Tatzky) und wieder andere sehr auf die feinstoffliche Praxis (z. B. Yves Mangeart).

Yoga der Energie lehren – die spezifisch methodisch-didaktischen Konzepte

Die Fülle des Lehrstoffes wird durch eine Ausrichtung an der Struktur der Koshas gegliedert. Dabei durchdringen sich die didaktischen Konzepte der Ausbildungsjahre und der Ausbildungsstufen, die wir nun hintereinander betrachten werden.

Das didaktische Konzept der Ausbildungsjahre auf der Grundlage der Koshas

Das erste Ausbildungsjahr widmet sich der Erfahrung des Anna-Maya-Koshas, des Nahrungskörpers. Im Mittelpunkt steht hier die präzise Erarbeitung von Bewegungsabläufen (Karanas) und Haltungen (Asanas). Dabei wird vor allem Wert darauf gelegt, dass die Form und die Ausführung der Asanas so gestaltet wird, dass die / der Übende dabei den freien Fluss seiner Lebensenergie (des Prana) erfahren kann. Das bedeutet, dass darauf geachtet wird, dass sich die Form der Übungen immer den Möglichkeiten der Übenden anpasst und nicht umgekehrt. Daraus ergibt sich, dass jede und jeder allmählich eine individuelle, authentische Übungspraxis entwickelt.

Ein weiterer wichtiger Schwerpunkt liegt im ersten Jahr auf der Erarbeitung und Verfeinerung der Körperwahrnehmung (Propriozeption). Als Lern- und Erfahrungsfeld dienen die Erfahrungen der im Körper angelegten Polaritäten links – rechts, unten – oben und vorne – hinten sowie ihr Zusammenspiel in der Mitte (Madhya).

Im zweiten Jahr der Ausbildung geht es um die Erfahrung des Prana-Maya-Koshas, des Energiekörpers. Er durchdringt zwar den Nahrungskörper bis in jede Zelle, solange wir leben, aber das freie Strömen des Prana wird oft von den An- und Verspannungen und von Blockierungen in den Körpergeweben behindert.

Um diese Blockierungen zu lösen und dem Körper wieder mehr Durchlässigkeit zu ermöglichen, werden zunehmend Bewegungsabläufe wie der »Tanz des Atems« geübt oder die Reibungen aus der Serie der Naropa (die Anleitung zu beiden Übungsreihen ist im Anhang zu finden). Gleichzeitig werden aber auch Formen der Reinigungsatmung und Pranayamas, so wie sie in der *Hatha-Yoga-Pradipika* beschrieben sind, gelehrt. Die Asanas werden nun zunehmend durch Energielenkungen ergänzt, die im Yoga der Energie als »psychische Pranayamas« bezeichnet werden.

Im dritten Jahr werden vor allem Inhalte zur Erfahrung des Mano-Maya-Koshas, des Mentalkörpers, vermittelt. Im Mittelpunkt steht dabei die Erkundung der inneren Räume in ihrer jeweils speziellen Schwingungsebene. Dabei wird oft mit den Konzepten der Chakras gearbeitet, die den so gemachten Erfahrungen Struktur und Bedeutung zu geben vermögen. Außerdem wird viel Zeit der Verfeinerung der Techniken gewidmet, die auf den Energiekörper einwirken. Dafür arbeitet man mit einer reichen Auswahl an Konzentrations-, Visualisierungs- und Meditationsübungen, die dem Geist zunehmend Ruhe und Klarheit schenken.

In allen folgenden Jahren steht die Transformierung der auf den Körper, den Atem und den Geist einwirkenden Energie im Vordergrund. Wie in einer sich immer weiter hochwindenden Spirale werden bestimmte Asanas, Pranayamas, Mudras, Konzentrationsübungen, Visualisierungen etc. immer wieder geübt, wobei sich die Übungspraxis weiter verfeinert und immer subtiler wird.

Wiederholung zur Ausdifferenzierung und Verfeinerung der Übungspraxis

Die einzelnen Übungsschritte innerhalb der Erkundung der Koshas sind auf das Feinste aufeinander abgestimmt, was vor allem dem großen didaktischen Talent Roger Clercs zu verdanken ist. Er hat die meisten der komplexen und tiefgreifenden Übungen und Übungsfolgen in viele kleine, gut nachvollziehbare Schritte aufgegliedert, die jeweils bis zur vollkommenen Beherrschung wiederholt werden (»bis man sie im Schlaf beherrscht«).

So lernen die meisten Studierenden der »Akademien des Yoga der Energie« bestimmte Bewegungsabläufe, Energielenkungen in Asanas, Visualisierungen, Mudras und Meditationen in so regelmäßiger und häufiger Wiederholung, dass sie ihnen lebenslang für ihre persönliche Übungspraxis erhalten bleiben.

Im Laufe der Jahrzehnte hat der Yoga der Energie dabei eine ganz eigene Terminologie im Sinne einer »Arbeitssprache« entwickelt. Aus diesem Grund ist seine Methodik nicht ohne Weiteres kompatibel mit den meisten anderen Hatha-Yoga-Lehrtraditionen. Es soll aber noch einmal hervorgehoben werden, dass er dieselben Ziele verfolgt und er sich bei achtsamer und bewusster Betrachtung sehr gut mit anderen Yogaformen verbinden lässt, wie z.B. mit dem Kundalini-Yoga (in der Tradition von Yogi Bhajan), dem Vini-Yoga (in der Tradition von Krishnamacharya) oder den Tri-Yoga-Flows von Kali Ray.

Die drei Stufen des Yoga der Energie

»Elementarer Basisunterricht« ist die erste Stufe und vermittelt die Grundlagen der Asana-Praxis. Weitere wichtige Lehrinhalte sind die Entspannung des Atems, das Durchlässigwerden des Körpers und die Stabilisierung des Geistes, vermittelt durch eine Entwicklung von Körperbewusstheit für den Leib und den Energiekörper, einer Vertiefung und Verfeinerung der Achtsamkeit und die Etablierung des Zustands des Beobachters.

»Weiterführender Unterricht« heißt die zweite Stufe. Hier wird die Erfahrung des Energiekörpers vertieft. Körperbewusstheit und Achtsamkeit werden immer weiter verfeinert und zunehmend ausdifferenziert. Im Mittelpunkt der Praxis steht die Arbeit mit dem Atem und die Erfahrung seiner unterschiedlichen Qualitäten und den damit verbundenen mentalen und emotionalen Zuständen.

Im »fortgeschrittenen Unterricht«, der dritten Stufe, widmet man sich vornehmlich der Entdeckung der Funktion unseres Mentalkörpers, vor allem vermittelt durch die yogischen Methoden von Mudra und Meditation. Sie führt uns direkt ins Herz des Hatha-Yoga.

Roger Clerc zufolge sollten die Lehrinhalte der zweiten und der dritten Stufe ausschließlich denjenigen vorbehalten bleiben, die Yoga der Energie unterrichten oder ihn bereits seit vielen Jahren regelmäßig (täglich zu Hause, wöchentlich im Unterricht und auf Workshops) üben. Er dient ausschließlich ihrer persönlichen Entwicklung.
Für diejenigen, die einfach nur eine gute und umfassende Yogapraxis in ihren Alltag integrieren wollen, sind die Lehrinhalte der Stufe 1 gedacht.

Der elementare Basisunterricht umfasst:[87]

1. **Entspannung**
   Übungen:
   - den Atem beobachten
   - sich als Beobachter erfahren
   - den »inneren Blick« finden und anwenden, bei dem die Aufmerksamkeit, die durch den Körper gelenkt wird, von den Augenbewegungen (= innerer Blick) begleitet werden.

2. **Verbindung zwischen Atem und Bewegung**
   - *Übungen:* Atem und Bewegung synchronisieren. Der Atem führt, die Bewegung folgt; später auch noch zusätzliche Synchronisation des »inneren Blicks«.

3. **Atmung**
   Übungen:
   - lernen, gut auszuatmen, um besser einatmen zu können
   - Kontrolle des Atemflusses

4. **Sammlung**
   - *Übung:* lernen, die Aufmerksamkeit im Becken-, Brust- und Stirnraum zu sammeln

5. **Anspannung und Entspannung**
   - *Übung:* lernen, den Spannungszustand der Muskeln in der Gesamtheit des Körpers zu regulieren, also in der Praxis immer wieder aufs Neue den aktuell angemessenen Grad an Bemühung zu erkunden und überflüssige Anspannung loszulassen

6. **Ausführung von Bewegungsabläufen**
   - *Übung:* diverse Abläufe einüben wie Sonnengruß, acht Bewegungsrichtungen der Wirbelsäule, Tibetische Niederwerfungen; fundamentale Erfahrung des Energiekreislaufs im Körper
   - *Übung:* sich in der Übungspraxis und im Nachspüren für die Erfahrung des Strömens des Prana sensibilisieren

7. **Vorbereitung der Schlüsselhaltung**
   - *Übung:* schrittweise Erarbeitung einer Vielzahl grundlegender Asanas gemäß den persönlichen Bedürfnissen der Übenden

8. **Ausführung der 18 vorbereitenden Bewegungen**
   - *Übung:* schrittweise Erarbeitung der Abfolge der 18 Bewegungen des »Tanzes des Atems« (früher: vorbereitende Bewegungen/Mouvements préliminaires)

9. **Ausführung der Haltungen**
   - *Übung:* »Die Haltung ist nicht das Ziel an sich, sondern lediglich ein Mittel. Sie wird eingenommen, um den Körper zur Ruhe kommen zu lassen. Durch ihre Rückwirkung beruhigen sich auch Atmung und Geist. Auch wird sie dazu benutzt, auf den Energiekörper einzuwirken, indem bestimmte Energiekreisläufe (mittels bestimmter Energielenkungen und Körperhaltungen; Ergänzung AT) geschlossen und andere angeregt werden.«[88]

Da der Vermittlung der »Sammlung« im Sinne der Konzentration in der Lehre des Yoga der Energie eine überragende Bedeutung beigemessen wird, möchte ich die dazu genutzten Methoden im Folgenden noch etwas ausführlicher erläutern.

Die Methoden der Schulung der Konzentration im Yoga der Energie in der Übersicht

Die Methoden der Schulung der Konzentration im Yoga der Energie sind:

- **Asana und Karana** = Entfalten von Körperbewusstheit (Proprio- und Interozeption), Achtsamkeit, Einfühlungsvermögen, bewusste Spannungsregulation (Tonusregulation), bewusstes Anspannen und Loslassen
- **Pranayama** = Entfalten von Atemachtsamkeit; lernen, den Atem zu entspannen und zu regulieren; lernen, inneren Druck

auszuhalten und ihn zu lösen; Erfahrung von innerer Kraft, Präsenz und Klarheit (Turiya)

- **Pratyahara** = Erfahrung der inneren Räume (engl. ambiances), der äußeren Räume, der Veränderung dieser Räume durch die körperliche und mentale Übungspraxis; Erfahrung der unterschiedlichen Erscheinungsformen des Prana
- **Dharana** = Sammlung, Einpunktigkeit (Ekagrata / Drishthi) im Stirndreieck, Ursprungspunkt[89], Scheitelpunkt; Erfahrung der Nadis
- **Dhyana** = bei sich sein, das Bewusstsein vollkommen in sich ausdehnen, die Verbindung (Kohärenz) der inneren Räume spüren, in die tiefe Stille finden, zutiefst entspannen und loslassen
- **Samadhi** = das Ego mit allen Prägungen hinter sich lassen und sich in etwas (in Parashiva / Brahman / das reine Bewusstsein) »auflösen«, das unendlich, ewig und formlos ist

Der Fokus jeder Übungspraxis im Yoga der Energie ist nach innen gerichtet, sodass wir das Zurückziehen der Sinne gewissermaßen als die Entwicklung einer der wesentlichen yogischen Kompetenzen verstehen können, die immer miteinbezogen wird.

Außerdem wird immer wieder darauf hingewiesen, sich in den Zustand des Beobachters oder Zeugen zurückzuziehen, um sich allmählich von seinen Prägungen, Erwartungen und selbst auferlegten Beschränkungen lösen zu können.

Das unterstützt gleichermaßen:

- das Aufrechterhalten der Achtsamkeit,
- die unbewussten Reaktionen auf die äußeren Reize zu mindern (»außer sich sein« vs. »bei sich sein«),
- die Selbsterforschung,
- zu erkennen, dass die Bewertungen angenehm / unangenehm bzw. Verlangen / Abneigung auf der Grundlage unserer Prägungen und den daraus resultierenden Denkgewohnheiten geschehen,

- zu erkennen, was diese Bewertungen für unseren körperlichen und emotionalen Zustand bewirken,
- und allmählich gegenüber den eigenen Denkgewohnheiten den Status des Sehers / Beobachters zu etablieren.

Nur aus der erfahrenen Verbundenheit mit unserem inneren Sein (Selbstgewissheit) kann uns Klarheit entstehen, denn nur diese Ebene in uns hat die Fähigkeit, etwas unmittelbar und unverzerrt zu erkennen.

Die Methoden des Yoga der Energie helfen uns, diesen Zustand zu erlernen. Hier einige Beispiele:

- **Entspannen des Stirnraums** = Auflösen der Spannungen, die durch unsere Absichten und Erwartungen entstehen
- **Ekagrata im Stirnraum / Pulsieren des Punktes in der Mitte der Stirn** = Sammeln der Aufmerksamkeit bzw. Einüben von An- und Abnahme mentaler Spannungen
- **Visualisierung des Dreiecks im Stirnraum** = entspannte Sammlung
- **Entspannen des Ursprungspunkts** = ganz und gar zu sich kommen, in großer Gelöstheit
- **Ausgehend vom Ursprungspunkt schauen** = Entwicklung der Fähigkeit zur reinen Schau, wie aus der »Nabe des Bewusstseins«[90]
- **Entspannen des Schädeldachs und des Scheitelpunkts** = Verfeinerung der mentalen Schwingung
- **In den Raum oberhalb des Schädels entspannen** = sich dem Licht und der Weite dieses Raumes öffnen, der frei von Konditionierungen ist. Dadurch kann der Geist (und in der Folge unsere Körperräume) wieder leicht, weit und unbeschwert werden.

Eine solche Übungspraxis bewirkt, dass wir Ressourcen bilden, weil wir

- Methoden kennen, um uns (immer wieder) zu sammeln, und
- gute Erfahrungen damit machen.

Dadurch werden wir mittel- bis langfristig stressresistenter und können sogar zunehmend resilienter gegenüber Stress werden, d. h., wir erholen uns schneller und nachhaltiger von den Stresserfahrungen, die das Leben unvermeidlich mit sich bringt. Eine der größten Energiequellen für die Gestaltung des eigenen Lebens, aber auch für die Sinnfindung, ist erwiesenermaßen unsere Fähigkeit zur Selbstwirksamkeit.

»Tanz des Atems« und die »Bewegungen und Reibungen des Naropa«

Die beiden großen Übungsabläufe, die typisch für den Yoga der Energie sind, sind der »Tanz des Atems« (ehemals die »18 vorbereitenden Bewegungen«) und die »Reibungen und Energieübungen des Naropa«, die ebenfalls 18 Einzelübungen miteinander verbinden.

Beide Übungsabfolgen umfassen Asanas mit Visualisierungen, Pranayamas, Sprüngen, Reinigungsübungen und Konzentrationen. Die sogenannten »Naropas« gipfeln in der »Verbindung mit den Quellen«, einer Meditation, in der der Geist sich mit der uranfänglichen Energie verbindet und sich aus ihr nährt.

Der Tanz des Atems

Dieser Ablauf wurde von Lucien Ferrer entwickelt und wurde, wie gesagt, ursprünglich »vorbereitende Bewegungen« (Mouvements préliminaires) genannt. Er wurde mehrfach modifiziert, um den Erkenntnissen der modernen Bewegungslehre gerecht zu werden, denn er hat zum Ziel, den Übenden einen Zuwachs an Beweglichkeit, Durchlässigkeit, aber auch an Kraft zu schenken.

»Der Tanz des Atems« besteht aus einer fließenden Abfolge von 18 Asanas, Sprüngen, Gleichgewichtshaltungen, Bandhas und Reinigungsübungen (Kriyas) mit Reinigungsatmungen und einer sogenannten Waschung (Agnisara-Dhauti). Der genaue Ablauf ist im Anhang zu finden.

Die Reibungen und Bewegungen des Naropa

Unser feinstofflicher Körper mit allen seinen Strukturen (Prana, Chakras, Nadis, Bindus) kann prinzipiell sechs Zustände einnehmen:

- im aktuellen Körper mit den drei Phasen: Wachbewusstsein, Traumbewusstsein und traumloses Tiefschlafbewusstsein,
- im Zwischenzustand (Bardo), zwischen Todeszeitpunkt und nächster Inkarnation, mit den drei Phasen: klares Urlicht, Erscheinen der Gottheiten, Suche nach dem Ort der Wiedergeburt.

Beim Üben der »Naropas« lernen wir die Vorgänge in unserem Energiesystem bewusst zu steuern. Der Bewegungsablauf hilft dabei, dass sich höhere Bewusstseinskräfte (Siddhis) entfalten können.

In der Praxis der 18 Bewegungen des Naropa wird durch Körper- und Atemübungen, Visualisierung der Energiekanäle und der Chakras und das Üben von Mantras das innere Feuer (Agni) erweckt. Dieses Feuer der Transformation ist eine Form des Mitgefühls, die alle Wesen auf dem Weg der Befreiung entwickeln. Es reinigt das Bewusstsein und heilt – so heißt es – dadurch auch Krankheiten, welche aus Ich-Begrenztheit (und deren Folgen wie Unwissenheit, Gier, Hass und Angst) resultieren.

Es entsteht eine Erfahrung, die als »Vereinigung von Wonne und Leerheit« beschrieben wird. Das ist ein äußerst freudvoller und gleichzeitig ruhiger Energiezustand, der den ganzen Körper durchdringt, während gleichzeitig aber die Sichtweise der »Leerheit von unabhängiger Eigenexistenz« aufrechterhalten wird.

Die Technik in der Tradition des Yoga der inneren Hitze (Tummo) besteht darin, das innere Feuer im Nabel-Chakra zu wecken (durch Pausen in der Atemfülle) und die Lebensenergien mithilfe einer Mantra-Silbe zu steuern.

Am Ende des Ablaufs geht es darum, die subtilen lebenserhaltenden Energien in den Zentralkanal zu ziehen und dadurch eine innere große Glückseligkeit zu erzeugen.

Die Serie der »Naropas« bezieht neben dem Nahrungskörper noch viel mehr als der »Tanz des Atems« von Anfang an unseren Energie- und Mentalkörper mit ein, da die meisten Bewegungen immer von Energielenkungen begleitet werden. Der ganze Ablauf ist körperlich und mental wesentlich anspruchsvoller als der »Tanz des Atems«, weswegen er über einen langen Zeitraum eingeübt und oft nur abschnittsweise ausgeführt wird. Auch zu dieser Serie ist der genaue Ablauf im Anhang zu finden.

7 Eine umfassende Sicht auf ausgewählte Methoden des Hatha-Yoga

Die Ebenen des Übens vom Grobstofflichen zum Feinstofflichen

Wie aus dem bisherigen Text deutlich werden sollte, ist der Hatha-Yoga ein umfassender ganzheitlicher Yogaweg. Er setzt als Kaya Sadhana – Übungsweg, der den Körper miteinbezieht – immer an all den konkreten Erfahrungen an, die wir in unserem Körpersein spüren können. Untrennbar damit verbunden ist das Wirken der Bewusstseinsenergie Prana, denn das Lebensprinzip ist mit unserem lebendigen, in sich ständig im Wandel begriffenen Verkörpertsein auf das innigste verschränkt und vernetzt.

Dass die Asana-Praxis des modernen Yoga damit immer auch auf unsere gesamte Befindlichkeit wirkt, weiß jede und jeder, die / der sich bewusst wird, wie sie / er in eine Yogastunde hineingeht und sie wieder verlässt. In der Regel fühlen die Menschen sich hinterher lebendiger, wacher und gleichzeitig aber auch erholter und entspannter. So weit, so gut!

Hatha-Yoga hat aber, wie wir gesehen haben, noch unendlich viel mehr zu bieten. Das erschließt sich den Übenden aber nur dann, wenn sie während des Übens und des Nachspürens darauf hingewiesen werden, dass sich auch auf den feineren körperlichen, mentalen und emotionalen Ebenen etwas verändert und sich vielleicht sogar im Laufe der Zeit mit einer beständigen Übungspraxis (Abhyasa) prozesshaft nachhaltig wandelt.

In diesem letzten Kapitel möchte ich beispielhaft einige Übungen betrachten, die uns aus der Hatha-Pradipika des 15. Jahrhunderts überliefert worden sind. Jede dieser Übungen spricht uns jeweils auf einer körperlichen, energetischen, mentalen und emotionalen Ebene an. Wenn wir dafür offen sind, werden wir zudem noch die spirituelle Ebene der Übung entdecken können, die sich oft über die Symbolik oder auch den Quellentext erschließen lässt.

Wenn wir uns in unserer Übungspraxis diesen Erfahrungsebenen öffnen, gehen wir – wie es der Yoga vorsieht – den Weg durch die Koshas:

- Die Beschreibung der Übung und ihre körperlichen Wirkungen sprechen den Anna-Maya-Kosha an.
- Die energetischen Wirkungen sprechen den Prana-Maya-Kosha an.
- Die mentalen Wirkungen sprechen den Mano-Maya-Kosha an.
- Alles, was über unsere inneren, feinstofflichen Sinne (Indriyas) erfahrbar wird, spricht den Vijnana-Maya-Kosha an.
- Alles, was uns eine Übung durch ihre Symbolik und ihre spirituelle Ausrichtung vermittelt, spricht den Ananda-Maya-Kosha an.

Mit der Erschließung einer jeden Kosha-Ebene lernen wir etwas über uns, gehen wir tiefer in unser Gewordensein hinein und kommen mehr – und verlässlicher – zu uns.

Und erst dann, wenn alle fünf Erfahrungsebenen (der Koshas) angesprochen werden, werden die vielfältigen Übungsangebote des Hatha-Yoga die Wirkung erzielen können, die sich die meisten Übenden sehnlichst wünschen: in ihrer Gesamtheit, in ihrem Menschsein mit allen Facetten gesehen und angeleitet zu werden.

Fast alle Menschen, die zum Yoga finden, suchen Entspannung. Sie lässt sich dann finden und als immer zur Verfügung stehender Zustand verwirklichen, wenn man ganz zu sich gekommen ist, wenn die Erfahrung im Mittelpunkt steht und nicht das Erreichen von Zielen oder die Selbstoptimierung.

Die hier vorgestellten Yogatechniken sind beispielhaft beschrieben. Die Beschreibungen wollen helfen zu verstehen, wie vielschichtig jede der Übungen des Hatha-Yoga angelegt ist. Fühle dich also bitte eingeladen, auch all die anderen Bewegungsabläufe, Asanas, Pranayamas und Meditationen in ihrer Reichhaltigkeit und Tiefe zu entdecken.

Bei den ausgewählten Yogaübungen, die wir im Folgenden im Fokus der fünf Koshas – jeweils vom Grobstofflichen zum Feinstofflichen – näher beleuchten, handelt es sich im Einzelnen um drei Asanas (Ardha Matsyendra, Siddhasana und Shavasana), eine Kriya bzw. Reinigungsübung (Nadi Shodhana), zwei Pranayamas (Ujjayi und Kevala) und abschließend eine Mudra (Khechari).

Ardha Matsyendra – der halbe Drehsitz

Ardha Matsyendrasana ist eine Sitzhaltung, in der der Rumpf mal nach links, mal nach rechts gedreht gehalten wird. Das Asana wird mit unterschiedlichen Varianten in der Arm- und der Beinhaltung geübt.

Wortbedeutung:
Ardha bedeutet »halb«, Matsya heißt »Fisch«, und Indra bedeutet »mächtig« und ist auch der Name des Götterkönigs des vedischen Pantheons. Matsyendra gilt als der mythische Begründer des Hatha-Yoga.

Quellentext:

»Man lege den rechten Fuß an den Ansatz des linken Oberschenkels und stelle den linken Fuß außen an das rechte Knie. Der Yogi soll in dieser Position bleiben, seine Füße haltend, und seinen Körper in die entgegengesetzte Richtung drehen. Das ist die Übung, die Shri Matsyendranatha lehrte.

Diese Haltung von Matsyendranatha regt das Verdauungsfeuer an; sie ist eine Waffe gegen eine Reihe schrecklicher Krankheiten. Ihre wiederholte Übung weckt im Menschen die Kundalini und stabilisiert den Mondnektar.« (HYP 1.26–27)[91]

Symbolik:

Die Mythen und Überlieferungen des Hatha-Yoga sagen uns, dass es Gott Shiva war, der den Menschen diesen Yogaweg offenbarte. Seine Gefährtin, die Göttin Parvati, die als Schöpfungsenergie (Shakti) alles Leben auf Erden erschaffen hatte, spürte die Sehnsucht ihrer Geschöpfe, aus der äußeren Welt der Erscheinungen und der Vergänglichkeit einen Weg zu finden, zurück zu ihrem Ursprung. Sie bat Shiva, ihr Methoden und Übungen zu zeigen, die es den Menschen ermöglichen würden, zu ihrem innersten Wesenskern und der Erkenntnis ihres wahren Seins zu finden. Er willigte ein und zog sich mit Parvati auf eine unbewohnte Insel inmitten eines Flusses zurück, um sie ungestört in dieses Wissen einweihen zu können.

Lange saßen die beiden beieinander, während Shiva der Schöpfergöttin alles Wissen dieses mystischen Weges offenbarte. Dabei geschah es, dass ein Fisch (Matsya), der im Schilf ruhte, seinen Worten lauschte. Alles, was er hörte, rührte ihn in seinem Herzen, und er erkannte, welches tiefe Wissen dort vermittelt wurde. Wie gebannt verweilte er so vollkommen regungslos, um achtsam jedes Wort in sich aufzunehmen.

Als er merkte, dass die Belehrung beendet war, wollte der Fisch sich schnell zurückziehen, denn er spürte ein inneres Bedürfnis, den Menschen das Wissen, dass der Ursprung der Menschen in

Gott liegt, weiterzugeben. Gerade als er losschwimmen wollte, bemerkte ihn Shiva. Er sprang ins Schilf und packte den Fisch. Gleichzeitig erkannte er, was vorgefallen war, und sah intuitiv, was den Fisch bewegte. Er fühlte so große Bewunderung für die Mission, die der Fisch sich vorgenommen hatte, dass er ihm menschliche Gestalt verlieh und ihn zum »Herrn (= Indra) der Fische« (Matsyendra) ernannte. Er trug ihm auf, das Wissen des Yoga zu den Menschen zu bringen und sie die Methoden dieses Weges zu lehren. Seitdem gilt Matsyendra (auch Matsyendranath genannt) als der mystische erste Lehrer des Hatha-Yoga.

Das Asana symbolisiert die beiden polaren Aspekte Matsyendras:

- Matsya, den Fisch, der für das Prinzip des Empfangenden, die Energie des Mondes und die linke Körperseite steht, und
- Indra, der für das Prinzip der Wirkkraft, die Energie der Sonne und die rechte Körperseite steht.

In Matsyendrasana finden diese beiden Polaritäten zueinander, um sich vollkommen zu durchdringen und zu ergänzen. Damit steht dieses Asana symbolisch für die Erfahrung der Polarität im Hatha-Yoga, denn Ha steht für Sonne (Indra) und Tha für Mond (Matsya). Der Hatha-Yoga, so wie er in der Tradition Matsyendras gelehrt wird, versteht sich also als die Zusammenführung dieser zumeist im Alltag auseinanderstrebenden polaren Kräfte, damit sie sich ausgleichen und gegenseitig befruchten können.

Wirkungen auf körperlicher Ebene (Anna-Maya-Kosha): Ardha Matsyendrasana ist ein Drehsitz, mit einer Reihe von Varianten in der Haltung der Beine, da die im Quellentext angegebene Version (s. o.) für die meisten Menschen nicht auszuführen ist.

Da der Text als Wirkung eine »Anregung des Verdauungsfeuers« nennt, ist es wesentlich, dass die Bauchdecke in der Drehung in einen engen Kontakt mit der Innenseite des aufgestellten Oberschenkels geht. Durch den so entstehenden Druck und die Bewegungen des Zwerchfells, das sich für jede Einatmung in den Oberbauch absenkt und ausatmend wieder aufsteigt, wird die Verdauung angeregt. Das geschieht auch dadurch, dass der Dickdarm im Wechsel erst links und dann rechts intensiv gedehnt wird, was wiederum seine Peristaltik anregt. Dabei ist zu bemerken, dass der Inhalt des Dickdarms zunächst etwas vom absteigenden Ast in Richtung des aufsteigenden Astes zurückgedrängt wird. Bei der Drehung nach rechts jedoch wird dann der gesamte Inhalt wieder in Richtung des absteigenden Astes und des Enddarms gedrückt.

Wirkungen auf energetischer Ebene (Prana-Maya-Kosha): Das Verdauungsfeuer (Agni) steht im Yoga und Ayurveda für die Kraft, die alles, was von dem, was wir zu uns nehmen (also Nahrung jeglicher Art), nicht benötigt wird, verbrennt und auf diese Weise die Essenz freilegt, die dann von den Zellen aufgenommen werden kann. Diese Wirkweise des Agni wird im Yoga und auch im Ayurveda als überaus wichtig angesehen, und es wird immer sehr darauf geachtet, dass dieses »Feuer« nicht nur glimmt, sondern kräftig und gleichmäßig brennt.

In Matsyendrasana kann es durch den Druck auf den Bauchraum und seine Organe, der durch eine intensive Atmung rhythmisch entsteht und wieder weggenommen wird, noch zusätzlich angefacht werden. Der Quellentext Hatha-Pradipika sagt uns, dass dann, wenn das Asana lange auf diese Weise geübt wird, sich – gemäß den Vorstellungen der energetischen Anatomie des Hatha-Yoga – die Flamme dieses Feuers drehen wird, wodurch die schlafende Bewusstseinsenergie, die Kundalini, berührt und geweckt wird. Ardha Matsyendrasana ist das einzige Asana, dem eine solche Wirkung auf die Kundalini zugeschrieben wird!

Außerdem weist uns der Quellentext darauf hin, dass der »Mondnektar stabilisiert wird«. Als Mondnektar wird das Lebenselixier (Amrita) bezeichnet, das jeder Mensch gemäß den Lehren des Yoga am Beginn des Lebens in einem genau festgelegten Maß »zugeteilt« bekommt. Die übliche Unruhe und Hektik unseres Alltagslebens bewirken, dass dieser Nektar zügig aufgebraucht wird. Das Verweilen in Asana dagegen versetzt den Organismus in einen Ruhemodus, was bewirkt, dass kein Lebenselixier verbraucht wird.

Verstärkt wird diese Wirkung noch dadurch, dass die Drehung zuerst zur linken Seite – zur Seite des Mondes – ausgeführt wird, wodurch das Nervensystem und der Organismus der Übenden auf Verinnerlichung und Ruhe eingestellt werden.

Wirkungen auf mentaler Ebene (Mano-Maya-Kosha):
Wie bereits erwähnt, wird die Drehung zunächst nach links und dann erst nach rechts ausgeführt. Das entspricht dem Namen des Asanas, bei dem zuerst Matsya (Mond / links) und dann Indra (Sonne / rechts) genannt wird.

Die Priorisierung der linken Seite findet sich vielfach in den Übungsanleitungen des Hatha-Yoga, denn wie bei allen Yogawegen stehen auch bei diesem Weg die Verinnerlichung und das Zur-Ruhe-Kommen des Geistes im Vordergrund.

Ardha Matsyendrasana ist ein asymmetrisches Asana. Nachdem man über eine Reihe von Atemzügen die Erfahrung der Drehung nach links gemacht hat, fühlen sich – wieder zur Mitte zurückgekehrt – beide Seiten deutlich unterschiedlich an. Wenn man dann die Aufmerksamkeit auf den Bereich im Inneren richtet, an dem sich beide Seiten begegnen, wird man feststellen können, dass sie dort – in der Mitte des Leibraums – versuchen, sich auszugleichen, wie man es auch bei kommunizierenden Gefäßen beobachten kann.

Dieser so erfahrene Bereich der Mitte (Madhya) wird als ein Ort angesehen, an dem sich die Polaritäten (hier links / rechts) begegnen. Typisch für den tantrischen Hatha-Yoga ist aber vor allem die Vorstellung, dass es nicht allein bei dieser Begegnung bleibt, sondern dass über diese Mitte hinweg das »Mondhafte« in das »Sonnenhafte« fließt und umgekehrt, wodurch sich die Qualitäten der beiden Pole vermischen, ähnlich wie wir es vom Yin-Yang-Zeichen der chinesischen Feinstofflehre kennen, in dem wir im hellen Bereich (Yang) einen dunklen Kreis (Yin) sehen und umkehrt im dunklen Bereich (Yin) einen hellen Kreis (Yang).

Wirkungen auf emotionaler Ebene (Vijnana-Maya-Kosha): Die Erfahrung der Mitte, in der sich die Polaritäten auflösen, ist im Hatha-Yoga zentral. Darauf weist schon die Namensgebung hin: Ha = Sonne und Tha = Mond ⇒ Yoga = Vereinigung.

Wenn man sich übend immer wieder hineinspürt in die Konzepte der Polarität (hier links / rechts), wird einem nach und nach deutlich, wie man selber »gepolt« ist. Das bedeutet, dass man sich bewusst wird, in welchem Maße man sich zum »Sonnenhaften«, also zur Aktivität und zum In-der-Welt-Sein, oder eher zum »Mondhaften«, also zur Ruhe und zum Rückzug von der Welt, hingezogen fühlt.

Im Yoga steht beides vollkommen gleichwertig nebeneinander, jedoch sollen wir immer wieder genau erspüren (das ist die Qualität des Vijnana-Maya-Kosha), ob eine der beiden Polaritäten versucht, die andere zu dominieren.

Die uns mit der Polarität zur Verfügung gestellten Kategorien helfen uns, uns immer wieder so weit auszugleichen, dass sich unser Sein meistens in einem Bereich zwischen den Polen abspielt. Das äußert sich in emotionaler Hinsicht als die Erfahrung von Ausgeglichenheit, Gelassenheit und Gleichmut.

Wirkungen auf spiritueller Ebene (Ananda-Maya-Kosha): Bei wiederholter Übungspraxis, in der zunehmend die innere Erfahrung der Polaritäten und ihr Verschmelzen in der Mitte (Madhya) ins Zentrum des Erlebens gestellt werden, wird sich immer wieder ganz von alleine ein Gefühl der Ganzheit einstellen – einer Ganzheit, die beide Polaritäten auf ganz natürliche Weise repräsentiert.

Noch etwas wird spürbar, wenn einem bewusst wird, dass immer beide Pole zu einem gehören, und zwar, dass man im Alltag und überhaupt im Leben ständig zwischen diesen beiden Polen hin- und herpendelt.

Dass dieses Schwingen von einem Pol zum anderen sich natürlich einstellt, zeigt, dass der Organismus wieder zu seiner Schwingungsfähigkeit zurückgefunden hat und damit in der Lage ist, sich wieder ganz selbstverständlich selbst zu regulieren. Und das ist eine Erfahrung, die uns eine tiefe innere Freude (Ananda) vermittelt.

Siddhasana – die grundlegende Sitzhaltung

Siddhasana ist eine Sitzhaltung. Sie wird als eines der grundlegenden Asanas angesehen. Das wird deutlich an der Anzahl der Verse (neun!), die ihm in der Hatha-Pradipika gewidmet werden, außerdem an der Wortwahl und der ungewöhnlichen Einbindung dieser Sitzhaltung in das gesamte Gefüge des Hatha-Yoga.

In Siddhasana ist der Beckenbereich ganz geweitet, wodurch das Fundament der Sitzhaltung sehr stabil ist. Die Kreuzbeingegend wird entlastet, sodass man sich sehr gut aufrichten kann.

Die Hatha-Pradipika beschreibt uns in ihrem historischen Kontext nur eine Variante für Yogis, und es heißt sogar, dass diese Sitzhaltung für Frauen (Yoginis) nicht geeignet sei (wohl aber für Göttinnen!).

Wortbedeutung:
Siddha bedeutet »jemand, der vollendet ist«. Es bezieht sich in allen Yogatraditionen auf vollendete Meister, die ein hohes Maß an körperlicher und spiritueller Vollkommenheit oder Erleuchtung erreicht haben.

Obwohl der Begriff in der indischen Kultur inzwischen weitverbreitet ist, bezeichnete er ursprünglich vor allem vollendete Yogameister in den verschiedenen hinduistischen Traditionen des Tantra wie Naropa, Tilopa oder Milarepa.

Quellentext:
»Man presse eine Ferse fest an den Damm und lege die andere über den Penis. Während man das Kinn stark gegen die Brust drückt, halte man sich aufrecht. Man kontrolliere seine Sinne und schaue unbewegt auf den Raum zwischen den Augenbrauen. Dieses nennt man Siddhasana, das kraftvoll die Tür zur Befreiung öffnet.

Wenn man das linke Fußgelenk oberhalb des Penis plaziert und das andere Fußgelenk darüber zieht, so ist das auch Siddhasana. Man nennt diese Position Siddhasana; andere kennen sie als Vajrasana; einige nennen sie Muktasana und wieder andere Guptasana.

Genau wie eine maßvolle Ernährung (Mitahara) das Erste unter den Yamas ist[92] und die Gewaltlosigkeit (Ahimsa) das Erste unter den Niyamas, so betrachten die Siddhas Siddhasana als das Erste unter allen Asanas.

Von den 84 Asanas sollte einzig Siddhasana täglich geübt werden, denn es reinigt die 72 000 Nadis von allen Unreinheiten.

Ein Yogi, der zwölf Jahre lang über das Selbst meditiert und mäßig isst, erreicht die Vollendung durch die fortgesetzte Übung von Siddhasana.

Welchen Nutzen haben die zahlreichen Asanas für jemanden, der Vervollkommnung in Siddhasana erreicht hat? Wenn der Atem sorgfältig beherrscht wird und Kevala Kumbhaka erreicht wurde, dann entwickelt sich Unmani wie von alleine.

Wenn man also fest in Siddhasana gegründet ist, stellen sich die drei Verschlüsse (Bandhas) spontan und ohne Schwierigkeiten ein.

Es gibt kein Asana, das Siddhasana gleicht, kein Kumbhaka, das Kevala gleicht, keine Mudra wie Khecari und keine Auflösung des Geistes (Laya) wie die in den Klang (Nada).« (HYP 1.35–43)

Dieser Text macht deutlich, dass durch das Üben von Siddhasana alle Koshas angesprochen werden:

- Der Nahrungskörper steht im Fokus in der Beschreibung der Sitzhaltung.
- Der Energiekörper steht im Fokus, wenn es heißt, dass durch das Üben dieses Asanas die 72000 Energiekanäle (Nadis) des Körpers gereinigt werden und dass sich die drei Verschlüsse (Bandhas) von alleine einstellen.
- Die beiden Ebenen des Mentalkörpers stehen im Fokus, wenn es heißt, dass Siddhasana als Sitzhaltung empfohlen wird, um über das Selbst zu meditieren und dass bei fortgesetzter Übung der mentale Bereich sehr ruhig wird.
- Der Glückseligkeitskörper steht im Fokus, wenn es heißt, dass sich Unmani – ein Synonym für Samadhi, den höchsten Zustand – von alleine einstellt.

Symbolik:

Das Asana Siddhasana steht symbolisch für die in jedem Menschen angelegte Vollkommenheit, die im Alltagsleben durch die Wirkkräfte des Egos und seine begrenzten Sichtweisen verdeckt ist.

Es heißt, dass das Sitzen in Siddhasana den Zustand der Meditation begünstigt, denn diese Sitzhaltung ist sehr gut gegründet und fördert deshalb, in die Ruhe zu finden und in wacher Ruhe zu verweilen.

Die Göttin Lakshmi in Siddhasana (Foto von Anna Trökes)

Shavasana – Entspannungshaltung in der Rückenlage

Shavasana ist eine Haltung in der Rückenlage, in der man möglichst regungslos zehn bis fünfzehn Minuten in einem Zustand wacher Ruhe verweilt.

Wortbedeutung:
Shava heißt »Leichnam«, da der Körper regungslos – wie tot – auf dem Rücken liegt. Dies ist ein in Indien bis heute alltäglicher Anblick, wenn die Toten auf schmalen Bambusbahren mitten durch die Stadt zu einem Verbrennungsplatz getragen werden.

Quellentext:
»Wenn man wie eine Leiche ausgestreckt in der Rückenlage auf dem Boden liegt, ist das Shavasana. Shavasana vertreibt Müdigkeit und bringt dem Geist Ruhe.« (HYP 1.32)

Wegen der diesem Asana zugeschriebenen Wirkung wird es oft auch einfach nur »Entspannungshaltung in der Rückenlage« genannt und als Haltung für die sogenannte »Tiefenentspannung« angeboten, die in vielen Traditionen immer am Ende einer Yogapraxis steht.

Symbolik:
In der Ikonografie des Tantra steht der Leichnam symbolisch für Shiva. Es gibt sehr viele religiöse, aber auch profane Abbildungen, die Shiva zeigen, der wie eine Leiche auf dem Rücken liegt, während die Schöpfungskraft Shakti auf ihm tanzt.

Damit wird die grundlegende Polarität von in sich ruhendem Bewusstsein (Shiva) und dynamischer Schöpfungskraft (Shakti, die tanzt) ausgedrückt, die alles in der Welt im Innersten durchdringt und ausdrückt.

Ohne diese Symbolik zu kennen, wird die Bezeichnung »Leichenhaltung« oft als makaber empfunden und im modernen Yogaunterricht vermieden. Dabei ist das Einüben und Etablieren gerade dieses Asanas sehr wichtig für modernen Menschen, von denen immer mehr es kaum aushalten, auch nur eine kurze Weile ohne äußeren Input und Aktivitäten bei sich zu bleiben. Es wird sogar immer wieder berichtet, dass das Verweilen in diesem Asana bei einigen Übenden Angst bis hin zur Panik hervorruft.

Es ist dieselbe Angst und Panik, die auch dann auftritt, wenn diese Menschen in der Yogapraxis oder Meditation mit Bewusstseinszuständen in Berührung kommen, die sehr tief und sehr still sind. Oft sind es Menschen, die große Mühe haben, sich selbst in der Reizlosigkeit und Stille eines solchen Asanas auszuhalten. Aber genau darum geht es.

Wirkungen auf energetischer, psychischer und spiritueller Ebene:

Abgesehen von der Referenz dieses Asanas zu Shiva, dem »Herrn des Yoga«, dessen Hauptmerkmal sein unerschütterliches In-sich-Ruhen ist, weist die Hatha-Pradipika mit ihrer Namensgebung bewusst auf die Tatsache hin, dass wir alle vergänglich sind und eines Tages sterben werden – eine Tatsache, die allen Menschen mehr oder weniger bewusst Angst macht. Gerade deshalb soll dieser Aspekt immer wieder betrachtet werden, damit die Menschen / die Yogaübenden sich dessen immer bewusst bleiben und ihr Leben dementsprechend gestalten.

Verweilt man zehn bis fünfzehn Minuten in Shavasana, wird spürbar, dass auch dann, wenn man das Gefühl für sein Körpersein weitgehend oder sogar vollkommen verliert, es etwas gibt, das wach, lebendig und präsent bleibt. Es ist Chitta – das Bewusstseinsfeld, in dem der Zustand des Beobachtenden oder des Sehenden erfahrbar wird. Alle Quellentexte des Yoga sagen, dass das – auch Atman, Purusha oder Seher genannt – niemals vom Wandel und den Wirkungen der beängstigenden Vergänglichkeit berührt werden kann, sondern immer – so wie Shiva – in sich ruhend bei sich bleibt und alles, was geschieht, in ruhiger Klarheit zur Kenntnis nimmt.

Nadi Shodhana – die Wechselatmung

Nadi Shodhana wird allgemein »Wechselatmung« genannt. Diese Bezeichnung beschreibt diese Atemlenkung sehr treffend, denn man atmet abwechselnd über das linke und das rechte Nasenloch aus und wieder ein und wechselt den Nasengang jeweils in der Atemfülle mit der folgenden Ausatmung. Dabei wird üblicherweise der nicht genutzte Nasengang mit der Fingerkuppe des rechten Ringfingers (linker Nasengang) und des rechten Daumens (rechter Nasengang) verschlossen.

Wortbedeutung:
Nadi heißt »Kanal«. Gemeint sind die (den Meridianen der Traditionellen Chinesischen Medizin vergleichbaren) Kanäle, in denen die Lebensenergie Prana zirkuliert. Shuddhi bzw. Shodhana heißt »reinigen« bzw. »Reinigung«.

Quellentext:
Die Beschreibungen von Nadi Shuddhi und Nadi Shodhana Pranayama gehören inhaltlich und methodisch zusammen.

Nadi Shuddhi:

»Wenn die Nadis mit Unreinheiten überladen sind, nimmt die Luft (Maruta) nicht mehr den mittleren Weg. Wie sollte es da Unmani-Bhava geben, wie sollte man so Vollendung in der Übung erreichen?

Nur wenn der gesamte Verlauf der Nadis von Unreinheiten

befreit ist, ist der Yogi in der Lage, den gesamten Prana angemessen zu regulieren.

Darum soll der Yogi regelmäßig Pranayama üben, reinen Herzens, sodass die Unreinheiten in Sushumna Nadi beseitigt werden.

Nadi Shodhana Pranayama:

In der Haltung von Padmasana muss der Yogi die Luft durch den lunaren (linken) Nasengang einatmen und sie anhalten, solange er kann. Dann soll er durch den solaren (rechten) Nasengang ausatmen.

Dann soll er wieder seinen Brustraum füllen, indem er durch die Sonnenseite einatmet und über die Mondseite ausatmet, nachdem er in angemessener Weise die Atempause (Kumbhaka) gehalten hat.

Er atmet immer über den Nasengang ein, über den er zuletzt ausgeatmet hat, und hält den Atem so lange wie möglich, um ihn langsam über den anderen Nasengang wieder auszuatmen.

Wenn der Atem über Ida, den linken Nasengang, eingeatmet und dann angehalten worden ist, atmet man über den anderen Nasengang aus. Wenn man über Pingala, den rechten Nasengang, eingeatmet und den Atem zurückgehalten hat, stößt man ihn über die linke Seite wieder aus. Bei den Yogis, die diese Übung regelmäßig ausführen, den Atem abwechselnd über den rechten und den linken Nasengang ein- und ausatmen, wie beschrieben, sind nach drei Monaten alle Nadis vollständig gereinigt.« (HYP 2.4–10)

Symbolik:

Über »Sonne« und »Mond« einzuatmen bedeutet, über den rechten bzw. den linken Nasengang einzuatmen, denen Sonne bzw. Mond zugeordnet werden.

Wirkungen auf energetischer, psychischer und spiritueller Ebene:
Die beiden Nadis stehen für die Polarität, die die Dynamik des Lebens stetig antreiben und in Gang halten.

Ida Nadi	**Pingala Nadi**
Mond	Sonne
Shiva	Shakti
links	rechts
Ruhe, Introversion	Aktivität, Extraversion
Tamas Guna	Rajas Guna
Parasympathikus / Vagus	Sympathikus

Diese Auflistung zeigt, dass immer dann, wenn eines der beiden Gunas (tamas = träge / rajas = aktiv) zu dominant wird, auch der dazugehörige Energiekanal – die Nadi – ins Ungleichgewicht kommt. Solche Dysbalancen bewirken, dass der Prana »nicht mehr rundläuft«, sondern den Energiekörper in manchen Bereichen mit erhöhter und an anderen Stellen mit verminderter Intensität durchströmt. Dadurch entstehen Reizungen und Blockierungen, die im Hatha-Yoga generalisiert als Verunreinigungen bezeichnet werden.

Nadi Shodhana bewirkt durch die Art, mit der die Aufmerksamkeit gelenkt wird, dass die Dysbalancen wieder ausgeglichen werden, denn was man macht, ist:

EA links = Aufnahme von kühler Mondenergie

AA rechts = Abgeben kühler Mondenergie in die heiße Sonnenseite

EA rechts = Aufnahme von heißer Sonnenenergie

AA links = Abgeben von heißer Sonnenenergie in die kühle Mondseite

Für das Anhalten des Atems in der Fülle und Leere wird kein genaues Zeitmaß angegeben. Übende sollen also den Atem nur so lange anhalten, wie es möglich ist. Das Anhalten wird üblicherweise von den drei Bandhas begleitet.

Wenn Nadi Shodhana regelmäßig geübt wird, wirkt es regulierend auf die beiden Äste des vegetativen Nervensystems – Parasympathikus und Sympathikus. Dieser Ausgleich stabilisiert das Vegetativum und ist in physischer und psychischer Hinsicht die Grundlage für Regeneration, Heilung und Gesunderhaltung des gesamten Organismus.

Der Quellentext legt uns nahe, dass es genau dieser Zustand ist, in dem der Geist zu stabiler Ruhe und Klarheit findet, der im Text oben »Unmani Bhava« genannt wird.

Ujjayi – die Atmung mit dem Reibelaut

Ujjayi ist das Ein- und Ausatmen durch die Nase, wobei die Stimmritze wie beim Flüstern verengt wird. Dadurch entsteht ein Reibelaut (ähnlich dem Meeresrauschen). Ujjayi ist in der modernen Hatha-Yoga-Praxis (z. B. in den Vinyasa-Stilen) sehr gebräuchlich, da es die Atmung verlangsamt und den Atem hörbar und dadurch regulierbar macht.

Wortbedeutung:
Ujjayi heißt übersetzt »siegen« bzw. »siegreich sein« bzw. »sich durch Eroberung zu eigen machen«. Gemeint ist der Sieg über eine (zu) unregelmäßige, schnelle und unruhige Atmung.

Im Deutschen wird die Ujjayi-Atmung meist als »die Atmung mit dem Reibelaut« bezeichnet.

Quellentext:

»Man atme langsam mit geschlossenem Mund durch beide Nasengänge ein, sodass die Luft reibend zwischen Kehle und Brust entlangstreicht und dabei ein Ton entsteht.

Wie im vorangegangenen Pranayama (d. i. Surya Bhedana) halte man wieder Kumbhaka, dann atme man durch das linke Nasenloch aus. Dadurch unterdrückt man die Krankheiten des Shleshman (Schleim), die ihren Sitz im Hals haben, und regt das Verdauungsfeuer an. Es beseitigt Störungen in den Nadis, wirkt gegen Wassersucht und alle Krankheiten, die die Dhatus betreffen. Dieses Kumbhaka, das Ujjayi genannt wird, kann selbst im Stehen und Gehen geübt werden.« (HYP 2.51–53)

Wirkungen auf körperlicher und energetischer Ebene:

- Ujjayi als Methode, die Atemkraft zu stärken

  Ujjayi ist eine Methode, die uns helfen kann, unseren Atem zu kräftigen und zu vertiefen. Ihr Merkmal – der Reibelaut – entsteht dadurch, dass die Muskeln der Stimmritze im Inneren des Kehlraums sich bis auf ca. ein Fünftel schließen und damit dasselbe Muster zeigen wie beim Flüstern. Die Luft muss jetzt durch diese winzige Öffnung hereingesogen und herausgepresst werden, und dazu brauchen wir die ganze Kraft unserer Atemmuskeln.

  Beim Einatmen wird besonders das Zwerchfell aktiv, das den Lungenraum kraftvoll nach unten – bis zu zehn Zentimeter – ausdehnt und hilft, die Luft in den so geschaffenen Unterdruckraum einzusaugen. Durch dieses Gegen-den-Widerstand-Arbeiten wird der Zwerchfellmuskel nachhaltig gekräftigt und natürlich unweigerlich mittelfristig die Bauchatmung dauerhaft intensiviert.

  Beim Ausatmen muss besonders die Ausatemmuskulatur, wie z. B. die innere Zwischenrippenmuskulatur, aktiv werden, da der Strom der Ausatemluft, den das sich entspannende Lungengewebe freigibt, vor der Kehle regelrecht gestaut wird.

Dieser verstärkte und verdichtete Atemstrom ist es denn auch, der an den Muskelrändern »reibt« und dadurch das Geräusch entstehen lässt. Außerdem erlaubt das behinderte Ausströmen der Luft dem Zwerchfell nicht, sich wie gewohnt schnell zu entspannen. Es muss seinen Tonus länger halten – einfach, weil ihm der Platz fehlt, sich nach oben zurückzuziehen, und der Druck der in den Atemwegen stehenden Luft einen Widerstand darstellt. Dadurch wirkt nicht nur die Einatmung, sondern auch die Ausatmung kräftigend auf das Zwerchfell – und damit tonisierend auf den gesamten Atemvorgang. Die so entstehende kraftvolle Bauchatmung ist der beste »Blasebalg« für unser »Verdauungsfeuer«, also für die Verdauungskraft der Organe des Oberbauches.
Die Atmung vertieft sich insgesamt, sodass mehr Luft eingesogen wird (ca. 1,5 Liter pro Atemzug), und zwar nicht nur nach unten, dem Zwerchfell folgend, sondern auch aufsteigend in die Flanken und den Bereich der Lungenspitzen.

- Ujjayi als Reinigungsatem für den Kehlraum
Ujjayi unterstützt die Reinigung der Atemwege. Durch den fast vollständigen Kehlverschluss kommt es zu starken Luftwirbeln vor der Stimmritze beim Einatmen und hinter ihr (jeweils vom Kopf her betrachtet) beim Ausatmen. Die verwirbelte Luft streicht intensiv über das die Atemwege auskleidende Flimmerepithel und reißt darauf sitzende Schleimpfröpfchen und andere Fremdkörper, wie Staubpartikel und Pollen, aber auch durch den Mundraum eingedrungene Keime, mit. Deswegen lohnt es sich nach einigen Minuten Ujjayi, sich immer mal wieder zu räuspern, denn es kommt – im wahrsten Sinne des Wortes – immer etwas dabei heraus! Aus genau diesem Grund empfiehlt der Quellentext *Hatha-Yoga-Pradipik*a im Übrigen auch den Einsatz von Ujjayi bei allen Erkrankungen der Kehle, die mit einer vermehrten Schleimbildung einhergehen. Da Ujjayi ein erhitzender Pranayama ist, mindert er Kapha Dosha und schwächt Tamas Guna, also Trägheit und

Antriebslosigkeit. In diesem Sinne wirkt Ujjayi auch gegen stauende Erkrankungen wie die im Quellentext erwähnte Wassersucht.

Wirkungen auf feinstofflicher Ebene:
Mit Ujjayi »erobern« wir uns eine äußerst feine und fließende Atemweise. Dabei soll das Reibegeräusch gerade nur so laut sein, dass die / der Übende es selber zu hören vermag, und zwar eher mit den »inneren« als mit den »äußeren« Ohren. Damit leitet die Ujjayi-Atmung die Übenden auf den Weg nach innen. Die Entfaltung des inneren Sinns (des Indriyas) des Hörens setzt die Verfeinerung des inneren Sinns des Fühlens fort, den wir mittels unserer Asana-Praxis entwickeln konnten. Dadurch, dass wir nun lernen, uns wirklich zu lauschen und die Schwingung unseres Atems auf das Feinste wahrzunehmen, wird ein wichtiger Schritt auf unserem Übungsweg markiert. Mithilfe dieser Atembeobachtung und dem Atemlauschen setzt der Prozess des Rückzugs der Sinne (Pratyahara) und der Konzentration (Dharana) ein. Beides geleitet uns über die Schwelle von der Außenwelt in die Innenwelt.

Mittels der Atemströmung erfahren wir ganz genau, in welcher geistigen, emotionalen, aber auch körperlichen Verfassung wir uns gerade befinden. Dabei gibt uns das Atemgeräusch des Ujjayi fortlaufend Feedback – es ist damit gewissermaßen ein frühes, einfaches und außerordentlich wirksames Biofeedback-System. Sobald wir uns körperlich überfordern, geistig abschweifen oder uns zu sehr konzentrieren – oder auch einfach nur zu viel machen oder es möglichst gut machen wollen –, verändert sich der Atem. Dasselbe geschieht, wenn wir emotional aus unserer Mitte fallen, uns also aufregen, nervös werden, oder über die Atmung lange und / oder tief verschüttete Gefühle wieder an die Oberfläche kommen.

Kevala – der eigentliche Pranayama

Kevala beschreibt einen Zustand, in dem der Geist so zur Ruhe gekommen ist, dass die Atembewegung kaum noch sichtbar ist, der Atem ganz langsam und flach geworden ist und sich von selbst kürzere und längere Pausen einstellen.

Kevala ist der letzte der acht Pranayamas der Hatha-Pradipika und leitet ganz natürlich über in den Zustand der Meditation.

Wortbedeutung:
Kevala bedeutet »ganz, vollkommen, absolut, vollkommen rein«.

Quellentext:
»Übe Sahita Kumbhaka so lange, bis Kevala Kumbhaka beherrscht wird, nämlich das mühelose Atemanhalten, ohne Ein- und Ausatmung (Puraka und Rechaka). Dieses reine, unvermischte Kumbhaka ist der wahre Pranayama. Wenn der Yogi das Kevala Kumbhaka ohne Rechaka und Puraka zu halten vermag, gibt es nichts mehr in den drei Welten, was schwierig für ihn zu erreichen wäre. Derjenige, der in der Lage ist, seinem Willen entsprechend die Luft einzuschließen dank dieses Kevala Kumbhaka, hat die Ebene des Raja-Yoga erreicht, daran besteht kein Zweifel.« (HYP 2.72–75)

Sahita Kumbhaka meint das Atmen, das sich äußert in bewusster und achtsamer Einatmung (Puraka) und Ausatmung (Rechaka) und den natürlichen, von selbst entstehenden Atempausen (Kumbhaka).

Symbolik:
Die Atemstille steht im Yoga symbolisch für einen Zustand, der als das Resultat einer langen andauernden, beharrlichen und gleichermaßen entspannten Übungspraxis mit dem Atem angesehen wird. Während Kumbhaka die Atempausen beschreibt,

die wir bewusst setzen und mithilfe der Bandhas halten, um sie dann auch wieder bewusst zu lösen, ist die Atemstille in Kevala Pranayama dagegen vollkommenes Nicht-Tun. Dass der Atem von ganz alleine versiegt, ist eines der großen Ziele der Hatha-Yoga-Praxis.

Es heißt in der Hatha-Pradipika, dass ein solcher Yogi das höchste Ziel des Hatha-Yoga erreicht hätte. Die Tatsache, dass er auf natürliche Weise das Versiegen seines Atems erreicht hat, zeigt an, dass sein Geist sich vollkommen aus den Fesseln der Sinne befreit hat und dass ihn nichts mehr bewegt oder berührt. Alle geistigen Aktivitäten sind versiegt; sein Geist liegt still und unbewegt da wie die Oberfläche eines Sees bei vollkommener Windstille.

Dieser Zustand wird im Hatha-Yoga »Chitta nirashrayam« (HYP 2.67) genannt, was meint, dass der Geist nun ohne Unterstützung (Niralambha) und ohne Gegenstand ist und sich somit auf keine Erkenntnisse, Begriffe oder Konzepte mehr beziehen kann. Dadurch löst sich jegliche Beziehung zwischen Subjekt und Objekt auf, alle Dualität, aber auch alle Polarität hört auf, und folglich gibt es auch keinen Denkprozess mehr. »Das ist der vollendete Zustand, in dem der Geist von allen Erscheinungen gelöst ist und bei sich bleibt (Kevala), ohne Kontakt – aufgelöst im Höchsten Selbst.« (Kommentar von Tara Michaël zu HYP 2.77) Der Yogi, der diesen Zustand vollkommener Stille des Atems und des Geistes (Raja-Yoga) erreicht hat, ist nun ein Raja-Yogi, also einer, der im höchsten Bewusstsein des Hatha-Yoga weilt.

Wirkungen auf körperlicher und energetischer Ebene:
Wenn Kevala eintritt, wird der Geist ganz still. Das hat zur Folge, dass der gesamte Organismus unter den regenerierenden und Heilung fördernden Einfluss des Parasympathikus kommt.

Wenn der Atem so langsam und fein wird, dass er fast nicht mehr zu spüren ist, »nimmt die Hirndurchblutung zu und die Körpersysteme treten in einen Zustand der Kohärenz ein, bei dem die Funktionen des Herzens, des Blutkreislaufs und des Nervensystems zu maximaler Effizienz koordiniert werden.«[93]

Wirkungen auf feinstofflicher Ebene:

Da Kevala Pranayama einen Zustand beschreibt, der spontan eintritt, ist er fast immer das Resultat eines längeren Prozesses. In Verlauf dieses Prozesses wirken alle Methoden des Hatha-Yoga wie Asana, Bewegungsabläufe, Atemübungen, Mudras und Meditation zusammen, die uns helfen können, unseren Geist und unser Gemüt ruhiger werden zu lassen. Es handelt sich dabei um eine wache Ruhe, die als ein Zustand tiefster Zufriedenheit und absoluter Bedürfnislosigkeit erfahren wird.

Wenn Kevala Kumbhaka eintritt, atmet man über einen längeren Zeitraum fast überhaupt nicht mehr und erfährt sich gleichzeitig als vollkommen genährt. Es ist eine Erfahrung des Genährtseins, wie wir sie niemals empfinden werden, wenn wir bewusst tief atmen, um uns möglichst intensiv mit Sauerstoff und Prana zu füllen. Man versteht dann, dass die Schwingung der Lebensenergie in Kevala Pranayama unendlich viel feiner und subtiler ist – und gleichzeitig viel kraftvoller und substanzieller. In der Sichtweise der Hatha-Yogis stellt das kein Paradox dar, im Gegenteil. Sie sagen, dass uns nichts so gut nährt wie der allerfeinste Prana, denn er gleicht dem Nektar der Unsterblichkeit, also der reinsten Essenz des Lebens.

Wenn wir lernen, tief zu entspannen, obwohl wir gerade nicht oder kaum atmen, werden wir tiefen Frieden – und auf dem Grund dieses Friedens eine unbeschreibliche Glückseligkeit (Ananda) – erfahren. In diesem Zustand ist man vollkommen bei sich und bekommt die Empfindung, vollkommen mit allem, was lebt, verbunden zu sein.

Maha Mudra – das erhabene Siegel

Maha Mudra ist eine Vorbeuge im Sitzen mit geradem und bewusst gestrecktem Rücken. Ein Bein ist ausgestreckt und das andere Bein angebeugt. Maha Mudra wird in der Regel (im Yoga der Energie immer) mit Bandhas und Pranalenkungen geübt.

Wortbedeutung:
Maha heißt »groß, erhaben«, und Mudra ist die Körperhaltung, mit der wir einen inneren Zustand ausdrücken bzw. uns ganz auf die Erfahrungen in unserem innersten Sein ausrichten.

Quellentext:
»Die Ferse des linken Fußes gegen das Perineum gedrückt und das rechte Bein vor sich ausgestreckt, muss man nun den rechten Fuß fest mit beiden Händen halten.

Die Kehle geschlossen mit Jalandhara-Bandha, muss man den Vayu aufsteigen lassen. Als würde man eine Schlange mit einem Stock schlagen, die sich plötzlich wie ein Stab aufrichtet, so wird die Shakti, die zusammengerollt war (kundali), plötzlich aufrecht stehen.

Dann tritt der Zustand des Todes (Marana Avastha) ein, indem sich die beiden Nadis verbinden.

Dann soll man sehr langsam ausatmen, niemals mit Gewalt.

Das ist Maha Mudra, wie sie von den großen Siddhas dargelegt wird.

Die große Ursache für das Leiden und alles Schlechte, wie der Tod, werden mit dieser Mudra zerstört. Daher wird sie von den kundigen Weisen ›die große/die erhabene Mudra‹ genannt. Für den, der Maha Mudra übt, wird keine Nahrung mehr empfohlen oder verboten. Aller Geschmack, Nahrungsmittel, die ihren Geschmack verloren haben, und selbst gefährliche Gifte werden verdaut wie Nektar.

Schwächende Krankheiten, das Erschlaffen des Darms, eine Vergrößerung der Milz, Verdauungsstörungen und viele andere Leiden werden beseitigt bei dem, der Maha Mudra übt.

Wir haben diese Maha Mudra beschrieben, die von den großen Siddhis gelehrt wird. Sie muss um jeden Preis geheim gehalten werden, man darf sie nicht irgendjemandem geben.« (HYP 3.12–18)

Symbolik:
Maha Mudra steht im Hatha-Yoga symbolisch für die große Kraft des Wandelns der Gedanken bzw. für die Fähigkeit des Menschen, alles, was er erfährt, bewusst einzuordnen bzw. zu transzendieren.

In seiner symbolischen Sprache erklärt uns der oben zitierte Text einiges dazu. »Die großen Ursachen für das Leiden«, von denen hier die Rede ist, sind nach Ansicht der Yogis nicht in der äußeren Welt bzw. den gegebenen Bedingungen begründet, sondern immer ausschließlich (!) in der Art und Weise, wie wir das, was wir erleben, bewerten und einordnen. Ebenso wie Buddha sind auch alle Yogameister der Ansicht, dass wir alles Leid, das wir erfahren, uns letztendlich selber erschaffen, und zwar vor allem deshalb, weil wir immer wieder dazu neigen, uns mit dem zu identifizieren, was verletzlich, vergänglich und damit im Grunde genommen unwesentlich ist, wie mit unserem Ego und all seinen inneren Haltungen und Sichtweisen, mit unserem Körper, unserem Status, unserem Besitz, unserer Macht und Wichtigkeit.

Sie sagen, solange wir nicht erkennen, dass wir nichts – aber auch gar nichts davon – mit in den Tod nehmen können, empfinden wir die Vergänglichkeit und den Tod als Bedrohung, die wir fürchten und in jeder Hinsicht zu vermeiden suchen.

Gleichzeitig neigen wir dazu, uns gerade an das Vergängliche zu klammern: unsere Jugend, unsere Leistungsfähigkeit, unsere Persönlichkeit usw. Sobald es uns gelingt, diese Identifizierungen zu lösen und uns auf unseren unsterblichen und unverletzlichen Wesenskern als das Wesentliche auszurichten, sind wir nicht mehr so empfänglich für Leid und ordnen auch Sterben und Tod anders ein.

Wirkungen auf körperlicher und energetischer Ebene:
Die äußere Haltung dieser Mudra gibt uns keinen Hinweis auf ihren Sinngehalt, auch wenn der Text uns einige Krankheitsbilder nennt, die durch sie günstig beeinflusst werden können.

Da die Wirbelsäule in Maha Mudra sehr gerade gehalten werden soll, ist diese Haltung sehr gut geeignet, die Energie vom Becken durch das Innere der Wirbelsäule aufsteigen zu lassen.

Dennoch sollten wir bei Maha Mudra eher davon ausgehen, dass es sich um eine Haltung handelt, die wirksam wird, weil wir durch sie, wenn wir diese Haltung einnehmen, eine bestimmte Symbolik verkörpern – und zwar die des Wandelns und des Transzendierens. Wenn wir immer wieder diese Haltung mit dieser Geisteseinstellung verbinden, dann reicht es uns eines Tages, die Körperhaltung einzunehmen oder sogar auch nur den Namen »Maha Mudra« zu nennen, um sofort dieses »Programm« zu aktivieren, das uns erlauben wird, unsere Erfahrungen, unsere Sichtweisen und Gedanken bewusst zu bewerten und in eine günstige Perspektive einzuordnen. So kann Maha Mudra als geistige Übung uns helfen, uns innerlich mehr und mehr auf das Günstige, Förderliche und Heilsame auszurichten.

Wirkungen auf feinstofflicher Ebene:
Im Hatha-Yoga werden alle Einstellungen und Verhaltensweisen, die dem Vergänglichen verhaftet sind, symbolisiert durch die schlafende Kundalini. In diesem Zustand ist unsere Bewusstseinsenergie (Prana) nicht in der Lage, den Sinn und Zweck unseres Daseins zu durchdringen, der – nach Ansicht der Hatha-Yogis – darin besteht, zu erkennen, dass jeder Mensch durch seinen Körper, seinen Geist und durch sein Leben an sich das Göttliche in seiner Vollkommenheit darstellt. Zu dieser Vollkommenheit

gehört in der Sicht der Hatha-Yogis aber auch immer das, was uns schlecht, verdorben oder giftig zu sein scheint, so wie das Dunkle zum Licht gehört und die Nacht zum Tag. Die Mudra erinnert uns daran, dass wir selber entscheiden können, ob wir zulassen wollen, dass uns etwas schadet, dass wir uns von etwas verderben lassen oder ob ein (mentales) Gift in uns wirken darf. Mit der Fähigkeit, die Gedanken zu wandeln, können wir lernen, im Grunde alles, was uns widerfährt, so einzuordnen, dass uns daraus etwas Günstiges und Förderliches erwächst, gemäß der Maxime: »Es ist, wie es ist. Die Situation ist mein Lehrer!« (Jens Corssen)

Khechari –
das Siegel des höchsten Bewusstseins

Khechari Mudra ist eine Yogahaltung, die unseren inneren Zustand kenntlich macht. In dieser Übung drückt man die Zungenspitze ganz hinten an den Gaumen. Sie wird deswegen auch manchmal Gaumen-Mudra genannt.

Wortbedeutung:
Khechari Mudra bedeutet wörtlich in etwa »das Siegel derjenigen, die durch den Raum fliegen« und meint einen Bewusstseinszustand der Menschen, die sich im Raum (Kha) des höchsten Bewusstseins bewegen.

Quellentext:
Keine andere Übung wird in der *Hatha-Yoga-Pradipika* mit so vielen Versen beschrieben wie Khechari Mudra. Sie wird im Yoga der Energie als die Essenz des Hatha-Yoga-Weges angesehen.

»Wenn man die Zunge umdreht, sodass man sie in die Höhle im Innern des Schädels legt und man dann den Blick auf den Raum zwischen die Augenbrauen richtet, dann ist Khechari Mudra gelungen.

Die Zunge muss Stück für Stück, durch Einschneiden, Manipulation und Massagen, verlängert werden, bis sie den Punkt zwischen den Augenbrauen berühren kann: Dann ist Khechari Mudra gelungen.« (HYP 3.32–33)

Das Einschneiden wird in den folgenden Versen beschrieben; die Manipulation besteht darin, die Zunge mit Daumen und Zeigefinger beider Hände zu greifen und sie von links nach rechts zu rollen. Die Massage besteht darin, die Zunge wie das Euter einer Kuh zu melken. Die Zunge muss lang genug werden, bis sie zuerst die Nasenspitze und später den Punkt zwischen den beiden Augenbrauen von innen her berühren kann.[94]

»Man nehme eine Klinge, ähnlich dem Blatt einer Euphorbe, scharf, glatt und sauber, und durchschneide damit die Fixierung der Zunge, in der Stärke eines Haares.

Dann muss man auf die Schnittstelle das Salz eines Edelsteines auftragen und gelben, zu Puder gemahlenen Myroblan. Am siebten Tag schneidet man wieder in der Stärke eines Haares ein.

Man muss diesen Eingriff regelmäßig und in der gleichen Reihenfolge wiederholen, sechs Monate lang. Am Ende des sechsten Monats ist die Sehne an der Zungenbasis vollständig durchtrennt.[95]

Indem man die Zunge zum hinteren Gaumen dreht, muss man sie gegen die drei Kanäle legen. Das formt Khechari Mudra, das Vyoma-Chakra.« (HYP 3.34–38)

Die drei Kanäle (Tripatha), die sich im Ajna-Chakra kreuzen, sind Ida, Pingala und Sushumna. Das Ziel der Zungenverlängerung ist es, sie zur Lenkung des Atems im gewünschten Nasengang zu benutzen oder die Nasengänge von innen her vollständig zu verschließen.

»Der Yogi, der seine Zunge solchermaßen nach oben gedreht halten kann, und sei es auch nur für eine halbe Stunde, entgeht allen Giften, Krankheiten, dem Alter und dem Tod.

Wer diese Khechari Mudra kennt, wird nicht mehr von Krankheit befallen, ist nicht mehr dem Tod unterworfen, der Müdigkeit, dem Schlaf, dem Hunger, dem Durst oder der Ohnmacht.

Der, der Khechari Mudra kennt, wird nicht mehr von Krankheit bedrückt, er wird von keiner Handlung mehr beschmutzt, er wird nicht mehr von der Zeit gefesselt.« (HYP 3.38–40)

So wie das Blatt des Lotos vom Wasser nicht benetzt wird, das es berührt, ohne Spuren zu hinterlassen, so haften seine Handlungen ihm nicht mehr an.

»Weil sich der Geist im Raum (Khe) ausbreitet und wie auch die Zunge sich in diesem Raum, den sie erreicht hat, ausbreitet (Khe charati), wird diese Mudra von den Siddhas unter dem Namen Khechari beschrieben.

Wenn ein Yogi die Öffnung, die sich oben hinter dem Zäpfchen befindet, mit Khechari Mudra versiegelt hat, wird sein Bindu nicht mehr auslaufen, selbst wenn er von einer jungen Frau umarmt wird, die voller Verlangen ist.

Selbst wenn der Bindu in Bewegung gekommen ist und die Region des Hodens erreicht hat, kann er durch Yoni Mudra zurückgehalten und mit Kraft zum Aufsteigen gebracht werden.« (HYP 3.41–43)

Der Bindu – oder die kreative Energie – hat seinen Sitz im Zentrum über dem Kopf, dem Sahasrara-Chakra. Dieser Bindu wird »der Höchste« (Para Bindu) oder der Verursacher (Karana Bindu) genannt, um ihn von dem Bindu, das der Samen ist (Bija), zu unterscheiden; er ist das Ziel der Entwicklung.

Tatsächlich steigt dieser Bindu unter dem Einfluss sexueller Wünsche zum Muladhara-Chakra herab und nimmt in den Sexualorganen die Form von Sperma (Shukra) an, welches seine grobe Erscheinungsform ist (Sthula).

Ein »Urdhvaretas« zu sein (ein Mann, der seinen Samen aufsteigen lässt) bedeutet nicht nur, den Ausstoß von Sperma zu verhindern, sondern diesen Samen umzuwandeln, ihn in seine feinstoffliche Form zurückzubringen, mit einer zum Schädel aufsteigenden Bewegung, wo sie wieder ihre ursprüngliche Form von Nektar (Amrita) annimmt.

»Der Yogi, dessen Zunge nach oben zurückgelegt ist, bekommt den Soma zu trinken, wenn er stabil in dieser Haltung bleibt. Nach fünfzehn Tagen wird dieser Yoga-Adept den Tod zweifellos besiegt haben.« (HYP 3.44)

Der »Soma« ist der Opfertrank par excellence, dem man eine lebenspendende Kraft zuspricht. Wenn Indra, der König der Götter, trunken von Soma ist, triumphiert er über die Streitkräfte der Dämonen (Asuras). Der Soma wird mit dem Mondnektar gleichgesetzt, dem Getränk der Götter. Er ist eine Art Flüssigkeit oder ein Strahlen, das von der Mondgöttin, die selbst Soma genannt wird, ausgeht und als Saft in den Pflanzen fließt.

»Der Yogi, dessen Körper mit dem Elixier der Mondsichel gefüllt ist, ist unverwundbar. Selbst wenn er von Takshaka gebissen wird, verbreitet sich das Gift nicht in seinem Körper.«

Takshaka ist ein König der Schlangen, dessen Biss sehr giftig ist. Der Nektar hebt den giftigen Effekt auf.

»So wie das Feuer nicht den Brennstoff verlässt oder die Flamme den mit Öl getränkten Docht, so verlässt die inkarnierte Seele nicht den Körper, der mit Mondnektar gefüllt ist.

Denjenigen, der jeden Tag Rindfleisch isst und diesen Nektar trinkt, halte ich für einen höchst edlen Mann. Alle anderen verlieren nur ihren Wert.

Das Wort ›Rind‹ bezeichnet die Zunge: Das Einführen der Zunge in den hinteren Gaumen ist, was man ›Rindfleisch essen‹ nennt; es hat die Zerstörung der großen Sünden zur Folge.

Amara Varuni heißt der Strom des Nektars, der vom Mond fließt und der in Wirklichkeit durch die brennende Hitze erzeugt wird, durch das Einführen der Zunge.

Wenn die Zunge ohne Unterbrechung Kontakt mit dem oberen Gaumen hält, entsteht ein Fließen von salzigen, bitteren, sauren, milchigen und süßen Geschmäckern und von geklärter Butter. Das heilt Krankheiten, hebt den Tod auf, schlägt den Angriff von Waffen zurück, bringt Unsterblichkeit, die acht übernatürlichen Fähigkeiten und die Anziehungskraft auf die göttlichen Nymphen mit perfektem Körper.

Der Yogi, der in einer Haltung, bei der sich der Mund oben befindet, die Zunge in der Höhle hält und dabei über die höchste Shakti meditiert, fängt den Soma auf, der Tropfen für Tropfen vom Kopf zum sechzehnblättrigen Lotos fällt, und trinkt diese klare Welle des Mondes, einer Flut gleich, die sich durch Wellen ergießt, und den er dank des Prana durch die Kraft des Hatha-Yoga erhalten hat. Er ist von allen Krankheiten befreit und lebt sehr lange, beschenkt mit einem Körper, der zart ist wie die Fäden eines Lotosstengels.« (HYP 3.46–51)

Der sechzehnblättrige Lotos ist das Vishuddhi-Chakra in der Kehle. Der Mund ist in allen Umkehrstellungen »oben«, wie bei Viparita Karani.

»Auf dem Gipfel des Berges Meru ist im Innern eine leere Höhle, die mit Schnee bedeckt ist. Dort ist es, wie der Weise bestätigt, wo die Wirklichkeit ist. Dort ist die Quelle aller abwärts fließenden Fluten (Flüsse oder Nadis). Vom Mond her fließt das Lebensfluidum, die Essenz des Körpers: Darum sterben die Menschen. Man muss also diesen Verlust mithilfe dieses genialen Mittels anhalten. Mit keiner anderen Methode kann man körperliche Vollendung erreichen.« (HYP 3.52)

Das höchste Gebirge (mythisch), die Achse der Welt, ist der Berg Meru, der im Mikrokosmos der Achse im menschlichen Körper entspricht, Brahmadanda. Durch dieses Gebirge führt ein rohrartiger Kanal, der der Sushumna entspricht. Der Schnee oder Reif, den dieser Kanal an seiner Spitze bringt, ist das »Wasser des Mondes« (Somakalajala), der »Soma« oder die Flüssigkeit des Mondes.

»Dieser hohle Raum ist der Ursprung des Bewusstseins. Von ihm aus ergießen sich die fünf Ströme. In diese makellose Leere wird die Khechari Mudra gesetzt«. (HYP 3.53)

Das Bewusstsein ist die direkte Wahrnehmung des Selbst. Die fünf Ströme sind die fünf Nadis. Diese Leere ist makellos, frei von allen Verunreinigungen, von keinem farbigen Filter verändert (nir-anjana), d. h. frei von allen Veränderungen, die von Begriffen, Leidenschaften und menschlichen Gefühlen (nir-vikara) herrühren.

Symbolik:
Khechari Mudra ist die zentrale Übung des Hatha-Yoga. Keiner anderen Übung werden so viele Verse (46 Sutras!) im Grundlagentext *Hatha-Yoga-Pradipika* gewidmet. Dort heißt es auch, dass keine Mudra wichtiger als Khechari sei (HYP 1.43). Diese Mudra steht symbolisch für alles, worum es im Hatha-Yoga geht:

- den Sieg über Krankheit, Alter und Tod,
- die Kontrolle über die Sinne und die Triebkräfte, um die Lebensenergie (Prana) zu bündeln,
- das Bewahren der Lebenskraft, symbolisiert durch Amrita, den »Nektar der Unsterblichkeit«,
- das Erlangen von körperlicher und mentaler Unverletzlichkeit,
- die Erfahrung des Zustands der Einheit durch Überwindung aller polaren Kräfte, symbolisiert durch Sonne (Ha) und Mond (Tha),
- die Transformation unseres Alltagsbewusstseins in einen Bewusstseinszustand jenseits von Raum, Zeit und Form,
- die Erfahrung des höchsten Bewusstseinszustandes bzw. das Sich-Auflösen in Gott (Laya).

Wirkungen auf körperlicher und energetischer Ebene:
Wenn man ein wenig in Khechari Mudra verweilt, wird man merken, dass das Nach-hinten-Rollen der Zunge zusammen mit dem Hochdrücken der Zungenspitze sehr intensive Wirkungen

auf den Bewusstseinszustand hat. Während des Haltens wird die Aufmerksamkeit vollkommen absorbiert, und das normale Denken löst sich auf. Das bedeutet aber auch, dass in dem Moment, in dem die Gedanken abschweifen, sich auch sofort die Spannkraft im Zungenmuskel löst und sich der normale Geisteszustand wieder einstellt.

In Khechari Mudra drehen die meisten Menschen automatisch auch ihre Augen etwas nach innen und oben und schauen tendenziell zur Mitte der Stirn. Dadurch entsteht nach einiger Zeit (ab etwa drei Minuten) ein Bewusstseinszustand, der jedem Alltagsbewusstsein vollkommen »enthoben« ist: das ist der »vierte Zustand« (Turiya), von dem die *Hatha-Yoga-Pradipika* spricht. Er ermöglicht, auf eine Weise ganz zu sich zu kommen und bei sich zu sein, wie man es wahrscheinlich noch nie erlebt hat.

Die Erfahrung von Leere und Fülle im inneren Raum und im Raum, der einen umgibt, gibt einem das Gefühl, dass der Innenraum eins mit dem Außenraum ist und dass sich jede Begrenzung von sich selbst auflöst. Khechari Mudra ermöglicht so eine Selbst-Erfahrung, die oft so intensiv ist, dass sie nicht mit Worten beschrieben werden kann. Und gerade dieses Fehlen der Worte zeigt, dass man tatsächlich in dieser Mudra verweilen konnte.

Khechari Mudra schenkt tiefe Ruhe und Frieden und hilft, dass sich der Geist insgesamt – in aller Klarheit und Wachheit – stabilisiert und beruhigt. Khechari Mudra lässt einen so die Essenz des Hatha-Yoga erfahren.

Wirkungen auf feinstofflicher Ebene:

In den Versen zu Khechari Mudra heißt es, dass derjenige, der wiederholt und über einen langen Zeitraum mit der Zunge gegen den oberen Gaumen drückt, alle diese Ziele des Hatha-Yoga erreichen wird. Er wird zu einem Yogi, dessen »Geist sich im Raum (Khe) ausbreitet« (HYP 3.41). Dadurch verliert der Geist den Bezug zu all den Eindrücken, Erinnerungen und Prägungen, auf die er sich in seinem normalen Bewusstsein stützt.

Diese durch unsere Erfahrungen und unsere Persönlichkeit geprägte Form des Bewusstseins wird im Yoga »Manas« genannt. Eine der wichtigsten Funktionen des Manas ist es, jede Erfahrung, die wir machen, zu bewerten, z.B. anhand der Kategorien angenehm / unangenehm, gut / schlecht, nützlich / schädlich usw. einzuordnen. Dieses permanente Bewerten ist für die Yogis ein Ausdruck des Gefangenseins in einem Bewusstsein der Polarität, das durch die Aktivität der beiden Energiekanäle (Nadis) Ida (Mond) und Pingala (Sonne) symbolisiert wird.

Es heißt in der Hatha-Pradipika: »In der Mitte zwischen Ida und Pingala verschlingt eine Leere das Bewusstsein. Dort ist es, wo Khechari Mudra entsteht. In der Mitte zwischen Sonne und Mond ist ein innerer Raum, der sich auf nichts stützt (Niralambha).« (HYP 4.44 / 45).

Der Text erklärt, was das bedeutet: »Indem er seinen Geist jeder Stütze beraubt hat, denkt der Yogi an gar nichts mehr.« (HYP 4.50)

»Innen Leere, außen Leere, wie ein leeres Gefäß im Raum. Innen Fülle, außen Fülle, wie ein überlaufendes Gefäß im Ozean. Der Yogi soll sich mit nichts mehr beschäftigen, das innerhalb und außerhalb seiner selbst ist.« (HYP 4.56 / 57)

»Wenn man alle Erkenntnisobjekte hinter sich lässt, löst sich der geprägte Geist (Manas) auf. Wenn die Auflösung des Manas abgeschlossen ist, bleibt nur das Absolute zurück.« (HYP 4.62)

Das Absolute ist das höchste Bewusstsein, das rein, ungeprägt und unkonditioniert ist. In diesem Zustand fühlen wir uns vollkommen heil und ganz und der Quelle allen Seins verbunden. Das ist gemeint, wenn der Text von dem »Sich-Auflösen in Gott / im Absoluten« spricht. Dadurch, dass wir dann vollkommen leer sind, frei von jeglichem Alltagsbewusstsein, kann uns das absolute / das göttliche Bewusstsein nun vollständig erfüllen. Ganz damit erfüllt, fühlen wir uns tatsächlich unverletzlich, dem ewigen Leben verbunden und in Frieden mit allem, was wir erfahren.

Danksagung

Ich habe ca. zehn Jahre an der Académie de Yoga de l'Énergie diese wundervolle Form des Yoga studieren dürfen und danke meinen Lehrern:

- Roger Clerc – meinem hochgeschätzten und unvergessenen Yogalehrer-»Großvater«
- Boris Tatzky – meinem langjährigen Lehrer und Kollegen, von dem ich die Feinheit der Methoden und die Fachdidaktik dieses Yogaweges lernen durfte
- dem Team unserer Académie: Yves Mangeart, Remy Chaloin, Eliane Thircellin und Jean-Pierre und Marie Laffez

Ich danke meiner Kollegin und Freundin Jutta Pinter-Neise, mit der ich fast 30 Jahre den Yogaweg gemeinsam gegangen bin und mit der ich – zusammen mit Boris Tatzky – zehn Jahre lang die Deutsche Akademie des Yoga der Energie geleitet habe.

Ich danke allen meinen Teilnehmerinnen und Teilnehmern an den vielen Lehrgängen, Weiterbildungen und Ausbildungen im *Yoga der Energie,* die mir Gelegenheit gegeben haben, immer tiefer in seine Methoden und sein Wissen einzutauchen und sie lebendig zu erhalten.

Jeder der (immerhin) vier Jahre dauernden Lehrgänge war und ist ein absolutes Highlight in meinem Leben als Yogalehrerin und Yogini!!

Ich danke allen, die mich darin tatkräftig unterstützt haben, dieses Buch Gestalt annehmen zu lassen: meinem mir immer vertrauenden Verleger Andreas Klaus, meiner großartigen und kongenialen Lektorin Susanne Klein und Nina Rode für die sehr gute Umsetzung der Abbildungen.

Ich danke meinem Mann Rüdiger Grünwald, der mir wieder einmal im Alltag den Rücken freigehalten hat. Ohne ihn hätte ich das alles nie geschafft!

Anhang

Anmerkungen

Vorwort

1 Von der Webseite von Friederike Tröscher: www.bmc-ft.de (eingesehen am 15. 03. 2022), Zitat mit ihrer Genehmigung.

1 Einführung in den Weg des Hatha-Yoga und ein kurzer Gang durch die Entwicklung der Yogakonzepte

2 Ruinenstadt in der Provinz Sindh im Süden Pakistans; zählt seit 1980 zum Weltkulturerbe der UNESCO.

3 Das Sanskritwort Brahman ist neutral = *das* Brahman.

4 Die Methode der Phänomenologie besteht darin, die Gegenstände der Erfahrung so zu analysieren, wie sie sich dem Bewusstsein darstellen, um ihr Wesen zu bestimmen.

2 Einführung in die Lehren des Tantra

5 zitiert nach P. Y. Deshpande/Bettina Bäumer: *Patanjali – Die Wurzeln des Yoga*, München, Wien, Bern 1977, S. 121.

6 So zu finden bei Mircea Eliade: Yoga, Frankfurt a. M. 1977, S. 209; Georg Feuerstein: *Die Yoga-Tradition,* Wiggensbach 2008, S. 533; Anand Nayak: *Die innere Welt des Tantra,* Freiburg 2001, S. 12; Arthur Avalon: *Shakti und Shakta,* München, Wien, Bern 1987, S. 43.

7 Avalon, a. a. O.

8 Eliade, a. a. O.

9 Feuerstein, a. a. O., S. 533.

10 Nayak, a. a. O., S. 17.

11 Detlef-Ingo Lauf in seinem Vorwort zu Agehananda Bharati: *Die Tantra-Tradition,* Freiburg 1977, S. 7.

12 Nayak, a. a. O., S. 13.

13 Bharati, a. a. O., S. 17.

14 Armin Gottmann: Zur psychologischen Bedeutung des indischen Tantra für den westlichen Menschen, ein Wegweiser zur Quelle, Beiträge über die Yogatradition als Grundlagentexte zur Yogalehrausbildung der GGF, Düsseldorf o. J., S. 132.

15 Herbert V. Guenther: *Tantra als Lebensanschauung,* Bern, München, Wien, 1974, S. 16

16 Feuerstein, a. a. O., S. 533.

17 Gottmann, a. a. O., S. 132.

18 aus dem lesenswerten und aufregenden Buch von Lynne McTaggart: *The Bond – die Wissenschaft der Verbundenheit*, München 2017, S. 72.
19 Ebd., S. 75/76.
20 Ebd., S. 90.
21 Das nachfolgende lange Zitat (einschließlich der darin enthaltenen Zitate von Dürr und Capra) stammt aus: Anna Trökes: *Yoga der Verbundenheit*, München 2017, S. 242–246.
22 Hans Peter Dürr: Teilhaben an einer unteilbaren Welt, in Gerald Hüther und Christa Spannbauer: *Connectedness*, Bern 2012, S. 19.
23 Ebd., S. 20.
24 Ein in den Text eingefügtes Zitat von McTaggart, a. a. O. S. 47.
25 Fritjof Capra: *Das Tao der Physik*, München 2012, S. 223.
26 Hans Peter Dürr: Teilhaben an einer unteilbaren Welt, in Gerald Hüther und Christa Spannbauer: *Connectedness*, Bern 2012, S. 22.
27 In einem Interview mit Lorenz Marti für den Schweizer Radiosender DRS, Zeit für Perspektiven vom 13. 07. 2008.
28 Bettina Bäumer: *Trika*, Innsbruck 2003, S. 129.
29 Lynne McTaggart: *Das Nullpunkt-Feld*, München 2007, S. 64/65.
30 Bettina Bäumer: *Vijñana Bhairava*, Berlin 2021, S. 124.
31 Zitate aus Anna Trökes und Beate Glet: *Hatha-Yoga-Pradipika*, Berlin 2014.
32 Es gibt in Indien aber auch Traditionen, die diese Bezeichnung im umgekehrten Sinn verwenden.

3 Der Shivaismus von Kaschmir und seine Bedeutung für den heutigen Yoga

33 Renaud van Quekelberghe: *Ozeanisches Bewusstsein*, Eschborn 2011, S. 94.
34 Ebd., S. 96.
35 Bettina Bäumer, *Vijñāna Bhairava – Das göttliche Bewusstsein*, Berlin 2021, S. 128. Bäumer verweist in ihrem Kommentar zu diesem Dharana auf eine Aussage Abhinavaguptas aus dem Tantraloka: »Die Süßigkeit (der Musik) ist eine Energie, in der alle Trennungen abwesend sind. [...] Wer sich in einen solchen Ton absorbiert, der dem reinen Bewusstsein nahe ist, der kann sich unverzüglich damit vereinigen, weil sie das gleiche Wesen haben.« Ebd., S. 129.
36 Jaideva Singh: *Göttliches Bewusstsein – Vijnanabhairava*, Schalksmühle 2009, S. 27.
37 Bettina Bäumer: *Vijñāna Bhairava*, Berlin 2021, S. 149.
38 Ebd., S. 123.
39 Infos dazu sind auch zu finden bei van Quekelberghe: *Ozeanisches Bewusstsein*, Eschborn 2011, S. 105–108.

40 Wer hier weiterlesen will, findet reiche Informationen dazu bei: Catherine Clement und Sudhir Kakar: *Der Heilige und die Verrückte – Religiöse Ekstase und psychische Grenzerfahrung*, München 1993.

41 Dr. Jill B. Taylor: *Mit einem Schlag*, München 2006, S. 106 f.

42 T. K. V. Desikachar: *Über Freiheit und Meditation. Das Yogasutra des Patanjali*, Petersberg 2006, S. 35.

43 Ebenda.

44 Renaud van Quekelberghe: *Ozeanisches Bewusstsein*, Eschborn 2011, S. 106.

45 Ebd., S. 107.

46 Ebenda.

47 Bettina Bäumer: *Vijñāna Bhairava*, Berlin 2021, S. 156.

48 Dieser Akt der Selbsterschaffung und der Prozess der Selbsterhaltung wird Autopoesis genannt.

49 In vielen Übungstraditionen geht der Blick nach oben. Ich verzichte darauf, da dadurch erwiesenermaßen der Nacken bei den meisten Menschen überfordert wird und es zu gefährlichen Engpässen in der Wirbelarterie kommen kann. Achte darauf, die Augen geöffnet zu lassen, denn der Blick »hält« den Nacken!

4 Energiekonzepte des Hatha-Yoga

50 Herman Oldenberg: *Die Religionen des Veda*, Chestnut Hill, MA (USA) 2006, S. 526.

51 Uwe Bräutigam: *Kurze Geschichte des Pranayama*, in: Viveka 35, Groß Kreutz 2005, S. 12.

52 Von dem Neurowissenschaftler Stephen Porges entwickelte Theorie auf der Basis von Forschungen zum Erleben von Sicherheit und Verbundenheit und den Folgen von Trauma. Dabei spielt die Rolle des Vagusnervs u. a. bei der Regulation von Emotionen eine zentrale Rolle.

53 Beim Diener- und Lenkergefäß handelt es sich um die zwei wesentlichen Meridiane aus dem Tao Yoga, die vom Yoga der Energie übernommen worden sind.

54 Dies nennt man frühkindliche Amnesie. Sie bewirkt, dass wir Erlebnisse, die bis zum ca. vierten Lebensjahr geschehen sind, später nicht genau zu erinnern vermögen.

55 http://hyp.soas.ac.uk/ (abgerufen am 29.04.2022).

56 Bettina Bäumer: *Trika: Grundthemen des Kaschmirischen Śivaismus*, Salzburger Theologische Studien 21, Innsbruck 2003, S. 83 f.

57 Ebenda.

58 Ebenda.

59 Ebd., S. 84.

60 Anna Trökes und Beate Glet: *Hatha-Yoga-Pradipika*, Berlin 2014.

61 Mehr dazu bei der Übungsabfolge »Bewegungen und Reibungen des Naropa« am Ende von Kapitel 6 und im Anhang.

5 Die feinstoffliche Anatomie des Yoga

62 Indische, chinesische, tibetische und indianische Heilkünste beruhen auf Beobachtung und Erfahrung. Der Mensch wird in seiner Gesamtheit diagnostiziert und behandelt. Das liegt daran, dass sie keine Anatomie in unsrem Sinne nutzen. Es wurden also keine Menschen aufgeschnitten, um deren Inneres zu erforschen. In Europa war es Leonardo da Vinci, der als Erster den Menschen sezierte. Seitdem hat sich die Medizin diversifiziert. Wir gehen je nach Symptom zu Spezialist*innen wie HNO-Ärzt*innen, Internist*innen, Zahnärzt*innen, Gynäkolog*innen, Neurolog*innen, Kardiolog*innen, Orthopäd*innen, Hautärzt*innen etc.
Sie alle liefern zwar eine gute Diagnostik, haben aber wenig im therapeutischen Angebot. Zur tiefgreifenden Heilung braucht es den Blick auf die Gesamtheit. Ein solches Angebot finden wir aktuell nur in der Mind-Body-Medizin, die auch das Wissen traditioneller Medizin und der Energiemedizin mit berücksichtigt.

63 Im Stamm der Hopis (Puebloindianer) sagt man, dass die Hopis genau gegenüber von Tibet leben. Ein moderner Mythos der Hopis besagt, dass sie sich mit den Tibetern über Erdnadis austauschen. Diese Vorstellung ist vielleicht gar nicht so abwegig, denn auch sie stammen, wie alle nordamerikanischen Indianer, als Ethnie von den tibeto-mongolischen Stämmen ab, die über die Beringstraße auf den amerikanischen Kontinent wechselten und über Alaska, Kanada und an den Rocky Mountains entlang weiter in den Süden gekommen sind.

64 Mehr dazu in Bruce H. Lipton: *Intelligente Zellen*, Burgrain 2016.

65 Lipton beschreibt eindrucksvoll, wie jede Zelle tatsächlich genau auf die Schwingungen reagiert, die sie umgeben. Ihre Umgebung – ihr Resonanzraum –, die geprägt ist durch die Schwingungen unseres Unbewussten mit seinen Prägungen und den daraus resultierenden Gefühlen und Gedanken, bewirkt, wie aktuelle Forschungen zeigen, wesentlich stärkere Reize als die Gene und wirkt sogar selektiv auf die Genexpression.

66 Im Kashmir-Shivaismus gibt es ein Samadhi, das durch Staunen erreicht wird. Es ist jenes kindliche, sprachlose Staunen jenseits von Konzepten, bei dem man gegenwärtig ist mit dem, was ist.

67 Mehr dazu in Candace B. Pert: *Moleküle der Gefühle*, Reinbek 2001.

68 Johann Caspar Rüegg: *Die Herz-Hirn-Connection*, Stuttgart 2018.

69 Gregor Hasler: *Die Darm-Hirn-Connection*, Stuttgart 2019.

70 Prana-Shakti ist eigentlich »doppelt gemoppelt«, da die Wörter synonym sind. Dieser Begriff wird trotzdem gerne verwendet, um deutlich zu machen, dass es sich bei dieser Shakti um die aktivierte Bewusstseinsenergie handelt, die vorher als Kundalini (= die Zusammengerollte) am Becken-

boden schlief. Sobald sie aufwacht und sich aufrollt, ist sie nicht mehr Kundala = die Zusammengerollte, sondern wieder frei strömender Prana.

71 Reinelt, Joachim: *Das große Kundalini-Buch*, Grafing 2013, S. 166. Er bezieht sich dabei auf das Buch von Walter Schwery: *Im Strom des Erwachens – Der Kundaliniweg des Siddha Yoga und der Individuationsprozess nach C. G. Jung*, Interlaken 1988.

72 Ebd., S. 139. Reinelt zitiert wieder Schwery.

73 Für weitere Details und ausführlichere Beschreibungen z. B. zur Symbolik der Chakras, auf die ich hier aus Platzgründen nicht näher eingehen kann, siehe: Boris Tatzky, Anna Trökes, Jutta Pinter-Neise: *Theorie und Praxis des Hatha-Yoga*, Petersberg 1998, S. 41–50.

74 Reinelt, Joachim: *Das große Kundalini-Buch*, Grafing 2013, S. 377.

75 So auch der Titel des Buches: *Hara – Die energetische Mitte des Menschen*, erschienen im O. W. Barth Verlag 2012.

76 Ebd., S. 8.

77 Ich denke dabei an Folgendes: Wenn das Rollenverständnis von weiblich und männlich zu unscharf wird, können sich die Pole nicht mehr ergänzen. Das erzeugt Unsicherheit und – wie wir aus der Soziologie wissen – zahlreiche Konflikte und Aggressionen.

78 Mehr dazu bei David Richardson und Sharon Begley: *Warum regst du dich so auf?* (alter Titel: *Warum wir fühlen, wie wir fühlen*), München 2016, und (als Zusammenfassung) in Anna Trökes: *Mit Yoga zur Selbstheilung*, Freiburg 2019.

79 Auch dazu mehr im Buch von Richard Davidson und Sharon Begley.

80 Entwickelt von dem Psychologen Roger Weissberg in den 1980er-Jahren an der Yale University, zu finden in: Daniel Goleman: *Konzentriert Euch*, München 2014, S. 244 f.

81 Dies kommt auch vor in »Om Mani Padme Hum = Gegrüßt seist Du, Juwel (Mani) in der Lotosblüte (Padme)«, dem tibetisch-buddhistischen Segensspruch.

82 Joachim Reinelt: *Das große Kundalini-Buch*, Grafing 2013, S. 373.

83 Anodea Judith: *Eastern Body, Western Mind*, Berkeley 2004, S. 226 f.

6 Yoga der Energie als ein ganzheitlicher Übungsweg des Hatha-Yoga

84 Siehe dazu unten die Übungsabfolge »Bewegungen und Reibungen des Naropa« im Anhang.

85 1958 lag bereits die erste Ausgabe von Evans-Wentz' Buch »Geheimlehren aus Tibet« vor, dessen Wissen wahrscheinlich in den indologischen und tibetologischen Kreisen der Sorbonne sehr schnell die Runde machte.

86 Mehr dazu bei Walter Evans-Wentz: *Geheimlehren aus Tibet*, Basel 1987, S. 135–194.

87 Quelle: Roger Clerc: *Grundlagen des Yoga der Energie*, Petersberg 1990, S. 13 f.

88 Ebd., S. 14.

89 Es handelt sich dabei um einen Bereich in der Mitte des Schädels, der im Yoga der Energie »Ursprungspunkt« oder »Point de source« genannt wird. Er ist einer der wichtigsten »Ruheräume« des Geistes.

90 Dieser Begriff wurde von Daniel Siegel geprägt. Er beschreibt das ruhige Zentrum im Mind / im Chitta, der der Ort des Beobachters / des Sehers / des Zeugenbewusstseins ist.

7 Eine umfassende Sicht auf ausgewählte Methoden des Hatha-Yoga

91 Alle Zitate aus der HYP in diesem Kapitel stammen aus: Anna Trökes und Beate Glet: *Hatha-Yoga-Pradipika*, Berlin 2014.

92 Wohlgemerkt: unter den 10 Yamas des Hatha-Yoga und nicht den 5 Yamas des Yogasutra!

93 James Nestor: *Breath – Atem*, München 2021, S. 109.

94 Alle hier kursiv gesetzten Texte sind erläuternde Kommentare von Tara Michaël, so wie sie in der französischen Ausgabe der *Hatha-Yoga-Pradipika* (Fayard, Paris 1974) ab S. 175 stehen (übersetzt von der Autorin A. T.).

95 Diese Vorgehensweise ist heute unüblich geworden, weil sie (im Gegensatz zu heute weitverbreiteten Tattoos und Piercings) als zu gewaltsam empfunden und der symbolische Wert (das Verschließen des Gefäßes, in dem sich das Lebenselixier befindet) als unwichtig erachtet wird. Da es aber genau um dieses Verschließen geht, ist es für das Üben von Khechari Mudra vor allem wichtig, dass der / die Übende die Zunge möglichst weit nach hinten und oben führen kann.

Glossar

Abhinivesha: Lebensdrang, Angst vor dem Tod
Abhyasa: Beharrlichkeit
Adinath: einer der Namen Shivas als oberster Herr des Yoga
Adishthana: Wohnstatt
Advaita: Nicht-Zweiheit
Agama: Tradition, Zeugnis; tantrische Texte
Agni: Feuer
Agnisara-Dhauti: Feuerreinigung
Ahamkara: Ego, das persönliche Ichbewusstsein
Ahimsa: Gewaltlosigkeit
Ajna-Chakra: Stirnchakra, Drittes Auge
Aklishta: ohne Leid, Erleichterung verursachend
Amara: unsterblich, unvergänglich
Amrita: Nektar der Unsterblichkeit
Anahata: nicht angeschlagen (Klang)
Anahata-Chakra: Herzchakra
Ananda: Glückseligkeit
Ananda-Maya-Kosha: die aus Glückseligkeit bestehende Hülle
Ananta: endlos
Anavopaya: Transformation des Individuums (im kaschmirischen Shivaismus)
Anga: Glied
Anna-Maya-Kosha: die aus Nahrung gemachte Hülle
Antaraya: Hindernis auf dem Weg des Yoga
Anugraha: Gnade, Gunst
Anupaya: ohne Mittel; »wegloser Weg« (im kaschmirischen Shivaismus)
Apana-Vayu: Energie, die abgibt und ausscheidet
Ardha: halb
Arjava: Aufrichtigkeit, Redlichkeit
Asana: die Körperhaltungen und -übungen des Hatha-Yoga; drittes Glied im achtgliedrigen Pfad des Patanjali

Ashtanga-Yoga: achtgliedriger Yogaweg des Patanjali
Asmita: Ichgefühl
Asteya: Nicht-Stehlen
Asu: Lebenshauch, Lebensatem
Asura: Dämon
Atman: Hauch, Seele, Selbst, göttlicher Wesenskern des Individuums
Atma Vidya: Wissen um das innerste Sein, Selbstverwirklichung
Avastha: Zustand, Bewusstseinszustand
Avidya: Nicht-Wissen, Irrtum, Verwechslung

Bandha: Verschluss (zur Energielenkung im Hatha-Yoga)
Bhagavadgita: wörtl. »Erhabener Gesang«; wichtiger religiöser Text und Teil des → Mahabharata
Bhairava: der Furchtbare, einer der Namen/Aspekte Shivas
Bhakta: Liebender; Anbeter des Göttlichen
Bhastrika: wörtl. »Blasebalg«; eine Form von Pranayama
Bhava: Sein, Zustand, Wesen
Bhavana: Imagination, Vergegenwärtigung, innere Bilder
Bhoga: sinnlicher Genuss
Bhramari: Bienenatmung
Bhuta: Element
Bija: Same
Bindu: Punkt
Brahma: der Schöpfer, einer der drei Gottheiten der hinduistischen Trinität
Brahmacharya: bewusster Lebenswandel, Enthaltsamkeit
Brahmadanda: Brahmans Stab (eine mythische Waffe)
Brahman: das Absolute
Brahma-Nadi: innere Teil der Sushumna-Nadi
Brahmarandhra: Scheitelpunkt des Kopfes; »Tor zum Absoluten«
Brahmavihara: die vier edlen Qualitäten; die vier göttlichen Verweilzustände

Buddhi: Intelligenz, Erkenntnisvermögen

Chakra: wörtl. »Rad«; Energiezentrum, Bewusstseinsebene, zentraler Begriff des → Tantra

Chit: Bewusstsein

Chitta: Bewusstsein, bewusstes Erkennen und Erfahren

Damaru: Handtrommel

Danda: Stock, Stab

Darshana: Sehen, Sichtweise

Daya: Mitgefühl

Deva: Gott

Dharana: Konzentration, Aufmerksamkeit; sechstes Glied im achtgliedrigen Pfad des Patanjali

Dharma: Ordnung, Gesetz

Dhatu: Körpergewebe (im *Ayurveda*)

Dhriti: Beständigkeit, Entschlossenheit

Dhyana: Meditation, Präsenz; siebtes Glied im achtgliedrigen Pfad des Patanjali

Dirgha: lang

Dosha: nach dem *Ayurveda* die drei Wirkkräfte im Organismus

Drishti: Ausrichtung auf einen Blickpunkt

Duhkha: wörtl. »enger dunkler Raum«. Leid, leidvolle Erfahrung

Dvaita: Zweiheit

Dvesha: Abneigung, Ablehnung

Ekagrata: Einpunktigkeit

Granthi: Knoten, Blockade

Guna: Qualität, Grundeigenschaft allen Seins

Hatha-Yoga: Yogaweg, der ausgehend vom Körper zur Verwirklichung des Selbst und Vereinigung mit Gott führt

Hatha-Yoga-Pradipika (auch: Hatha-Pradipika): wörtl. »Kleine Leuchte des Hatha-Yoga«; Grundlagentext des Hatha-Yoga aus dem 15. Jahrhundert

Hrid: Herz

Iccha: Wunsch, Wille

Ida: feinstofflicher Nervenkanal, der links neben der Wirbelsäule verläuft; durch ihn fließt die Energie des Mondes

Indra: Blitz; Name des Götterkönigs des vedischen Pantheons

Indriyas: innere, feinstoffliche Sinne

Ishana: anderer Name für Shiva

Ishvara: inneres, persönliches Gottesbild

Ishvara Pranidhana: Hingabe an ein höheres Prinzip

Jalandhara-Bandha: Kehlverschluss

Japa: Rezitation, Wiederholung eines Mantras

Jiva: Seele

Jnana: Wissen, Erkenntnis

Jnanendriyas: Wahrnehmungsvermögen, Erkenntnisfähigkeiten; die fünf Sinne

Kaivalya: Freiheit, Befreiung von allen Anhaftungen und Identifizierungen

Kanda: Knotenpunkt an der Basis der Wirbelsäule, Ausgangspunkt der Nadis

Kapha: Schleim; einer der drei Doshas

Karana: Ursache, Grund; Ausführung, Bewegungsabfolge

Karankini: wörtl. »Rahmen«, eine Mudra

Karmendriyas: Handlungsfähigkeiten, konkret: Sprechen, Greifen, Gehen, Ausscheidung und Fortpflanzung

Karuna: Mitgefühl

Kaula: Name einer tantrischen Schule

Kaya: Körper

Kevala: allein, einzig, Name des »eigentlichen« Pranayamas

Kha: Raum, Luftraum
Khechari: wörtl. »die im Himmel wandeln«, die wichtigste Mudra im Hatha-Yoga
Klesha: innerer angeborener Störfaktor
Klishta: leidvoll, Beschwernis verursachend
Kosha: wörtl. »Hülle«; grob- und feinstoffliche Körper, in denen die unterschiedlichen Ebenen des Bewusstseins erfahren werden
Kriya: Handlung, Tat; Reinigungsübung im Hatha-Yoga
Kshama: Geduld, Langmut
Kula: Familie, Geschlecht, Gemeinschaft
Kumbhaka: Anhalten des Atems
Kundalini: wörtl. »die Zusammengerollte«; Synonym für Schöpfungsenergie (→ Shakti); kosmische Energie im Menschen, die am unteren Ende der Wirbelsäule ruht

Laya: Auflösung, Verschmelzung, Absorption
Lingam: wörtl. »Zeichen, Symbol«; Symbol für Gott Shiva in Form eines erigierten Penis

Madhya: Mitte
Mahadeva: wörtl. »Großer Gott«; Name für Shiva
Maha Mudra: wörtl. »großes Siegel«
Mahasiddha: wörtl. »großer Vollendeter«; ein vollendeter Yogi, Heiliger
Mahavakya: wörtl. »große Sätze«; Sinnsprüche aus den *Upanishaden*
Maheshvara: wörtl. »Herr des Universums«; Name für Shiva
Maithuna: Liebesakt, heilige Vermählung von Bewusstsein (Shiva) und Energie (Shakti)
Maitri: Wohlwollen, Freundlichkeit, Güte, Liebe
Manas: der individuelle, auf Prägung beruhende Geist
Manipura-Chakra: Nabelchakra
Mano-Maya-Kosha: die aus dem individuellen Geist gemachte Hülle

Mantra: wörtl. »Werkzeug für den Geist«; heilige Silbe, heiliges Wort

Marana: Tod, Sterben

Maruta: Wind, Luft

Maya: Illusion, Schöpferkraft, das »Formgebende« im Schöpfungsprozess

Mitahara: angemessene Ernährung

Moksha: Befreiung aus einem einschränkenden Bewusstseinszustand

Mudita: Mitfreude, Begeisterung

Mudra: wörtl. »das, was Freude macht«; Körper- und Geisteshaltungen zur Verdichtung und Lenkung der Lebensenergie

Mukti: Befreiung, Freiheit

Mula: Wurzel

Mula-Bandha: Wurzelverschluss

Muladhara-Chakra: Wurzelchakra

Murccha: Ohnmacht, ein Zustand sehr tiefer Ruhe des Geistes

Nada: Klang, Schwingung

Nada Anusandhana: Meditation auf den inneren Ton

Nadis: feinstoffliche Kanäle, die den ganzen Körper durchziehen, in denen die Lebensenergie (→ Prana) zirkuliert

Nadi Shodhana: Wechselatmung, Atemübung zur Reinigung der → Nadis

Namaste: Grußgeste, die Ehrerbietung für das Göttliche im Gegenüber ausdrückt

Nataraja: wörtl. »Herr des Tanzes«; Name für Shiva

Niralambha: ohne Stütze

Niranjana: ungefärbt

Nirodha: Zurückhaltung, Eindämmung, Stilllegung, Abschalten

Nirvana: Erlöschen, Erlösung vom Kreislauf der Wiedergeburten

Nirvikara: unverändert, gleichbleibend

Niyama: innere Regel, Disziplin

Niyamas: Umgang mit sich selbst; zweites Glied im achtgliedrigen Pfad des Patanjali

Pada: Pfeiler, Kapitel
Padma: Lotosblume
Para: alles transzendierend
Parampara: Traditionsfolge, Weitergabe des Wissens vom Lehrer an den Schüler
Parashiva: der transzendente Aspekt Shivas als reines, in sich ruhendes Bewusstsein
Pashupatinath: wörtl. »Herr der Tiere«; früher Name für Shiva
Patanjali: Verfasser des Yogasutra, Begründer des klassischen Yoga
Pingala: feinstofflicher Nervenkanal, der rechts neben der Wirbelsäule verläuft; durch ihn fließt die Energie der Sonne
Pitta: Galle, Hitze; einer der drei Doshas
Prakasha: Glanz, Licht
Prakriti: Natur, Urmaterie
Prana: Lebensenergie, Bewusstseinsenergie
Prana-Maya-Kosha: die aus Lebensenergie gemachte Hülle
Prana-Vayu: Energie, die aufnimmt
Pranayama: Atemtechniken; viertes Glied im achtgliedrigen Pfad des Patanjali
Prasadana: Beruhigen, Klären, Stabilisieren
Pratibha: Erleuchtung
Pratyahara: Zurückziehen der Sinne, Verinnerlichung; fünftes Glied im achtgliedrigen Pfad des Patanjali
Pratyabhijna: Wiedererkennen (vor allem des eigenen innersten Wesens, das identisch ist mit dem höchsten Prinzip)
Prayatna: Anstrengung, Bemühung
Prithivi: wörtl. »Weite«; die Erde
Puja: Opferritual
Puraka: füllend, erfüllend, Einatmung (bei Pranayama)
Purna: Fülle
Purusha: Mann, Mensch, Urseele

Raga: Anhaftung, Gier
Rajas: einer der drei Gunas, Element des Beweglichen
Rechaka: entleerend, Ausatmung (bei Pranayama)
Rudra: wörtl. »Heuler, Brüller«; vedischer Gott, Vorläufer von Shiva

Sadhaka: Übender, Schüler
Sadhana: spirituelle Übung, Übungsweg, Praxis
Sahasrara-Chakra: Kronenchakra
Sahita: verbunden, vereinigt
Samadhi: Zustand der Einheit, Enstase, Ziel des Yoga; achtes Glied im achtgliedrigen Pfad des Patanjali
Samana-Vayu: die Energie, die wandelt und ausgleicht
Samasthiti: gleichmäßige Standhaltung
Samata: Harmonie
Samkalpa: Absicht, Vorstellung
Samkhya: wörtl. »Aufzählung«; altindischer Erkenntnisweg
Samskara: Zubereitung, Bearbeitung, Prägung
Samyoga: Verbindung, Einheit
Sankalpa: Wille, Wunsch, Vorsatz
Santosha: Zufriedenheit
Sat: Sein
Sat-Chit-Ananda: wörtl. »Sein-Bewusstsein-Glückseligkeit«; transzendentaler Zustand als Resultat der Meditation
Sattva: einer der drei Gunas, Element des Lichten, Leichten
Satya: Wahrhaftigkeit
Shaithilya: Loslassen überflüssiger Anspannung
Shakti: die weibliche, aktive Kraft des Göttlichen, die Schöpfung bzw. Schöpfungskraft
Shaktipat: spirituelle Übertragung von Wissen und Kraft
Shaktopaya: Weg der Energie (im kaschmirischen Shivaismus)
Shambu: einer der Namen Shivas
Shambavopaya: siehe Shivopaya
Sharira: Körper

Shat Chakra Nirupana: klassischer Text zu den Chakras von Swami Purnananda
Shat-Karma: sechs Reinigungsübungen im Hatha-Yoga
Shaucha: Sauberkeit, Reinheit
Shava: Leichnam
Shiva: wörtl. »Glückverheißender«; als Wandler bzw. Zerstörer einer der drei Gottheiten der hinduistischen Trinität; Begründer des Hatha-Yoga und »Herr des Yoga«; das reine Bewusstsein
Shivopaya: Weg des Bewusstseins (im kaschmirischen Shivaismus)
Shleshman: Schleim
Shraddha: Glaube, Vertrauen
Shruti: das Gehörte
Shuddhi: Reinigung
Shukra: klar, licht, weißlich; der männliche Same
Shunya: Leere
Siddha: Vollkommener, Heiliger
Siddhanta: Lehre, Schlussfolgerung
Siddhi: höhere Bewusstseinskraft, übernatürliche Kraft
Soma: Nektar, Trank der Unsterblichkeit
Spanda: Schwingung, schwingende Kraft
Sthira: stabil
Sthula: grobstofflich
Sukha: angenehm, mühelos
Sukshma: feinstofflich, fein, subtil
Surya: Sonne
Sushumna: wörtl. »Gnädige, Huldvolle«; der mittlere der drei Hauptenergiekanäle
Svadhishthana-Chakra: Sakralchakra
Svadhyaya: Studium heiliger Schriften, Selbsterforschung
Svarupa: wörtl. »die eigene Form«, der Wesenskern eines Menschen
Svayambhu: wörtl. »der aus sich selbst heraus Entstandene«

Tamas: einer der drei Gunas, Element des Dunklen, Schweren
Tandava: Tanz des Gottes Shiva
Tantra: wörtl.: »Gewebe, Geflecht«; philosophische und religiöse Strömung des indischen Mittelalters
Tapas: inneres Feuer, spirituelle Praktik
Tattva: wörtl. »So-Sein«; Seinsqualität, Wahrheit, Wirklichkeit
Tattvas: fundamentale Prinzipien
Trika: wörtl. »drei bildend«; Triade; eine Haupttradition des kaschmirischen Shivaismus
Trimurti: wörtl. »drei Formen«; Dreiheit
Tripatha: drei Wege
Tryambaka: wörtl. »Der Dreiäugige«; einer der Namen für Shiva
Turiya: wörtl. »der Vierte«; der vierte Bewusstseinszustand, absolutes Bewusstsein
Tushti: Zufriedenheit, Gleichmut, Freude

Udana-Vayu: Energie, die kommuniziert
Uddiyana-Bandha: Bauchverschluss
Ujjayi: wörtl. »die Siegreiche«; Atmung mit Reibelaut
Unmani: »ohne Manas«, machtlos
Upanishaden: altindische philosophische und religiöse Texte
Upaya: Mittel
Upeksha: Geduld, Nachsicht

Vairagya: wörtl. »frei von Gier«, Gelassenheit, Gleichmut
Vajra: Donnerkeil, Diamant, tiefste Wahrheit
Vasana: Eindruck, unbewusste Prägung
Vata: Wind; einer der drei Doshas
Vayu: Wind, Bezeichnung für die Wirkaspekte von Prana
Veda: Wissen, spirituelle Erkenntnis
Vedanta: Ende oder Essenz des Veda
Vibhuti: Offenbarung, übernatürliche Fähigkeit
Vidya: Wissen, Weisheit
Vijnana: Erkenntnis, unterscheidendes Wissen

Vijnana-Maya-Kosha: die aus dem unterscheidenden Bewusstsein gemachte Hülle
Vikalpa: Vorstellung, Konzept
Vimarsha: Reflexion
Vini-Yoga: Name der Yoga-Tradition von Krishnamacharya und Desikachar
Vinyasa Krama: wörtl. »Bewegungsabfolge«; stufenweiser Aufbau einer Übungsabfolge
Viparita: umgekehrt
Vishnu: der Erhalter, eine der drei Gottheiten der hinduistischen Trinität
Vishranti: Blitz, leuchtende Ruhe
Vishuddhi-Chakra: Kehlchakra
Viveka: Unterscheidungsfähigkeit
Viyoga: Auflösung der Anhaftungen, Unterscheidung
Vritti: Aktivität des Geistes
Vyana-Vayu: Energie, die verteilt und bewegt
Vyoman: Himmel, Äther

Yama: wörtl. »Zügelung«; ethische Leitlinie
Yamas: Umgang mit der Umwelt; erstes Glied im achtgliedrigen Pfad des Patanjali
Yogasutra: wörtl. »Leitfaden des Yoga«; Quellentext des klassischen Yoga; wird Patañjali zugeschrieben
Yoni: wörtl. »Ursprung«; Schoß, weibl. Geschlechtsorgane

Sanskritnamen der Asanas

Adho Mukha Shvanasana: Haltung des herabschauenden Hunds
Ardha Matsyendrasana: halber Drehsitz
Baddha Konasana: geschlossene Winkelhaltung
Bhujangasana: Kobrahaltung
Dvipada Pitham Asana: Schulterbrücke
Eka Pada Uttanasana: Vorbeuge mit erhobenem Bein
Garudasana: Adlerhaltung
Merudandasana: Berg-Meru-Haltung
Parivritta Parshva Konasana: gedrehte Flankendehnung
Parivritta Trikonasana: gedrehte Dreiecksstellung
Parshvottanasana: intensive seitliche Drehung
Prasarita Padottanasana: Vorbeuge aus der Grätsche im Stand
Shavasana: Totenhaltung
Siddhasana: der vollkommene Sitz
Supta Baddha Konasana: liegende geschlossene Winkelhaltung
Surya Namaskar: Sonnengruß
Tadasana: Berghaltung
Trikonasana: Dreieckshaltung
Utkatasana: machtvolle Haltung, Stuhlhaltung
Uttanasana: Vorbeuge im Stand
Utthita Hasta Padangushthasana: aufrechte Hand-zu-Zehen-Haltung
Utthita Parshva Konasana: Flankendehnung, seitliche Winkelstellung
Utthita Trikonasana: aufrechte Dreieckshaltung
Viparita Karani Mudra: Umkehrhaltung
Virabhadrasana: Heldenhaltung
Vrikshasana: Baumhaltung
Yoga Mudra: »Siegel des Yoga«; Kindhaltung

Register

Literatur

Avalon, Arthur: *Shakti und Shakta – Lehre und Ritual der Tantra-Shastras.* O.W. Barth, München, Wien, Bern 1987.

Avalon, Arthur: *Die Schlangenkraft – Die Entfaltung schöpferischer Kräfte im Menschen.* O.W. Barth, München, Wien, Bern 2003.

Bäumer, Bettina: *Trika – Grundthemen des Kaschmirischen Śivaismus.* Salzburger Theologische Studien 21, Tyrolia Verlag, Innsbruck 2003.

Bäumer, Bettina: *Vijñāna Bhairava – Das göttliche Bewusstsein.* Verlag der Weltreligionen, Berlin 2021.

Bharati, Agehananda: *Die Tantra-Tradition.* Aurum, Freiburg 1977.

Capra, Fritjof: *Das Tao der Physik – Die Konvergenz von westlicher Wissenschaft und östlicher Philosophie.* O.W. Barth, München 2012.

Clement, Catherine / Kakar, Sudhir: Der Heilige und die Verrückte – Religiöse Ekstase und psychische Grenzerfahrung, C.H. Beck, München 1993.

Clerc, Roger: *Grundlagen des Yoga der Energie – Eine Lebenskunst.* via nova, Petersberg 1990.

Clerc, Roger: *Manuel de Yoga – La practice du Yoga de l'énergie.* Le Courrier du livre, Paris 2019.

Clerc, Roger: *La respiration: Manières et art de respirer – Vibrer à lunisson du tout.* Le Courrier du livre, Paris 2019.

Davidson, Richard / Begley, Sharon: *Warum regst du dich so auf? Wie die Gehirnstruktur unsere Emotionen bestimmt.* Goldmann, München 2016.

Deshpande, P. Y. / Bäumer, Bettina: *Patanjali – Die Wurzeln des Yoga.* O. W. Barth, München, Wien, Bern 1977.

Desikachar, T. K. V.: *Über Freiheit und Meditation – Das Yoga Sūtra des Patañjali.* via nova, Petersberg 1997.

Dürckheim, Karlfried Graf: *Hara – Die energetische Mitte des Menschen.* O. W. Barth, München 2012.

Eliade, Mircea: *Yoga – Unsterblichkeit und Freiheit.* Insel, Frankfurt a. M. 1977.

Evans-Wentz, Walter Yeeling: *Geheimlehren aus Tibet – Yoga und der Pfad des Mahayana-Buddhismus.* Sphinx, Basel 1987.

Feuerstein, Georg: *Die Yoga-Tradition – Geschichte, Literatur, Philosophie und Praxis.* Yoga-Verlag, Wiggensbach 2008.

Goleman, Daniel: *Konzentriert Euch! Eine Anleitung zum modernen Leben.* Piper, München 2014.

Guenther, Herbert V.: *Tantra als Lebensanschauung – Selbstverwirklichung und Seinserkenntnis durch das gesteigerte Erlebnis der körperlichen Liebe.* O. W. Barth, Bern, München, Wien 1974.

Hasler, Prof. Dr. Gregor: *Die Darm-Hirn-Connection – Revolutionäres Wissen für unsere psychische und körperliche Gesundheit.* Schattauer (Wissen & Leben), Stuttgart 2019.

Hüther, Gerald / Spannbauer, Christa: *Connectedness – Warum wir ein neues Weltbild brauchen.* Hans Huber, Bern 2012.

Judith, Anodea: *Eastern Body, Western Mind – Psychology and the Chakra System as a Path to the Self.* Celestial Arts, Berkeley, CA, 2004.

Laffez, Marie-Jeanne / Laffez, Jean-Piere: *Yoga de l'Énergie – La Lignée.* BoD, Paris 2021.

Lipton, Bruce H.: *Intelligente Zellen – Wie Erfahrungen unsere Gene steuern.* Koha, Burgrain 2016.

McTaggart, Lynne: *The Bond – Die Wissenschaft der Verbundenheit.* Goldmann, München 2017.

McTaggart, Lynne: *Das Nullpunkt-Feld – Auf der Suche nach der kosmischen Ur-Energie.* Goldmann, München 2007.

Nayak, Anand: *Die innere Welt des Tantra – Eine Einführung.* Herder, Freiburg 2001.

Nestor, James: *Breath – Atem: Neues Wissen über die vergessene Kunst des Atmens.* Piper, München 2021.

Oldenberg, Herman: *Die Religionen des Veda.* Elibron Classics in Adamant Media Corporation, Chestnut Hill, MA (USA) 2006.

Pert, Candace B.: *Moleküle der Gefühle – Körper, Geist und Emotionen.* Rowohlt, Reinbek 2001.

Quekelberghe, Renaud van: *Ozeanisches Bewusstsein – Einführung in die Vijñāna Meditation.* Verlag Dietmar Klotz, Eschborn 2011.

Reinelt, Joachim: *Das große Kundalini-Buch – Kundalini-Erfahrungen.* Aquamarin, Grafing 2013.

Rüegg, Johann Caspar: *Die Herz-Hirn-Connection – Wie Emotionen, Denken und Stress unser Herz beeinflussen.* Klett-Cotta (Wissen & Leben), Stuttgart 2018.

Schwery, Walter: *Im Strom des Erwachens. Der Kundaliniweg der Siddhas und der Individuationsprozess nach C. G. Jung.* Ansata, Interlaken 1988.

Silburn, Lilian: *Kundalini und Tantra – Die geheimnisvolle Lebenskraft des Menschen.* Aquamarin, Grafing 2005.

Singh, Jaideva: *Göttliches Bewusstsein – Vijnanabhairava: Ein Schatz von 112 Formen des Yoga.* Pomaska-Brand, Schalksmühle 2009.

Tatzky, Boris / Trökes, Anna / Pinter-Neise, Jutta: *Theorie und Praxis des Hatha-Yoga – Ein Leitfaden zur Erfahrung der Energie.* via nova, Petersberg 1998.

Taylor, Dr. Jill B.: *Mit einem Schlag – Wie eine Hirnforscherin durch ihren Schlaganfall neue Dimensionen des Bewusstseins entdeckt.* Droemer Knaur, München 2006.

Trökes, Anna: *Mit Yoga zur Selbstheilung – Übungen zur Stärkung unseres Immunsystems.* Herder, Freiburg 2019.

Trökes, Anna: *Yoga der Verbundenheit – Die Kraft des Herzens wahrnehmen und entfalten.* O. W. Barth, München 2017.

Trökes, Anna / Glet, Beate: *Hatha-Yoga-Pradipika – Eine Abhandlung über den Hatha-Yoga.* Eigenverlag, Berlin 2014 (zu beziehen über die Autorin).

Übungsabfolgen »Tanz des Atems« und »Bewegungen und Reibungen des Naropa«

Der Tanz des Atems

Verbindungsbewegung

Die ersten acht Bewegungen werden mit der sogenannten Verbindungsbewegung (Liaison) zusammengeführt, die auch oft extra geübt wird. Sie erwärmt und energetisiert schnell und nachhaltig und bereitet die Übenden gut auf den gesamten Ablauf vor.

Sie verbindet im Stand die Einatem- und Ausatembewegung, wie sie im Yoga der Energie entwickelt wurden.

Einatembewegung

Sie beginnt mit einer Ausatmung, bei der die Handrücken aneinandergelegt werden und die Fingerspitzen zwischen den Knien bodenwärts streben. Dann folgen:

1/3 Einatmung (Bauchatmung): Die Oberarme bleiben dicht am Brustkorb, die Hände drehen um die Daumen nach außen, wobei die Unterarme vor die Brust gehoben werden.

2/3 Einatmung (Flankenatmung): Die Ellbogen streben zu den Seiten und die Arme werden seitlich auf Schulterhöhe gehoben.

3/3 Einatmung (Lungenspitzenatmung): Die Handflächen werden nach oben gedreht und die Arme vollständig gehoben.

In der Atemfülle werden die Außenseiten der Unterarme aneinandergelegt und die Arme so weit gesenkt, bis sich die Handflächen direkt vor dem Gesicht befinden.

Ausatembewegung

Die Fingerspitzen bewegen sich brustwärts, nach unten und dann vom Körper weg. Dabei werden die Beine angebeugt und das Becken strebt nach hinten. Die Handflächen weisen nach unten und der Blick geht über die Handrücken hinweg. Dann werden – während weiter und tiefer ausgeatmet wird – die Handflächen nach oben gedreht und der Blick geht nach unten.

In der Atemleere werden die Unterarme zwischen den Beinen nach hinten geführt. Man nimmt etwas Schwung und richtet sich auf, sodass die Oberarme wieder dicht am Brustkorb sind und die Unterarme sich vor der Brust befinden (Beginn der Einatembewegung).

Ablauf

1. und 2. Bewegung:
Gedrehte Vorbeugen, wobei sich die Hände zunächst am Hinterkopf und dann an den unteren hinteren Rippen befinden, dazwischen und danach die Verbindungsbewegung.

1. Hände im Nacken

2. Hände oben an den Rippen

3. Ein komplexe Bewegungsabfolge aus Kind, Stützhaltungen, Kobra und Hund und die Verbindungsbewegung

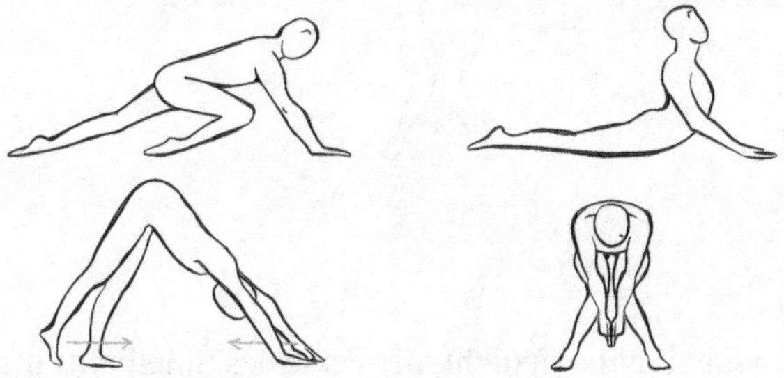

3. Kind – ½ Kobra – Kobra – Hund

4. Eine gedrehte Vorbeuge, bei der die Arme in Schulterhöhe ausgebreitet sind, und die Verbindungsbewegung

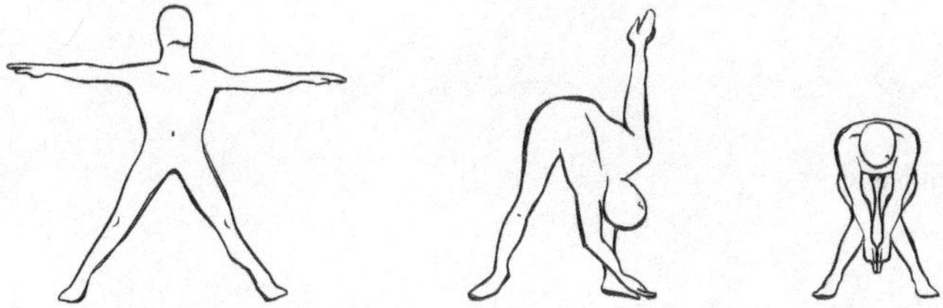

4. Windmühlenflügel

5. Vorbeuge in der Grätsche und Verbindungsbewegung

5. Große Grätsche

6. Standwaage und Verbindungsbewegung

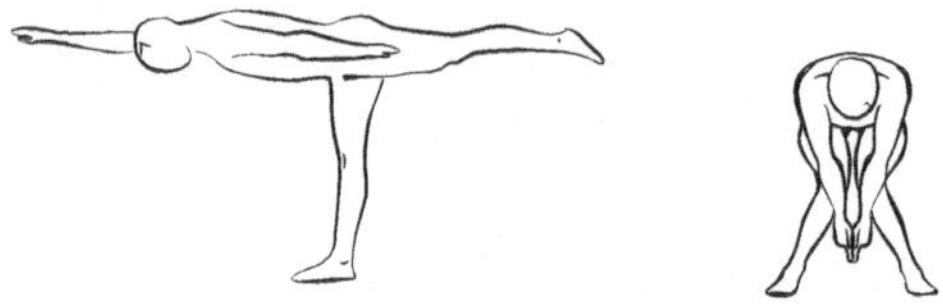

6. Standwaage

7. Einbeinstand, wobei man versucht, die Ferse des Spielbeins bis hoch zum Nabel zu heben, und Verbindungsbewegung

7. Ferse zum Nabel

8. Froschsprung aus der Hocke, verbunden mit einer intensiven Reinigungsausatmung

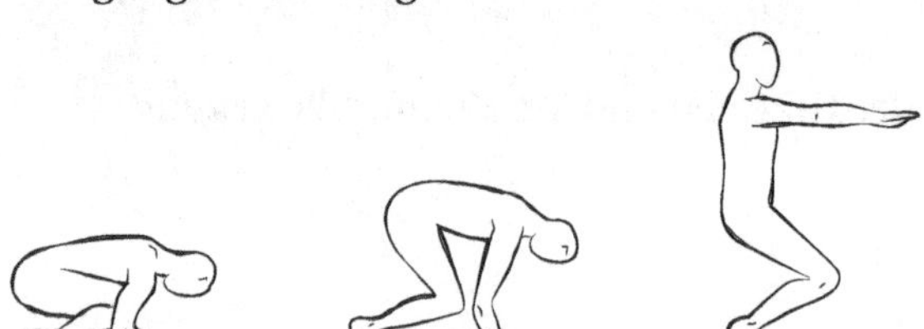

8. Froschsprung

9. Flügelbewegung der Arme und Reinigungsatmung: Die Arme werden einatmend mit fünf Rotationsbewegungen in den Schultergelenken bis über Schulterhöhe gehoben. Nach einem Moment der Atemfülle werden die Arme dreimal schnell seitlich an den Brustkorb herangezogen, wobei in drei Portionen kraftvoll ausgeatmet wird.

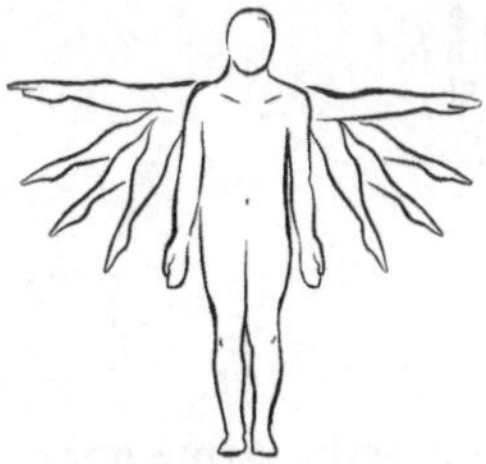

9. Flügelschläge 5.2.3 (Reinigungsatmung).2.

10. Flügelbewegungen der Arme: Die Arme werden einatmend mit drei Rotationsbewegungen über oben nach hinten und unten nach vorne in den Schultergelenken bis über Schulterhöhe gehoben. Nach einem Moment der Atemfülle werden die Arme ausatmend mit fünf Rotationsbewegungen in den Schultergelenken wieder nach unten geführt.

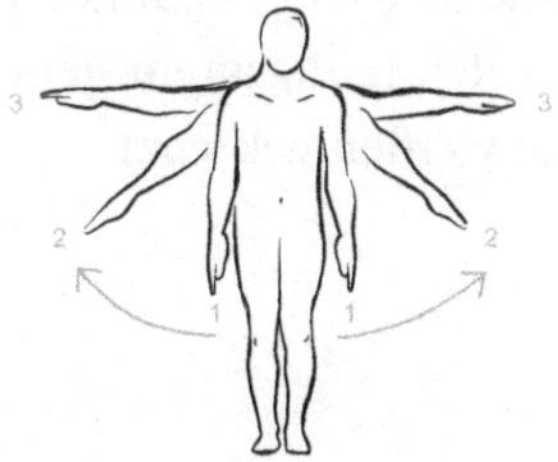

10. Flügelschläge 3.2.5.2.

11. Gleichgewichtshaltung im Baum

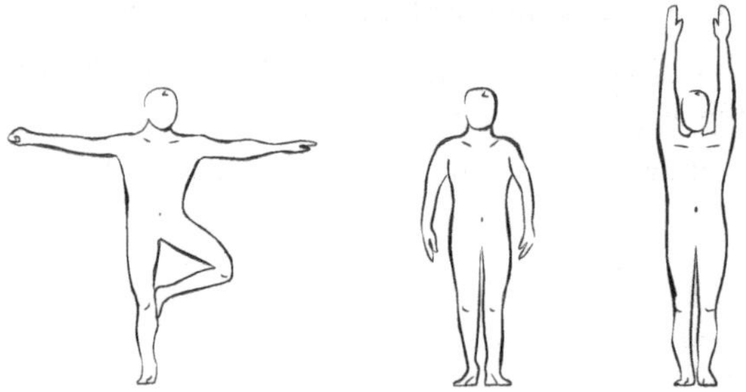

11. Baum mit Wechselatmung

12. Streckung und Vorbeuge: Einatmend werden die Arme gehoben. In der Atemfülle wird der ganze Körper intensiv gestreckt.

12. Vorbeuge im Stand

13. Karpfensprung und Reinigungsatmung: Ausatmend wird der Körper schnell zusammengezogen. Einatmend springt man hoch und landet in einer Grätsche. Mit einem Reinigungsatem geht der Rumpf in die Vorbeuge und die Arme werden gekreuzt.

13. Karpfensprung

14. Anspannung und Entspannung (mit Reinigungsatmung): Einatmend werden die Arme seitlich gehoben, wodurch der Rumpf sich parallel zur Erde befindet. Mit dem Reinigungsatem geht der Rumpf in die Vorbeuge und die Arme werden gekreuzt.

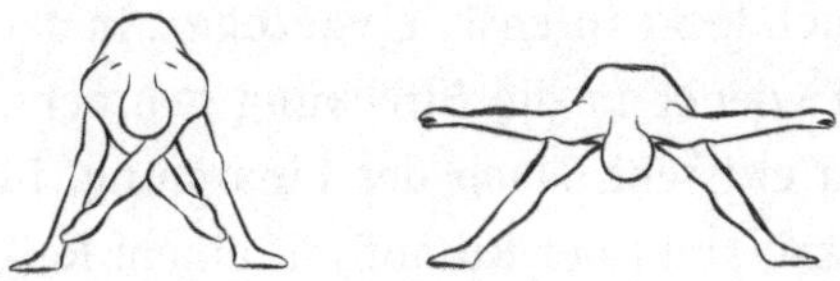

14. Ausdehnen – Zusammenziehen – Reinigungsatmung

15. Aufrichten mit der Vollatmung: Einatmend gleiten die Hände an den Außenseiten der Beine hoch zum Becken. Die Füße werden hüftgelenkbreit gestellt. Dann werden die Hände – weiter einatmend – nach hinten geführt und über Kreuz auf die Gesäßhälften gelegt, wobei man (wenn möglich) in der Atemfülle in den Zehenstand geht.

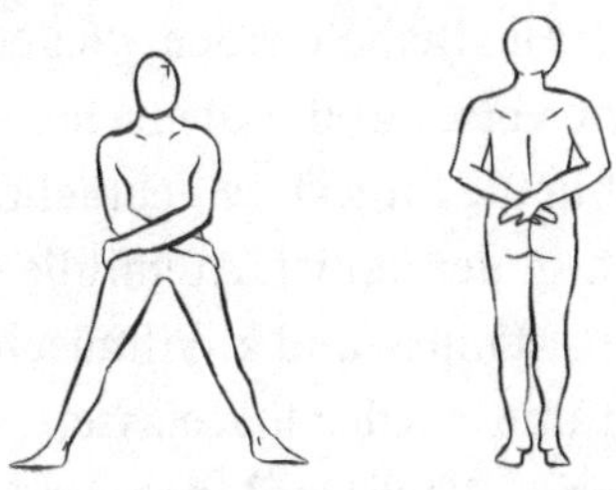

15. Vollständige Einatmung

16. Bauchverschluss (Uddiyana Bandha): Die Fersen werden ausatmend gesenkt, die Beine leicht angebeugt und die Hände auf die Oberschenkel gelegt, sodass eine möglichst gerade Linie über die Unterschenkel und Arme entsteht. Einatmend wird der Rumpf in die Streckung gebracht. Ausatmend wird ein Katzenbuckel gemacht und die Bauchdecke intensiv eingezogen. In der Atemleere wird der Rumpf wieder in die Streckung gebracht, wodurch Uddiyana Bandha entsteht. Nach der Einatmung, in der die Spannung gelöst wird, sinkt der Rumpf mit einem Reinigungsatem in die Vorbeuge.

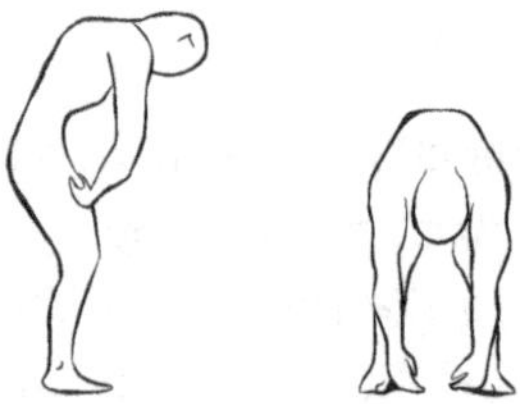

16. Uddiyana Bandha in der Atemleere

17. Feuerwaschung (Agnisara-Dhauti): Die Beine werden wieder leicht angebeugt und die Hände so wie eben auf die Oberschenkel gelegt. Einatmend wird der Rumpf in die Streckung gebracht. Dann wird zu 50 Prozent ausgeatmet. In der halben Atemfülle/ Atemleere wird, ohne weiterzuatmen, schnell und rhythmisch die Bauchdecke nach innen gezogen und wieder losgelassen – solange, bis sich ein Atemimpuls meldet. Nach der Einatmung, in der die Spannung gelöst wird, sinkt der Rumpf mit einem Reinigungsatem in die Vorbeuge.

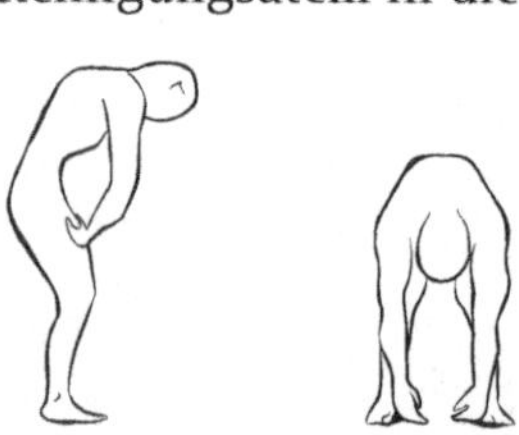

17. Agnisara-Dhauti (halb eingeatmet)

18. Abschluss – Zehenstand: Die Füße werden dicht zueinander gestellt. Mit der Einatmung aufrichten (wenn möglich in den Zehenstand) und die Arme auf 45° heben. Einen Moment in voller Sammlung in der Atemfülle verweilen. Ausatmend die Arme senken.

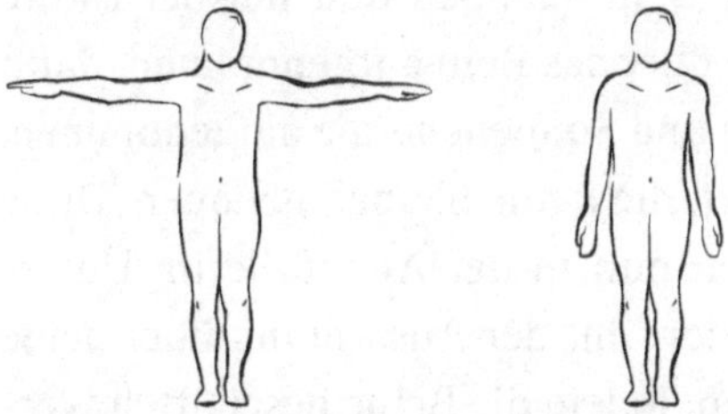

18. Zehenstand - Abschluss

Der ganze Ablauf dauert ca. 17 Minuten und wird nur einmal ausgeführt. Danach verweilt man in der Regel einige Zeit in einer Sitzhaltung zum Nachspüren.

Sobald die Übenden den Ablauf gut verinnerlicht haben, werden alle Bewegungen und Haltungen mit Energielenkungen und der Ausrichtung auf bestimmte Konzentrationspunkte kombiniert. Dabei hilft die Ausrichtung der Energielenkungen oft, um überhaupt zu verstehen, warum die Haltung oder Bewegung diese spezielle Form hat, in der sie geübt wird. Die Energielenkungen bringen ein sehr meditatives Element in den Bewegungsablauf und sprechen so zusätzlich noch die beiden Ebenen unseres Mentalkörpers (Mano-Maya-Kosha und Vijnana-Maya-Kosha) an.

Die Reibungen und Bewegungen des Naropa

Ablauf

1. Planke: Aus dem Langsitz hebt man sich ausatmend in die Planke. Dann wird das linke Bein gehoben und mit der Hälfte der Einatmung Mondenergie über das Bein aufgenommen, dann wird das rechte Bein gehoben und Sonnenenergie aufgenommen.

Das Becken wird abgesenkt, die Beine bleiben gehoben. Diese beiden Energieströme werden nun in der Atemfülle im Unterbauch »vermischt« und von dort mit der Ausatmung über beide Beine in den Raum abgegeben, indem die Beine geschüttelt werden.

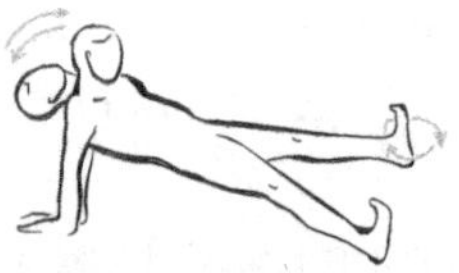

1. Mond- und Sonnenergie über die Beine aufnehmen und vermischen

2. Reibung des linken und des rechten Beins: Den Langsitz mit leichter Grätsche einnehmen. Die rechte Hand reibt dreimal erst das linke Bein, dann reibt die linke Hand dreimal das rechte Bein, und zwar an der Außenseite nach unten (dabei wird der Fuß weggestreckt) und an der Innenseite hoch (wobei der Fuß wieder herangezogen wird). Dabei wird der Atem so geführt, dass nur dann, wenn die Hand von der Innenseite des Knies schnell zum Becken hochstreicht, in insgesamt sechs »Portionen« eingeatmet wird. Am Ende der sechs »Reibungen« – in der Atemfülle – stützt man sich mit beiden Händen hinter dem Becken ab, hebt die Beine und lässt die Fußsohlen sich anschauen. Ausatmend reibt man die Fußsohlen kräftig gegeneinander. Am Ende der Ausatmung klatscht der rechte Fuß gegen den linken Fuß und schwingt nach oben.

2. Reibung der Beine – dreimal links / dreimal rechts

3. Reibung beider Beine gleichzeitig: Weiterhin im Langsitz mit leichter Grätsche reiben beide Hände sechsmal das linke und das rechte Bein gleichzeitig, und zwar an der Außenseite nach unten (dabei werden die Füße weggestreckt) und an der Innenseite hoch (wobei die Füße wieder herangezogen werden). Dabei wird der Atem so geführt, dass nur dann, wenn die Hand von der Innenseite des Knies schnell zum Becken hochstreicht, in insgesamt sechs »Portionen« eingeatmet wird. Am Ende der sechs »Reibungen« – in der Atemfülle – stützt man sich mit beiden Händen hinter dem Becken ab, hebt die Beine und lässt die Fußsohlen sich anschauen. Ausatmend reibt man die Fußsohlen kräftig gegeneinander. Am Ende der Ausatmung klatscht der rechte Fuß gegen den linken Fuß und schwingt nach oben.

3. Reibung der Beine – sechsmal beide gleichzeitig

4. Schlangensprung: Sitz mit gekreuzten Beinen. Das rechte Bein ist dabei vorne. Einatmend kommt man (mit Unterstützung der Hände) über eine halbe Drehung nach links hoch in den Stand. Man nimmt Schwung und springt die zweite halbe Drehung mit einer Reinigungsatmung, wobei die Hände und Arme nach vorne schnellen.

4. Gedrehter Sprung aus dem Sitz

5. Im Sitzen Mond- und Sonnenenergie über die Arme aufnehmen: Sitz mit gekreuzten Beinen. Ausatmend werden die Arme seitlich auf Schulterhöhe gehoben. Dann wird links über dem Kopf der Mond visualisiert und mit einer kleinen Drehung der linken Hand mit der Hälfte der Einatmung Mondenergie aufgenommen. Nun wird rechts über dem Kopf die Sonne visualisiert und mit einer kleinen Drehung der rechten Hand mit der zweiten Hälfte der Einatmung Sonnenenergie aufgenommen. In der Atemfülle dehnt man die Arme intensiv über die Handgelenke nach außen und stellt sich vor, wie sich im inneren Raum Mond- und Sonnenenergie verbinden. Ausatmend werden die Arme geschüttelt und die Verbindung der beiden Energien über die Arme wieder in den umgebenden Raum abgegeben.

5. Mond- und Sonnenergie über die Arme aufnehmen und vermischen

6. Reibung der Arme: Sitz mit gekreuzten Beinen. Den linken Arm leicht seitlich auf Schulterhöhe heben und ausatmend die rechte Hand außen an die linke Schulter legen. Dreimal mit der rechten Hand den linken Arm außen hinunter und innen nach oben reiben, dann dreimal mit der linken Hand den rechten Arm ebenso reiben. Dabei in sechs »Portionen« einatmen, und zwar nur dann, wenn die Hand etwas schneller von der Ellbogenbeuge zur Brust streicht.

In der Atemfülle schauen sich die Handflächen vor der Brust an. Ausatmend die Handflächen kraftvoll reiben und zum Schluss mit der rechten Hand in die linke klatschen, wobei die rechte Hand hochschwingt.

6. Reibung der Arme – dreimal links/dreimal rechts

Gleich anschließend:

7. Reinigungsatmung: Einatmend beide Arme vor dem Körper in Schulterhöhe heben. In der Atemfülle die Hände zu Fäusten ballen und die Fäuste schnell an den Brustkorb gerade unterhalb der Schlüsselbeine ziehen. Mit einem Reinigungsatem die Arme nach vorne und oben schwingen und sie dann sinken lassen.

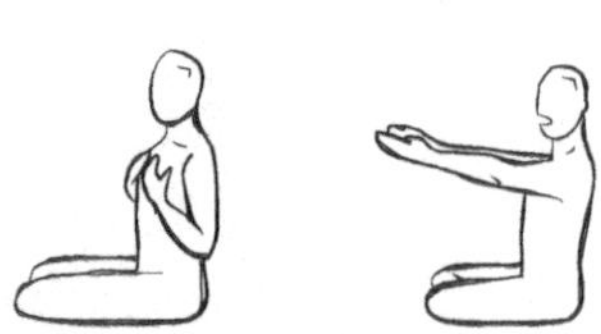

7. Reinigungsatmung 1

8. Reibung der Arme im Wechsel links – rechts: Sitz mit gekreuzten Beinen. Den linken Arm leicht seitlich auf Schulterhöhe heben und ausatmend die rechte Hand außen an die linke Schulter legen. Sechsmal abwechselnd mit der rechten Hand den linken Arm und mit der linken Hand den rechten Arm außen hinunter und innen nach oben reiben. Dabei wieder in sechs »Portionen« einatmen, und zwar nur dann, wenn die Hand etwas schneller von der Ellbogenbeuge zur Brust streicht.

In der Atemfülle schauen sich die Handflächen vor der Brust an. Ausatmend die Handflächen kraftvoll reiben und zum Schluss mit der rechten Hand in die linke klatschen, wobei die rechte Hand hochschwingt.

8. Reibung der Arme – sechsmal im Wechsel links und rechts

Gleich anschließend:

9. Reinigungsatmung: Sitz mit gekreuzten Beinen. Einatmend den Rumpf mit geradem Rücken nach vorne neigen und die Arme nach vorne gleiten lassen. Ausatmend die Arme über die Seiten nach hinten führen und die Hände zu Fäusten ballen. Schnell einatmend die Arme nach oben werfen, dabei die Fäuste öffnen. Intensiv ausatmend (Reinigungsatmung) den Oberkörper und die Arme sinken lassen.

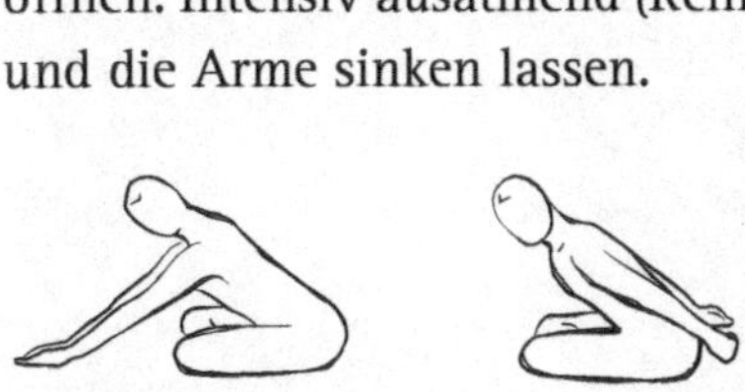

9. Reinigungsatmung 2

10. Schilfrohr und Maha Mudra: Einatmend im Sitzen aufrichten, das rechte Bein ausstrecken und das linke Bein angebeugt zur Seite ablegen. Die Hände hinter das Becken nehmen.

Ausatmend den Rumpf mit geradem Rücken nach vorne neigen.

Einatmend den Rumpf sehr aufgerichtet in einer Kreisbewegung über links bis über das rechte Bein führen.

Die Hände links (als Faust) und rechts an den rechten Unterschenkel legen und über die rechte Seite ausatmen.

Die Haltung der Beine wechseln und die Prana-Lenkung gegengleich wiederholen.

10. Maha Mudra und Schilfrohr

11. Kreisen der Wirbelsäule mit Wechselatmung: Sitz mit gekreuzten Beinen. Der Rumpf ist nach vorne geneigt, beide Hände sind vor den Füßen auf dem Boden. Einatmend über links wird der Rumpf über links in die Aufrichtung geführt. Dabei gehen die Arme zueinander diagonal nach hinten. Ausatmend über rechts wird der Rumpf über rechts nach vorne geführt. Dabei gehen die Arme zueinander diagonal nach vorne. Einatmend über rechts wird der Rumpf über rechts in die Aufrichtung geführt. Dabei gehen die Arme zueinander diagonal nach hinten. Ausatmend über links wird der Rumpf über links nach vorne geführt. Dabei gehen die Arme zueinander diagonal nach vorne. Einatmend werde die Arme nach hinten geführt und der Rücken in der Atemfülle intensiv gestreckt. Ausatmend wird alle Spannung losgelassen, Rumpf und Arme sinken nach unten. Einatmend werden die Arme nach vorne geführt und ausatmend wird der Rumpf aufgerichtet.

11. Kreisen der Wirbelsäule mit Wechselatmung

12. Reinigung der Nadis Ida und Pingala: Sitz mit gekreuzten Beinen. Die Arme sind gestreckt, die Hände liegen auf den Knien. Einatmen über links, dabei ganz leicht nach rechts drehen, sodass der linke Arme etwas nach vorne geht. Dabei die Konzentration zum unteren Ende der Wirbelsäule (zum Ausgangsbereich beider Nadis) führen. Ausatmend mit der Aufmerksamkeit dem Verlauf der Ida Nadi von links unten über vorn nach rechts aufwärts in dreieinhalb Windungen folgen und über den linken Nasengang ausatmen. Einatmen über rechts, dabei ganz leicht nach links drehen, sodass der rechte Arme etwas nach vorne geht. Dabei die Konzentration zum unteren Ende der Wirbelsäule (zum Ausgangsbereich beider Nadis) führen. Ausatmend mit der Aufmerksamkeit dem Verlauf der Ida Nadi von rechts unten über hinten nach links aufwärts in dreieinhalb Windungen folgen und über den rechten Nasengang ausatmen.

12. Drehung – Aktivierung der Nadis Ida und Pingala

13. Reinigung beider Nadis gleichzeitig: Haltung wie oben. Einatmend die Konzentration zum unteren Ende der Wirbelsäule (zum Ausgangsbereich beider Nadis) führen. Ausatmend wie oben beschrieben über beide Nadis aufsteigen und über beide Nasengänge ausatmen.

13. Energielenkung über die Nadis Ida und Pingala

14. Sprung aus dem Sitz nach vorne: Sitz im halben Lotossitz oder ganzen Lotossitz. Die Hände zu Fäusten ballen und neben dem Becken aufsetzen. Einatmend sich mit den Armen bis kurz über dem Boden hochstemmen. Einmal nach vorne und hinten schaukeln und dann mit der Ausatmung nach vorne »springen«. Dabei die Hände vom Boden lösen und mit einem Reinigungsatem nach vorne schnellen lassen.

14. Sprung aus dem Sitz nach vorne

15. Energie mit Wellenbewegungen der Arme aufnehmen: Sitz mit gekreuzten Beinen. Die Arme sind seitlich neben dem Körper. Einatmend die Arme in sechs Wellenbewegungen nach oben führen und sich dabei mit Prana füllen. Innerlich bis vier zählend in der Atemfülle verweilen und sich vom Prana durchdringen lassen. Ausatmend die Arme in zehn Wellenbewegungen nach oben führen.

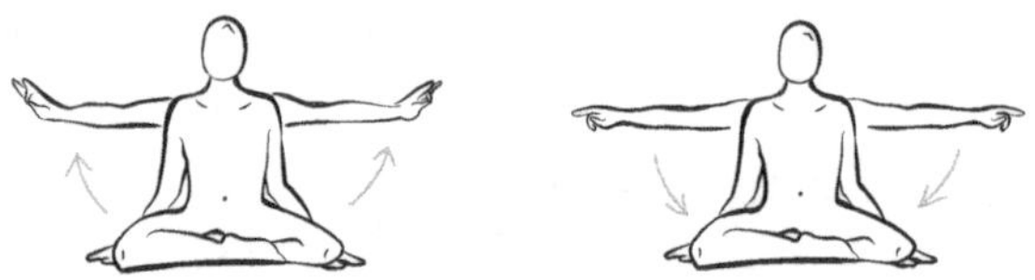

15. Über die Arme ein- und ausatmen im Rhythmus 6.4.10.4.

16. Energie aus den Quellen mit Spiralen im Körper aufnehmen: Sitz mit gekreuzten Beinen. Links über dem Kopf den Mond und rechts die Sonne visualisieren. Einatmend Mondenergie am Scheitel sammeln und sie ausatmend bis in die Tiefe des Beckens führen. In der Atemleere in der Tiefe des Beckens die Sonne visualisieren, sie einatmend bis zum Scheitel aufsteigen lassen und sie ausatmend in den Raum oberhalb des Kopfes aufsteigen lassen. Diese Energielenkung (nur in diese eine Richtung) mehrfach wiederholen.

16. Verbindung mit den Qualitäten von Mond und Sonne

17. Im Schulterstand Energie über die Beine aufnehmen: In den Schulterstand (oder – wenn möglich – in den Kopfstand) kommen. Die gebende Bewegung: Dreimal die Beine einatmend anbeugen, die Fußsohlen aneinanderlegen, sich mit der Energie des eigenen Wurzelraums verbinden und sie ausatmend nach oben abgeben, wobei die Beine wieder gestreckt werden. Die empfangende Bewegung: Die Beine nach oben strecken und dreimal einatmend die Energie aus dem unendlichen Raum des Himmels aufnehmen. Ausatmend die Beine anbeugen, die Fußsohlen aneinanderlegen und dabei die Energie in den Wurzelraum einströmen lassen.

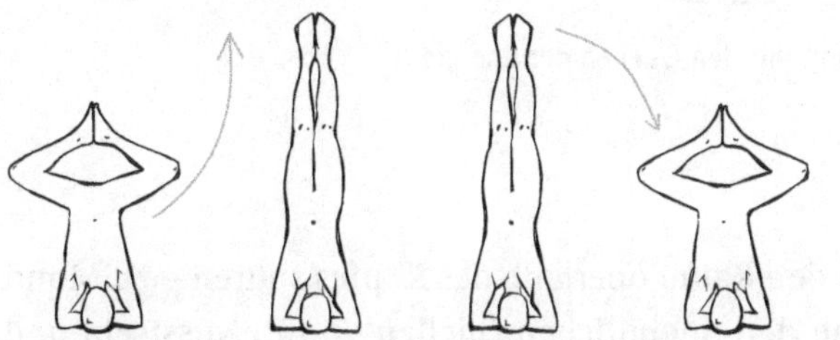

17. Umkehrhaltung – Energie geben und empfangen

18. Sich mit den Quellen der Energie verbinden – Meditation: Sitz mit gekreuzten Beinen.

18.a Mond- und Sonnenenergie über Spiralen im Bauchraum

18.b Die Verbindung mit den Quellen der Energie

Erster Teil:
Ausatmend in den Raum oberhalb des Kopfes spüren – zu Mond und Sonne und den unendlichen Quellen von Bewusstsein und Energie in den Weiten des Kosmos. Von dort lädt man sich folgendermaßen auf: Ein Drittel (1/3) einatmen links als Spirale von innen nach außen einrollend in dreieinhalb Umdrehungen (Mond), 2/3 einatmen rechts als Spirale von innen nach außen einrollend in dreieinhalb Umdrehungen (Sonne). 3/3 einatmen mit einer Kreisbewegung, die sich vor der Wirbelsäule von hinten nach vorne einmal einrollt (transzendente Energie). In der Atemfülle Mond-, Sonnen- und transzendente Energie zur Basis der Wirbelsäule lenken. Diese dann ausatmend bis in den Raum oberhalb des Kopfes aufsteigen lassen.

Zweiter Teil (mit der Einatmung – EA – kleinere Spiralen setzen):
Im Bereich der Stirn: 1/9 EA Spirale links (Mond), 2/9 EA Spirale rechts (Sonne), 3/9 EA zwei Spiralen links/rechts (transzendente Energie).

Im Bereich der Brust: 4/9 EA Spirale links (Mond), 5/9

EA Spirale rechts (Sonne), 6 / 9 EA zwei Spiralen links / rechts (transzendente Energie).

Im Bereich des Bauches: 7 / 9 EA Spirale links (Mond), 8 / 9 EA Spirale rechts (Sonne), 9 / 9 EA eine Spirale von hinten (transzendente Energie).

In der Atemfülle wird das Energiegemisch in der Vorstellung rund um den Nabel dreimal im Kreis (rechts hoch / links runter) gelenkt. Zum ersten Kreis denkt man OM, zum zweiten Kreis MANI, zum dritten PADME. Mit dem HUM steigt die Energie als freier Prana-Strom auf in den Raum oberhalb des Kopfes.

Danach verweilt man mindestens fünf Minuten in der Meditation.